Revista Espírita

Jornal de Estudos Psicológicos

Revista Espírita
Jornal de Estudos Psicológicos

Contém:

O relato das manifestações materiais ou inteligentes dos Espíritos, aparições, evocações etc., bem como todas as notícias relativas ao Espiritismo. – O ensino dos Espíritos sobre as coisas do mundo visível e do invisível; sobre as ciências, a moral, a imortalidade da alma, a natureza do homem e o seu futuro. – A história do Espiritismo na Antiguidade; suas relações com o magnetismo e com o sonambulismo; a explicação das lendas e das crenças populares, da mitologia de todos os povos etc.

Publicada sob a direção
de
ALLAN KARDEC

Todo efeito tem uma causa. Todo efeito inteligente tem uma causa inteligente.
O poder da causa inteligente está na razão da grandeza do efeito.

ANO OITAVO – 1865

Tradução Evandro Noleto Bezerra

Copyright © 2004 *by*
FEDERAÇÃO ESPÍRITA BRASILEIRA – FEB

4ª edição – 1ª impressão – 3 mil exemplares – 1/2015

ISBN 978-85-8485-002-0

Título do original francês:
REVUE SPIRITE: JOURNAL D'ÉTUDES PSYCHOLOGIQUES
(Paris, 1865)

Todos os direitos reservados. Nenhuma parte desta publicação pode ser reproduzida, armazenada ou transmitida, total ou parcialmente, por quaisquer métodos ou processos, sem autorização do detentor do *copyright*.

FEDERAÇÃO ESPÍRITA BRASILEIRA – FEB
Av. L2 Norte – Q. 603 – Conjunto F (SGAN)
70830-106 – Brasília (DF) – Brasil
www.febeditora.com.br
editorial@febnet.org.br
+55 61 2101 6198

Pedidos de livros à FEB
Gerência comercial – Rio de Janeiro
Tel.: (21) 3570 8973/ comercialrio@febnet.org.br
Gerência comercial – São Paulo
Tel.: (11) 2372 7033/ comercialsp@febnet.org.br
Livraria – Brasília
Tel.: (61) 2101 6161/ falelivraria@febnet.org.br

Texto revisado conforme o novo acordo ortográfico.

Dados Internacionais de Catalogação na Publicação (CIP)
(Federação Espírita Brasileira – Biblioteca de Obras Raras)

K18r Kardec, Allan, 1804–1869
   Revista Espírita: jornal de estudos psicológicos: Ano oitavo – 1865/publicada sob a direção de Allan Kardec; [tradução de Evandro Noleto Bezerra; (poesias traduzidas por Inaldo Lacerda Lima)]. – 4.ed. – 1.imp. – Brasília: FEB, 2015.

   498 p.; 21 cm

   Tradução de: Revue spirite: journal d'études psychologiques

   Conteúdo: Vol. 8 (1865)

   ISBN 978-85-8485-002-0

   1. Espiritismo. I. Bezerra, Evandro Noleto, 1949–. II. Federação Espírita Brasileira. II. Título: Jornal de estudos psicológicos.

                                         CDD 133.9
                                         CDU 133.7
                                         CDE 00.06.01

Sumário

PRIMEIRO VOLUME – ANO DE 1865

JANEIRO

Aos assinantes da *Revista Espírita*	13
Vista de olhos sobre o Espiritismo em 1864	14
Nova cura de uma jovem obsedada de Marmande	17
Evocação de um surdo-mudo encarnado	37
Variedades	40
O perispírito descrito em 1805	40
Um novo ovo de Saumur	42
Notas bibliográficas	43
Pluralidade das existências da alma – por André Pezzani	43
O *Médium Évangélique* – Novo jornal espírita de Toulouse	47
Alfabeto espírita	48
Instruções dos Espíritos	49

FEVEREIRO

Temor da morte	*53*
Perpetuidade do Espiritismo	*59*
Espíritos instrutores da infância – *Criança afetada de mutismo*	*63*
Mediunidade na infância	*67*
Questões e problemas – *Obras-primas por via mediúnica*	*68*
O ramanenjana	*75*
Estudo sobre o fenômeno do ramanenjana	*80*
Poesia espírita – *Inspiração de um ex-incrédulo a propósito de* O livro dos espíritos	*82*
Discurso de Victor Hugo junto ao túmulo de uma jovem	*85*
Notas bibliográficas	*90*
La Luce	*90*
Le Monde Musical	*92*

MARÇO

Onde é o Céu?	*95*
Necrológio	*106*
Sra. viúva Foulon	*106*
O doutor Demeure	*115*

O processo Hillaire *120*

Notas bibliográficas – *Um anjo do Céu na Terra* *130*

ABRIL

Destruição dos seres vivos uns pelos outros *135*
Um sermão sobre o progresso *138*
Extrato do *Journal de Saint-Jean d'Angely* – *Golpe de vista sobre o Espiritismo e suas consequências* *141*
Correspondência de além-túmulo – *Estudo mediúnico* *147*
Poder curativo do magnetismo espiritual – *Espírito doutor Demeure* *154*
Conversas familiares de além-túmulo – *Pierre Legay, dito Grand-Pierrot* *159*
Manifestações espontâneas de Marselha *164*
Poesias espíritas *167*
O Espiritismo *167*
Aos poetas *169*
Enterro espírita *170*
Notas bibliográficas *173*
Confusão no império de Satã *173*
L'Echo d'outre-tombe (Jornal espírita de Marselha) *173*
Concordância da fé e da razão *174*

MAIO

Questões e problemas – *Manifestação do Espírito dos animais*	175
Considerações sobre os ruídos de Poitiers	181
Conversas de além-túmulo – *O doutor Vignal*	185
Correspondência – *Cartas do Sr. Salgues, de Angers*	189
Manifestações diversas; curas; chuvas de amêndoas – *Carta do Sr. Delanne*	192
Variedades – *O tabaco e a loucura*	197
Dissertações espíritas	199
Ideias preconcebidas	199
Deus não se vinga	201
A verdade	203
Estudo sobre a mediunidade	206
Progresso intelectual	208
Da seriedade nas reuniões	210
Imigração dos Espíritos superiores na Terra	211
Sobre as criações fluídicas	212

JUNHO

Relatório da caixa do Espiritismo – por Allan Kardec	215
O Espiritismo de alto a baixo da escala	224

Os Espíritos na Espanha – *Cura de uma obsedada em Barcelona*	*228*
Os dois espiões	*236*
Nova tática dos adversários do Espiritismo	*247*
Variedades – *Carta de Dante ao Sr. Thiers*	*252*

JULHO

Ária e letra composta pelo rei Henrique III	*255*
Gontran, vencedor das corridas de Chantilly	*266*
Teoria dos sonhos	*272*
Questões e problemas	*276*
Cura moral dos encarnados	*276*
Sobre a morte dos espíritas	*279*
Estudos morais – *A comuna de Koenigsfeld, mundo futuro em miniatura*	*280*
Variedades – *Manifestações espontâneas diversas*	*283*
Dissertações espíritas – *O cardeal Wiseman*	*286*
Notas bibliográficas	*290*
O que é o espiritismo?	*290*
O céu e o inferno	*291*
A vida de Germaine Cousin	*291*
União Espírita Bordelense	*292*
Ária e letra	*292*

AGOSTO

O que ensina o Espiritismo	*293*
Abade Dégenettes, médium	*301*
Manifestações de Fives, perto de Lille (Norte)	*307*
Problema psicológico – *Dois irmãos idiotas*	*311*
Variedades – *Epitáfio de Benjamim Franklin*	*315*
Notas bibliográficas – *O manual de Xéfolius*	*316*
Dissertações espíritas	*324*
A chave do céu	*324*
A fé	*329*

SETEMBRO

Mediunidade curadora	*331*
Cura de uma fratura pela magnetização espiritual	*339*
Alucinação nos animais nos sintomas da raiva	*346*
Uma explicação – *A propósito da revelação do Sr. Bach*	*353*
Um egoísta – *Estudo espírita moral*	*360*
Notas bibliográficas	*363*
O céu e o inferno – por Allan Kardec	*363*
Conversas familiares sobre o Espiritismo	*368*

OUTUBRO

Novos estudos sobre os espelhos mágicos ou psíquicos	*369*
O vidente da floresta Zimmerwald	*369*
Consequências da explicação precedente	*375*
Partida de um adversário do Espiritismo para o mundo dos Espíritos	*379*
Os irmãos Davenport (1º artigo)	*396*
Exéquias de um espírita	*408*
Variedades – *Vossos filhos e vossas filhas profetizarão*	*411*

NOVEMBRO

A Sociedade Espírita de Paris aos espíritas da França e do estrangeiro	*415*
Alocução	*416*
Crítica a propósito dos irmãos Davenport (2º artigo)	*421*
Poesia espírita – Um fenômeno	*424*
O Espiritismo no Brasil – *Extrato do "Diário da Bahia"*	*426*
O Espiritismo e a cólera	*428*
Um novo Nabucodonosor	*436*
O patriarca José e o vidente de Zimmerwald	*446*

Dissertações espíritas – O repouso eterno	*449*
Notas bibliográficas	*451*
O evangelho segundo o espiritismo	*451*
A "Gazette du Midi" perante o Espiritismo	*452*

DEZEMBRO

Abri-me! – *Apelo de Cárita*	*453*
Subscrição em benefício dos pobres de Lyon e das vítimas da cólera	*456*
Romances espíritas	*456*
Modo de protesto de um espírita contra os ataques de certos jornais	*463*
Como o Espiritismo vem sem ser procurado – *Jovem camponesa, médium inconsciente*	*467*
Um camponês filósofo	*470*
Espíritos de dois sábios incrédulos a seus antigos amigos na Terra	*479*
Dissertações espíritas – *Estado social da mulher*	*487*
Nota Explicativa	*493*

Revista Espírita
Jornal de estudos psicológicos
ANO VIII — JANEIRO DE 1865 — Nº 1

Aos assinantes da *Revista Espírita*

A *Revista Espírita* dá início ao seu oitavo ano. Já é um período bastante longo quando se trata de ideia nova e, ao mesmo tempo, um desmentido aos que prediziam a morte prematura do Espiritismo. Como nos anos anteriores, a época de renovação de assinaturas é, para a maioria dos leitores que se dirigem diretamente a nós, a ocasião para reiterarem a expressão de seu reconhecimento pelos benefícios da Doutrina. Não podendo responder a cada um em particular, pedimos-lhes aceitem aqui nossos sinceros agradecimentos pelos testemunhos de simpatia que houveram por bem nos dar nesta circunstância. Se a Doutrina faz bem, se consola os aflitos, se fortalece os fracos e levanta a coragem abatida, é a Deus, em primeiro lugar, que se deve agradecer, antes que ao seu servidor, e, depois, aos grandes Espíritos, que são os verdadeiros iniciadores da ideia e os diretores do movimento. Nem por isto nos sentimos menos tocados, e profundamente, pelos votos que nos são dirigidos, para que a força de ir até o fim de nossa tarefa nos seja conservada. É o que nos esforçamos por merecer por nosso zelo e devotamento, que não faltarão, a fim de remeter a obra, tão adiantada quanto possível, às mãos daquele que nos deve um dia substituir, e executar com maior força o que ficar inacabado.

Vista de olhos sobre o Espiritismo em 1864

O Espiritismo progrediu ou perdeu força? Esta questão interessa tanto aos seus partidários quanto aos adversários. Os primeiros afirmam que cresceu; os outros, que declina. Quais os que se iludem? Nem uns, nem outros; porque os que proclamam sua decadência sabem muito bem por que assim agem, e o provam a cada instante pelos temores que manifestam e a importância que lhe concedem. Alguns, entretanto, agem de boa-fé; têm em si tal confiança que, por terem feito uma grande jogada, dizem com ar sério: "O Espiritismo está morto!" ou melhor: "Deve estar morto!"

Os espíritas apoiam-se em dados mais positivos, em fatos que eles próprios podem constatar. Por nossa posição, podemos julgar ainda melhor o movimento do conjunto e nos sentimos felizes em afirmar que a Doutrina ganha terreno incessantemente em todas as classes da sociedade, e que o ano de 1864 não foi menos fecundo que os outros em bons resultados. Em falta de outros indícios, nossa *Revista* já seria uma prova material do estado da opinião a respeito das ideias novas. Um jornal especial que chega ao seu oitavo ano de existência e que, a cada ano, vê aumentar o número de seus assinantes em notável proporção; que, desde a sua fundação, viu três vezes esgotadas as coleções dos anos anteriores, não prova a decadência da Doutrina que sustenta, nem a indiferença de seus adeptos. Até o mês de dezembro recebeu novas assinaturas para o ano findo, e o número de inscritos em 1º de janeiro de 1865 já é um quinto mais considerável do que era na mesma época do ano anterior.

Isto é um fato material, por certo não categórico para os estranhos, mas que, para nós, é tanto mais significativo porque não solicitamos assinaturas a ninguém, e não as impomos como condição em nenhuma circunstância. Não há, pois, *nenhuma* que seja forçada, ou resulte de uma condescendência particular. Além disso, não bajulamos ninguém para obter sua adesão à nossa causa; deixamos que as coisas sigam o seu curso natural, dizendo-nos que se nossa maneira de ver e fazer não for boa, nada poderia fazê-la prevalecer. Sabemos perfeitamente que, por não havermos incensado certos indivíduos, os afastamos de nós e eles se voltaram para o lado donde vinha o incenso. Mas que nos importa! Para nós, as pessoas sérias são mais úteis à causa, e não olhamos como sérios aqueles que são atraídos pela isca do amor-próprio, como mais de um a experimentou. Não os queremos; lamentamos que tenham dado mais valor à fumaça das palavras que à sinceridade. Temos consciência de que, em toda a nossa vida, jamais devemos algo à adulação ou à intriga. Por isso não fizemos fortuna, e não é com o Espiritismo que iríamos começá-la.

Louvamos com felicidade os fatos realizados, os serviços prestados, mas jamais, por antecipação, os serviços que podem ser prestados, ou mesmo que se prometem prestar: inicialmente, por princípio e, depois, porque só temos uma confiança medíocre no valor real do comércio sacado do orgulho. Eis por que jamais negociamos. Quando deixamos de aprovar, não censuramos; guardamos silêncio, a menos que o interesse da causa nos force a rompê-lo.

Aqueles, pois, que vêm a nós o fazem livre e voluntariamente, atraídos apenas pela ideia que lhes convém, e não por uma solicitação qualquer, ou por nosso mérito pessoal, que é questão secundária, considerando-se que, fosse qual fosse esse mérito, não poderia dar valor a uma ideia que não o tivesse. Por isto dizemos que os testemunhos que recebemos se dirigem à ideia, e não à nossa pessoa, e seria tola presunção de nossa parte se disso nos envaidecêssemos. Do ponto de vista da Doutrina, esses testemunhos nos vêm, em sua maior parte, de pessoas que jamais vimos, muitas vezes a quem jamais escrevemos e a quem, por certo, jamais seríamos o primeiro a escrever. Eis por que, afastada toda ideia de cooptação ou de camarilha, dizemos que a situação da *Revista* tem uma significação particular, como indício do progresso do Espiritismo, e foi só por isto que dela falamos. Além disso, o ano viu nascerem vários órgãos da ideia: o *Le Sauveur des Peuples*, *La Lumière*, a *Voix d'Outre-tombe*, em Bordeaux; *L'Avenir*, em Paris; o *Médium Évangélique*, em Toulouse;

Le Monde Musical, em Bruxelas, que, sem ser um jornal especial, trata a questão do Espiritismo com seriedade. Com toda certeza, se os fundadores de tais publicações tivessem crido a ideia em declínio, não se teriam aventurado em semelhantes empreitadas.

Em 1864 o progresso ainda está marcado pelo aumento do número de grupos e sociedades espíritas, que se formaram numa porção de localidades onde não os havia, tanto na França como no estrangeiro. A cada instante recebemos o aviso da criação de um novo centro. Esse número é ainda muito maior do que parece, pela quantidade de reuniões íntimas e de família, sem qualquer caráter oficial. Contra essas reuniões, os rigores de uma oposição sistemática se mostram impotentes, mesmo que fossem inquisitoriais, como na Espanha, onde, no entanto, elas existem em mais de trinta cidades e em casa de pessoas das classes mais elevadas.

Ao lado desses indícios materiais, há o que se revela pelas relações sociais. Hoje é raro encontrar gente que não conheça o Espiritismo, pelo menos de nome e, quase por toda parte, encontram-se os que lhe são simpáticos. Mesmo os que nele não creem falam com mais reserva, podendo cada um constatar quanto diminuiu o espírito zombeteiro, que dá lugar, geralmente, a uma discussão mais racional. Exceto alguns gracejos da imprensa e alguns sermões mais ou menos acerbos, os ataques violentos e apaixonados são incontestavelmente mais raros. É que os próprios negadores, ao repelirem a ideia, sofrem, mau grado seu, o seu ascendente e começam a compreender que ela conquistou seu lugar na opinião; a maioria, aliás, encontra seus adeptos em suas fileiras e entre seus amigos, que podem zombar na intimidade, mas que não ousam injuriar publicamente. Ademais, cada um notou sob quantas formas a maior parte das ideias espíritas são hoje reproduzidas na literatura, de maneira séria, sem que a palavra seja pronunciada. Nunca se tinham visto tantas produções desse gênero como nestes últimos tempos. Quer seja convicção ou fantasia da parte dos escritores, não deixa de ser um sinal da vulgarização da ideia, porquanto, se a exploram, é com o pensamento de que ela encontrará eco.

Entretanto, o progresso está longe de ser uniforme. Em certas localidades ainda é mantido em xeque pelos preconceitos ou por uma força oculta, mas muitas vezes aparece quando menos se espera. É que, em muitos lugares, há mais partidários do que se pensa, mas que não se põem em evidência; tem-se a prova disto pela venda das obras, que ultrapassa de muito o número dos espíritas conhecidos. Basta, então, que uma pessoa tenha a coragem da opinião para que o progresso, de latente, se torne ostensivo. Deve ter sido assim em Paris que, por muito tempo, ficou na retaguarda de algumas cidades de província. Desde dois anos atrás, mas, sobretudo, há um ano, o Espiritismo aqui se desenvolveu com surpreendente rapidez. Hoje os grupos declarados são numerosos e as reuniões privadas inumeráveis. Certamente não há exagero em avaliar-se o número dos aderentes em cem mil, de alto a baixo da escala.

Em resumo, é incontestável o progresso durante o ano que acaba de findar-se, se considerarmos o conjunto, e não as localidades isoladamente. Embora não se tenha manifestado por nenhum sinal retumbante, nem por qualquer acontecimento excepcional, é evidente que a ideia se infiltra cada vez mais no espírito das massas e sempre com mais força. Contudo, não se deve concluir que o período de luta haja terminado. Não; nossos adversários não se dão por vencidos tão facilmente. Assestam novas baterias no silêncio, razão por que nos devemos manter em guarda. Sobre isto diremos algumas palavras num próximo artigo.

Nova cura de uma jovem obsedada de Marmande

Transmite-nos o Sr. Dombre o relato seguinte de uma nova cura das mais notáveis, obtida pelo círculo espírita de Marmande. Malgrado sua extensão, julgamos dever publicá-lo de uma só vez, em razão do alto interesse que ele apresenta e para que se possa melhor captar o encadeamento dos fatos. Pensamos que os leitores não terão motivos para se queixarem de nós. Suprimimos apenas alguns detalhes que não nos pareceram de importância capital. Os ensinamentos decorrentes são numerosos e sérios e lançam nova luz sobre essa questão de atualidade e sobre esses fenômenos, que tendem a multiplicar-se. Considerando-se a extensão do artigo, adiamos as considerações para o próximo número, a fim de lhes dar os desenvolvimentos necessários.

Senhor Allan Kardec,

É com uma força nova e uma confiança em Deus, corroborada pelos fatos que, entusiasmando-me sem me assombrar, venho fazer-vos o relato de uma cura de obsessão, notável sob vários aspectos. Oh! bem cego é quem nisto não veja o dedo de Deus! Todos os princípios da sublime Doutrina do Espiritismo aí se acham confirmados: a individualidade da alma, a intervenção dos Espíritos no mundo corporal, a expiação, o castigo e a reencarnação são demonstrados de maneira surpreendente nos fatos com que vos vou entreter. Como já vos exprimi, lamento ser obrigado a vos falar de mim, do papel que me coube nesta circunstância, como instrumento de que Deus se dignou servir-se para ferir os olhos. Deveria passar em silêncio os fatos relacionados comigo? Julguei que não. Estais encarregado de controlar, estudar, analisar os fatos e espalhar a luz: os mínimos detalhes devem, pois, ser levados ao vosso conhecimento. Deus, que lê no fundo dos corações, sabe que não fui movido pela vã satisfação do amor-próprio; aliás, não ignoro que aquele que, por privilégio é chamado a fazer qualquer bem, logo é reduzido à impotência se, por algum instante, desconhece a intervenção divina: feliz mesmo se não for castigado!

Vamos ao relato dos fatos.

Desde os primeiros dias de setembro de 1864, não se falava, em certo bairro da cidade, senão das crises convulsivas experimentadas por uma moça, Valentine Laurent, de 13 anos. Essas crises, que se repetiam várias vezes por dia, eram de tal violência que cinco homens, que a continham pela cabeça, pelos braços e pelas pernas, tinham dificuldade de mantê-la em seu leito. Ela encontrava bastante força para agitá-los e, algumas vezes, até a se desprender de suas mãos. As mãos, então, se agarravam a tudo; camisas, vestidos, cobertas da cama eram rasgadas prontamente; os dentes desempenhavam um papel muito ativo em seus furores, apavorando com razão as pessoas que a cercavam. Se não a tivessem contido, ela teria partido a cabeça na parede e, malgrado os esforços e as precauções, não ficou isenta de cortes e contusões.

Não lhe faltaram os recursos da arte. Quatro médicos a viram sucessivamente; porções de éter, pílulas, medicamentos de toda natureza: ela tomava tudo sem repugnância; as sanguessugas atrás das orelhas, os vesicatórios nas coxas também não foram poupados, mas sem sucesso. Durante as crises, o pulso era perfeitamente regular; depois das crises, nem a menor lembrança dos sofrimentos, das convulsões, mas muito espanto ao ver a casa cheia de gente e seu leito cercado de homens ofegantes, alguns dos quais lamentavam uma camisa ou um colete rasgado.

O cura de X..., paróquia situada a 2 ou 3 quilômetros de Marmande, gozando na região, entre certas pessoas, de uma celebridade recente, como curador de toda espécie de males, foi consultado pelo pai da jovem. O cura, sem dar explicações sobre a natureza do mal, lhe deu *gratuitamente* um pouco de pó branco para a doente tomar; em seguida, ofereceu-se para rezar uma missa Mas, ah! nem o pó, nem a missa preservaram a jovem Valentine de quatorze crises no dia seguinte, o que jamais lhe havia acontecido.

Tanto insucesso nos cuidados de toda sorte necessariamente deveriam ter originado, no espírito do vulgo, ideias supersticiosas. Com efeito, as comadres falavam alto de malefícios e sortilégios lançados sobre a moça.

Durante esse tempo e no silêncio da intimidade, consultamos nossos guias espirituais sobre a natureza dessa moléstia. Eis o que nos responderam:

"É uma obsessão das mais graves, cujo caráter mudará muitas vezes de fisionomia. Agi friamente, com calma; observai, estudai e chamai Germaine."

A esta primeira evocação, este Espírito não poupou injúrias e mostrou grande repugnância em responder às nossas interpelações. Até então, nenhum de nós tinha entrado na casa da doente e, antes de intervir, queríamos deixar a família esgotar todos os meios que a sua solicitude podia inspirar. Só quando a impotência da Ciência e da Igreja foi constatada é que exortamos o pai desesperado a vir assistir à nossa reunião para saber a verdadeira causa do mal de sua filha, e o remédio moral a lhe oferecer. Essa primeira sessão ocorreu em 16 de setembro de 1864. Antes da evocação de Germaine, nossos guias nos deram a seguinte instrução:

"Procedei com muito cuidado, muita observação e muito zelo. Tratareis com um Espírito mistificador, que alia a astúcia e a habilidade hipócrita a um caráter muito mal. Não cesseis de estudar, de trabalhar pela moralização desse Espírito e de orar com essa finalidade. Recomendai aos pais que, em presença da filha, evitem qualquer manifestação de temor por seu estado; ao contrário, eles devem fazê-la consagrar-se às suas ocupações habituais e, sobretudo, não serem ásperos para com ela. Que lhe digam, principalmente, que não há feiticeiros: isto é muito importante. O cérebro jovem e maleável recebe as impressões com muita facilidade e seu moral poderia sofrer com isto; que não a deixem entreter-se com pessoas susceptíveis de lhe contar histórias absurdas, que dão às crianças ideias falsas e, por vezes, perniciosas. Que os próprios pais se tranquilizem: a prece sincera é o único remédio que deve libertar a garota.

Nós vo-lo dissemos, espíritas, o Espírito Germaine tem habilidade; ele arranjará sempre crenças ridículas, rumores que circulem em volta da mocinha; procurará dar-vos o troco. Tirai partido do caso: a obsessão apresentar-se-á sob novas fases. Ficai advertidos; pensai que deveis trabalhar com perseverança e seguir com inteligência os mínimos detalhes que vos porão no rastro das manobras do Espírito. Não vos fieis na calma. Se as crises são os efeitos mais chocantes nas obsessões, há outras consequências muito mais perigosas. Desconfiai do idiotismo e da infantilidade num obsedado que, como neste caso, não sofre fisicamente. As obsessões são tanto mais perigosas quanto mais ocultas; muitas vezes são puramente morais. Este não raciocina, aquele perde a lembrança do que disse, do que fez. Entretanto, não se deve julgar muito precipitadamente e tudo atribuir à obsessão. Repito: estudai, discerni, trabalhai seriamente; não espereis tudo de nós; ajudar-vos-emos, pois trabalhamos em acordo, mas não repouseis, crendo que tudo vos será revelado."

Evocação de Germaine.

Resp. – Eis-me aqui.

P. – Tendes algo a nos dizer, em continuação à nossa última conversa?

Resp. – Não, nada, senhores.

P. – Sabeis que nos tratastes com muita aspereza?

Resp. – Também me falais muito mal.

P. – Nós vos demos conselhos. Refletistes neles?

Resp. – Sim, muito, juro. Minhas reflexões foram sensatas. Admito que eu estava louca; delirava, mas eis-me calma.

P. – Muito bem! Quereis dizer-nos por que torturais essa menina?

Resp. – Inútil voltar ao assunto; seria muito longo para vos contar. Imagino que isto aqui não seja um tribunal; que não serei obrigada a me sentar no banco dos réus e responder ao questionário.

P. – Não, absolutamente; estais completamente livre; é o interesse que nos leva, por vós e pela menina, a perguntar por que motivo sério ou por que capricho vos entregais a esses ataques.

Resp. – Dizeis capricho? Ah! deveríeis desejar que não passasse de um capricho; porque, sabeis, o capricho é instável e acaba.

P. – Estais realmente calma?

Resp. – Bem o vedes.

P. – Sim, em aparência; mas não disfarçais os vossos sentimentos?

Resp. – Não venho vos estender armadilhas, pois não preciso disto.

P. – Quereis afirmá-lo perante os Espíritos que nos cercam...?

Resp. – Não ponhamos outras pessoas entre nós. Se devemos conversar ou tratar de algo, que seja de vós para mim. Não gosto da intervenção de terceiros.

P. – Muito bem! acreditamos em vossa boa-fé, e...

Resp. – É por isto que deveríeis vos contentar com esta garantia. Aliás, eu vos obriguei a me acreditar, se fizerdes resistência; não me faltarão provas para vos convencer de minha sinceridade.

Germaine

Ao ouvir o nome de *Germaine*, o pai da obsedada exclamou estupefato: *Oh! é engraçado!* E, ao se retirar, repetia várias vezes: *É engraçado!*

(Isto será explicado mais tarde.)

Janeiro de 1865

No dia seguinte, 17 de setembro, dirigi-me pela primeira vez à casa daquela família, com o desejo de ser testemunha de um ataque do Espírito. Fui servido na medida do possível. Valentine estava em crise; entrei com as pessoas do quarteirão, que se precipitavam na casa.

Estendida no leito, vi uma jovem magnífica, robusta para a sua idade, e contida por oito ou dez braços vigorosos, como descrevi acima. Só a cabeça estava livre, agitando-se e açoitando o ar, em todos os sentidos, com sua cabeleira solta. A boca entreaberta deixava ver duas fileiras de dentes brancos e, sobretudo, ameaçadores. O olhar estava completamente perdido, e as duas pupilas, das quais só se viam os bordos, estavam alojadas no ângulo do lado do nariz. Acrescente-se a isto uma espécie de grito selvagem, e imaginai o quadro.

Observei um instante a força das sacudidelas e, inclinando-me sobre o rosto da mocinha, pus a mão direita sobre sua fronte e a esquerda sobre o peito; cessaram imediatamente os movimentos e os esforços convulsivos e a cabeça pousou calma sobre o travesseiro. Dirigi os dedos da mão direita à boca, que se entreabriu e logo um sorriso se esboçou em seus lábios; as duas grandes pupilas negras retomaram seu lugar no meio do olho; àquela figura satânica sucedeu o mais gracioso semblante. A jovem manifestou seu espanto ao ver tanta gente à sua volta, dizendo que não estava doente; eram sempre suas primeiras palavras depois das crises. Elevei minha alma a Deus e senti sob as pálpebras duas lágrimas de entusiasmo e reconhecimento.

Isto acabava de se passar na manhã do dia 17. Como as crises se sucedessem com mais frequência à tarde, por volta das cinco horas, voltei; os ataques, porém, tinham ocorrido antes da hora habitual e já haviam terminado. Às sete horas retornei à minha casa para jantar. Mal cheguei, vieram avisar-me que a menina estava numa crise terrível. Fui para lá imediatamente. Depois de segurar com uma mão os dois braços dela, perto dos punhos, disse aos homens que a seguravam: "Soltai-a." Depois, com a outra mão sobre o seu peito, viram que se acalmava de repente; a seguir, levando a mão ao seu rosto, fiz lhe voltasse o sorriso e seus olhos retomaram o estado normal. Havia-se produzido o mesmo efeito da manhã. Fiquei junto à jovem uma parte da noite; ela não teve crises, mas dormia agitada; sua fisionomia tinha algo de convulsivo; via-se-lhe o branco dos olhos e ela parecia sofrer moralmente. Gesticulava, falava distintamente e exclamava em tom enérgico e comovido: *Vai-te! vai-te!... Oh! a vilã!... E a criança... e a criança... nos rochedos... nos rochedos.* A essa agitação sucedia uma espécie de êxtase: chorava e retomava com acento plangente: *Ah! tu sofres os tormentos do inferno!... e eu, queres fazer-me sofrer sempre!... sempre! sempre!...* E estendendo os braços no ar e tentando erguer-se: *Pois bem! leva-me, leva-me!*

A cada instante o pai soltava uma exclamação: *Oh! é engraçado!* E a mãe acrescentava: *Aí há mistério.* A partir de uma hora da madrugada, a menina dormiu calmamente até o dia raiar.

Essas agitações, essas censuras, esses êxtases, esse choro se repetiam diariamente após os ataques violentos do Espírito e duraram até muito tarde nas noites de 18, 19 e 20 de setembro. Todos os dias eu me dirigia para junto da doente, instalando-me, por assim dizer, em sua casa. Em minha presença nada se manifestava, mas, tão logo eu partia, produzia-se nova crise; então, eu voltava e a acalmava. Isto durou vários dias. Certamente era um fenômeno digno de atenção que tais crises fossem mitigadas de súbito apenas com a imposição das mãos. Havia rumores na cidade e matéria para estudo sério. Entretanto, lamentei não ter visto nenhum dos quatro médicos, que haviam tratado a menina, vir observá-la.

Durante todo esse tempo, notei na garota, ora uma alegria um tanto exagerada, ora uma espécie de parvoíce. O pai e a mãe não achavam esses ares naturais, o que justificava a previsão de nossos guias.

No dia 21 de setembro, o pai e a mocinha foram comigo à sessão. No começo, nossos guias nos disseram: "Chamai Germaine; pedi-lhe que fique junto de vós, e dizei-lhe isto:

"Germaine, sois nossa irmã; essa jovem é também nossa e vossa irmã. Se outrora alguma ação funesta vos ligou e fez pesar sobre ambas a Justiça divina, podeis comover o Juiz supremo. Apelai à sua infinita misericórdia; pedi-lhe vossa graça, como a pedimos por vós; tocai o Senhor por vossa prece fervorosa e vosso arrependimento. É em vão que buscais calma aos vossos remorsos e um refúgio na vingança; é em vão que procurais vossa justificação, acabrunhando-a ao peso de vossa acusação. Voltai, pois, à nossa voz; perdoai e sereis perdoada, não busqueis enganar-nos; não creias que apenas a aparência da franqueza possa seduzir-nos; sejam quais forem os meios que empregardes, nós os conhecemos e vos oporemos nossa força e nossa vontade. Que vosso coração, enceguecido pelo sofrimento e pelo ódio, se abra à piedade e ao perdão. Não deixaremos de orar ao Eterno e aos Espíritos bons, seus mensageiros fiéis, que derramem sobre vós a consolação e o benefício. O que queremos, Germaine, é vos livrar de vossos sofrimentos. Sempre sereis acolhida por nós como uma irmã; sereis socorrida. Assim, não nos considereis como inimigos, pois queremos a vossa felicidade; não sejais surda às nossas palavras; ouvi nossos conselhos e em pouco conhecereis a paz da consciência. O remorso terá fugido para longe de vós, o arrependimento terá tomado o seu lugar. Os Espíritos bons vos acolherão como a uma ovelha perdida que terão encontrado; os maus imitarão vosso exemplo. Nesta família em que provocais a maldição, só falarão bem de vós; haverá reconhecimento; essa mocinha também orará por vós e, se o ódio vos desune, um dia o amor vos reunirá.

"Sempre se é infeliz quando se está sedento de vingança; não mais repouso para o que odeia. O que perdoa está perto de amar; a felicidade e a tranquilidade substituem o sofrimento e a inquietação. Vinde, Germaine, vinde unir-vos a nós por vossas preces. Queremos que, a exemplo de Jules[1] e de outros Espíritos que, como vós, viviam no mal, ficai perto de nós, sob feliz proteção de nossos guias. Estais só; sede a filha adotiva desta família que ora ao Eterno pelos que sofrem e ensina a todos a amá-lo para serem felizes. Se vos obstinardes na

---

[1] Nota de Allan Kardec: Espírito obsessor da jovem Thérèse B., de Marmande. (*Vide Revista Espírita* de junho de 1864.)

crueldade para com esta menina, prolongareis e agravareis os vossos sofrimentos, e ouvireis a maldição da mocinha e dos que a cercam.

"Merecei, pois, dos vossos irmãos a amizade que vos oferecem do fundo do coração; cessai essas torturas, donde vos retirais semimorta. Crede em nossa palavra; crede, sobretudo, nos conselhos dos Espíritos bons que nos guiam e, particularmente, nos da *Pequena Cárita*. Não sereis surda a essa prece. Dai-nos por prova que acolheis a nossa oferta, a paz e o sono tranquilo à menina durante alguns dias. Vamos orar por vós e não cessaremos de pedir o fim de todos os vossos males."

Chamamos Germaine e lemos o que acabava de ser ditado.

P. – Ouvistes bem e compreendestes os votos que acabamos de exprimir?

Resp. – Sim. Estou mesmo admirada de todas essas promessas; não mereço tanto. Mas sou um Espírito desconfiado e não ouso nelas crer. Veremos se vossas preces me darão a calma de que estou privada há tanto tempo. É verdade, estou só e não conheço senão *aquela que procura estraçalhar-me*.[2] Veremos.

P. – Não vedes Espíritos bons ao vosso lado?

Resp. – Sim, mas nada espero, a não ser de vós.

P. – Pois bem! em troca do bem que vos queremos fazer, não poderíeis cessar de fazer o mal, de atormentar?...

Resp. – E eu sou a única causa desse mal? Ela contribui tanto quanto eu. Dizeis atormentar? Nós lutamos, nós nos atracamos; a culpabilidade é partilhada. Ela foi minha cúmplice. Não vejo por que faríeis pesar apenas sobre mim a responsabilidade por esses atos violentos, pelos quais também sou vítima.

---

[2] Nota de Allan Kardec: A continuação do relato fará se compreendam estas últimas palavras.

P. – Entretanto, a mocinha não vos vai procurar; e se a atormentais, é porque quereis. Tendes o vosso livre-arbítrio.

Resp. – Quem vos disse? Estais equivocados. Uma fatalidade nos liga.

P. – Muito bem! contai-nos tudo.

Resp. – Não posso. Aqui não se goza de inteira liberdade... Sou franca.

P. – Vamos, Germaine! Vamos orar por vós. Até outra vez!

Terminando, nossos guias nos disseram:

"Durante estes dias, reuni-vos tão numerosos quanto possível. Ocupai-vos mais particularmente dela. Vossa franqueza e vosso zelo a seu respeito a tocarão, e os resultados que buscamos, assim o esperamos, serão rápidos, graças a esta medida."

O dia 22 passou sem crise. Reunimo-nos à noite, como de costume.

Evocação de Germaine.

P. – Muito bem, Germaine! Acreditais em nossa afeição por vós?

Resp. – Tenho direito de duvidar; dificilmente o pária acredita no ósculo fraterno, que lhe dão de passagem. Estou habituada a ver o desdém e o desprezo me perseguindo.

P. – Deus quer que nos amemos uns aos outros.

Resp. – Não conheço isto. Aqui, aquele a quem o remorso persegue ou oprime é um inimigo, uma serpente da qual se foge atirando-lhe pedra. Credes que isto não seja revoltante para o maldito? Ele se torna, por instinto, inimigo de todos; a paixão e o ódio o cegam. Infeliz do que cai nas garras desse abutre.

P. – Nós, Germaine, vos queremos amar e vos estendemos a mão.

Resp. – Por que não me falaram assim mais cedo? Há, no entanto, corações generosos no mundo que habito. Então eu lhes causava medo? Por que jamais me disseram: És nossa irmã e podes partilhar a nossa sorte? Ainda tenho o veneno na alma, sobretudo quando penso no passado. O crime merece uma pena, mas a punição foi muito grande: parecia que tudo caía sobre mim, para me esmagar. Nesses momentos desconhece-se Deus, a gente o blasfema, nega-o, revolta-se contra Ele e os seus, quando se está abandonado.

Observação – Este último raciocínio do Espírito é resultado da superexcitação em que se acha, mas acaba de levantar uma questão importante. "Por que, no mundo onde estou, não me falaram como vós?" Em razão de a ignorância do futuro fazer parte momentaneamente do castigo de certos culpados. Somente quando vencido o seu endurecimento é que lhes fazem entrever um raio de esperança, como alívio às suas penas; é preciso que voluntariamente voltem os olhos para Deus. Mas os Espíritos bons não os abandonam; esforçam-se por lhes inspirar bons pensamentos; espreitam os menores sinais de progresso e, desde que veem neles brotar o germe do arrependimento, provocam instruções que, esclarecendo-os, podem conduzi-los ao bem. Essas instruções lhes são dadas pelos Espíritos em tempo oportuno; também podem sê-lo pelos encarnados, a fim de mostrar a solidariedade que existe entre o mundo visível e o mundo invisível. No caso de que se trata, era útil à reabilitação de Germaine que o perdão lhe viesse da parte dos que se queixavam dela, o que era, ao mesmo tempo, um mérito para estes últimos. Esta a razão pela qual a intervenção dos homens é requisitada para a melhora e o alívio dos Espíritos sofredores, sobretudo nos casos de obsessão. Seguramente a dos Espíritos bons lhes poderia bastar, mas a caridade dos homens para com seus irmãos da erraticidade é para eles próprios um meio de avanço que Deus lhes reservou.

P. – O Espírito Jules, que vedes perto de nós, era também um criminoso, sofredor e infeliz?...

Resp. – Minha posição foi pior para mim. Citai tudo quanto pode afligir a alma; dizei quanto o veneno queima as entranhas: eu experimentei tudo; e o mais cruel para mim era estar só, abandonada, maldita. Não inspirei piedade a ninguém. Compreendeis a raiva que transborda de meu coração? Sofri muito! *eu não podia morrer; o suicídio não me era possível*; e sempre à minha frente o mais sombrio futuro! Jamais vi despontar um clarão; nenhuma voz me disse: "Espera!" Então gritei: "Raiva, vingança! A mim, as vítimas! ao menos terei companheiras de sofrimento. Não é a primeira vez que a menina sente a minha opressão."[3]

Observação – Se se perguntasse por que Deus permite que Espíritos maus saciem sua raiva nos inocentes, diremos que não há sofrimento imerecido, e aquele que hoje é inocente e sofre, por certo ainda tem alguma dívida a pagar. Esses Espíritos maus servem, neste caso, de instrumento à expiação. Além disso, sua malevolência é uma provação para a paciência, a resignação e a caridade.

P. – Agradecei a Deus por vos ter feito sofrer tanto; esses sofrimentos são a expiação que vos purificou.

Resp. – Agradecer a Deus! pedis muito; sofri demais! Era preferível o inferno àquilo que eu suportava. Como me ensinaram, os danados sofrem, choram e gritam juntos; eles podem debater-se e lutar entre si; eu estava só. Oh! é horrível! Descrevendo estas coisas, fico com vontade de blasfemar e de me lançar sobre a presa. Não creiais entravar-me, pondo entre mim e ela um anjo sorridente. Lutarei com todos, seja quem for.

P. – Seja qual for o sentimento que vos agita, só vos oporemos a calma, a prece e o amor.

---

[3] Nota de Allan Kardec: Com efeito, os pais nos disseram que a criança, aos 6 anos, tinha passado por crises, das quais não se podia dar conta.

Resp. – O que mais me agrada é que me falais sem me injuriar, sem me repelir e quereis fazer-me esperar. Oh! não espereis que me entregue imediatamente; tenho medo da decepção. Depois de ter feito tão belas promessas, tão belas que ainda não posso acreditar, iríeis abandonar-me? Oh! o que seria de mim, então? E refleti: Por que essa consolação tão tardia? e por que vós? Seria uma cilada oculta? Olha! não sei o que crer, o que fazer. Na verdade isto me parece estranho, surpreendente.

Observação – Prova a experiência, realmente, que as palavras duras e malévolas são um meio inadequado para se desembaraçar dos Espíritos maus; elas os irritam, o que os levam a obstinar-se ainda mais.

P. – Germaine, escutai-me. Vou explicar o que vos surpreende. Desde alguns anos, a imortalidade, a individualidade e a relação das almas com os que ainda estão na Terra nos têm sido demonstradas de maneira a não deixar margem a nenhuma dúvida. O Espiritismo — eis o nome desta nova Doutrina — prescreve a seus adeptos que amem e socorram seus irmãos. Somos espíritas e, por amor a duas irmãs que sofrem, vós e a menina vossa vítima, viemos a vós para vos oferecer nosso coração e o socorro de nossas preces. Compreendeis agora?

Resp. – Não muito. Raciocinais como jamais ouvi. Deveis, pois, vos ocupar com os que vivem como vós e em vosso meio, e com os Espíritos que sofrem como eu? É um trabalho que deve ter o seu mérito.

P. – Se tendes ocasião para nos julgar sinceros, quereis prometer que serão boas as vossas disposições para com a mocinha?

Resp. – Boas *na medida em que tereis sido bons comigo*. Eu vos julgo todos sinceros; vossa linguagem me leva a acreditar, mas ainda duvido. Tirai-me esta dúvida e sou vossa. Esforçar-me-ei por fazer o que vos vou prometer; à medida que se apagar a dúvida, o mal enfraquecerá e, partida a dúvida, terá cessado o mal na menina. Infeliz de quem brincar comigo! ela morrerá estrangulada. Uma vítima espera a sua graça, que depende de vós, ou o golpe que lhe desferirei na cabeça. Não é uma ameaça para vos intimidar, mas uma advertência de que o ódio e a raiva me cegariam. Chegastes a tempo; talvez ela já estivesse morta. Já que nem sempre podemos conversar juntos, dizei aos vossos amigos que vivem onde vivo, que continuem a conversa; que não me repilam, embora minhas maldades não tenham cessado. Porque não me empenhei absolutamente e não podeis exigir mais do que prometi.

Pedimos aos nossos guias que dispensassem boa acolhida a Germaine. Eles responderam:

"Antes de tudo ela é nossa irmã muito amada, tanto mais que tem sofrido muito. Vinde, Germaine. Se jamais uma mão amiga apertou a vossa, aproximai-vos: nós vos estenderemos as nossas. Só a vossa felicidade nos preocupa. Em nós sempre encontrareis irmãos, a despeito da fraqueza de que ainda vos sentis capaz. Nós vos lamentaremos e não vos condenaremos. Entrai em vossa família, a felicidade nos sorri. Entre nós não correm as lágrimas amargas; a alegria substitui a dor; e o amor, o ódio. Irmã, vossas mãos!"

VOSSOS GUIAS

Não houve crise no dia 23, como a da véspera. À noite a mocinha foi com seu pai à sessão, para ouvir Germaine, pela qual já mostrava muito interesse.

Nossos guias nos disseram:

"Começai vossos trabalhos pela evocação de Germaine; ela o deseja muito. Deveis provar-lhe que ela vos preocupa especialmente. Evitai tudo quanto possa parecer esquecimento e indiferença, a fim de afastar todas as suas dúvidas. Lembrai que seus ataques apenas se interromperam temporariamente. Sede prudentes; sede felizes sem amor-próprio e sem orgulho; sobretudo, sede fervorosos em vossas preces. Se ela manifestar o desejo de conversar demoradamente, mesmo que toda a noite, não regateeis o tempo."

Vossos guias

Evocação de Germaine.

Resp. – Eis-me aqui, muito mais calma. Quero ser justa; creio ser um dever para convosco. Também vedes que agi como o havia dito. As boas relações fazem os bons amigos. Falai-me, pois, já que sois vozes amigas. É tão estranho e tão novo para mim que me permitireis deliciar-me com uma conversa na qual o ódio será substituído pelo... ia dizer amor, e não o conheço! Dizei-me o que devo fazer para amar e ser amada, eu, a pobre miserável Germaine, envelhecida pela desgraça, pelo opróbrio e pelo crime!... Entre vós batizam? Eis uma neófita.

— O batismo que pedis, Jeanne,[4] já o recebestes, respondi-lhe; está no vosso arrependimento, em vossa resolução de marchar por um novo caminho.

O dia 24 de setembro foi tão calmo quanto o precedente.

Na reunião da noite chamamos Germaine.

P. – Germaine, nós vos agradecemos...

Resp. – Não faleis disto, porque me deixais envergonhada. Eu é que me devo inclinar e pedir graça. Devo-te uma grande reparação, pobre menina! A vida de que gozam os Espíritos é eterna. Deus pôs à minha frente os meios e o tempo para reparar os danos causados pela cegueira da paixão. Tranquiliza-te; ora algumas vezes pela infeliz Germaine, a criminosa que, hoje arrependida, te pede perdão. Esquece, pobre menina, tuas dores e quem as causou. Lembra-te apenas de que agora ela deseja ser tua amiga. Não é mais a mesma Germaine; a prece que fizeram em minha intenção

---

[4] N.T.: Não seria Germaine?

tornou-me a alma mais limpa; extinguiu-se minha sede de vingança. A lembrança de meu infame passado será minha expiação. Minha prece, junto à vossa, suavizará o remorso que me tortura. Obrigado a vós todos, que me chamastes à senda da verdade e do bem, quando eu estava perdida nas profundezas do vício e da impenitência.

"Agora acredito em vós; a dúvida desapareceu. Amo-vos e vos agradeço por me haverdes salvo e curado; também vos agradeço por esta pobre menina, a quem restituístes a saúde e a vida.

"Posso dizer-me feliz, por estar entre os Espíritos bons, que consolam e fortalecem por sua moral doce e persuasiva. Não mais estou só; a despeito de toda a perversidade de minha alma, eles me admitiram em sua bem-aventurada família. Sou a doente, eles são meus guardiães. Faltam-me expressões para vos dizer tudo o que sinto.

"Dizei-me todos, sobretudo tu, pobre filha, que me perdoais. Preciso ouvir esta palavra sair de teu coração. Por favor, dai-me esta consolação."

A jovem Valentine lhe disse: "Sim, Germaine, eu vos perdoo; mais ainda: eu vos amo!"

— E nós também — disse eu logo —, nós vos amamos como a uma irmã.

Germaine continuou:

— E eu também começo a amar. A quem devo esta transformação? Àqueles a quem injuriei e que, malgrado todo o horror que eu lhes devia inspirar, tiveram piedade de mim e me chamaram sua irmã, provando que não me enganavam.

"Sim, abris-me o caminho do futuro feliz. Estava pobre e abandonada e agora vivo entre os que têm muito; não posso mais me lastimar. Os Espíritos bons dizem que vão preparar-me para as provações que sofrerei infalivelmente; e, munida desta força, descerei ao meio das criaturas terrenas. Já não será para semear a morte ao meu redor, mas para amar e merecer sua benevolência e amizade.

"Terei muito a dizer, mas não quero ser importuna. Oremos; parece que isto me fará bem.

"Deus, Todo-Poderoso, eterno, misericordioso, ouve minha prece. Perdoa minhas blasfêmias, perdoa meus desvios. Eu não conhecia o caminho que leva ao reino do justo. Meus irmãos da Terra me fizeram conhecê-lo; meus irmãos Espíritos para ele me conduzem. Que a justiça infinita siga seu curso para a pobre Germaine; agora ela sofrerá sem se lastimar; nem um só murmúrio sairá de sua boca. Reconheço tua grandeza e tua bondade de Pai para os teus bem-aventurados servos, que vieram me tirar do caminho do vício. Que minha prece suba a ti; que os anjos que te servem e cercam teu trono possam um dia acolher-me em seu meio, como o fizeram estes Espíritos bons. Hoje o compreendo: só a virtude conduz à felicidade. Fazei graça, ó meu Deus, aos que, como eu, ainda sofrem. Concedei à menina que torturei as doçuras e as virtudes que fazem a felicidade na Terra."

Germaine

"Foi-vos dito: Ajuda-te, e o Céu te ajudará; Os Espíritos que vos guiam não farão o trabalho que o dever vos impõe, mas, conforme houverdes trabalhado, eles abreviarão, tanto quanto puderem, a tarefa encetada sob a bandeira da caridade imortal. Agi, pois, sem desfalecimento e sem fraqueza; que vossa fé se fortaleça, e um dia, talvez, vos pergunteis donde vos vem essa força. Trabalhai pela moralização de vossos irmãos encarnados e a dos Espíritos atrasados; não vos contenteis em pregar as consolações do Espiritismo; mostrai-lhe a grandeza e o poder por vossos atos; é a melhor refutação que podereis opor aos vossos adversários. As palavras voam e os atos fortificam e levantam. Que a felicidade que entrar na família em companhia da jovem Doutrina seja devida aos cuidados e à caridade dos sinceros adeptos. Sede confiantes, mas sem orgulho, do que vos acontecer, sem o que os frutos que daí deveis retirar serão perdidos para vós."

Vossos guias

Observação – Como se vê, os Espíritos não são inativos nem indiferentes em relação aos Espíritos sofredores, que é preciso trazer ao bem. Mas quando a intervenção dos homens pode ser útil, eles lhes deixam a iniciativa e o mérito, salvo para secundá-los com seus conselhos e seus encorajamentos.

A partir de 25 de setembro, seguindo os conselhos de nossos guias, adormeci a jovem Valentine todos os dias pelo sono magnético, para expurgá-la completamente da ação dos maus fluidos que a tinham envolvido e fortalecer o seu organismo. Desde sua libertação, ela experimentava mal-estar, distúrbios gástricos, pequenos espasmos nervosos, consequência inevitável da obsessão.

Observação – Para que teria servido o magnetismo, se a causa tivesse subsistido? Primeiramente, teria sido preciso destruir a causa, antes de atacar os efeitos, ou, pelo menos, agir sobre ambos simultaneamente.

Um tanto mimada pelos cuidados e carícias que lhe tinham prodigalizado, a menina tornara-se caprichosa e voluntariosa, e só com repugnância consentia em ser adormecida. Um dia até se recusou e fui-me embora. Ao chegar em casa, vieram avisar-me que ela tivera uma crise. "Bem", exclamei, "é uma punição de Germaine." Voltei imediatamente e encontrei a menina agitando-se na cama. Essa crise não era tão violenta quanto as precedentes, mas apresentava as mesmas características. Acalmei-a como nas outras. Algumas horas depois teve uma segunda, que eu mesmo interrompi.

À noite nós nos reunimos. Germaine veio sem ser chamada; disse que tinha querido dar uma lição à menina e adverti-la de que, quando não fosse razoável, far-lhe-ia sentir a sua presença. Além disso, lhe deu conselhos muito bons e fez sentir aos pais os inconvenientes de ceder aos caprichos dos filhos.

À fase da cura e da conversão do Espírito, sucedeu a das revelações tocantes ao drama, do qual a obsessão violenta da jovem Valentine era o desenlace. Por mais interessante e comovedora que seja esta parte do relato, suprimimos alguns detalhes, estranhos, até certo ponto, ao nosso tema, além de tratarem de assuntos contemporâneos, cuja lembrança penosa ainda está presente e tiveram por testemunhas interessadas pessoas ainda vivas. Nós os resumimos para as conclusões que deles devemos tirar. Pelos mesmos motivos, dissimulamos os nomes próprios, que nada acrescentariam à instrução que ressalta desta história.

Dessas revelações feitas na intimidade, fora do grupo, e por meio de outro médium, resulta que Germaine é a avó do Sr. Laurent, o pai da jovem obsedada Valentine. Ela tinha uma filha, que teve dois filhos, dos quais um é o próprio Sr. Laurent; o outro foi assassinado por sua avó, que o lançou num barranco, em baixo dos rochedos de... Por esse homicídio, foi condenada a dez anos de reclusão, que sofreu na prisão de C... Dá as mais minuciosas indicações sobre todos esses fatos, precisando com exatidão os nomes, lugares e datas, de modo a não deixar qualquer dúvida quanto à sua identidade. Esses detalhes íntimos, só conhecidos pelo Sr. Laurent e sua mulher, foram por eles confirmados. Para melhor deixar-se reconhecer pelo neto, designou-o por seu apelido, ignorado pelo médium e só lhe falou em dialeto, como o fazia em vida.

Não havia, pois, como se enganar: Germaine era mesmo a avó de Laurent, a condenada por infanticídio. Quanto à sua filha, cujo filho foi assassinado, é hoje a filha de Laurent, a jovem Valentine, que vem ainda atormentar por uma cruel obsessão. Ela explicou a causa do ódio que lhe votara. Tinha havido luta entre elas como Espíritos, e essa luta continuou quando uma delas reencarnou. Um fato veio confirmar esta asserção: são as palavras que a mocinha pronunciou durante o sono. Como é compreensível, seus pais a tinham deixado sempre ignorar o que se passara na família. As palavras: *A criança! a criança! nos rochedos! nos rochedos!* evidentemente resultavam da lembrança que seu Espírito conservava no estado de desprendimento.

"Muito bem!" disse eu ao pai de Valentine, "estais bem convencido de que é o Espírito de vossa avó?" — Ó senhor — respondeu ele —, já me havia convencido disto antes desta conversa. O nome de Germaine e as palavras de Valentine, durante suas crises, não me deixavam a menor dúvida a respeito; eu o disse logo à minha mulher. Ainda mais, quando me falastes do Espiritismo e das reencarnações, acorreu-me a ideia de que minha mãe estava encarnada em Valentine.

Assim se explicam as repetidas exclamações de Laurent: "É engraçado!" e as de sua mulher: "Aí há mistério!"

Evocação de um surdo-mudo encarnado

O Sr. Rul, membro da Sociedade de Paris, transmite-nos o fato que se segue. Disse ele:

"Em 1862 conheci um jovem surdo-mudo de 12 ou 13 anos. Desejoso de fazer uma observação, perguntei aos meus guias protetores se me seria possível evocá-lo. Como a resposta fosse afirmativa, fiz o rapaz vir ao meu quarto e o instalei numa poltrona, com um prato de uvas, que ele se pôs a chupar com ardor. Por meu lado, sentei-me a uma mesa. Orei e fiz a evocação, como de costume. Ao cabo de alguns instantes minha mão tremeu e escrevi: 'Eis-me aqui.'

"Olhei o menino: estava imóvel, os olhos fechados, calmo, adormecido, com o prato sobre os joelhos; cessara de comer. Dirigi-lhe as seguintes perguntas:

P. – Onde estás agora?

Resp. – Em vosso quarto, em vossa poltrona.

P. – Queres dizer por que és surdo-mudo de nascença?

Resp. – É uma expiação de meus crimes passados.

P. – Que crimes cometeste?

Resp. – Fui parricida.

P. – Podes dizer se tua mãe, *a quem amas tão ternamente*, não teria sido, como teu pai ou tua mãe, na existência de que falas, o objeto do crime que cometeste?

"Em vão esperei a resposta; minha mão ficou imóvel. Levantei de novo os olhos para o menino; acabava de despertar e comia as uvas com apetite. Tendo, então, pedido aos guias que me explicassem o que acabava de se passar, foi-me respondido:

"'Ele deu as informações que desejavas e Deus não permitiu que te desse outras.'

"Não sei como os partidários da comunicação exclusiva dos demônios nos explicariam o fato. Para mim, conclui que, desde que Deus por vezes nos permite evocar um Espírito encarnado, permite-nos igualmente em relação aos desencarnados, quando o fazemos com o espírito de caridade."

Observação – Por nosso lado, faremos outra observação a respeito. Aqui, a prova de identidade resulta do sono provocado pela evocação, e da cessação da escrita no momento de despertar. Quanto ao silêncio guardado sobre a última pergunta, prova a utilidade do véu lançado sobre o passado. Com efeito, suponhamos que a mãe atual desse menino tenha sido sua vítima em outra existência, e que este tenha querido reparar seus erros pela afeição que lhe testemunha; a mãe não seria dolorosamente afetada se soubesse que o filho foi seu assassino? sua ternura por ele não seria alterada? Foi-lhe permitido revelar a causa de sua enfermidade como assunto de instrução, a fim de nos dar uma prova a mais de que as aflições daqui têm uma causa anterior, quando tal causa não esteja na vida atual, e que assim tudo é conforme à justiça; mas o resto era inútil e poderia ter chegado aos ouvidos da mãe. Por isto os Espíritos o despertaram, no momento em que, talvez, fosse responder. Mais tarde explicaremos a diferença que existe entre a posição desse menino e a de Valentine, do relato precedente.

Além disso, o fato prova um ponto capital: não é somente depois da morte que o Espírito recobra a lembrança de seu passado. Pode dizer-se que não a perde jamais, mesmo na encarnação, porquanto, durante o sono do corpo, quando goza de certa liberdade, o Espírito tem consciência de seus atos anteriores; sabe por que sofre, e que sofre justamente; a lembrança não se apaga senão durante a vida exterior de relação. Porém, em falta de uma lembrança precisa, que lhe poderia ser penosa e prejudicar suas relações sociais, haure novas forças nos instantes de emancipação da alma, se os soube aproveitar.

Deve-se concluir do fato que todos os surdos-mudos tenham sido parricidas? Seria uma consequência absurda, porque a Justiça de Deus não está circunscrita em limites absolutos, como a justiça humana. Outros exemplos provam que esta enfermidade resulta, por vezes, do mau uso que o indivíduo tenha feito da faculdade da palavra. "Pois quê!" exclamarão, "será justa uma mesma expiação para duas faltas tão diferentes na sua gravidade?" Mas os que assim raciocinam ignoram que a mesma falta oferece infinitos graus de culpabilidade, e que Deus mede a responsabilidade pelas circunstâncias? Aliás, quem sabe se esse menino, supondo seu crime sem escusas, não sofreu duro castigo no mundo dos Espíritos, e seu arrependimento e desejo de reparar não reduziram a expiação terrena a uma simples enfermidade? Admitindo, a título de hipótese, já que o ignoramos, que sua mãe atual tenha sido sua vítima, caso não conservasse para com ela a resolução tomada de reparar sua falta pela ternura, por certo o esperaria um castigo mais terrível, seja no mundo dos Espíritos, seja em nova existência. A Justiça de Deus nunca falha e, por ser às vezes tardia, nada perde por esperar, mas Deus, em sua bondade, jamais condena de maneira irremissível, e sempre deixa aberta a porta do arrependimento. Se o culpado demora a aproveitá-lo, sofrerá por mais tempo. Assim, dele sempre depende abreviar os seus sofrimentos. A duração do castigo é proporcional à duração do endurecimento. É assim que a Justiça de Deus se concilia com sua bondade e seu amor por suas criaturas.

Variedades

O perispírito descrito em 1805

Extraído da obra alemã: *Os fenômenos místicos da vida humana*, por Maximilien Perty, professor da Universidade de Berna – Leipzig e Heidelberg, 1861

Sob o título de *Aparição real de minha mulher após sua morte* — Chemnitiz, 1804 — o doutor Woetzel publicou um livro que causou grande sensação nos primeiros anos deste século. O autor foi atacado em vários escritos, principalmente por Wieland, que o leva ao ridículo na *Euthanasia*. Durante uma doença de sua mulher, Woetzel tinha pedido a esta última que lhe aparecesse após sua morte; ela lho prometeu. Mais tarde, porém, a rogo do marido, ela se desligou da promessa. Todavia, algumas semanas depois de sua morte, um vento violento pareceu soprar no quarto, embora estivesse fechado; a luz quase se apagou; uma pequena janela na alcova abriu-se e, a despeito da fraca claridade que reinava, Woetzel viu a forma de sua mulher, a dizer-lhe em voz doce: "Charles, sou imortal; um dia nos reveremos." A aparição e estas palavras consoladoras se repetiram mais tarde, uma segunda vez. A mulher mostrou-se de vestido branco, com o mesmo aspecto que tinha antes de morrer. Um cão que não se havia mexido quando da primeira aparição, agitou-se e descreveu um círculo, como se estivesse em redor de uma pessoa conhecida.

Numa segunda obra sobre o mesmo assunto (Leipzig, 1805), o autor fala de convites que lhe teriam sido dirigidos para desmentir todo o assunto, "pois, do contrário, muitos sábios seriam forçados a renunciar ao que, até então, tinham julgado como opiniões verdadeiras e justas, e porque a superstição aí encontraria um alimento". Mas ele já havia pedido ao conselho da Universidade de Leipzig que lhe permitisse prestar juramento a respeito. O autor desenvolve sua teoria. Segundo ele, "a alma, depois da morte, seria envolvida por um corpo etéreo, luminoso, por meio do qual poderia tornar-se visível; que poderia usar outras vestimentas, por cima desse envoltório luminoso; que a aparição não tinha agido sobre o seu sentido interior, mas unicamente sobre os sentidos exteriores".

Como se vê, só falta a esta explicação a palavra *perispírito*. Contudo, Woetzel se equivoca quando julga que a aparição só atua sobre os sentidos exteriores, e não sobre o sentido interior. Sabe-se hoje que é o contrário que ocorre. Mas talvez ele tivesse querido dizer que estava perfeitamente desperto, e não em estado de sonho, o que, provavelmente, lhe teria feito pensar que havia percebido a aparição apenas pela visão corporal, uma vez que não conhecia as propriedades do fluido perispiritual, nem o mecanismo da *visão espiritual*.

Aliás, lendo-se a erudita obra do Sr. Pezzani, sobre a *Pluralidade das existências [da alma]*, tem-se a prova de que o conhecimento do *corpo espiritual* remonta à mais alta Antiguidade, e que só o nome de *perispírito* é moderno. Paulo o descreveu em sua I^a Epístola aos Coríntios, cap. 15. Woetzel o reconheceu apenas pela força do raciocínio. Tendo-o estudado nos numerosos fatos que observou, o Espiritismo descreveu as suas propriedades e deduziu as leis de sua formação e de suas manifestações.

Quanto ao que se refere ao cão, nada há nisto de surpreendente. Diversos fatos parecem provar que certos animais sentem a presença dos Espíritos. Na *Revista Espírita* de junho de 1860, citamos um exemplo que tem notável analogia com o de Woetzel. Não está mesmo provado positivamente que não os possam ver. Nada haveria de impossível que, em certas circunstâncias, por exemplo, os cavalos que se assustam e se recusam, obstinadamente, a avançar sem motivo conhecido, sofram o efeito de uma influência oculta.

Um novo ovo de Saumur

Ao que parece, Saumur é fecunda em maravilhas ovíparas. Lembram-se de que em setembro último, uma galinha, nativa dessa cidade e domiciliada na rua da Visitation, punha ovos miraculosos, sobre cuja casca viam-se, em relevo e claramente desenhados, objetos de santidade e inscrições. Isto fez grande sensação em certos meios, e excitou a verve trocista dos incrédulos. O *Echo Saumurois*, entre outros, divertiu-se bastante com a coisa. A multidão dirigiu-se ao local; a autoridade comoveu-se e sugeriram que um agente de polícia tomasse conta da galinha, para esperar o acontecimento. Não repetiremos o espirituoso relato, nem a menos judiciosa explicação, dadas pelo *Le Sauveur des Peuples*, de Bordeaux, de 18 de setembro de 1864, ao qual remetemos nossos leitores para os detalhes circunstanciados do caso.

Ultimamente, um dos nossos assinantes de Saumur nos remeteu outro ovo fenomenal, originário da mesma cidade, pedindo que examinássemos bem a fanfarrice que ele apresenta, conquanto não houvesse desenhos, nem inscrições. Não que ele acreditasse num prodígio, mas, ao contrário, para ter nossa opinião, a fim de contrapô-la às pessoas muito crédulas em matéria de milagres, porque parece que, depois do que se havia passado, esse ovo também tinha produzido certa sensação no público. Não sabemos se é da mesma galinha. Eis do que se trata:

O ovo apresenta na ponta uma excrescência, em forma de cordão grosso, enrolado sobre si mesmo, da mesma natureza que a casca e aderente em toda a sua extensão, que é de 6 a 7 centímetros.

Basta conhecer a formação dos ovos para se dar conta desse fenômeno. Sabe-se que o ovo é formado, inicialmente, de uma simples membrana, semelhante a uma bexiga, na qual se desenvolvem a clara e a gema, germe e alimento do futuro pinto. Por vezes alguns são postos neste estado. Antes da postura, essa película se cobre de uma camada de carbonato de cálcio, que forma a casca. No caso de que se trata, não sendo o conteúdo suficiente para encher a membrana vesicular, resultou que a parte vazia, formando o gargalo da bexiga, ficou contraída, rebatendo-se e se enrodilhando sobre o próprio corpo do ovo. O depósito calcário, formado depois, endureceu-o todo, o que deu origem a essa excrescência anormal. Se toda a capacidade se tivesse enchido, o ovo teria sido monstruoso para um ovo de galinha, porque teria cerca de 10 centímetros em seu maior diâmetro, ao passo que tem uma dimensão ordinária.

Que relação pode ter tudo isto com o Espiritismo? Absolutamente nenhuma. Se dele falamos, é porque seus detratores quiseram associar seu nome no primeiro caso, não sabemos bem a que título, a não ser, conforme seu hábito, o de procurar todas as ocasiões de o ridicularizar, mesmo nas coisas que lhe são mais estranhas. Quisemos provar uma vez mais que os espíritas não são tão crédulos quanto dizem. Desde que um fenômeno insólito se apresente, eles procuram antes de tudo a explicação no mundo tangível, e não envolvem os Espíritos em tudo quanto é extraordinário, porque sabem em que limites e segundo que leis sua ação se exerce.

Notas bibliográficas

Pluralidade das existências da alma

Por André Pezzani, advogado na Corte Imperial de Lyon

Esta obra, anunciada há algum tempo e esperada com impaciência, acaba de aparecer na livraria dos Srs. Didier & Cie.[5]

---

[5] Nota de Allan Kardec: Um vol. in-8º à venda. Preço: 6 fr. – No

Todos os que conhecem o autor, sua vasta erudição, seu espírito judicioso de análise e de investigação, não duvidam que esta grave questão da pluralidade das existências fosse por ele tratada de acordo com a sua importância. Sentimo-nos felizes ao dizer que ele não falhou em sua tarefa. Entretanto, não se empenhou bastante em demonstrar, pelo seu próprio raciocínio, essa grande lei da humanidade, embora se devotando a ela. Por mais douto que seja, é modesto, muito modesto mesmo, o que raramente é corolário do saber; diz que sua opinião pouco pesaria na balança, razão que o levou a apoiar-se mais nas dos outros que na sua. Ele quis demonstrar que esse princípio tinha sido entrevisto pelos maiores gênios de todos os tempos; que é encontrado em todas as religiões, por vezes clara e categoricamente formulado, muitas vezes velado sob a alegoria; que, implicitamente, é a fonte primeira de uma imensidade de dogmas. Prova, por documentos autênticos, que a teoria da imortalidade e da progressão da alma fazia parte do ensino secreto só reservado aos iniciados nos mistérios. Nesses tempos recuados ele poderia ter utilidade, como o demonstra, ao ocultar do vulgo certas verdades que as massas não estavam maduras para compreender, e que as teriam deslumbrado, sem as esclarecer. Sua obra é, pois, rica em citações, desde os livros sagrados dos hindus, dos persas, dos judeus, dos cristãos; os filósofos gregos, os neoplatônicos, as doutrinas druídicas, até os escritores modernos: Charles Bonnet,[6] Ballanche,[7] Fourier, Pierre Leroux,[8] Jean Raynaud, Henri Martin etc.; e, como conclusão e última expressão, os livros espíritas.

Nesse vasto panorama, ele passa em revista todas as opiniões, as diversas teorias sobre a origem e os destinos da alma. A doutrina da metempsicose animal é aí tratada largamente e de maneira nova. Demonstra que a da pluralidade das existências humanas a precedeu e que a transmigração em corpos de animais não

---

prelo, ed. In-12º. Preço: 3 fr.

[6] N.E.: Charles Bonnet (1720–1793), filósofo e naturalista suíço. Descobridor da partenogênese natural.

[7] N.E.: Pierre Simon Ballanche (1776–1847), filósofo francês.

[8] N.E.: Pierre Leroux (1797–1871), filósofo e político francês. Fundou o jornal *Le Globe* em 1824.

passa de uma derivação alterada, e não o princípio. Era a crença reservada ao vulgo, incapaz de compreender as altas verdades abstratas, e como freio às paixões. A encarnação nos animais era uma punição, uma espécie de inferno visível, atual, que devia impressionar mais que o temor de um castigo moral num mundo espiritual. Eis o que a respeito diz Timeu de Locros,[9] que Cícero[10] garante ter sido o mestre de Platão:[11]

"Se alguém é vicioso e viola as regras do Estado, é preciso que seja punido pelas leis e pelas censuras; deve-se, ainda, apavorá-lo com o medo do inferno, pelo temor das penas contínuas, dos castigos, e pelos terrores e punições inevitáveis, que são reservadas aos infelizes criminosos no interior da Terra.

"Louvo muito o poeta jônico (Homero)[12] por haver tornado os homens religiosos por fábulas antigas e úteis. Porque, assim como curamos os corpos com remédios mais drásticos, se não cedem a remédios mais suaves, assim reprimimos as almas por discursos falsos, se não se deixarem levar pelos verdadeiros. É pela mesma razão que se devem estabelecer penas passageiras, baseadas na crença da transmigração das almas. De sorte que as almas dos homens tímidos passem, depois da morte, por corpos de mulheres expostas ao desprezo e às injúrias; as almas dos assassinos, por corpos de animais ferozes, para aí receber sua punição; as dos impudicos pelo corpo dos porcos e javalis; as dos inconstantes e dos leviatãs pelos dos pássaros que voam nos ares; as dos preguiçosos, dos indolentes, dos ignorantes e dos loucos pela forma dos animais aquáticos. É a deusa Nêmesis[13] quem julga todas essas coisas, no segundo período, isto é, no círculo da segunda região em torno da Terra, com os demônios, vingadores dos crimes, que são os inquisidores terrenos das ações humanas, e a quem o Deus condutor de todas as coisas conferiu

---

[9] N.E.: Filósofo grego pitagórico que viveu no século V a.C.
[10] N.E.: Filósofo, orador, escritor, advogado e político romano.
[11] N.E.: Platão (427 a.C.–347 a.C.), filósofo e matemático grego.
[12] N.E.: Poeta épico grego, do século IX a.C., considerado o autor da *Ilíada* e da *Odisseia*.
[13] N.E.: Deusa grega da vingança e da justiça distributiva.

a administração do mundo cheio de deuses, de homens e de outros animais que foram produzidos segundo a imagem excelente da forma incriada e eterna."

Ressalta daí e de vários outros documentos que a maioria dos filósofos professava ostensivamente a metempsicose animal, como um meio, já que eles próprios não criam, e tinham uma doutrina secreta, mais racional sobre a vida futura. Tal parece ter sido, também, o sentimento de Pitágoras[14] que, como se sabe, não é o autor da metempsicose; foi apenas o seu propagador na Grécia, depois de a ter encontrado entre os hindus. Aliás, a encarnação na animalidade não passava de uma punição temporária de alguns milhares de anos, mais ou menos conforme a culpabilidade, uma espécie de prisão da qual a alma, ao sair, entrava na humanidade. A encarnação animal não era, pois, uma condição absoluta, aliando-se, como se vê, à reencarnação humana. Era uma sorte de espantalho para os simples, muito mais que um artigo de fé entre os filósofos. Assim como se diz às crianças: "Se fordes más, o lobo vos comerá", os Antigos diziam aos criminosos: "Tornar-vos-eis lobos."

A doutrina da pluralidade das existências, emancipada das fábulas e dos erros dos tempos de ignorância, tende hoje, de maneira evidente, a entrar na filosofia moderna, abstração feita do Espiritismo moderno, porque os pensadores sérios aí encontram a única solução possível dos maiores problemas da moral e da vida humana. A obra do Sr. Pezzani vem, pois, muito a propósito, projetar a luz da História sobre essa importante questão; ela poupará pesquisas laboriosas, difíceis e muitas vezes impossíveis a muita gente. O autor não a escreveu do ponto de vista do Espiritismo, que nela só figura de maneira acessória e como ensinamento; escreveu-a do ponto de vista filosófico, de maneira a abrir as portas que lhe teriam sido fechadas, se tivesse imprimido a essa obra a etiqueta de uma crença nova. É o complemento da *Pluralidade dos mundos habitados*, do Sr. Flammarion, que, por seu lado, vulgarizou um dos grandes princípios de nossa Doutrina, sem dela falar expressamente.

---

[14] N.E.: Pitágoras (582 a.C.–496 a.C.), matemático e filósofo grego.

Voltaremos à obra do Sr. Pezzani, servindo-nos de várias de suas citações.

O Médium Évangélique

Novo jornal espírita de Toulouse[15]

O último mês do ano que acaba de passar viu nascer um novo órgão do Espiritismo, o que vem corroborar nossas reflexões contidas no artigo anterior sobre o estado do Espiritismo em 1864. Conforme seu início e a carta que seu diretor houve por bem escrever-nos antes de sua publicação, devemos contar com um novo campeão para a defesa dos verdadeiros princípios da Doutrina, isto é, dos que hoje são sancionados pelo grande controle da concordância. Que seja, pois, bem-vindo.

Esperando que o tenhamos podido julgar por suas obras, diremos que se o ditado: *Nobreza obriga* for verdadeiro, com mais forte razão pode dizer-se que o *título obriga*. O de *Médium Évangélique* é todo um programa e um belo programa, que impõe grandes obrigações, mas que, no entanto, pode entender-se de duas maneiras. Poderia significar que o jornal ocupar-se-á principalmente de controvérsias religiosas, do ponto de vista dogmático, ou que, compreendendo o objetivo essencial do Espiritismo, que é a moralização, será redigido conforme o espírito evangélico, que é sinônimo de caridade, tolerância e moderação. No primeiro caso não o seguiremos, porque o próprio interesse da Doutrina exige extrema reserva no desenvolvimento de suas consequências, e porque muitas vezes recuamos, quando queremos ir muito depressa: "Não adianta correr; é preciso partir na hora certa." No segundo, estaremos inteiramente com ele. Eis, aliás, um extrato de sua profissão de fé, posta no alto do primeiro número:

---

[15] Nota de Allan Kardec: O *Médium Évangélique* aparece aos sábados, desde 15 de dezembro. – Preço: Toulouse, 8 fr. por ano; 6 meses: 4 fr. 50. – Departamentos, 9 fr. e 50. – Assinaturas: Em Toulouse, rue de la Pomme, 34; em Paris, boulevard St.-Germain, 68.

O jornal que empreendemos fundar, sob o título de *Médium Évangélique*, tem por objetivo enveredar por caminhos novos, com os quais o mundo hoje se preocupa, quero dizer, nas vias do Espiritismo. Este jornal nos pareceu necessário em Toulouse, na hora em que os espíritas já não se contam entre nós, na hora em que seus numerosos grupos aumentam cada vez mais. Com efeito, a publicidade será um meio de fazer melhor conhecer o resultado dos trabalhos desses diversos grupos e de torná-los mais úteis à grande causa do progresso moral *ao qual nos convidam todos os nossos destinos*.

Todavia, a fim de não flutuar ao sabor do vento da Doutrina, nesses atalhos ainda difíceis, julgamos dever arvorar um estandarte, sob cujos auspícios queremos sincera e resolutamente marchar, certos de que o grande princípio da renovação moral está onde não há mais gregos, nem romanos, isto é, judeus, protestantes, católicos, mas uma grande família, unida pelos laços da fraternidade e tendendo para um objetivo comum, na sua carreira ofegante através das solidões misteriosas da vida. Esse estandarte vós o conheceis. Não é a cruz de ouro, filha do orgulho e dos vãos pensamentos dos homens, mas a cruz de madeira, filha do devotamento e do sacrifício e, por que não dizer? filha da verdadeira caridade.

Lamentamos que a falta de espaço nos impeça de citar integralmente a profissão de fé. Mas, por certo, teremos oportunidade de voltar ao assunto.

Alfabeto espírita

Para ensinar a ser feliz

Sob esse título, o nosso mui honrado irmão em Espiritismo, Sr. Delhez, de Viena, Áustria, cujo zelo pela causa da Doutrina é infatigável, acaba de publicar um opúsculo em língua alemã, contendo parcialmente a tradução francesa a respeito. É uma interessante coletânea de comunicações mediúnicas em prosa e verso, obtidas na Sociedade Espírita de Viena, sobre diferentes assuntos de moral, dispostas em ordem alfabética. O opúsculo é encontrado em Viena, na casa do autor, Singerstrasse, 7, e em todas as livrarias. Preço: 1 florim. O Sr. Delhez é o tradutor de *O livro dos espíritos* em língua alemã.

Instruções dos Espíritos

(Sociedade Espírita de Antuérpia – 1864)

I

Reconhecei a grandeza e a misericórdia de Deus para com todos os seus filhos. A voz do Altíssimo se fez ouvir! Inclinai-vos e sede humildes, porque o poder do Senhor é grande. A Terra inteira deve vibrar sob sua mão misericordiosa, e os que se submeterem às suas leis serão abençoados, como outrora Abraão, que marchava para uma terra desconhecida, porque a voz do Eterno falava em seu coração.

O Altíssimo vos sustentará, a vós que marchais sob o seu olhar paternal, humildes e crentes. Deixai que vos tratem como pobres de espírito, e o Deus forte vos atrairá a si por sua graça; sede firmes trabalhando em sua vinha, e desprezai o desdém dos ímpios, porque o Eterno vos tocou com sua mão protetora. Sede corajosos e marchai sem saber onde Ele vos conduz; Ele protege os que apoiam a própria fraqueza em sua força. O Criador é grande; admirai-o em suas obras.

O Espiritismo espalha-se na Terra, semelhante ao orvalho benfazejo da noite que refresca uma terra muito seca. Ele espargirá em vossas almas o orvalho celeste; vossos corações, pela unção da graça divina, produzirão bons frutos, e vossos trabalhos proclamarão sua glória e sua grandeza.

Deus é onipotente, e quando conduzia por sua força o braço de Moisés, as tábuas da Lei não abalaram a Terra? Que temeis? Deus vos abandonou à vossa fraqueza, quando deu sua força a Moisés? O Altíssimo não enviou o maná do deserto? Será menos misericordioso para convosco do que foi para com os filhos de Israel, deixando que vossos corações se ressequem pela ignorância?

Deus é tão justo quanto grande! Apoiai-vos nele e Ele vos inundará de sua graça. Vossos corações abrir-se-ão e se tornarão asilo da fé e da caridade; porque a caridade brilhou na Terra e o Altíssimo vos tocou com sua mão benfeitora.

Coragem, espíritas! o Deus forte vos olha. Que vossos corações sejam as tábuas onde Ele inscreve suas leis, e que nada de impuro manche o templo do Eterno, a fim de que vos torneis dignos de pregar seus mandamentos. Não temais andar nas trevas, quando a luz divina vos conduz.

Os tempos designados pelo Todo-Poderoso são chegados; as trevas desaparecerão da Terra dando lugar aos raios divinos que inundarão vossas almas, se não repelirdes a voz de Deus.

A força do Altíssimo derramar-se-á sobre o seu povo, e seus filhos o bendirão entoando louvores pela pureza de seus corações. Que nada vos detenha, que nada vos desanime; sede firmes na obra de Deus. Sede todos filhos de uma grande família, e que o olhar do vosso Pai celeste vos conduza e faça frutificarem os vossos trabalhos.

II

Aproxima-se o reino do Cristo; os precursores o anunciam; as guerras surdas aumentam; os Espíritos encarnados se agitam ao sopro impuro do príncipe das trevas: o demônio do orgulho, que lança o seu fogo, semelhante à cratera de um vulcão em atividade. O mundo invisível levanta-se ante a cruz; toda a hierarquia celeste está em marcha para o combate divino. Espíritas, erguei-vos; dai a mão aos vossos irmãos, os apóstolos da fé, a fim de que sejais fortes perante o exército tenebroso que vos quer engolir. Curvai-vos diante da cruz: é a vossa salvaguarda no perigo, o penhor da vitória. A luta está recheada de perigos, não vo-lo escondemos, mas os combates são necessários para tornar mais retumbante e mais sólido o triunfo da fé, e para que se cumpram estas palavras do Cristo: "As portas do inferno não prevalecerão contra ela."[16]

III

O homem só é bastante forte quando sente a sua fraqueza; tudo pode empreender sob o olhar de Deus. Sua força moral cresce em razão de sua confiança, porque sente necessidade de dirigir-se ao Criador para pôr sua fraqueza ao abrigo das quedas a que a imperfeição humana o pode arrastar. Aquele que põe sua vontade na de Deus pode enfrentar impunemente o Espírito do mal, sem se julgar temerário. Se o Ser supremo permite a luta entre o anjo e o demônio, é para dar à criatura oportunidade para triunfar e sacrificar-se nos combates. Quando Paulo sentiu vibrar em si a voz de Deus, exclamou: "Tudo posso naquele que me fortalece."[17] E o maior pecador tornou-se o mais zeloso Apóstolo da fé. Abandonado à fraqueza de sua natureza ardente e apaixonada, Santo Agostinho sucumbe; torna-se forte aos olhos de Deus, que sempre dá força a quem a pede para resistir ao mal. Mas, em sua cegueira, o homem julga-se poderoso por si mesmo e, deixando de recorrer a Deus, cai no abismo cavado pelo amor-próprio. Coragem, pois, porquanto, por mais forte que seja o Espírito que barra o caminho, apoiado na cruz nada tendes a temer; ao contrário, tereis tudo a ganhar para a vossa alma, que crescerá sob o raio divino da fé. Deixai-vos conduzir através das tempestades e chegareis ao termo de vossa marcha, onde Jesus vos espera.

Todo homem necessita de conselhos. Infeliz aquele que se julga bastante forte por suas próprias luzes, porque terá numerosas decepções. O Espiritismo está cheio de escolhos, mesmo nos grupos, e, com mais forte razão, no isolamento. O medo excessivo que tendes, de ser enganados, é um bem para vós, porque foi a vossa salvaguarda em mais de uma circunstância. Contudo, vossas comunicações necessitam

---

[16] N.E.: MATEUS, 16:18.
[17] N.T.: FILIPENSES, 4:13.

de controle; não bastam algumas apreciações. É por isso que vossos Espíritos protetores vos aconselharam que vos dirigísseis ao chefe espírita, a fim de serdes fixados sobre o seu valor.

É preciso provar pela união que todos os adeptos sérios trabalham juntos na vinha do Senhor, que vai estender seus ramos sobre o mundo inteiro. Quanto mais se unirem os obreiros, mais depressa será formada a grande cadeia espírita e, também, mais depressa a família humana será inundada pelos eflúvios divinos da fé e da caridade, que regenerarão as almas sob o poder do Criador.

Que cada um de vós leve sua pedra ao edifício na medida de suas forças, mas se cada um quiser construir à sua vontade, sem levar em conta as instruções que temos dado e que formam a sua base; se não houver compreensão entre vós; se não tiverdes um ponto de ligação, então fareis uma torre de Babel. Nós vos mostramos este ponto: que cada um faça dele o seu objetivo único; nós vos demos este sinal: que cada qual o inscreva em sua bandeira; então vos reconhecereis todos e vos estendereis as mãos. Mas Deus dispersará os presunçosos que não tiverem ouvido a sua voz; cegará os orgulhosos, que se julgam bastante fortes por si mesmos; e os que se afastarem do caminho que lhes é traçado, perder-se-ão no deserto.

Espíritas, sede fortes de coragem, de perseverança e de firmeza, mas humildes de coração, segundo o preceito do Evangelho e Jesus vos conduzirá através das tormentas e abençoará os vossos trabalhos.

Cada luta suportada corajosamente sob o olhar de Deus é uma prece ardente, que sobe a Ele qual incenso puro e de agradável odor. Se bastasse formular palavras para se dirigir a Deus, os indolentes teriam apenas de tomar um livro de preces para satisfazer a obrigação de orar. O trabalho e a atividade da alma são a única boa prece que a purifica e a faz crescer.

Fénelon

Allan Kardec

Revista Espírita
Jornal de estudos psicológicos
ANO VIII — FEVEREIRO DE 1865 — N° 2

Temor da morte[18]

O homem, seja qual for a escala a que pertença, desde a fase selvagem tem o sentimento inato do futuro. Diz-lhe a intuição que a morte não é o último termo da existência e que aqueles cuja perda lamentamos não estão perdidos para sempre. A crença no futuro é intuitiva e muito mais generalizada do que a do nada. Como é possível que, entre os que acreditam na imortalidade da alma, tantos ainda se achem apegados às coisas da Terra e sintam tamanho temor da morte?

O temor da morte é um efeito da sabedoria da Providência e uma consequência do instinto de conservação comum a todos os seres vivos. Ele é necessário enquanto o homem não estiver suficientemente esclarecido sobre as condições da vida futura, como contrapeso ao arrastamento que, sem esse freio, o levaria a deixar prematuramente a vida terrena e a negligenciar o trabalho que deve servir ao seu próprio adiantamento. É por isso que, nos povos primitivos, o futuro não passa de vaga intuição, mais tarde tornada simples esperança e, finalmente, uma certeza, embora de certo modo neutralizada por secreto apego à vida corpórea.

---

[18] N.T.: Vide *O céu e o inferno*, Primeira parte, cap. II, itens 1 a 10.

À medida que o homem compreende melhor a vida futura, o temor da morte diminui; compreendendo melhor a sua missão terrena, aguarda-lhe o fim com mais calma, resignação e serenidade. A certeza da vida futura dá-lhe outro curso às ideias, outro objetivo aos seus trabalhos; antes de ter essa certeza ele só cuida da vida atual; depois de adquiri-la, trabalha com vistas ao futuro sem negligenciar o presente, porque sabe que o porvir depende da boa ou má direção que der à vida atual. A certeza de reencontrar seus amigos depois da morte, de reatar as relações que tivera na Terra, *de não perder um só fruto do seu trabalho*, de engrandecer-se incessantemente em inteligência e perfeição, dá-lhe paciência para esperar e coragem para suportar as fadigas momentâneas da vida terrena. A solidariedade que ele vê estabelecer-se entre vivos e mortos faz-lhe compreender a que deve existir na Terra, entre os vivos; a fraternidade e a caridade têm desde então um fim e uma razão de ser, no presente como no futuro.

Para libertar-se do temor da morte é preciso que o homem a encare sob o seu verdadeiro ponto de vista, isto é, que tenha penetrado pelo pensamento no mundo espiritual, fazendo dele uma ideia tão exata quanto possível, o que denota da parte do Espírito encarnado certo desenvolvimento e aptidão para desprender-se da matéria. Naqueles que não progrediram suficientemente, a vida material prevalece sobre a espiritual. Como se apega às aparências, o homem não distingue a vida além do corpo, embora na alma esteja a vida real. Aniquilado o corpo, tudo se lhe afigura perdido, desesperador. Se, ao contrário, em vez de concentrar o pensamento no corpo, ele se reportasse à alma, fonte da vida, ser real que sobrevive a tudo, lamentaria menos a perda da vestimenta carnal, fonte de tantas misérias e de tantas dores. Para isso, porém, o Espírito necessita de uma força que só pode adquirir com a maturidade.

O temor da morte decorre, portanto, da noção insuficiente da vida futura, embora denote também a necessidade de viver e o receio de que a destruição do corpo seja a destruição total; é, assim, provocado pelo secreto desejo da sobrevivência da alma, velado ainda pela incerteza. Esse temor decresce à medida que a certeza aumenta, e desaparece quando esta é completa.

Eis aí o lado providencial da questão. Não seria conveniente deslumbrar o homem com tal ideia, cuja razão não estivesse ainda bastante forte para suportar a perspectiva muito positiva e sedutora de um futuro melhor, já que ele poderia negligenciar o presente, necessário ao seu adiantamento material e intelectual.

Este estado de coisas é entretido e prolongado por causas puramente humanas, que o progresso fará desaparecer. O primeiro é o aspecto sob o qual é apresentada a vida futura, aspecto que poderia contentar as inteligências pouco desenvolvidas, mas que não conseguiria satisfazer as exigências da razão dos homens que refletem. Assim, eles dizem: "Desde que nos apresentam como verdades absolutas princípios contestados pela lógica e pelos dados positivos da Ciência, é que eles não são verdades." Daí, a incredulidade de alguns e a crença vacilante de muitos outros. Para estes a vida futura é uma ideia vaga, constituindo mais uma probabilidade do que uma certeza; acreditam nela, desejariam que assim fosse, mas apesar disso exclamam: "E se não for assim? O presente é positivo, ocupemo-nos dele primeiro, que o futuro virá por sua vez."

E, depois, acrescentam: "Afinal de contas, que é a alma? Um ponto, um átomo, uma faísca, uma chama? Como se sente, vê ou percebe?" É que a alma não lhes parece uma realidade efetiva, mas uma abstração. Os entes que lhes são caros, reduzidos ao estado de átomo no seu modo de pensar, estão, por assim dizer, perdidos para eles, e não têm mais a seus olhos as qualidades pelas quais se lhes fizeram amados; não podem compreender o amor de uma faísca nem o que a ela possamos ter; eles mesmos ficam mediocremente satisfeitos de se transformarem em mônadas. Daí o retorno ao positivismo da vida terrena, que possui algo de mais substancial, sendo considerável o número de criaturas dominadas por este pensamento.

Outra causa de apego às coisas terrenas, mesmo nos que mais firmemente creem na vida futura, é a impressão que eles conservam do ensino que relativamente a ela lhes tem sido dado desde a infância. Convenhamos que o quadro esboçado pela religião, sobre o assunto, é pouco sedutor e não tem nada de consolador.

Senão, vejamos. De um lado, contorções de condenados a expiarem em torturas e chamas eternas os erros de uma vida efêmera e passageira. Os séculos sucedem-se aos séculos, sem qualquer perspectiva de abrandamento das penas, sem qualquer piedade; e, o que é mais atroz ainda, o arrependimento não tem nenhum proveito para eles. De outro lado, as almas combalidas e atormentadas do purgatório aguardam a sua libertação mediante a intercessão dos vivos, que orarão ou farão que orem por elas, e não dos esforços que fizerem para progredir.

Estas duas categorias compõem a imensa maioria da população de além-túmulo. Acima delas, paira a limitada classe dos eleitos, gozando, por toda a eternidade, da beatitude contemplativa. Esta inutilidade eterna, preferível sem dúvida ao nada, não deixa de ser de fastidiosa monotonia. É por isso que se vê, nas pinturas que retratam os bem-aventurados, figuras angélicas em que mais transparece o tédio do que a verdadeira felicidade.

Este estado não satisfaz nem as aspirações nem a ideia instintiva de progresso, única que parece compatível com a felicidade absoluta. Custa crer que, só por haver recebido o batismo, o selvagem ignorante, cujo senso moral é tão obtuso, esteja ao mesmo nível do homem que atingiu, após longos anos de trabalho, o mais alto grau de ciência e moralidade práticas. É ainda menos concebível que uma criança, morta em tenra idade, antes, portanto, de ter consciência de seus atos, goze dos mesmos privilégios somente por força de uma cerimônia — o batismo — na qual a sua vontade não tomou parte alguma. Estas reflexões não deixam de preocupar os mais fervorosos crentes, por pouco que meditem.

Como não acreditam que a felicidade futura depende do trabalho progressivo na Terra, os homens dão aos gozos do mundo o melhor valor, já que acreditam conquistar facilmente essa felicidade por meio de algumas práticas exteriores, mesmo a possibilidade de comprá-la a dinheiro, sem regeneração de caráter e costumes.

Consideram alguns crentes, em seu foro íntimo, que, uma vez assegurado o seu futuro pelo preenchimento de certas fórmulas ou por doações póstumas que de nada o privam, seria supérfluo impor-se sacrifícios ou quaisquer incômodos em benefício dos outros, visto que se consegue a salvação trabalhando cada qual por si.

Seguramente, nem todos pensam assim, pois há grandes e honrosas exceções, mas não se poderia negar que assim pensa o maior número, sobretudo das massas pouco esclarecidas, e que a ideia que fazem das condições de felicidade no outro mundo não entretenha o apego aos bens deste e, por conseguinte, o egoísmo.

Acrescentemos ainda o fato de que tudo nos costumes tem concorrido para que se lamente a perda da vida terrena e se tema a passagem da Terra ao Céu. A morte é cercada de cerimônias lúgubres, que mais infundem terror do que provocam a esperança. Se descrevem a morte, é sempre com aspecto repelente e nunca como sono de transição; todos os seus emblemas lembram a destruição do corpo, mostrando-o hediondo e descarnado; nenhum simboliza a alma se desembaraçando radiosa dos grilhões terrenos. A partida para esse mundo mais feliz só se faz acompanhar do lamento dos sobreviventes, como se imensa desgraça houvesse atingido os que partem; dizem-lhes eternos adeuses como se jamais devessem revê-los. O que se lastima por eles é a perda dos gozos mundanos, como se não fossem encontrar maiores gozos no além-túmulo. Que desgraça, dizem, morrer tão jovem, rico e feliz, tendo diante de si a perspectiva de um futuro brilhante! A ideia de um futuro melhor apenas toca de leve o pensamento, porque não tem nele raízes. Tudo concorre, assim, para inspirar o terror da morte, em vez de inspirar esperança. Por certo será preciso muito tempo ainda para que o homem se desfaça desses preconceitos, o que acabará se dando à proporção que a sua fé se for firmando e à medida que ele conceber uma ideia mais sensata da vida espiritual.

Além disso, a crença vulgar coloca as almas em regiões apenas acessíveis ao pensamento, onde se tornam de alguma sorte estranhas aos sobreviventes. A própria Igreja põe entre umas e outras uma barreira insuperável, declarando rotas todas as relações e impossível qualquer comunicação. Se as almas estão no inferno, toda a esperança de revê-las é perdida para sempre, a menos que para lá também se vá; se estão entre os eleitos, vivem completamente absortas em beatitude contemplativa. Tudo isso interpõe entre mortos e vivos uma distância tal que se considera a separação como eterna, razão por que muitos preferem ter junto de si, embora sofram, os entes queridos, a vê-los partir, ainda mesmo que para o Céu. E a alma que estiver no Céu será realmente feliz vendo, por exemplo, arder eternamente *seu filho, seu pai, sua mãe ou seus amigos?*

A Doutrina Espírita modifica completamente a maneira de encarar o futuro. A vida futura deixa de ser uma hipótese para ser realidade. O estado das almas depois da morte não é mais um sistema, porém o resultado da observação. Ergueu-se o véu; o mundo espiritual aparece-nos na plenitude de sua realidade prática; não foram os homens que o descobriram pelo esforço de uma concepção engenhosa, são os próprios habitantes desse mundo que nos vêm descrever a sua situação. Aí os vemos em todos os graus da escala espiritual, em todas as fases da felicidade e da infelicidade; assistindo, enfim, a todas as peripécias da vida de além-túmulo. É por isso que os espíritas encaram a morte calmamente e se mostram serenos nos seus últimos momentos sobre a Terra. Já não é apenas a esperança que os conforta, mas a certeza; sabem que a vida futura é a continuação da vida presente em melhores condições e aguardam-na com a mesma confiança com que aguardariam o nascer do Sol após uma noite de tempestade. Os motivos dessa confiança decorrem dos fatos testemunhados e da concordância desses fatos com a lógica, a justiça e a bondade de Deus, correspondendo às íntimas aspirações do homem.

Para os espíritas, a alma não é mais uma abstração; tem um corpo etéreo, que dela faz um ser definido, capaz de ser concebido pelo pensamento, o que já é muito para fixar as ideias sobre a sua individualidade, aptidões e percepções. A lembrança dos que nos são caros repousa sobre alguma coisa de real. Não os representamos mais como chamas fugazes que nada falam ao pensamento, porém sob uma forma concreta que antes no-los mostra como seres viventes. Além disso, em vez de perdidos nas profundezas do espaço, estão à nossa volta; o mundo corpóreo e o mundo espiritual identificam-se em perpétuas relações, assistindo-se mutuamente. Como se vê, o temor da morte perde a sua razão de ser, por não ser mais permitida qualquer dúvida sobre o futuro, de modo que o espírita encara a aproximação a sangue-frio, como quem aguarda a libertação pela porta da vida, e não do nada.

Perpetuidade do Espiritismo

Num artigo precedente, falamos dos incessantes progressos do Espiritismo. Tais progressos serão duráveis ou efêmeros? É um meteoro que reluz com brilho passageiro, como tantas outras coisas? É o que vamos examinar em poucas palavras.

Se o Espiritismo fosse uma simples teoria, uma escola filosófica baseada numa opinião pessoal, nada lhe garantiria a estabilidade, porque poderia agradar hoje e não agradar amanhã; num dado tempo poderia não estar mais em harmonia com os costumes e o desenvolvimento intelectual, caindo, então, como todas as coisas fora de moda, que ficam a reboque do movimento; enfim, poderia ser substituído por algo melhor. Dá-se o mesmo com todas as concepções humanas, todas as legislações, todas as doutrinas puramente especulativas.

O Espiritismo apresenta-se em condições inteiramente diversas, como tantas vezes temos feito observar. Repousa sobre um fato, o da comunicação entre o mundo visível e o invisível. Ora, um fato não pode ser anulado pelo tempo, como uma opinião.

Sem dúvida ainda não é admitido por todos, mas que importam as negações de alguns, quando ele é constatado todos os dias por milhões de indivíduos, cujo número cresce incessantemente, e que não são nem mais tolos nem mais cegos do que os outros? Chegará, pois, o momento em que não encontrará mais negadores do que os agora existentes para o movimento da Terra.

Quantas oposições não levantaram este último fato! Por muito tempo não faltaram aos incrédulos aparentes boas razões para o contestar. Diziam eles: "Como crer na existência dos antípodas, caminhando de cabeça para baixo? E se a Terra gira, como pretendem, como acreditar que nós mesmos estejamos, de 24 em 24 horas, nessa posição incômoda, sem nos apercebermos? Nesse estado, não mais poderíamos ficar ligados à Terra, a não ser que quiséssemos marchar contra um teto, com os pés no ar, à guisa de moscas. E, depois, em que se tornariam os mares? A água não derrama quando se inclina o vaso? A coisa é simplesmente *impossível*, portanto é absurda, e Galileu[19] é um louco."

Sendo, porém, um fato, essa coisa absurda triunfou de todas as razões contrárias e de todos os anátemas. Que faltava para admitir a sua possibilidade? o conhecimento da lei natural sobre a qual repousa. Se Galileu se tivesse contentado em dizer que a Terra gira, até agora ainda não acreditariam nele. Mas as negações caíram ante o conhecimento do princípio.

Dar-se-á o mesmo com o Espiritismo. Já que repousa sobre um fato material, existente em virtude de uma lei explicada e demonstrada, que lhe tira todo caráter sobrenatural e maravilhoso, é imperecível. Os que negam a possibilidade das manifestações estão no mesmo caso dos que negavam o movimento da Terra. A maioria nega a causa primeira, isto é, a alma, sua sobrevivência ou sua individualidade, não sendo, pois, surpreendente que neguem o efeito. Julgam pelo simples enunciado do fato e o declaram absurdo, como

---

[19] N.E.: Galileu Galilei (1564–1642), astrônomo, matemático, físico e filósofo italiano.

outrora declaravam absurda a crença nos antípodas. No entanto, que pode sua opinião contra um fenômeno constatado pela observação e demonstrado por uma lei da natureza? Sendo o movimento da Terra um fato puramente científico, sua constatação não estava ao alcance do vulgo; foi preciso aceitá-lo sobre a fé nos cientistas. Mas o Espiritismo tem, além disso, o poder de ser constatado por todo o mundo, o que explica a sua tão rápida propagação.

Toda descoberta nova de alguma importância tem consequências mais ou menos graves; a do movimento da Terra e da lei de gravitação que rege esse movimento teve resultados incalculáveis. A Ciência viu abrir-se à sua frente um novo campo de exploração e não se poderiam enumerar todas as descobertas, invenções e aplicações que lhes foram a consequência. O progresso da Ciência ensejou o da indústria, e o progresso da indústria mudou a maneira de viver, os hábitos, numa palavra todas as condições de ser da humanidade. O conhecimento das relações do mundo visível e do mundo invisível tem consequências ainda mais diretas e mais imediatamente práticas, porque está ao alcance de todas as individualidades e a todos interessa. Devendo cada homem necessariamente morrer, ninguém pode ficar indiferente àquilo que acontecerá depois de sua morte. Pela certeza que o Espiritismo dá do futuro, muda a maneira de ver e influi sobre a moralidade. Sufocando o egoísmo, modificará profundamente as relações sociais de indivíduo a indivíduo e de povo a povo.

Muitos reformadores de pensamentos generosos formularam doutrinas mais ou menos sedutoras, mas, em sua maioria, elas só triunfaram como seitas, temporárias e circunscritas. Foi assim e sempre será assim com as teorias puramente sistemáticas, porque, na Terra, não é dado ao homem conceber alguma coisa completa e perfeita. O Espiritismo, ao contrário, apoiando-se não numa ideia preconcebida, mas sobre fatos patentes, está protegido contra essas flutuações e não poderá senão crescer, à medida que esses fatos forem vulgarizados, mais bem conhecidos e melhor compreendidos. Ora, nenhuma potência humana poderia impedir a vulgarização de fatos que cada um pode constatar; constatados os fatos, ninguém poderá impedir as consequências deles resultantes. Estas consequências são aqui uma revolução completa nas ideias e na maneira de ver as coisas deste mundo e do outro. Antes que o século tenha passado ela será realizada.

Entretanto, dirão, ao lado dos fatos tendes uma teoria, uma doutrina; quem vos diz que essa teoria não sofrerá variações? que em alguns anos a de hoje será a mesma?

Sem dúvida ela pode sofrer modificações em seus detalhes, em consequência de novas observações, mas, uma vez adquirido, o princípio não pode variar e, menos ainda, ser anulado; eis o essencial. Desde Copérnico[20] e Galileu tem-se calculado melhor o movimento da Terra e dos astros, mas o fato do movimento ficou com o princípio.

Dissemos que o Espiritismo é, antes de tudo, uma ciência de observação; é o que faz sua força contra os ataques de que é objeto e dá aos seus adeptos uma fé inquebrantável. Todos os raciocínios que lhe opõem caem diante dos fatos, e esses raciocínios têm tanto menos valor aos seus olhos quanto mais os sabem interessados. Em vão lhe dizem que isto não é, ou é outra coisa. Respondem: "Não podemos negar a evidência." Se apenas existisse uma, poder-se-ia pensar numa ilusão, mas quando milhões de indivíduos veem a mesma coisa, em todos os países, conclui-se logicamente que são os negadores que se iludem.

Se os fatos espíritas não tivessem como resultado senão satisfazer à curiosidade, por certo só causariam uma preocupação momentânea, como tudo o que é inútil, mas as consequências que deles decorrem tocam o coração, tornam felizes, satisfazem as aspirações, preenchem o vazio minado pela dúvida, projetam luz sobre a temível questão do futuro; ainda mais, neles se vê uma causa

---

[20] N.E.: Nicolau Copérnico (1473–1543), astrônomo polonês. Desenvolveu a teoria heliocêntrica do Sistema Solar.

poderosa de moralização para a sociedade; elas têm, pois, um grande interesse. Ora, não se renuncia facilmente ao que é uma fonte de felicidade. Certamente não é com a perspectiva do nada, nem com a das chamas eternas que afastarão os espíritas de suas crenças.

O Espiritismo não se apartará da verdade e nada terá a temer das opiniões contraditórias, enquanto sua teoria científica e sua doutrina moral forem uma dedução dos fatos escrupulosa e conscienciosamente observados, sem preconceitos nem sistemas preconcebidos. É diante de uma observação mais completa, que todas as teorias prematuras e arriscadas, surgidas na origem dos fenômenos espíritas modernos, caíram e vieram fundir-se na imponente unidade que hoje existe, e contra a qual não se obstinam senão raras individualidades, que diminuem dia a dia. As lacunas que a teoria atual pode ainda conter encher-se-ão da mesma maneira. O Espiritismo está longe de haver dito a última palavra, quanto às suas consequências, mas é inquebrantável em sua base, porque esta base está assentada nos fatos.

Que os espíritas, pois, nada receiem: o futuro lhes pertence; que deixem os adversários se debaterem sob a opressão da verdade, que os ofusca, porque toda denegação é impotente contra a evidência que, inegavelmente, triunfa pela própria força das coisas. É uma questão de tempo, e neste século o tempo marcha a passos de gigante, sob o impulso do progresso.

Espíritos instrutores da infância

CRIANÇA AFETADA DE MUTISMO

Uma senhora nos transmitiu o seguinte fato:

"Uma de minhas filhas tem um menino de 3 anos que, desde o nascimento, lhe tem causado as mais vivas inquietações. Restabelecida sua saúde em fins de agosto último, apenas andava e só dizia *papá*, *mamã*; o restante de sua linguagem não passava de uma mistura de sons inarticulados. Há cerca de um mês, depois de infrutíferas tentativas para que o filho pronunciasse as palavras mais usuais, tentativas sempre repetidas sem sucesso, minha filha deitou-se muito triste com essa espécie de mutismo, muito desolada porque seu marido, capitão de longo curso, quando retornasse de uma ausência que já durava mais de um ano, não acharia mudança na maneira de falar do filho. Contudo, ela foi despertada às cinco horas da manhã pela voz da criança, que articulava distintamente as letras A, B, C, D, que jamais lhe tinham tentado fazer pronunciar. Acreditando sonhar, sentou-se na cama; inclinando a cabeça para o berço, o rosto perto do da criança, que dormia, ouviu-a repetir em voz alta, por diversas vezes, as letras A, B, C, acentuando cada uma por um leve movimento de cabeça, após o que pronunciava a letra D de forma bem carregada.

Às seis horas, quando entrei em seu quarto, a criança ainda dormia, mas a mãe, feliz e emocionada por ter ouvido o filho pronunciar essas letras, não mais retomara o sono. Ao despertar o pequeno, e desde então, em vão tentamos fazê-lo dizer essas letras, que jamais tinha ouvido dizer, quando as disse no sono, pelo menos nesta vida; contudo, todos os nossos ensaios fracassaram. Mesmo ainda hoje ele diz A, B, mas nos foi impossível obter para o C e o D mais que dois sons, um da garganta, outro do nariz, que de modo algum lembram as duas letras que queríamos que ele dissesse.

Não é a prova de que esse menino já viveu? Paro aqui, pois não me sinto bastante instruída para ousar concluir. Preciso aprender ainda, ler muito tudo quanto trata do Espiritismo, não para me convencer: O Espiritismo responde a tudo, ou, pelo menos, a quase tudo; mas, repito, senhor, não sei bastante. Ainda o saberei; não me falta o desejo. Deus, que não me abandonou nestes dezessete anos de viuvez; Deus, que me ajudou a educar os filhos e os encaminhar na vida; Deus, em que tenho fé, proverá o que me falta, porque nele espero e lhe peço de todo o coração para que permita aos Espíritos bons que me esclareçam e me guiem para o bem. Orai também por mim, senhor, pois estou em comunhão de pensamento convosco e, acima de tudo, desejo marchar no bom caminho."

Este fato é, sem sombra de dúvida, o resultado de conhecimentos adquiridos anteriormente. Se há uma aptidão inata, é a que se revela espontaneamente durante o sono do corpo, quando nenhuma circunstância poderia tê-la feito desenvolver-se no estado de vigília. Se as ideias fossem um produto da matéria, por que uma ideia nova iria surgir quando a matéria estivesse entorpecida, ao passo que não só é nula, mas impossível de exprimir quando os órgãos estão em plena atividade? A causa primeira, pois, não pode estar na matéria. É assim que, a cada passo, o materialismo se choca contra problemas cuja solução é incapaz de dar. Para que uma teoria seja verdadeira e completa, é preciso que não seja desmentida por nenhum fato. O Espiritismo não formula nenhuma prematuramente, a menos que seja a título de hipótese, caso em que se guarda de dá-la como verdade absoluta, mas apenas como assunto de estudo. Essa a razão por que marcha com segurança.

No caso de que se trata, é, pois, evidente que não tendo o Espírito aprendido em vigília o que diz durante o sono, forçoso é que tenha aprendido algures; desde que não foi nesta vida, deve ter sido em outra e, ainda, numa existência terrestre, na qual falava francês, já que pronuncia letras francesas. Como explicarão o fato os que negam a pluralidade das existências ou a reencarnação na Terra?

Mas resta saber como é que o Espírito, desperto, não possa dizer o que articula no sono? Eis a explicação dada por um Espírito à Sociedade de Paris.

(24 de novembro de 1864 – Médium: Sra. Cazemajour)

"É uma inteligência que poderá ainda ficar velada por algum tempo, pelo sofrimento material da reencarnação na qual o Espírito teve muita dificuldade em se submeter e que, momentaneamente, aniquilou as suas faculdades. Mas o seu guia o ajuda com terna solicitude a sair desse estado pelos conselhos, o encorajamento e *as lições* que lhe dá, durante o sono do corpo, lições que não são perdidas e que se *acharão vivazes* quando essa fase de entorpecimento houver passado, e que será determinada por um choque violento, uma emoção extrema. Para isso é necessária uma crise desse gênero. Deve-se estar atento para isto, mas não temer a idiotia, pois não é o caso."

Há aqui um ensinamento importante e, até certo ponto, novo: o da primeira educação dada a um Espírito encarnado por um Espírito desencarnado. Sem dúvida certos sábios desdenhariam o fato como muito pueril e sem importância; nele não veriam senão uma bizarrice da natureza, ou o explicariam por uma superexcitação cerebral, que dilata momentaneamente as faculdades, pois é assim que explicam todas as faculdades mediúnicas. Por certo seria concebível, em alguns casos, a exaltação numa pessoa adulta, cuja imaginação sobe pelo que vê ou pelo que ouve, mas não se compreenderia o que pudesse sobre-excitar o cérebro de uma criança de 3 anos, que dorme. Eis, pois, um fato inexplicável por essa teoria, ao passo que encontra solução natural e lógica pelo Espiritismo. O Espiritismo não desdenha nenhum fato, por mais insignificante que seja em aparência; ele os espreita, observa-os e os estuda todos. É assim que progride a ciência espírita, à medida que os fatos se apresentam para atestar ou completar sua teoria. Se a contradisserem, ele lhes busca outra explicação.

Uma carta de 30 de dezembro de 1864, escrita por um amigo da família, contém o seguinte:

"Uma crise" — disseram os Espíritos — "determinada por um choque violento, uma emoção extrema livrará a criança do entorpecimento de suas faculdades. Os Espíritos disseram a verdade; a crise ocorreu por um choque violento, e eis de que maneira. A criança deu causa a que sua avó sofresse um tombo terrível, no qual por pouco não partiu a cabeça, esmagando a criança. Desde esse trauma o menino surpreende os pais a todo instante, pronunciando frases inteiras, como esta: 'Cuidado mamã, para não cair.'"

A articulação das letras durante o sono do garoto era, muito evidentemente, um efeito mediúnico, pois resultava do exercício que o Espírito lhe fazia fazer. Numa sessão posterior da

Sociedade, em que absolutamente não se ocupavam do caso em questão, foi dada espontaneamente a seguinte dissertação, vindo confirmar e desenvolver o princípio desse gênero de mediunidade.

Mediunidade na infância

(Sociedade de Paris, 6 de janeiro de 1865 – Médium: Sr. Delanne)

Depois de ter sido preparado pelo anjo da guarda, começam a se estabelecerem no Espírito que vem encarnar, isto é, que vem sofrer novas provações em vista do seu melhoramento, os laços misteriosos que o unem ao corpo, a fim de manifestar a sua ação terrestre. Aí está todo um estudo, sobre o qual não me estenderei; só falarei do papel e da disposição do Espírito, durante o período da infância no berço.

A ação do Espírito sobre a matéria, nesse tempo de vegetação corpórea, é pouco sensível. Assim, os guias espirituais desvelam-se em aproveitar esses instantes, em que a parte carnal não obriga a participação inteligente do Espírito, a fim de preparar este último e encorajá-lo em suas boas resoluções, das quais sua alma está impregnada.

É nesses momentos de desprendimento que o Espírito, saindo da perturbação que teve de passar para a encarnação presente, compreende e se lembra dos compromissos contraídos para o seu adiantamento moral. É então que os Espíritos protetores vos assistem e ajudam a vos reconhecerdes. Assim, estudai a fisionomia da criancinha que dorme; muitas vezes o vereis "sorrindo aos anjos", como se diz vulgarmente, expressão mais justa do que se pensa. Com efeito, sorri aos Espíritos que o cercam e o devem guiar.

Vede esse pequeno acordado. Ora ele olha fixamente, parecendo reconhecer seres amigos; ora balbucia palavras, e seus gestos alegres parecem dirigir-se a rostos amados. E como Deus jamais abandona as suas criaturas, mais tarde esses mesmos Espíritos lhe darão boas e salutares instruções, seja durante o sono, seja por inspiração, em estado de vigília. Daí podeis ver que todos os homens possuem, ao menos em germe, o dom da mediunidade.

A infância propriamente dita é uma longa série de efeitos mediúnicos, e se crianças um pouco mais velhas, quando o Espírito adquiriu mais força, por vezes não temessem as imagens das primeiras horas, poderíeis constatar muito melhor esses efeitos.

Continuai a estudar e, diariamente, como crianças grandes, vossa instrução aumentará, se não vos obstinardes em fechar os olhos ao que vos cerca.

Um Espírito protetor

Questões e problemas

Obras-primas por via mediúnica

Por que os Espíritos dos grandes gênios que brilharam na Terra não produzem obras-primas, por via mediúnica, como fizeram em vida, desde que nada perderam em inteligência?

Esta questão é, ao mesmo tempo, uma daquelas cuja solução interessa à ciência espírita, como tema de estudo, e uma objeção oposta por certos negadores à realidade das manifestações. Dizem estes últimos: "Estas obras fora do comum seriam uma prova de identidade adequada para convencer os mais recalcitrantes, ao passo que os produtos mediúnicos assinados pelos mais ilustres nomes quase não se elevam acima da vulgaridade. Até agora não se cita nenhuma obra capital que possa mesmo aproximar-se das dos grandes literatos e dos grandes artistas." E acrescentam alguns: "Quando eu vir o Espírito Homero dar uma nova *Ilíada*; o de Virgílio,[21] uma

---

[21] N.E.: Públio Virgílio Marão (70 a.C.–19 a.C), poeta latino, autor das *Bucólicas*, das *Geórgicas* e da *Eneida*.

nova *Eneida*; o de Corneille,²² um novo *Cid*, o de Beethoven;²³ uma nova sinfonia em *lá*; ou quando um sábio, como Laplace,²⁴ resolver um desses problemas inutilmente procurados, como a quadratura do círculo, por exemplo, então poderei crer na realidade dos Espíritos. Mas como quereis que neles creia, quando vejo darem seriamente, sob o nome de Racine,²⁵ poesias que um aluno do quarto ano corrigiria; atribuir a Béranger²⁶ versos que não passam de finais mal rimados, insossos e sem espírito, ou imputar a Voltaire²⁷ e Chateaubriand²⁸ uma linguagem de cozinheira?"

Há nesta objeção um lado sério: é o que contém a última parte, mas que não denota menos a ignorância dos primeiros princípios do Espiritismo. Se os que a fazem não julgassem antes de o haver estudado, poupar-se-iam a um trabalho inútil.

Como se sabe, a identidade dos Espíritos é uma das grandes dificuldades do Espiritismo prático. Só pode ser constatada de maneira positiva para os Espíritos contemporâneos, cujo caráter e hábitos são conhecidos. Então eles se revelam por uma multidão de particularidades, nos fatos e na linguagem, que não podem deixar qualquer dúvida. São esses cuja identidade nos interessa mais, por laços que a eles nos unem. Muitas vezes um sinal, uma palavra basta para atestar a sua presença, e essas particularidades são tanto mais significativas, quanto mais similitude há na série de conversas familiares que se tem com os Espíritos. Além disso, é preciso considerar que quanto mais próximos de nós pela época de sua morte terrestre, menos estão os Espíritos despojados do caráter, dos hábitos e das ideias pessoais que no-los fazem reconhecer.

---

²² N.E.: Pierre Corneille (1606–1684), dramaturgo francês.
²³ N.E.: Ludwig Van Beethoven (1770–1827), compositor alemão.
²⁴ N.E.: Pierre-Simon de Laplace (1749–1827), astrônomo e matemático francês.
²⁵ N.E.: Jean Racine (1639–1699), poeta e dramaturgo francês.
²⁶ N.E.: Pierre Jean de Béranger (1780–1857), cançonetista francês.
²⁷ N.E.: François Marie Arouet (1694–1778), escritor e filósofo francês, mais conhecido como Voltaire.
²⁸ N.E.: François René Auguste de Chateaubriand (1768–1848), também conhecido como visconde de Chateaubriand, escritor, ensaísta, diplomata e político francês.

Já não é assim com os Espíritos que, de certo modo, só são conhecidos por meio da História. Para esses não existe nenhuma prova material de identidade; pode haver presunção, mas não certeza absoluta da personalidade. Quanto mais afastados de nós os Espíritos pela época em que viveram, menor essa certeza, considerando-se que suas ideias e seu caráter podem ter-se modificado com o tempo. Em segundo lugar, os que chegaram a certa elevação formam famílias similares pelo pensamento e pelo grau de adiantamento, cujos membros todos estão longe de nos ser conhecidos. Se um deles se manifesta, fá-lo-á sob um nome nosso conhecido, como sinal de sua categoria. Se se evoca Platão, por exemplo, é possível que responda ao apelo, mas, se não o puder, um Espírito da mesma categoria responderá por ele; será o seu pensamento, mas não a sua individualidade. Eis o que importa estarmos bem compenetrados.

Aliás, os Espíritos superiores vêm para instruir-nos; sua identidade absoluta é questão secundária. O que eles dizem é bom ou mau, racional ou ilógico, digno ou indigno de sua assinatura? Eis toda a questão. No primeiro caso, aceita-se; no segundo, rejeita-se como apócrifa.

Aqui se apresenta o grande escolho da intromissão dos Espíritos levianos ou ignorantes, que se enfeitam de grandes nomes para fazerem aceitar suas tolices e utopias. Nesse caso, a distinção exige tato, observação e, quase sempre, conhecimentos especiais. Para julgar uma coisa é preciso ter competência. Como aquele que não é versado em literatura e poesia podia apreciar as qualidades e os defeitos das comunicações deste gênero? A ignorância, neste caso, por vezes toma por verdades sublimes a ênfase, os floreios de linguagem, as palavras sonoras, que cobrem o vazio das ideias; não pode identificar-se com o gênio particular do escritor, para julgar o que pode ou não pode ser dele. Assim, muitas vezes veem-se médiuns, lisonjeados por receberem versos assinados por Racine, Voltaire ou Béranger, não sentirem nenhuma dificuldade em julgá-los autênticos, por mais detestáveis que sejam, sendo uma felicidade quando não se aborrecem contra os que se permitem pô-los em dúvida.

Temos, pois, como perfeitamente justa a crítica que se lança a semelhantes coisas, porque abunda em nossa razão. O erro não está no Espiritismo, mas nos que aceitam com muita facilidade o que vem dos Espíritos. Se os que disso fazem uma arma contra a Doutrina a tivessem estudado, saberiam o que ela admite e não lhe imputariam o que repele, nem os exageros de uma credulidade cega e irrefletida. O erro é ainda maior quando se publicam, sob nomes conhecidos, coisas indignas da origem que lhes é atribuída; é dar razão à crítica fundada e prejudicar o Espiritismo. É necessário que se saiba que o Espiritismo racional absolutamente não patrocina essas produções, nem assume a responsabilidade das publicações feitas com mais entusiasmo do que prudência.

A incerteza a respeito da identidade dos Espíritos, em certos casos, e a frequência da intromissão dos Espíritos levianos provam alguma coisa contra a realidade das manifestações? De modo algum, pois o fato das manifestações é tão bem provado pelos Espíritos inferiores quanto pelos superiores. A abundância dos primeiros prova a inferioridade moral do nosso globo e a necessidade de trabalhar pela nossa melhora, para dele sairmos o mais rápido possível.

Resta, agora, a questão principal: Por que os Espíritos dos homens de gênio não produzem obras-primas pela via mediúnica?

Antes de tudo, é preciso ver a utilidade das coisas. Para que serviria isto? "Para convencer os incrédulos", dizem. Mas quando se os vê resistindo à mais palpável evidência, uma obra-prima não lhes provaria melhor a existência dos Espíritos, porque a atribuiriam, como todas as produções mediúnicas, à superexcitação cerebral. Um Espírito familiar, um pai, uma mãe, um filho, um amigo, que vêm revelar circunstâncias desconhecidas do médium, dizer essas palavras que vão ao coração prova muito mais que uma obra-prima, que poderia sair de seu próprio cérebro. Um filho, cujo pai o pranteia, e que vem atestar a sua presença e a sua afeição, não convence melhor do que se Homero viesse fazer uma nova *Ilíada*, ou Racine uma nova *Fedra*? Por que, então, lhes pedir habilidades, que espantariam mais do que convenceriam, quando eles se revelam por milhares de fatos íntimos, ao alcance de todo o mundo? Os Espíritos buscam convencer as massas, e não tal ou qual indivíduo, porque a opinião das massas faz lei, enquanto os indivíduos são unidades perdidas na multidão. Eis por que pouco se preocupam com os obstinados que os querem importunar. Sabem perfeitamente que, mais cedo ou mais tarde, terão de curvar-se ante a força da opinião. Os Espíritos não se submetem ao capricho de ninguém; para convencer empregam os meios que querem, conforme os indivíduos e as circunstâncias. Tanto pior para os que não se contentam com isto; sua vez chegará mais tarde. Daí por que dizemos também aos adeptos: Ligai-vos aos homens de boa vontade, porque não falhareis, mas não percais vosso tempo com os cegos que não querem ver, nem com os surdos que não querem ouvir. Agir assim é faltar com a caridade? Não, pois para estes será apenas um adiamento. Enquanto perdeis o tempo com eles, negligenciais dar consolações a uma porção de gente necessitada e que aceitaria com alegria o pão da vida que lhes oferecêsseis. Além disso, pensai que os refratários, que resistem às vossas palavras e às provas que lhes dais, cederão um dia sob o ascendente da opinião que se formará em redor deles. Seu amor-próprio sofrerá menos com isto.

A questão das obras-primas também se liga ao mesmo princípio que rege as relações dos encarnados com os desencarnados. Sua solução depende do conhecimento deste princípio. Eis as respostas dadas a respeito na Sociedade Espírita de Paris.

(6 de janeiro de 1865 – Médium: Sr. d'Ambel)

Há médiuns que, por suas aquisições anteriores, por seus estudos particulares na existência que hoje percorrem, acham-se mais aptos, quando não mais úteis que outros. Aqui a questão moral não é levada em conta: é simplesmente uma questão de capacidade intelectual. Mas não se deve ignorar que a maior parte desses médiuns não são devotados e que muitos recebem dos Espíritos comunicações de ordem elevada, que só a eles aproveitam. Mais de uma obra-prima da literatura e das artes é produto de uma mediunidade inconsciente; sem isto, de onde viria a inspiração? Afirmai corajosamente que as comunicações recebidas por Delphine de Girardin, Auguste Vaquerie e outros estavam à altura do que se tinha o direito de esperar dos Espíritos que se comunicavam por eles. Nessas ocasiões, infelizmente muito raras no Espiritismo, as almas dos que queriam comunicar-se tinham à mão bons, excelentes instrumentos, ou melhor, médiuns cuja capacidade cerebral forneciam todos os elementos de palavras e de pensamentos necessários à manifestação dos Espíritos inspiradores. Ora, na maior parte das circunstâncias em que os Espíritos se comunicam — os grandes Espíritos, bem entendido — estão longe de ter sob a mão elementos suficientes para a emissão de seus pensamentos na forma, com a fórmula que eles lhe teriam dado quando vivos. É isso um motivo para não receber suas instruções? Por certo, não! Porque se algumas vezes a forma deixa a desejar, o fundo é sempre digno do signatário das comunicações. Quanto ao mais, são querelas de palavras. A comunicação existe ou não existe? Eis o essencial. Se existe, que importa o Espírito e o nome que este toma? Se não se acredita nisto, importa ainda menos com ela se preocupar. Os Espíritos tratam de convencer; quando não o conseguem, é um inconveniente sem importância; é simplesmente porque o encarnado ainda não está pronto para ser convencido. Todavia, estou bem à vontade para aqui afirmar que, em cem indivíduos de boa-fé, que experimentam por si ou por médiuns que lhes são estranhos, mais de dois terços tornam-se partidários sinceros da Doutrina Espírita, porquanto, nesses períodos excepcionais, a ação dos Espíritos não se circunscreve apenas ao ato do médium, mas se manifesta por mil aspectos materiais ou espirituais sobre o próprio evocador.

Em suma, nada é absoluto, e sempre chegará uma hora mais fecunda, mais produtiva que a hora precedente. Eis, em poucas palavras, minha resposta à pergunta feita pelo vosso presidente.

ERASTO

(20 de janeiro de 1865 – Médium: Srta. M. C.)

Perguntais por que os Espíritos que, na Terra, brilharam por seu gênio, não dão aos médiuns comunicações à altura de suas produções terrenas, quando, de preferência, deveriam dá-las superiores, já que o tempo decorrido desde sua morte deve ter sido acrescentado às suas faculdades. Eis a razão.

Para se fazer ouvir, é preciso que os Espíritos atuem sobre instrumentos que estejam ao nível de sua ressonância fluídica. Que pode fazer um bom músico com um instrumento detestável? Nada. Ah! muitos médiuns, se não a maior parte, são para nós instrumentos muito imperfeitos. Compreendei que em tudo é necessário similitude, tanto nos fluidos espirituais quanto nos fluidos materiais. Para que os Espíritos avançados possam se vos manifestar, necessitam de médiuns capazes de vibrar em uníssono; do mesmo modo, para as manifestações físicas, é preciso que os encarnados possuam fluidos materiais da mesma natureza que os dos Espíritos errantes, tendo ainda ação sobre a matéria.

Assim, Galileu só se manifestará realmente a um astrônomo capaz de compreendê-lo e transmitir sem erro os seus dados astronômicos; Alfred de Musset[29] e outros poetas terão necessidade de um médium que ame e compreenda a poesia; Beethoven, Mozart[30] procurarão músicos dignos de poder transcrever seus pensamentos musicais; os Espíritos instrutores que vos desvendam os segredos da natureza, segredos pouco conhecidos, ou ainda ignorados, precisam de médiuns que já compreendam certos efeitos magnéticos e que tenham estudado bem a mediunidade.

Compreendei isto, meus amigos, refleti que não encomendais uma roupa ao chapeleiro, nem vossas cabeleiras ao alfaiate. Deveis compreender que necessitamos de bons intérpretes, e que alguns de nós, por não encontrar esses intérpretes, se recusam à

---

[29] N.E.: Louis Charles Alfred de Musset (1810–1857), poeta francês.
[30] N.E.: Wolfgang Amadeus Mozart (1756–1791), compositor austríaco.

comunicação. Então, o lugar é ocupado. Não vos esqueçais de que os Espíritos levianos são em grande número, e que aproveitam as vossas faculdades com tanto mais facilidade quanto muitos dentre vós, envaidecidos pelas assinaturas notáveis, pouco se inquietam em se informarem na fonte verdadeira e confrontarem o que obtêm com o que deveriam ter obtido. Regra geral: quando quiserdes um calculador, não vos dirijais a um dançarino.

Um Espírito protetor

Observação – Esta comunicação apoia-se num princípio verdadeiro, que resolve perfeitamente a questão do ponto de vista científico; contudo, não deve ser tomada num sentido muito absoluto. À primeira vista, esse princípio parece contradizer os fatos tão numerosos de médiuns que tratam de assuntos fora de seus conhecimentos, e pareceria implicar, para os Espíritos superiores, a possibilidade de não se comunicarem senão a médiuns que estivessem à sua altura. Ora, isto só se deve entender quando se trata de trabalhos especiais e de uma importância excepcional. Concebe-se que se Galileu quiser tratar de uma questão científica, se um grande poeta quiser ditar uma obra poética, tenham necessidade de um instrumento que responda ao seu pensamento, o que não quer dizer que, para outras coisas, uma simples questão de moral, por exemplo, um bom conselho a dar, não poderão fazê-lo por um médium que não seja cientista, nem poeta. Quando um médium trata com facilidade e superioridade assuntos que lhe são estranhos, é um indício de que seu Espírito possui um desenvolvimento inato e faculdades latentes, fora da educação que recebeu.

O ramanenjana

Os *Anais da Propagação da Fé*, de setembro de 1864, em seu nº 216, contêm o relato minucioso dos acontecimentos ocorridos em Antananarivo (Madagáscar), no decorrer do ano de 1863, entre outros o da morte do rei Radama II. Aí encontramos o seguinte relato:

O mais grave dos fatos ocorridos em Antananarivo em 1863 é, incontestavelmente, a morte de Radama II. Antes, porém, de narrar o fim trágico desse infeliz príncipe, é necessário lembrar outro fato que não teve menor repercussão que o primeiro, testemunhado por mais de duzentos mil homens, e que pode ser encarado como o prelúdio ou o precursor do atentado cometido contra a pessoa real do infortunado Radama. Quero falar do *ramanenjana*.

O que é o ramanenjana?

Esta palavra, que significa *tensão*, exprime uma estranha doença que, de início, se manifestou ao sul de Emirne. Dela se teve conhecimento em Antananarivo cerca de um mês antes. A princípio era apenas um vago rumor que circulava entre o povo. Assegurava-se que numerosos grupos de homens e mulheres, acometidos por uma afecção misteriosa, subiam do Sul para a capital, para falar ao rei, da parte de sua mãe (a defunta rainha). Dizia-se que tais grupos se encaminhavam em pequenas jornadas, acampando cada noite nos vilarejos e engrossando, ao longo do caminho, com todos os recrutas que fazia na sua passagem.

Mas ninguém teria imaginado que o ramanenjana estivesse tão perto da cidade real, quando, de repente, fez sua primeira aparição alguns dias antes do Domingo de Ramos.

Eis o que a respeito nos escrevem:

"No momento em que o julgávamos ainda muito afastado, o ramanenjana, ou ramenabé, como outros também o chamam, veio estourar como uma bomba. Não há rumor na cidade senão de convulsões e convulsionários: existem por todos os lados; avalia-se seu número em mais de dois mil. Neste momento eles acampam em Machamasina, Campo de Marte situado próximo à capital. A algazarra que fazem é tal que nos impede de dormir. Julgai como deve ser forte, para que a uma légua de distância possa chegar até aqui e perturbar o sono!

Na terça-feira santa havia uma grande revista em Soanerana. Quando os tambores deram o toque de reunir, eis que mais de mil soldados deixaram bruscamente as fileiras e começaram a dançar o ramanenjana. Por mais que os chefes gritassem, esbravejassem e ameaçassem, tiveram de renunciar à passagem da revista."

Caráter do ramanenjana

Esta doença age especialmente sobre os nervos, neles exercendo uma pressão tal que logo provoca convulsões e alucinações, das quais apenas se dá conta do ponto de vista da Ciência.

Os que são atingidos sentem, inicialmente, violentas dores na cabeça, na nuca e depois no estômago. Ao cabo de algum tempo começam os acidentes convulsivos; é então que os vivos entram em comunicação com os mortos: veem a rainha Ranavalona, Radama I, Andrian Ampoinemerina e outros, que lhes falam e lhes dão incumbências. A maior parte dessas mensagens é dirigida a Radama II.

Os ramanenjana parecem especialmente enviados para a velha Ranavalona, para dar a entender a Radama que ele deve voltar ao antigo regime, fazer cessar a prece, expulsar os brancos, interditar os porcos na cidade santa etc. etc.; caso contrário, grandes desgraças o ameaçam, e que ela o renegará como seu filho.

Outro efeito dessas alucinações é que a maior parte dos que lhes são vítimas imagina-se carregando pesados fardos que levam na comitiva dos mortos; imagina ter à cabeça uma caixa de sabão, um cofre, um colchão, fuzis, chaves, talheres de prata etc. etc.

Esses fantasmas precisam andar em disparada, pois os infelizes que estão às suas ordens fazem um esforço danado para segui-los, a despeito de irem sempre a passo de corrida. Também é preciso, tão logo recebam a sua missão de além-túmulo, que se ponham a sapatear, a gritar, a pedir graça, agitando a cabeça e os braços, sacudindo as extremidades do lambá ou o pedaço de pano que lhes cobre o rosto. Depois, ei-los se atirando, sempre gritando, dançando, saltando e se agitando em convulsões. Seu grito mais comum é: *Ekala!* e este outro: *Izahay maikia!* "estamos com pressa!" Geralmente uma multidão os acompanha cantando, batendo palmas e tocando tambor; dizem que é para os superexcitar ainda mais e apressar o fim da crise, como se vê o cavaleiro hábil afrouxar as rédeas de seu corcel fogoso e, longe de procurar retê-lo, o instigar, com a voz de comando e a espora, até que este, tremendo sob a mão que o conduz, ofegante, coberto de suor, acabe parando por si mesmo, esgotado de fadiga e sem forças.

Ainda que essa doença acometa especialmente os escravos, é certo dizer que não poupa ninguém. É assim que um filho de Radama e de Maria, sua concubina, de repente se viu atormentado por alucinações do ramanenjana; e ei-lo a gritar, a se agitar, a dançar e a correr como os outros. No primeiro momento de pavor, o próprio rei se pôs a persegui-lo, mas, nessa corrida precipitada, feriu-se ligeiramente na perna, o que o levou a dar ordem de sempre ter um cavalo selado, em caso de novo acidente.

As corridas desses energúmenos nada têm de bem determinado; uma vez impelidos não sei por que força irresistível, eles se espalham no campo, uns para um lado, outros para outro. Antes da Semana Santa dirigiam-se aos túmulos, onde dançavam e ofereciam uma moeda.

Mas no próprio Dia de Ramos — singular coincidência — uma nova moda foi criada entre eles: ir à parte baixa da cidade, cortar uma cana-de-açúcar; levam-na triunfalmente sobre os ombros e vêm depositá-la sobre a pedra sagrada de Mahamasin, em honra a Ranavalona. Aí dançam, agitam-se com todas as contorções e convulsões de hábito; depois depõem a cana e uma moeda, e voltam correndo, dançando, saltando, tal como chegaram.

Alguns levam uma garrafa de água à cabeça, para beber e se borrifar; e, coisa surpreendente! a despeito de tanta agitação e evoluções convulsivas, a garrafa mantém-se em equilíbrio; dir-se-ia pregada e grudada no crânio.

Escrevem-nos ainda que uma nova fantasia acaba de apoderar-se deles: exigem que todos tirem o chapéu por onde quer que passem.

Infeliz de quem se recusar obedecer a essa injunção, por mais absurda que seja! Disso já resultou mais de uma luta, que o pobre Radama julgou poder prevenir impondo uma multa de 150 fr. aos recalcitrantes. Para não infringir a prescrição real, a maioria dos brancos tomou o partido de só sair sem chapéu. Um dos nossos padres viu-se exposto a um caso muito mais grave: tratava-se nada menos do que fazê-lo tirar a batina, pois o *ramanenjana* pretendia que a cor preta o ofuscava. Felizmente o padre pôde escapar e entrar em casa, sem ser obrigado a despojar-se das vestes sacerdotais.

Os acessos dos convulsionários não são contínuos. Depois de fazerem seus trejeitos diante da pedra sagrada, pedra sobre a qual fazem subir o herdeiro do trono para apresentá-lo ao povo, muitos deles vão atirar-se à água, subindo depois tranquilamente para repousarem até nova crise.

Algumas vezes outros caem de esgotamento, no caminho ou na via pública, adormecem e se levantam curados. Há os que adoecem dois ou três dias antes de se libertarem completamente. Em muitos o mal é mais tenaz e por vezes dura cerca de quinze dias.

Durante o acesso, o indivíduo atingido pelo ramanenjana não reconhece ninguém. Quase não responde às perguntas que lhe dirigem. Depois do acesso, se se lembra de alguma coisa, é vagamente e como num sonho.

Uma particularidade bastante notável é que, em meio às evoluções mais ofegantes, as mãos e os pés ficam frios como gelo, enquanto o resto do corpo está banhado em suor e a cabeça em ebulição.

Agora, qual pode ser a causa dessa doença singular? Aqui todos concordam inteiramente entre si; vários o atribuem pura e simplesmente ao demônio, que, como antes, se havia revelado nas mesas girantes, pensantes etc. Daí por que, pouco preocupados de saudar essa diabólica majestade, muitos se resignaram a andar sem chapéu.

Estudo sobre o fenômeno do ramanenjana

Seria de causar admiração se o nome do Espiritismo não tivesse sido misturado neste caso. Ainda bem que seus adeptos não foram acusados de provocar os fenômenos. O que não teriam dito se esses pobres malgaxes tivessem lido *O livro dos espíritos*! Não teriam deixado de afirmar que ele lhes tinha virado a cabeça. Quem, pois, sem o Espiritismo, lhes ensinou a crer nos Espíritos, na comunicação dos vivos com as almas dos mortos? É que o que está na natureza se produz tão bem no selvagem quanto no homem civilizado, no ignorante como no sábio, no vilarejo quanto na cidade. Como há Espíritos em toda parte, as manifestações ocorrem em todos os lugares, mas com esta diferença: nos homens próximos da natureza, o orgulho do saber ainda não embotou as ideias intuitivas, que aí estão vivazes e em toda a sua ingenuidade. Eis por que neles não se encontra a incredulidade erigida em sistema. Eles podem julgar mal as coisas, em virtude da pobreza de sua inteligência, mas a crença no mundo lhes é inata e entretida pelos fatos que testemunham.

Tudo prova, pois, que lá, como em Morzines, esses fenômenos são o resultado de uma obsessão, ou possessão coletiva, verdadeira epidemia de Espíritos maus, como se produziu ao tempo do Cristo e em muitas outras épocas. Cada população deve fornecer ao mundo invisível ambiente Espíritos similares que, do espaço, reagem sobre essas mesmas populações, das quais, devido à sua inferioridade, conservaram os hábitos, as inclinações e os preconceitos. Os povos selvagens e bárbaros estão, pois, cercados por uma massa de Espíritos ainda selvagens e bárbaros, até que o progresso os tenha levado a se encarnarem num meio mais adiantado. É o que resulta da comunicação abaixo.

Depois de lido o relato acima numa reunião íntima, um dos guias espirituais da família ditou espontaneamente o seguinte:

(Paris, 12 de janeiro de 1865 – Médium: Sra. Delanne)

Esta noite eu vos ouvi ler os fatos de obsessão ocorridos em Madagáscar. Se o permitis, darei minha opinião a respeito.

OBSERVAÇÃO – O Espírito não tinha sido evocado. Lá estava, pois, em meio à Sociedade, escutando sem ser visto o que aí se dizia. É assim que, sem nos darmos conta, incessantemente temos testemunhas invisíveis de nossas ações.

Essas alucinações, como as chamam o corresponde do jornal, não passam de uma obsessão, embora de caráter diferente do das que conheceis. Aqui é uma obsessão coletiva, produzida por uma plêiade de Espíritos atrasados que, tendo conservado suas antigas opiniões políticas, vêm tentar perturbar os seus compatriotas, por meio dessas manifestações, a fim de que estes últimos, tomados de pavor, não ousem apoiar as ideias de civilização que começam a implantar-se nesses países onde o progresso começa a despontar.

Os Espíritos obsessores que impelem essa pobre gente a tantas manifestações ridículas são os dos antigos malgaxes,[31] furiosos, repito, por verem os habitantes dessas regiões admitindo as ideias de civilização, que alguns Espíritos adiantados, encarnados, têm a missão de implantar entre eles. Assim, muitas vezes os ouvis repetir: "Nada de preces, abaixo os brancos etc." É para vos fazer compreender que são antipáticos a tudo quanto possa vir dos europeus, isto é, do centro intelectual.

---

[31] N.E.: Os malgaxes compreendem o grupo étnico de metade da população de Madagascar. São divididos em dois grupos: os Merina Sihanaka das terras altas, e os Betsileo dos platôs.

Essas manifestações, dadas à vista de todo um povo, não são uma grande confirmação dos vossos princípios? São produzidas mais para a sanção dos vossos trabalhos do que para essa populaça semisselvagem.

As possessões de Morzines têm um caráter mais particular, ou melhor dizendo, mais restrito. Podem estudar-se no local as fases de cada Espírito. Observando os detalhes, cada individualidade oferece um estudo especial, ao passo que as manifestações de Madagáscar têm a espontaneidade e o caráter nacional. É toda uma população de antigos Espíritos atrasados, que veem com despeito sua pátria sofrer a influência do progresso. Não tendo progredido, eles próprios buscam entravar a marcha da Providência.

Comparativamente, os Espíritos de Morzines são mais adiantados. Conquanto brutos, julgam mais sensatamente que os malgaxes; discernem o bem do mal, pois sabem reconhecer que a forma da prece nada é, mas que o pensamento é tudo. Aliás, mais tarde vereis, pelos estudos que fizerdes, que eles não são assim tão atrasados quanto parecem à primeira vista. Aqui é para mostrar que a Ciência é impotente para curar esses casos por meios materiais; ali é para atrair a atenção e confirmar o princípio.

Um Espírito protetor

Poesia espírita

Inspiração de um ex-incrédulo a propósito de *O livro dos espíritos*
Pelo Dr. Niéger
(27 de dezembro de 1864)

Tal aquele que um dia, em naufrágio encontrado,
Nos destroços do barco em desespero, a nado,
Sem força ante a fadiga e a esperança a perder
De a seu país chegar e nunca mais rever,
Lembra-se então de orar, que a fé sua alma afaga;

Quando súbito emerge um clarão sobre a vaga
De uma terra ignorada acesso lhe indicando,
O náufrago cansado, esforços redobrando,
Rapidamente alcança a margem protetora,
E agradecido a Deus antes de tudo ele ora,
Sentindo, assim, que a fé lhe renasce com ardor,
Obedecer-lhe a lei promete ao Salvador!

Isso eu senti um dia, o vosso livro ao ler,
Senti no coração coragem renascer.
Muito tempo ocupado em buscar os segredos
Da vida corporal que contava nos dedos,
Mas nada de apanhar-lhe as causas e a razão
Que pareciam sempre escapar-me à visão.
Vosso livro ao me abrir mais novos horizontes
Para os trabalhos meus fez surgir outras fontes.
Aí vi que tinha feito errada rota então,
E dúvida não mais, só fé no coração.
De fato, o homem que sai das mãos do Criador,
Não pode ser lançado aqui ao desamor,
Pois uma santa lei por Deus mesmo outorgada,
A reger o universo inteiro é destinada!
Progresso é o nome seu, para bem a cumprir
Os homens, entre si, procurem se reunir.

Que cenários de luz, que páginas sinceras
Nesse livro que aborda o homem das priscas eras,
Que mostra antes de tudo os primeiros humanos,
Colhendo o bem-estar sem trabalhos insanos!
A guiá-lo da vida a tão belo proscênio,
Somente o instinto, sim! E só mais tarde o gênio.
Do homem nascerá esse fogo sagrado,
E o espírito do bem sempre muito inspirado,
Do demônio vencido as cadeias quebrando
A partir de então irá mais sendas devassando.
Lá, sobre um frágil barco, ousados marinheiros

Afrontam vagalhões quais valentes guerreiros
A lançarem-se ao mar... E vaga antes temida
A desafio tal recua enfim batida.
Além, da águia a imitar o voo audacioso,
Vê-se o homem a ensaiar assalto aos céus, brioso!
Mais longe de um rochedo, em sua audácia incrível,
Na imensidão do céu perscruta o indefinível;
Do universo sem-fim ele descobre a lei,
E do mundo se faz em breve o único rei!

Nem aí se detém seu incrível ardor:
Em um tubo reter o impalpável vapor,
Que avança então montando esse dragão de fogo;
As mais rudes ações não são mais do que um jogo
Do gênio em tudo a expor sua marcha devida,
Onde reinava a morte ele faz nascer vida.
Parecia que aqui o seu voo ele finda;
Mas inflexível lei lhe exige mais ainda,
E veremos da terra esse senhor então
De uma nuvem espessa arrancar o trovão,
Em dócil instrumento alterar seu furou,
E de um poste fazer humilde servidor!

Limites, pois, não há para o saber humano.
Para o cosmo fez Deus do homem um soberano;
A ele cabe encontrar por esforços constantes
Do corpo e da alma os bens sublimes e brilhantes.
E que ele descartando a rota assaz batida,
Descortine afinal a luz desconhecida
Já por tão longo tempo oculta ao seu olhar.
Busquemos do progresso o lábaro elevar;
Abordemos e já a trilha e vasta messe
Ao nosso esforço aberta... Ante o amor e ante a prece:

Que normas divinas em nosso pavilhão!
Prossigamos enfim em fraterna união.

Se for preciso um dia em luta sucumbirmos,
Nós rogamos, Senhor, que ao menos ao cairmos
A coragem na fé nossos filhos, assim,
Inspires a cumprir a tua lei, enfim.

Discurso de Victor Hugo junto ao túmulo de uma jovem

Embora esta tocante oração fúnebre tenha sido publicada por diversos jornais, encontra lugar igualmente nesta *Revista*, em razão da natureza dos pensamentos que encerra, cujo alcance todos poderão compreender. O jornal do qual a tomamos dá conta da cerimônia fúnebre nos seguintes termos:

> Uma triste cerimônia reunia, quinta-feira última, uma multidão dolorosamente comovida no cemitério dos independentes, em Guernesey. Inumavam uma jovem, que a morte viera surpreender em meio às alegrias da família, e cuja irmã se casara dias antes. Era uma moçoila feliz, a quem um dos filhos do grande poeta, Sr. François Hugo, havia dedicado o 14º volume de sua tradução de Shakespeare; ela morreu na véspera do lançamento desse volume.

Como acabamos de dizer, a assistência era numerosa nesses funerais, numerosa e simpática, e é com viva emoção, com lágrimas que a amizade derramava, que ela ouviu as palavras de adeus, pronunciadas sobre esse túmulo tão prematuramente aberto, pelo ilustre exilado de Guernesey, pelo próprio Victor Hugo.

Eis o discurso pronunciado pelo poeta:

Em algumas semanas ocupamo-nos de duas irmãs: casamos uma e sepultamos a outra. Eis o perpétuo tremor da vida. Inclinemo-nos, meus irmãos, ante o severo destino.

Inclinemo-nos com esperança. Nossos olhos não foram feitos para chorar, mas para ver; nosso coração não foi feito para sofrer, mas para crer. A fé numa outra existência nasce da faculdade de amar. Não o esqueçamos: nesta vida inquieta e apaziguada pelo amor, é o coração quem crê. O filho conta encontrar a seu pai; a mãe não consente em perder para sempre o filho. Esta recusa do nada é a grandeza do homem.

O coração não pode errar. A carne é um sonho; ela se dissipa. Se esse desaparecimento fosse o fim do homem, tiraria à nossa existência toda sanção. Não nos contentamos com esta fumaça que é a matéria; precisamos de uma certeza. Quem quer que ame, sabe e sente que nenhum dos pontos de apoio do homem está na Terra. Amar é viver além da vida. Sem esta fé, nenhum dom perfeito do coração seria possível; amar, que é o objetivo do homem, seria o seu suplício. O paraíso seria o inferno. Não! digamos bem alto, a criatura amante exige a criatura imortal. O coração necessita da alma.

Há um coração neste féretro, e esse coração está vivo. Neste momento ele escuta minhas palavras.

Emily de Putron era o doce orgulho de uma família respeitável e patriarcal. Seus amigos e parentes tinham por deleite sua graça e por festa seu sorriso. Ela era como uma flor de alegria a desabrochar na casa. Desde o berço era cercada de todas as ternuras; cresceu feliz e, recebendo felicidade, dava felicidade; amada, amava. Ela acaba de partir.

Para onde foi? Para a sombra? Não.

Nós é que estamos na sombra. Ela está na aurora.

Ela está na glória, na verdade, na realidade, na recompensa. Essas jovens mortas, que não fizeram nenhum mal na vida, são bem-vindas do túmulo, e sua cabeça se ergue suavemente fora da sepultura, para uma coroa misteriosa. Emily de Putron foi buscar no Céu a serenidade suprema, complemento das existências inocentes. Ela se foi: juventude, para a eternidade; beleza, para o ideal; esperança, para a certeza; amor, para o infinito; pérola, para o oceano; Espírito, para Deus.

Vai, alma!

O prodígio desta grande partida celeste, que chamam morte, é que os que partem não se afastam. Estão num mundo de claridade, mas assistem, como testemunhas enternecidas, ao nosso mundo de trevas. Estão no alto, e muito perto. Ó quem quer que sejais, que vistes desaparecer na tumba um ente querido, não vos julgueis abandonados por ele. Está sempre lá. Está ao vosso lado mais que nunca. A beleza da morte é a presença. Presença inexprimível das almas amadas, sorrindo aos nossos olhos em lágrimas. O ser chorado desapareceu, mas não partiu. Não mais percebemos o seu rosto suave... Os mortos são os invisíveis, mas não estão ausentes.

Rendamos justiça à morte. Não sejamos ingratos para com ela. Ela não é, como se diz, um aniquilamento, uma cilada. É um erro acreditar que tudo se perde na obscuridade desta fossa aberta. Aqui tudo reaparece. O túmulo é um lugar de restituição. Aqui a alma retoma o infinito; aqui ela readquire a sua plenitude; aqui entra na posse de sua misteriosa natureza; liberta-se do corpo, liberta-se da necessidade, liberta-se do fardo, liberta-se da fatalidade. A morte é a maior das liberdades. É, também, o maior dos progressos. A morte é a ascensão de tudo o que viveu em grau supremo. Ascensão fascinante e sagrada. Cada um recebe o seu aumento. Tudo se transfigura na luz e pela luz. Aquele que na Terra só foi honesto torna-se belo; o que foi apenas belo torna-se sublime; o que só foi sublime torna-se bom.

E agora, eu que falo, por que estou aqui? o que é que trago a esta fossa? com que direito venho dirigir a palavra à morte? Quem sou eu? Nada. Engano-me, sou alguma coisa. Sou um proscrito. Exilado pela força ontem, exilado voluntário hoje. Um proscrito é um vencido, um caluniado, um perseguido, um ferido do destino, um deserdado da pátria. Um proscrito é um inocente sob o peso de uma maldição. Sua bênção deve ser boa. Eu abençoo este túmulo.

Abençoou o ser nobre e gracioso que está nesta fossa. No deserto encontram-se oásis; no exílio encontram-se almas. Emily de Putron foi uma dessas encantadoras almas encontradas. Venho pagar-lhe a dívida do exílio consolado. Eu a abençoo na profundeza da sombra. Em nome das aflições sobre as quais ela resplandeceu docemente, em nome das provações do destino, para ela acabadas, para nós continuadas; em nome de tudo o que ela esperou outrora e de tudo o que obtém hoje, em nome de tudo o que ela amou, abençoo esta morte, abençoo-a na sua grandeza, na sua juventude, na sua ternura, na sua vida e na sua morte; abençoo-a na sua branca túnica sepulcral, na sua missão que deixa desolada, no seu caixão, que sua mãe encheu de flores e que Deus vai encher de estrelas!"

A estas notáveis palavras não falta absolutamente senão a palavra *Espiritismo*. Elas não expressam somente uma crença vaga na alma e em sua sobrevivência; ainda menos o frio nada, sucedendo à atividade da vida, enterrando para sempre sob o seu manto de gelo o Espírito, a graça, a beleza, as qualidades do coração; também não é a alma abismada neste oceano do infinito, que se chama o todo universal; é bem o ser real, individual, presente em nosso meio, sorrindo aos que lhe são caros, vendo-os, escutando-os, falando-lhes pelo pensamento. Que de mais belo, de mais verdadeiro que estas palavras: "Amar é viver além da vida. Sem esta fé, nenhum dom perfeito do coração seria possível; amar, que é o objetivo do homem, seria o seu suplício. O paraíso seria o inferno. Não! digamos bem alto, a criatura amante exige a criatura imortal. O coração necessita da alma." Que ideia mais justa da morte, do que esta: "O prodígio desta grande partida celeste, que chamam morte, é que os que partem não se afastam. Estão num mundo de claridade, mas assistem, como testemunhas enternecidas, ao nosso mundo de trevas... Estão no alto, e muito perto. Ó quem quer que sejais, que vistes desaparecer na tumba um ente querido, não vos julgueis abandonados por ele. Está sempre lá. Está ao vosso lado mais que nunca. É um erro acreditar que tudo se perde na obscuridade desta fossa aberta. Aqui tudo reaparece. O túmulo é um lugar de restituição. Aqui a alma retoma o infinito; aqui ela readquire a sua plenitude."

Não é exatamente o que ensina o Espiritismo? Mas aos que pudessem julgar-se vítimas de uma ilusão, ele vem aliar à teoria a sanção do fato material, pela comunicação dos que partiram com os que ficam. Que há, pois, de tão desarrazoado em crer que esses mesmos seres, que estão ao nosso lado com um corpo etéreo, possam entrar em relação conosco?

Ó vós, céticos, que rides de nossas crenças, rides, então, dessas palavras do poeta-filósofo, cuja alta inteligência reconheceis! Direis que é um alucinado? que é louco quando crê na manifestação dos Espíritos? É louco quem escreveu: "Tenhamos compaixão dos punidos. Ah! que somos nós mesmos? que sou eu, eu que vos falo? Que sois vós, vós que me escutais? De onde viemos? É bem certo que nada fizemos antes de nascer? A Terra não deixa de assemelhar-se a uma masmorra. Quem sabe se o homem não é um reincidente da Justiça divina? Olhai a vida de perto; ela é feita assim para que se sinta a punição em toda parte." (*Os miseráveis*, 7º volume, livro VII, capítulo 1º) — Não está aí a preexistência da alma, a reencarnação na Terra; a Terra, mundo de expiação? (*Vide Imitação do evangelho*, itens 27, 46 e 47.)

Vós que negais o futuro, que estranha satisfação é a vossa de vos comprazerdes ao pensamento do aniquilamento do vosso ser, daqueles a quem amastes! Oh! tendes razão de temer a morte, porquanto, para vós, é o fim de todas as vossas esperanças.

Tendo sido lido o discurso acima na Sociedade de Paris, na sessão de 27 de janeiro de 1865, o Espírito da jovem *Emily de Putron*, que, por certo, o escutava e partilhava da emoção da assistência, manifestou-se espontaneamente pela Sra. Costel e ditou as seguintes palavras:

"As palavras do poeta correram como um sopro sonoro sobre esta assembleia; fizeram estremecer os vossos Espíritos; evocaram minha alma, que ainda flutua incerta no éter infinito!

Ó poeta, revelador da vida, bem conheces a morte, pois não coroas com ciprestes aqueles a quem choras, mas prendes às suas frontes as frágeis violetas da esperança! Passei rápida e ligeira, apenas aflorando as comoventes alegrias da vida; ao final do dia fui arrebatada sobre o trêmulo raio que morria no seio das ondas.

Ó minha mãe, minha irmã, minhas amigas, grande poeta! não choreis mais; ficai atentos! O murmúrio que roça os vossos ouvidos é o meu; o perfume da flor pendente é o meu suspiro. Misturo-me à grande vida para melhor penetrar o vosso amor. Somos eternos; o que não teve começo não pode acabar, e o teu gênio, ó poeta, semelhante ao rio que corre para o mar, encherá a eternidade com o poder que é força e amor!"

EMILY

Notas bibliográficas

LA LUCE

Giornale dello Spiritismo in Bologna (Itália)

O Espiritismo conta um novo órgão na Itália. *La Luce, Giornale dello Spiritismo in Bologna*, aparece em edições mensais. (10 fr. por ano para a Itália.) Eis a tradução de seu programa:

> Surgiu a aurora de um grande dia e já resplandece nos céus. O Espiritismo, este fato surpreendente, e para muitos incrível, fez sua aparição em todas as partes do mundo e marcha com força irresistível. Hoje seus adeptos se contam por milhões e estão espalhados em toda parte.

Fevereiro de 1865

Importantes obras e numerosos jornais especiais, devidos a inteligências de escol, são publicados sobre essa sublime filosofia, principalmente na França, onde muitas Sociedades dela se ocupam. Várias cidades da Itália também fazem reuniões espíritas; em Nápoles e em Turim, existem muitas Sociedades científicas; a desta última cidade publica o excelente jornal *Anais do Espiritismo em Turim*.

Os que ignoram os princípios desta nova ciência em vão se esforçam em ridicularizá-la e fazer passar seus aderentes por sonhadores e alucinados. As comunicações entre o mundo invisível e o mundo corpóreo estão na natureza das coisas; existiram em todos os tempos, razão por que se encontram seus traços em todos os povos e em todas as épocas. Essas comunicações, hoje mais gerais, mais espalhadas, patentes para todos, têm um objetivo: Os Espíritos vêm anunciar que os tempos preditos pela Providência para uma manifestação universal são chegados; eles têm por missão instruir os homens, abrindo uma nova era para a regeneração da humanidade.

É em vão que se agitam os fariseus da época, que a incredulidade se arma de um soberbo sorriso: eles não deterão a estrela do Espiritismo. Quanto mais ela avança, mais cresce sua força e vem abater o orgulhoso materialismo, que ameaça invadir todas as classes da sociedade.

Se, pois, nos centros mais inteligentes, nas maiores cidades, nas capitais, há vários anos estudam com interesse esse fenômeno que, fora das leis da ciência vulgar, se manifestam por todos os lados, é que reconheceram a sua realidade e neles viram a ação de uma vontade livre e inteligente.

O jornal *La Luce* foi fundado com o objetivo de propagar esta nova ciência, apoiando-se nas mais instrutivas obras especiais, entre as quais colocamos em primeira linha as de Allan Kardec, o douto presidente da Sociedade Espírita de Paris, que nos fornecerão a matéria da parte filosófica, e a teoria da parte experimental. *Estudo e boa vontade* são as duas condições necessárias para chegar por si mesmo a experimentar. Na segunda parte, nosso jornal conterá os ditados dos Espíritos: uns sobre a mais consoladora filosofia e a mais pura moral, e os outros, não obstante familiares, serão escolhidos entre os mais adequados a inspirar a fé, o amor e a esperança. Além disso, passando em revista as obras e jornais espíritas, publicaremos todos os fatos suscetíveis de interessarem os nossos leitores. Nenhuma discussão será iniciada com pessoas que não conheçam os princípios do Espiritismo.

A fé e a coragem tornarão menos penoso o nosso dever e mais fácil o caminho para chegar à verdade.

LE MONDE MUSICAL

Jornal da Literatura e das Belas-artes

Publicado sob direção dos Srs. *Malibran* e *Roselli*. Administrador: Sr. Vauchez. Escritório em Bruxelas, rua da Montagne, 51

Esse jornal, do qual demos notícia em nosso número de dezembro de 1864, acaba de constituir-se em sociedade em comandita, com o capital de 60.000 fr., dividido em 2.400 ações de 25 francos cada uma. Juros de 6% ao ano; parte do dividendo anual de 40% sobre o lucro. Aparece aos domingos, formato dos grandes jornais. – Preço da assinatura: para a Bélgica, 4 fr. por ano; 10 centavos o número; para a França, 10 fr. por ano. Assinaturas em Paris: 8 rua Ribouté.

As simpatias desse jornal pelo Espiritismo o recomendam a todos os adeptos. Cada número contém um excelente artigo sobre a Doutrina. Embora sejamos completamente alheios à sua direção, a administração da *Revista Espírita* encarrega-se, por pura cortesia, de receber assinaturas e subscrições de ações.

* * *

CORRESPONDÊNCIA — Obrigado ao espírita anônimo de São Petersburgo que nos enviou 50 fr. para a pobre operária de Lyon, a pedido de Cárita. Se os homens não sabem o seu nome, Deus o sabe.

ALLAN KARDEC

Revista Espírita
Jornal de estudos psicológicos
ANO VIII — MARÇO DE 1865 — Nº 3

Onde é o Céu?[32]

Em geral, a palavra *céu* designa o espaço indefinido que circunda a Terra, e mais particularmente a parte que está acima do nosso horizonte. Vem do latim *cœlum*, formada do grego *coïlos*, côncavo, porque o céu parece uma imensa concavidade. Os Antigos acreditavam na existência de muitos céus superpostos, de matéria sólida e transparente, formando esferas concêntricas e tendo a Terra por centro. Girando em torno da Terra, essas esferas arrastavam consigo os astros que se achavam em seu circuito.

Essa ideia, oriunda da deficiência dos conhecimentos astronômicos, foi a de todas as teogonias, que fizeram dos céus, assim escalonados, os diversos degraus da bem-aventurança. O último deles era a morada da suprema felicidade. Segundo a opinião mais comum, havia sete céus e daí a expressão — *estar no sétimo céu* — para exprimir perfeita felicidade. Os muçulmanos admitem nove céus,[33] em cada um dos quais se aumenta a felicidade dos crentes.

---

[32] N.T.: Texto complementado mais tarde, por Allan Kardec, quando publicou *O céu e o inferno*, ver tradução Evandro Noleto Bezerra, Primeira parte, cap. III, itens 1 a 19.

[33] N.E.: Conforme pesquisa realizada no *Alcorão*, livro considerado sagrado pelos muçulmanos, e em várias suratas (capítulos)

O astrônomo Ptolomeu[34] contava onze e denominava ao último Empíreo,[35] por causa da luz brilhante que nele reina. É este ainda hoje um nome poético dado ao lugar da glória eterna. A teologia cristã reconhece três céus: o primeiro é o da região do ar e das nuvens; o segundo, o Espaço em que ficam os astros; o terceiro, para além deste, é a morada do Altíssimo, a região dos que o contemplam face a face, ou seja, a dos eleitos. É de conformidade com esta crença que Paulo foi arrebatado ao terceiro céu.

As diferentes doutrinas sobre a mansão dos bem-aventurados baseiam-se todas no duplo erro de considerar a Terra centro do universo, e limitada a região dos astros. É além desse limite imaginário que todas têm colocado esse local afortunado e a morada do Todo-Poderoso. Singular anomalia que coloca o autor de todas as coisas, aquele que as governa, nos confins da Criação, em vez de situá-lo no centro, de onde o seu pensamento, irradiante, poderia abranger tudo!

A Ciência, com a lógica inexorável da observação e dos fatos, levou a sua luz até as profundezas do Espaço e mostrou a nulidade de todas essas teorias. A Terra não é mais o eixo do universo, mas um dos menores astros que rolam na imensidade; o próprio Sol não passa de centro de um turbilhão planetário; as estrelas são outros tantos e inumeráveis sóis, em torno dos quais circulam mundos sem conta, separados por distâncias apenas acessíveis ao pensamento, embora pareçam tocar-se. Neste conjunto grandioso, regido por leis eternas, em que se revelam a sabedoria e onipotência do Criador, a Terra não é mais que um ponto imperceptível e um dos planetas menos favorecidos quanto à habitabilidade. Sendo assim, é lícito perguntar-se por que Deus faria da Terra a única sede da vida e nela relegaria as suas criaturas prediletas? Tudo, ao contrário, anuncia a vida por toda parte e a humanidade é infinita como o universo. Como a Ciência já nos revelou mundos semelhantes ao nosso, Deus

---

foi constatada a crença em *sete céus*, e nao em nove como o descrito acima.

[34] Nota de Allan Kardec: Ptolomeu viveu em Alexandria, Egito, no segundo século da Era Cristã.

[35] Nota de Allan Kardec: Do grego, *pur* ou *pyr*, fogo.

não podia tê-los criado sem objetivo, antes deve tê-los povoado de seres capazes de os governar.

As ideias do homem estão na razão do que ele sabe. Como todas as descobertas importantes, a da constituição dos mundos deveria imprimir-lhes outro curso. Sob a influência desses conhecimentos novos, as crenças se modificaram: o céu foi deslocado; a região estelar, sendo ilimitada, não mais lhe pode servir. Onde está ele, pois? Diante desta questão todas as religiões emudecem.

O Espiritismo vem resolvê-la demonstrando o verdadeiro destino do homem. Tomando-se por base a natureza deste último e os atributos de Deus, chega-se a uma conclusão; isto quer dizer que partindo do conhecido alcança-se o desconhecido por uma dedução lógica, sem falar das observações diretas que o Espiritismo faculta.

O homem compõe-se de corpo e Espírito; o Espírito é o ser principal, racional, inteligente; o corpo é o invólucro material que reveste o Espírito temporariamente, para o cumprimento de sua missão na Terra e a execução do trabalho necessário ao seu adiantamento. O corpo, gasto, se destrói e o Espírito sobrevive à sua destruição. Sem o Espírito, o corpo não passa de matéria inerte, qual instrumento privado da mola que o faz agir; sem o corpo, o Espírito é tudo: a vida, a inteligência. Ao deixar o corpo, retorna ao mundo espiritual, de onde havia saído para reencarnar.

Existem, portanto, dois mundos: o *mundo corpóreo*, composto de Espíritos encarnados; e o *mundo espiritual*, formado de Espíritos desencarnados. Os seres do mundo corpóreo, devido mesmo à materialidade do seu envoltório, estão ligados à Terra ou a um globo qualquer; o mundo espiritual ostenta-se por toda parte, em redor de nós como no Espaço, não lhe sendo assinalado nenhum limite. Em virtude da natureza fluídica de seu envoltório, os seres que o compõem, em vez de se arrastarem penosamente sobre o solo, transpõem as distâncias com a rapidez do pensamento. A morte do corpo é a ruptura dos laços que os retinham cativos.

Os Espíritos são criados simples e ignorantes, mas dotados de aptidão para tudo conhecerem e progredirem, em virtude do seu livre-arbítrio. Pelo progresso adquirem novos conhecimentos, novas faculdades, novas percepções e, por conseguinte, novos gozos desconhecidos dos Espíritos inferiores; eles veem, ouvem, sentem e compreendem o que os Espíritos atrasados não podem ver, nem ouvir, nem sentir ou compreender. *A felicidade está na razão direta do progresso realizado, de sorte que, de dois Espíritos, um pode não ser tão feliz quanto o outro, unicamente por não possuir o mesmo adiantamento intelectual e moral, sem que por isso precisem estar, cada qual, em lugar distinto.* Mesmo juntos, pode um estar em trevas, ao passo que tudo resplandece em volta do outro, tal como um cego e um vidente que se dão as mãos: este percebe a luz da qual aquele não recebe a mínima impressão. *Sendo a felicidade dos Espíritos inerente às qualidades que possuem, eles a colhem em toda parte em que se encontram, seja na superfície da Terra, no meio dos encarnados, ou no Espaço.*

Uma comparação vulgar fará compreender melhor ainda esta situação. Caso se encontrem em um concerto dois homens, um deles bom músico, de ouvido apurado, e outro que desconheça a música, de sentido auditivo pouco delicado, o primeiro experimentará sensação de felicidade, enquanto o segundo permanecerá insensível, porque um compreende e percebe o que no outro não produz nenhuma impressão. Assim sucede com relação a todos os gozos dos Espíritos, que estão na razão da sua sensibilidade. *O mundo espiritual tem esplendores por toda parte, harmonias e sensações que os Espíritos inferiores, ainda submetidos à influência da matéria, nem sequer entreveem, e que somente são acessíveis aos Espíritos depurados.*

O progresso nos Espíritos é fruto do seu próprio trabalho; mas, como são livres, trabalham pelo seu próprio adiantamento com maior ou menor atividade, com mais ou menos negligência, segundo a vontade deles; desse modo, aceleram ou retardam o progresso e, por conseguinte, a própria felicidade. Enquanto uns avançam rapidamente, outros permanecem estagnados por longos séculos nas fileiras inferiores. São eles, pois, os próprios artífices da sua situação, feliz ou infeliz, conforme esta frase do Cristo: "A cada um segundo as suas obras." Desse modo, todo Espírito que se atrasa não pode queixar-se senão de si mesmo, assim como o que se adianta tem o mérito exclusivo do seu esforço, dando por isso maior apreço à felicidade conquistada.

A suprema felicidade só é partilhada pelos Espíritos perfeitos, ou, por outra, pelos Espíritos puros, que só a conseguem depois de terem progredido em inteligência e moralidade. O progresso intelectual e o progresso moral raramente marcham juntos, mas o que o Espírito não consegue em dado tempo, alcança em outro, de sorte que os dois progressos acabam por atingir o mesmo nível. É por isso que se veem muitas vezes homens inteligentes e instruídos pouco adiantados moralmente, e vice-versa.

A encarnação é necessária ao duplo progresso moral e intelectual do Espírito: ao progresso intelectual pela atividade obrigatória do trabalho; ao progresso moral pela necessidade que os homens têm uns dos outros. *A vida social é a pedra de toque das boas ou más qualidades.* A bondade, a maldade, a doçura, a violência, a benevolência, a caridade, o egoísmo, a avareza, o orgulho, a humildade, a sinceridade, a franqueza, a lealdade, a má-fé, a hipocrisia, em suma, tudo o que constitui o homem de bem ou o homem perverso tem por móvel, por alvo e por estímulo as relações do homem com os seus semelhantes. *Para o homem que vivesse isolado não haveria vícios nem virtudes. Se, pelo isolamento, ele se preserva do mal, por outro lado o bem se anularia.*

Uma só existência corporal é claramente insuficiente para que o Espírito possa adquirir todo o bem que lhe falta e de se desfazer de todo o mal que traz em si. Como poderia o selvagem, por exemplo, numa única encarnação, alcançar o nível moral e intelectual do mais adiantado europeu? É materialmente impossível. Deve ele, pois, permanecer eternamente na ignorância e barbaria, privado dos gozos que só o desenvolvimento das faculdades pode proporcionar-lhe? O simples bom senso repele tal suposição, que seria não somente a negação da justiça e da bondade divinas, mas das próprias Leis progressivas da natureza. É por isso que Deus, que é soberanamente justo e bom, concede ao Espírito do homem tantas existências quantas forem necessárias para atingir o seu objetivo, que é a perfeição.

Para cada nova existência, o Espírito traz consigo o que adquiriu nas anteriores, em aptidões, conhecimentos intuitivos, inteligência e moralidade. Cada existência é assim um passo adiante no caminho do progresso.

A encarnação é inerente à inferioridade dos Espíritos. Deixa de ser necessária quando estes, transpondo-lhe os limites, progrediram no estado espiritual, ou nas existências corpóreas de mundos superiores, que nada mais têm da materialidade terrestre. Da parte destes a encarnação é voluntária, tendo por fim exercer sobre os encarnados uma ação mais direta para o cumprimento da missão de que estão encarregados junto a eles. Nesse caso, é por devotamento que aceitam as vicissitudes e sofrimentos que tais encarnações acarretam.

No intervalo das existências corpóreas o Espírito torna a entrar no mundo espiritual por um tempo mais ou menos longo, onde é feliz ou infeliz conforme o bem ou o mal que haja feito. O estado espiritual é o estado normal do Espírito; é o seu estado definitivo; o corpo espiritual não morre. O estado corpóreo é transitório e passageiro. É no estado espiritual sobretudo que o Espírito colhe os frutos do progresso realizado pelo seu trabalho na encarnação; é também nesse estado que se prepara para novas lutas e toma as resoluções que se esforçará por colocar em prática na sua volta à humanidade.

A reencarnação pode ocorrer na Terra ou em outros mundos. Há entre os mundos alguns mais adiantados do que outros, onde a existência se exerce em condições menos penosas que na Terra, física e moralmente, mas onde só são admitidos Espíritos chegados a um grau de perfeição relativo ao estado desses mundos.

Março de 1865

A vida nos mundos superiores já é uma recompensa, visto nos acharmos isentos, aí, dos males e vicissitudes de que somos vítimas na Terra. Os corpos, menos materiais, quase fluídicos, não mais estão sujeitos às moléstias, às enfermidades, nem às mesmas necessidades do nosso planeta. Como deles estão excluídos os Espíritos maus, os homens vivem em paz, sem outra preocupação que a de se adiantarem pelo trabalho intelectual. Em tais mundos reina a verdadeira fraternidade, porque não há egoísmo; a verdadeira igualdade, porque não há orgulho; e a verdadeira liberdade por não haver desordens a reprimir, nem ambiciosos que procurem oprimir o fraco. Comparados à Terra, esses mundos são verdadeiros paraísos; são etapas no caminho do progresso que conduzem ao estado definitivo. Sendo a Terra um mundo inferior destinado à depuração dos Espíritos imperfeitos, fica patente a razão do mal que aí predomina, até que praza a Deus fazer dela morada de Espíritos mais adiantados.

É assim que o Espírito, progredindo gradualmente à medida que se desenvolve, chega ao apogeu da felicidade; porém, antes de ter atingido o ponto culminante da perfeição, goza de uma felicidade relativa ao seu progresso. A criança também frui os prazeres da infância, mais tarde os da juventude, e finalmente os mais sólidos, da madureza.

A felicidade dos Espíritos bem-aventurados não consiste na ociosidade contemplativa, que seria, como temos dito muitas vezes, uma eterna e fastidiosa inutilidade. A vida espiritual em todos os seus graus é, ao contrário, uma constante atividade, mas atividade isenta de fadigas. A suprema felicidade consiste no gozo de todos os esplendores da Criação, que nenhuma linguagem humana poderia descrever, que a imaginação mais fecunda não seria capaz de conceber. Consiste também no conhecimento e na penetração de todas as coisas, na ausência de sofrimentos físicos e morais, numa satisfação íntima, numa imperturbável serenidade de alma, no amor puro que envolve todos os seres, por causa da ausência de atrito devido ao contato dos maus e, acima de tudo, na contemplação de Deus e na compreensão dos seus mistérios revelados aos mais dignos. A felicidade também existe nas tarefas cujo encargo nos faz felizes. Os Espíritos puros são os messias ou mensageiros de Deus para a transmissão e execução das suas vontades. Executam as grandes missões, presidem à formação dos mundos e à harmonia geral do universo, tarefa gloriosa a que não se chega senão pela perfeição. Os da ordem mais elevada são os únicos a possuírem os segredos de Deus, inspirando-se no seu pensamento, de que são os representantes diretos.

As atribuições dos Espíritos são proporcionais ao seu progresso, às luzes que possuem, às suas capacidades, experiência e grau de confiança que inspiram ao soberano Senhor. Aí, nada de privilégios, nada de favores que não sejam o prêmio ao mérito; tudo é medido e pesado na balança da estrita justiça. As missões mais importantes são confiadas àqueles que Deus julga capazes de as cumprir e incapazes de falhar ou de comprometê-las. Enquanto os mais dignos compõem o supremo conselho, sob as vistas de Deus, é atribuída a chefes superiores a direção de turbilhões planetários, e a outros conferida a de mundos especiais. Vêm, depois, pela ordem de adiantamento e subordinação hierárquica, as atribuições mais restritas dos prepostos aos progressos dos povos, à proteção das famílias e indivíduos, ao impulso de cada ramo de progresso, às diversas operações da natureza até os mais ínfimos detalhes da Criação. Neste vasto e harmonioso conjunto há ocupações para todas as capacidades, aptidões e esforços de boa vontade; ocupações que são aceitas com júbilo, solicitadas com ardor, por serem um meio de adiantamento para os Espíritos que aspiram a elevar-se.

Ao lado das grandes missões confiadas aos Espíritos superiores, há outras de importância relativa em todos os graus, concedidas a Espíritos de todas as categorias, o que nos leva a afirmar que cada encarnado tem a sua, isto é, deveres a cumprir a bem dos seus semelhantes, desde o pai de família, a quem incumbe o progresso dos filhos, até o homem de gênio que lança na sociedade novos elementos de progresso. É nessas missões secundárias que se verificam desfalecimentos, prevaricações e renúncias que, embora prejudicando o indivíduo, não chegam a afetar o todo.

Todas as inteligências concorrem, pois, para a obra geral, qualquer que seja o grau atingido, e cada uma na medida das suas forças, seja no estado de encarnação, seja no estado de espírito. Existe atividade em toda parte, desde a base ao ápice da escala, onde todos se instruem, auxiliam-se mutuamente e se dão as mãos para alcançarem o ponto culminante.

Assim se estabelece a solidariedade entre o mundo espiritual e o mundo corpóreo, ou, em outras palavras, entre os homens e os Espíritos, entre os Espíritos libertos e os cativos. Assim se perpetuam e consolidam, pela depuração e continuidade de relações, as verdadeiras simpatias, as mais santas afeições.

Por toda parte, a vida e o movimento; nenhum recanto do infinito é despovoado, nenhuma região que não seja incessantemente percorrida por legiões inumeráveis de seres radiantes, invisíveis aos sentidos grosseiros dos encarnados, mas cuja vista deslumbra de alegria e admiração as almas libertas da matéria. Por toda parte, enfim, há uma felicidade relativa a todos os progressos, a todos os deveres cumpridos; cada um traz consigo os elementos de sua felicidade, em virtude da categoria em que se coloca pelo seu grau de adiantamento.

A felicidade depende das qualidades próprias dos indivíduos, e não do estado material do meio em que se encontram, pode existir, portanto, em qualquer parte onde haja Espíritos capazes de a gozar. Nenhum lugar lhe é circunscrito no universo. Onde quer que se encontrem, os Espíritos puros podem contemplar a majestade divina, porque Deus está em toda parte.

Entretanto, a felicidade não é pessoal. Se a possuíssemos somente em nós mesmos e não pudéssemos partilhá-la com os outros, ela seria egoísta e triste. Também a encontramos na comunhão de pensamentos que une os seres simpáticos. Os Espíritos felizes, atraindo-se pela similitude de ideias, gostos e sentimentos, formam vastos agrupamentos ou famílias homogêneas, no seio das quais cada individualidade irradia suas próprias qualidades próprias e satura-se dos eflúvios serenos e benéficos emanados do conjunto. Os membros deste, ora se dispersam para se consagrarem à sua missão, ora se reúnem em dado ponto do Espaço para se prestarem contas do trabalho realizado, ora se congregam em torno de um Espírito mais elevado para receberem instruções e conselhos.

Embora os Espíritos estejam por toda parte, os mundos são de preferência os locais onde eles se reúnem, em virtude da analogia existente entre eles e os que os habitam. Em torno dos mundos adiantados abundam Espíritos superiores, como em torno dos mundos atrasados pululam Espíritos inferiores. A Terra ainda faz parte dos mundos atrasados. Cada globo tem, de alguma sorte, sua população própria de Espíritos encarnados e desencarnados, alimentada em sua maioria pela encarnação e desencarnação dos mesmos. Esta população é mais estável nos mundos inferiores, pelo apego deles à matéria, e mais flutuante nos mundos superiores. Destes últimos, porém, verdadeiros focos de luz e felicidade, Espíritos se destacam para mundos inferiores a fim de neles semearem os germes do progresso, levar-lhes consolação, esperança e levantar os ânimos abatidos pelas provações da vida. Algumas vezes também encarnam para cumprir com mais eficácia a sua missão.

Nessa imensidade sem limites, onde está o céu? Em toda parte. Nada o cerca nem lhe traça limites. Os mundos felizes são as últimas estações do caminho que a ele conduz, cujo acesso as virtudes franqueiam e os vícios interditam.

Ante este quadro grandioso, que povoa todos os recantos do universo, que dá a todas as coisas da Criação um fim e uma razão de ser, quanto é pequena e mesquinha a doutrina que circunscreve a humanidade a um ponto imperceptível do Espaço, que no-la mostra começando em dado instante para acabar igualmente com o mundo que a contém, não abrangendo mais que um minuto na eternidade! Como é triste, fria e glacial essa doutrina quando nos mostra o resto do universo, antes, durante e depois da humanidade terrena, sem vida, nem movimento, qual imenso deserto mergulhado no silêncio! Como é desesperadora a perspectiva dos eleitos votados à contemplação perpétua, enquanto a maioria das criaturas é condenada a sofrimentos sem-fim! Como é doloroso, para os corações que amam, a ideia dessa barreira entre mortos e vivos! As almas felizes, dizem, só pensam na sua felicidade, como as infelizes, nas suas dores. Logo, é de admirar que o egoísmo reine na Terra quando no-lo mostram no céu? Oh! quão acanhada nos parece essa ideia da grandeza, do poder e da bondade de Deus!

Como é sublime, ao contrário, a ideia que o Espiritismo nos permite fazer do céu! Quanto a sua doutrina engrandece as ideias e amplia o pensamento! — Mas quem diz que ela é verdadeira? A razão primeiro, a revelação depois e, finalmente, a sua concordância com os progressos da Ciência. Entre duas doutrinas, das quais uma amesquinha e a outra exalta os atributos de Deus; uma está em desacordo e a outra em harmonia com o progresso; uma se deixa ficar na retaguarda enquanto a outra marcha para frente, o bom senso diz de que lado está a verdade. Que, pois, ao confrontá-las, cada um consulte a consciência e uma voz íntima lhe falará por ela. As aspirações são a voz de Deus, que não pode enganar os homens.

Mas, replicarão, por que Deus não lhes revelou desde o princípio toda a verdade? Pela mesma razão por que não se ensina à infância o que se ensina aos de idade madura. A revelação limitada foi suficiente a certo período da humanidade e Deus a proporciona gradativamente segundo os progressos do Espírito. Os que recebem hoje uma revelação mais completa são *os mesmos Espíritos* que já receberam parte dela em outros tempos e que desde então se engrandeceram em inteligência.

Antes que a Ciência tivesse revelado aos homens as forças vivas da natureza, a constituição dos astros, o verdadeiro papel da Terra e sua formação, poderiam eles compreender a imensidade do Espaço, a pluralidade dos mundos? Antes que a Geologia comprovasse a formação da Terra, poderiam os homens tirar-lhe o inferno das entranhas e compreender o sentido alegórico dos seis dias da Criação? Antes que a Astronomia descobrisse as leis que regem o universo, poderiam compreender que não há alto nem baixo no Espaço, que o céu não está acima das nuvens nem limitado pelas estrelas? Antes dos progressos da ciência psicológica poderiam as crianças identificar-se com a vida espiritual? Seriam capazes de conceber, depois da morte, uma vida feliz ou infeliz, a não ser em lugar circunscrito e sob uma forma material? Não; compreendendo mais pelos sentidos do que pelo raciocínio, o universo era muito vasto para o cérebro deles; era preciso restringi-lo ao seu ponto de vista para alargá-lo mais tarde. Uma revelação parcial tinha sua utilidade; embora adequada para aquele tempo, não satisfaria hoje. O erro provém dos que, não se dando conta do progresso das ideias, pretendem poder governar homens maduros, quais se fossem crianças.

A. K.

Nota – Este artigo, bem como o do número precedente sobre o *temor da morte*, é extraído da nova obra que o Sr. Allan Kardec publicará proximamente.[36] Os dois fatos a seguir vêm confirmar este quadro do céu.

Necrológio

Sra. viúva Foulon

Em sua seção de artigos necrológicos, de 13 de fevereiro de 1865, o jornal *Le Siècle* publicou a nota seguinte, também reproduzida pelo jornal do Havre e pelo de Antibes:

> Uma artista querida e estimada no Havre, a viúva Foulon, hábil miniaturista, faleceu em Antibes no dia 3 de fevereiro, onde tinha ido buscar, num clima mais suave, o restabelecimento da saúde, alterada pelo trabalho e pela idade.

---

[36] N.T.: *O céu e o inferno*.

Tendo conhecido pessoalmente e muito intimamente a Sra. Foulon, sentimo-nos felizes por poder completar a justa, mas muito breve notícia acima. Nisto cumprimos um dever de amizade e, ao mesmo tempo, prestamos uma merecida homenagem a virtudes ignoradas e a um salutar exemplo para todo o mundo e para os espíritas em particular, que aqui colherão preciosos ensinamentos.

Como artista, a Sra. Foulon tinha um talento notável. Suas obras, justamente apreciadas em muitas exposições, lhe valeram numerosas recompensas honoríficas. Eis aí um mérito, sem dúvida, mas que nada tem de excepcional. O que, sobretudo, a fazia amada e estimada, o que torna sua memória cara a todos os que a conheceram, é a amenidade de seu caráter; são suas qualidades privadas, cuja extensão só podiam apreciar os que conheciam sua vida íntima. Porque, como todos aqueles nos quais é inato o sentimento do bem, ela não os ostentava e nem mesmo os suspeitava. Se há alguém sobre quem o egoísmo não tinha domínio, era ela, sem dúvida; talvez jamais o sentimento de abnegação pessoal fosse levado mais longe; sempre pronta a sacrificar o repouso, a saúde e os interesses por aqueles a quem podia ser útil, sua vida foi uma longa série de dedicações, assim como não foi, desde a juventude, senão um longo rosário de rudes e cruéis provas, diante das quais sua coragem, sua resignação e sua perseverança jamais faliram. Reveses de fortuna só lhe deixaram o talento como único recurso; foi somente com os pincéis, dando lições ou fazendo retratos, que educou uma numerosa família e assegurou honrosa posição a todos os seus filhos. É preciso ter conhecido sua vida íntima para saber tudo o que suportou de fadigas e privações, todas as dificuldades contra as quais teve de lutar para atingir o seu objetivo. Mas ah! sua vista, fatigada pelo trabalho cativante da miniatura, extinguia-se dia a dia; mais algum tempo e a cegueira, já muito avançada, teria sido completa.

Quando a Sra. Foulon tomou conhecimento da Doutrina Espírita, alguns anos atrás, para ela foi como um rastro de luz. Pareceu-lhe que um véu se levantava sobre algo que não lhe era desconhecido, mas de que tinha apenas vaga intuição. Então o estudava com ardor, mas, ao mesmo tempo, com essa lucidez de espírito, essa justeza de apreciação, que era peculiar à sua alta inteligência. É preciso conhecer todas as perplexidades de sua vida, perplexidades que tinham sempre por móvel, não ela própria, mas os seres que lhe eram caros, para compreender todas as consolações que ela hauriu nesta sublime revelação, que lhe dava uma fé inabalável no futuro e lhe mostrava o nada das coisas terrenas. Sem o respeito devido às coisas íntimas, quão grandiosos ensinamentos saíram do último período dessa vida tão fecunda em emoções! Por isso, não lhe faltou a assistência dos Espíritos bons. As instruções e os ensinamentos que eles tiveram o prazer de prodigalizar a essa alma de escol formam uma coletânea das mais edificantes, mas toda íntima, da qual tivemos, mais de uma vez, a felicidade de ser o agente provocador. Assim, sua morte foi digna de sua vida. Ela viu sua chegada sem nenhum temor penoso: para ela era a libertação dos laços terrenos que devia abrir-lhe essa vida espiritual bem-aventurada, com a qual se havia identificado pelo estudo do Espiritismo.

Morreu com calma, porque tinha consciência de ter cumprido a missão que havia aceitado ao vir à Terra, de ter cumprido escrupulosamente seus deveres de esposa e de mãe de família. Porque também tinha, durante a vida, abjurado todo ressentimento contra aqueles dos quais podia lastimar-se e que a tinham pago com ingratidão; que sempre tinha pago o mal com o bem, perdoando-os ao deixar a vida, confiando na bondade e na Justiça de Deus. Enfim, morreu com a serenidade que dá uma consciência pura, e a certeza de estar menos separada de seus filhos que durante a vida corporal, já que poderá, doravante, estar com eles em Espírito, seja qual for o ponto do globo em que se achem, ajudá-los com seus conselhos e os cobrir com a sua proteção. Agora, qual a sua sorte no mundo em que se encontra? Os espíritas já o pressentem. Mas deixemos que ela mesma relate as suas impressões.

Como se viu, ela morreu em 3 de fevereiro; recebemos a notícia no dia 6 e nosso primeiro desejo foi o de nos entretermos com ela, se fosse possível. No momento estávamos acometidos de grave moléstia, o que explica algumas de suas palavras. É de notar que o médium não a conhecia e ignorava as particularidades de sua vida, da qual ela fala espontaneamente. Eis sua primeira comunicação, dada em 6 de fevereiro:

(6 de fevereiro de 1865 – Médium: Sra. Cazemajour)[37]

Estava certa de que teríeis a ideia de me evocar logo depois da minha morte e estava pronta a vos responder, pois não conheci a perturbação. Só os que têm medo são envolvidos por suas espessas trevas.

Pois bem, meu amigo, agora estou feliz. Estes pobres olhos que se haviam enfraquecido e só me deixavam a lembrança dos prismas que tinham colorido minha juventude com seu brilho cintilante, abriram-se aqui e reencontram os esplêndidos horizontes que alguns de vossos grandes artistas idealizam em suas vagas reproduções, mas cuja realidade majestosa, severa e, contudo, cheia de encantos, é moldada na mais completa realidade.

Apenas há três dias estou morta, e sinto que sou artista. Minhas aspirações para o ideal da beleza na arte mais não eram que a intuição de uma faculdade que eu tinha estudado e adquirido em outras existências e que se desenvolveram na última. Mas que devo fazer para reproduzir uma obra-prima digna da cena que comove o espírito, quando se chega na região da luz? Pincéis! pincéis! Provarei ao mundo que a arte espírita é o coroamento da arte pagã, da arte cristã que periclita, e que só ao Espiritismo está reservada a glória de fazê-la reviver em todo o seu brilho no vosso mundo deserdado.

Basta para a artista. É a vez da amiga.

Por que, boa amiga (Sra. Allan Kardec), vos afetar assim pela minha morte? Sobretudo vós, que conheceis as decepções e as amarguras de minha vida, deveríeis, ao contrário, alegrar-vos por ver que agora não mais devo beber a taça amarga das dores terrenas, que

---

[37] N.T.: 5 de fevereiro, conforme o original. A data certa, porém, é 6 de fevereiro, como consta acima.

esvaziei até o fim. Crede-me: os mortos são mais felizes que os vivos; pranteá-los é duvidar da veracidade do Espiritismo. Tende certeza de que me vereis novamente; parti primeiro, porque minha tarefa na Terra havia terminado; cada um tem a sua a cumprir aí e, quando a vossa estiver acabada, vireis repousar um pouco junto a mim, para recomeçar em seguida, se necessário, levando-se em conta que não está na natureza ficar inativo. Cada um tem suas tendências e a elas obedece; é uma lei suprema que prova o poder do livre-arbítrio. Assim, boa amiga, indulgência e caridade, pois todos necessitamos, reciprocamente, seja no mundo visível, seja no invisível. Com esta divisa, tudo vai bem.

Não me mandastes parar. Sabeis que converso longamente pela primeira vez! Mas eu vos deixo; é a vez do meu excelente amigo, Sr. Kardec. Quero agradecer-lhe as afetuosas palavras que ele houve por bem dirigir à amiga que o precedeu no túmulo; porque nós quase partimos juntos para o mundo onde me encontro, meu amigo! (Tínhamos adoecido no dia 31 de janeiro.) Que teria dito a bem-amada companheira dos vossos dias, se os Espíritos bons nisto não tivessem posto boa ordem? então ela teria chorado e gemido! eu o compreendo. Mas também é preciso que ela vele para que não vos exponhais novamente ao perigo, antes que tenhais acabado o vosso trabalho de iniciação espírita, sem o que vos arriscais a chegar cedo demais entre nós e, como Moisés, só ver a Terra Prometida de longe. Mantende-vos em guarda, pois é uma amiga que vos previne.

Agora me vou. Volto para junto de meus caros filhos; depois vou ver, além dos mares, se minha ovelha viajante finalmente chegou ao porto, ou se é joguete da tempestade. Que os Espíritos bons a protejam; vou juntar-me a eles para isto. Voltarei a conversar convosco, pois, como lembrais, sou uma faladora infatigável. Adeus, pois, bons e caros amigos. Até breve.

Viúva Foulon

Observação – A ovelha viajante é uma de suas filhas, que reside na América e que acabava de fazer longa e penosa viagem.

Não se teme a morte senão pela incerteza do que se passa nesse momento supremo e pelo que será de nós no Além. Nem sempre a crença vaga na vida futura é suficiente para acalmar o temor do desconhecido. Todas as comunicações que têm por objetivo iniciar-nos nos detalhes e nas impressões da passagem tendem a dissipar esse medo, ao nos familiarizarem e identificarem com a transição que em nós se opera. Deste ponto de vista, as da Sra. Foulon e as do Dr. Demeure, que vêm a seguir, são eminentemente instrutivas. Sendo a situação dos Espíritos depois da morte essencialmente variável, conforme a diversidade das aptidões, das qualidades e do caráter de cada um, somente pela multiplicidade dos exemplos é que se pode chegar a conhecer o estado real do mundo invisível.

(8 de fevereiro de 1865)

Espontânea – Eis-me aqui entre vós, bem mais cedo do que pensava e felicíssima por vos rever, sobretudo agora que estais melhor e que em breve, assim espero, estareis completamente restabelecido. Mas quero que me dirijais as perguntas que vos interessam; responderei melhor. Sem isto, arrisco-me a falar convosco sem uma sequência lógica, e é necessário que falemos de coisas puramente sérias. Não é, meu bom mestre espírita?

P. – Cara Sra. Foulon, estou muito contente com a comunicação que destes outro dia, e com a promessa de continuar nossas conversas. Eu vos reconheci perfeitamente na comunicação; ali faláveis de coisas ignoradas do médium, e que não podiam vir senão de vós; depois, vossa linguagem afetuosa a nosso respeito é bem a de vossa alma amorosa. Mas há em vossa linguagem uma segurança, um aprumo, uma firmeza que não conhecia em vossa vida. Sabeis que a este respeito eu me permiti mais de uma admoestação em certas circunstâncias.

Resp. – É verdade. Mas desde que me vi gravemente doente, recobrei a firmeza de espírito, perdida pelos desgostos e vicissitudes que, por vezes me tinham tornado medrosa quando encarnada. Disse de mim para mim: Tu és espírita; esquece a Terra;

prepara-te para a transformação de teu ser e antevê, pelo pensamento, a senda luminosa que tua alma deve seguir, ao deixar o corpo, e que a conduzirá, feliz e liberta, às esferas celestes onde viverás doravante.

Dir-me-eis que era um tanto presunçoso de minha parte contar com a felicidade perfeita ao deixar a Terra, mas eu tinha sofrido tanto que devia ter expiado minhas faltas desta existência e das precedentes. Esta intuição não me havia enganado; foi ela que me deu coragem, calma e firmeza nos últimos instantes. Essa firmeza naturalmente aumentou quando vi, depois de morta, a realização das minhas esperanças.

P. – Tende a bondade de descrever agora vossa passagem, o despertar e as primeiras impressões sentidas.

Resp. – Sofri, mas meu Espírito foi mais forte do que o sofrimento material, que o desprendimento o fazia experimentar. Encontrei-me, *após o supremo suspiro*, em estado de síncope, sem a menor consciência de minha situação, não pensando em nada, e numa vaga sonolência, que não era o sono do corpo nem o despertar da alma. Fiquei assim bastante tempo; depois, como se saísse de um longo desfalecimento, despertei pouco a pouco entre irmãos que não conhecia. Eles me prodigalizaram cuidados e carícias; mostraram-me um ponto no espaço que parecia uma estrela brilhante e me disseram: "É para lá que virás conosco; não pertences mais à Terra." Então recobrei a memória; apoiei-me neles e, como um grupo gracioso que se lança para esferas desconhecidas, mas com a certeza de lá encontrar a felicidade... subimos, subimos, e a estrela crescia. Era um mundo feliz, um mundo superior, onde vossa boa amiga vai, enfim, encontrar o repouso. Quero dizer o repouso em relação às fadigas corporais que suportei e às vicissitudes da vida terrena, mas não a indolência do Espírito, porque a atividade do Espírito é um prazer.

P. – Deixastes definitivamente a Terra?

Resp. – Deixo aqui muitos seres que me são caros para abandoná-la definitivamente. A ela voltarei, portanto, mas como

Espírito, pois tenho uma missão a cumprir junto aos meus netos. Aliás, sabeis perfeitamente que nenhum obstáculo se opõe a que os Espíritos que estacionam nos mundos superiores à Terra venham visitá-la.

P. – Parece que a posição em que estais pode enfraquecer vossas relações com os que deixastes aqui.

Resp. – Não, meu amigo; o amor aproxima as almas. Crede-me, pode-se estar na Terra mais próximo dos que atingiram a perfeição do que daqueles que a inferioridade e o egoísmo fazem rodopiar em torno da esfera terrestre. A caridade e o amor são dois motores de poderosa atração. São o laço que cimenta a união das almas ligadas uma a outra, laços persistentes, apesar da distância e dos lugares. Só há distâncias para os corpos materiais; ela não existe para os Espíritos.

P. – Conforme o que dissestes na comunicação anterior, sobre os vossos instintos de artista e o desenvolvimento da arte espírita, eu pensava que, numa nova existência, seríeis um dos primeiros intérpretes.

Resp. – Não. É como guia e Espírito protetor que devo dar provas ao mundo da possibilidade de fazer obras-primas na arte espírita. As crianças serão médiuns pintores e, na idade em que não se fazem senão esboços informes, elas pintarão, não as coisas da Terra, mas coisas dos mundos onde a Arte atingiu toda a sua perfeição.

P. – Que ideia fazeis agora de meus trabalhos relativos ao Espiritismo?

Resp. – Acho que tendes encargo de almas e que o fardo é difícil de carregar, mas vejo o objetivo e sei que o atingireis. Ajudar-vos-ei, se possível, com meus conselhos de Espírito, a fim de que possais superar as dificuldades que vos serão suscitadas, induzindo-vos a tomar certas medidas adequadas a ativar, enquanto viverdes, o movimento renovador ao qual o Espiritismo conduz. Vosso amigo

Demeure, unido ao Espírito de Verdade, vos prestará um concurso mais útil ainda; ele é mais sábio e mais sério do que eu, mas como sei que a assistência dos Espíritos bons vos fortalece e sustenta em vosso labor, crede que o meu vos será assegurado sempre e em toda parte.

P. – Poder-se-ia deduzir de algumas de vossas palavras que não me dareis uma cooperação muito ativa à obra do Espiritismo.

Resp. – Enganai-vos. Mas eu vejo tantos outros Espíritos mais capazes do que eu para tratar desta importante questão, que um invencível sentimento de timidez me impede, agora, de vos responder conforme o vosso desejo. Talvez isto aconteça; terei mais coragem e ousadia, mas antes é preciso que os conheça melhor. Morri há somente quatro dias; ainda estou sob o encanto do deslumbramento que me rodeia. Não compreendeis, meu amigo? Não consigo expressar as novas sensações que experimento. Tive de violentar-me para subtrair-me da fascinação que sobre o meu ser exercem as maravilhas que admiro. Não posso senão bendizer e adorar a Deus em suas obras. Mas isto passará: os Espíritos me asseguram que logo estarei acostumada com todas essas magnificências, e que então poderei, com minha lucidez de Espírito, tratar todas as questões relativas à renovação terrestre. Depois pensai, sobretudo neste momento, que tenho uma família para consolar. O entusiasmo invadiu-me a alma, e espero que tenha passado um pouco para vos entreter com o Espiritismo sério, e não com o Espiritismo poético, que não é bom para os homens: não o compreenderiam.

Adeus; até breve. De vossa boa amiga, que vos ama e sempre vos amará, pois é a vós, mestre, que ela deve a única consolação durável e verdadeira que experimentou na Terra.

Viúva Foulon

Observação – Todo espírita sério e esclarecido facilmente tirará destas comunicações os ensinamentos que delas ressaltam. Só chamaremos a atenção para dois pontos. O primeiro é que este exemplo mostra a possibilidade de não mais se encarnar na Terra e passar daqui a um mundo superior, sem ser por isto separado dos seres afeiçoados que aqui deixamos. Aqueles, pois, que temem a reencarnação, por causa das misérias da vida, podem destas se libertar, fazendo o que é preciso, isto é, trabalhando pelo seu melhoramento. Quem não quiser vegetar nas classes inferiores, deve instruir-se e trabalhar para subir de grau.

O segundo ponto é a confirmação desta verdade: depois da morte estamos menos separados dos seres que nos são caros do que durante a vida. Há alguns dias apenas a Sra. Foulon, retida pela idade e pela enfermidade numa pequena cidade do sul, não tinha a seu lado senão uma parte da família. Como a maioria dos filhos e dos amigos estava longe, obstáculos materiais se opunham a que os pudesse ver tão frequentemente quanto uns e outros o teriam desejado. O grande afastamento tornava mesmo a correspondência rara e difícil para alguns. Tão logo desembaraçada de seu pesado envoltório vai ao encontro de cada um e, sem afadigar-se, transpõe distâncias com a rapidez da eletricidade, os vê, assiste às suas reuniões íntimas, envolve-os com a sua proteção e pode, por meio da mediunidade, entreter-se com eles a cada instante, como quando viva. E dizer que a este pensamento consolador há gente que prefira uma separação indefinida!

Nota – Recebemos muito tarde para poder reproduzir o interessante e minucioso artigo necrológico, publicado no *Journal du Havre* de 10 de fevereiro. Infelizmente, nosso número já estava composto e completo, pronto para ser impresso.

O doutor Demeure

Morto em Albi (Tarn), em 26 de janeiro de 1865

Mais uma alma de escol acaba de deixar a Terra! O Sr. Demeure era um médico homeopata muito distinto em Albi. Seu caráter, tanto quanto o seu saber, tinham lhe granjeado a estima e a veneração de seus concidadãos. Só o conhecemos por meio de sua correspondência e da de seus amigos, mas bastou para nos revelar toda a grandeza e toda a nobreza de seus sentimentos. Sua bondade e sua caridade eram inesgotáveis e, malgrado a idade avançada, nenhuma fadiga o impedia de ir socorrer os pobres doentes. O preço das visitas era a menor de suas preocupações; preocupava-se mais com os desgraçados do que com aqueles que sabia que podiam pagar, porque, como dizia, em sua falta estes últimos sempre poderiam arranjar outro médico. Aos primeiros, não somente dava os remédios gratuitamente, mas muitas vezes provia às suas necessidades materiais, o que, algumas vezes, é o mais útil dos medicamentos. Pode dizer-se que era o cura d'Ars da Medicina.

O Sr. Demeure havia abraçado com ardor a Doutrina Espírita, na qual encontrara a chave dos mais graves problemas, cuja solução pedira em vão à Ciência e a todas as filosofias. Seu espírito profundo e investigador fê-lo compreender imediatamente todo o seu alcance, de tal modo que se tornou um de seus mais zelosos propagadores. Embora jamais nos tivéssemos visto, dizia-nos em uma de suas cartas que estava convicto de que não éramos estranhos um ao outro e que havia relações anteriores entre nós. Sua prontidão em vir até nós assim que morreu, sua solicitude por nós e os cuidados que nos dispensou na circunstância em que nos achávamos no momento, o papel que parece chamado a desempenhar, parecem confirmar esta previsão, que ainda não pudemos verificar.

Soubemos de sua morte em 30 de janeiro, e nosso primeiro pensamento foi o de nos entretermos com ele. Eis a comunicação que nos deu naquela mesma noite, por meio da Sra. Cazemajour, médium:

"Eis-me aqui. Ainda em vida prometi a mim mesmo, desde que estivesse morto, que viria, se possível, apertar a mão do meu caro mestre e amigo Allan Kardec.

A morte dera à minha alma esse pesado sono, que se chama letargia, mas o pensamento velava. Sacudi esse torpor funesto, que prolonga a perturbação que segue a morte, despertei e, de um salto, fiz a viagem.

Como estou feliz! Já não sou velho nem enfermo; meu corpo era apenas um disfarce imposto; sou jovem e belo, belo dessa eterna juventude dos Espíritos, cujas rugas não mais sulcam o rosto, cujos cabelos não embranquecem sob a ação do tempo. Sou leve como o pássaro que em voo rápido atravessa o horizonte de vosso céu nebuloso; admiro, contemplo, bendigo, amo e me inclino, átomo que sou, ante a grandeza, a sabedoria, a ciência de nosso Criador, ante a grandeza das maravilhas que me cercam.

Estava junto de vós, caro e venerado amigo, quando o Sr. Sabò falou em fazer a minha evocação, e eu o segui.

Sou feliz; estou na glória! Oh! quem poderia jamais descrever as esplêndidas belezas da terra dos eleitos: os céus, os mundos, os sóis, seu papel no grande concerto da harmonia universal? Pois bem! eu tentarei, meu mestre; vou fazer o seu estudo e virei depor junto a vós a homenagem de meus trabalhos de Espírito, que antecipadamente vos dedico. Até logo."

DEMEURE

OBSERVAÇÃO – As duas comunicações seguintes, dadas em 1º e 2 de fevereiro, são relativas à doença que nos acometeu subitamente em 31 de janeiro. Embora sejam pessoais, nós as publicamos porque provam que o Dr. Demeure é tão bom como Espírito quanto o era como homem e porque oferecem, além disso, um ensinamento. É um testemunho de gratidão, que devemos à solicitude de que fomos objeto de sua parte, nessa circunstância:

"Meu bom amigo, tende confiança em nós e muita coragem. Esta crise, não obstante fatigante e dolorosa, não será longa e, com os cuidados prescritos, podereis, conforme os vossos desejos, completar a obra, de que a vossa existência foi o principal objetivo. No entanto, sou aquele que está sempre junto de vós, com o *Espírito de Verdade*, que me permite tomar a palavra em seu nome, como o último de vossos amigos vindos entre os Espíritos! Eles me fazem as honras das boas-vindas. Caro mestre, como estou feliz por ter morrido a tempo para estar com eles neste momento! Se tivesse morrido mais cedo, talvez vos pudesse ter evitado esta crise que eu não previa; havia pouquíssimo tempo que estava desencarnado para me ocupar de outra coisa que não fosse o espiritual. Mas agora velarei por vós. Caro mestre, é vosso irmão e amigo que está feliz por ser Espírito para estar junto de vós e vos prodigalizar cuidados na vossa moléstia. 'Ajuda-te, e o Céu te ajudará.' Ajudai, pois, os Espíritos bons nos cuidados que vos dispensam, submetendo-vos estritamente às suas prescrições.

Faz muito calor aqui; este carvão é fatigante. Enquanto estiverdes doente, não o queimeis; ele continua a aumentar a vossa opressão; os gases que dele se desprendem são deletérios."

Vosso amigo, Demeure

"Sou eu, Demeure, o amigo do Sr. Kardec. Venho dizer-lhe que estava ao seu lado quando lhe ocorreu o acidente, que poderia ter sido funesto sem uma intervenção eficaz, para a qual tive a felicidade de contribuir. Segundo minhas próprias observações e informações que colhi em boa fonte, para mim é evidente que quanto mais cedo se der a sua desencarnação, tanto mais cedo se dará a sua reencarnação, a fim de poder completar a sua obra. Contudo, é preciso que ele dê, antes de partir, uma última demão nas obras que devem completar a teoria doutrinária, da qual é o iniciador; e ele se tornará culpado de homicídio voluntário se, por excesso de trabalho, contribuir para a falência de sua organização, que o ameaça de uma súbita partida para os nossos mundos. Não se deve ter receio em dizer-lhe toda a verdade, para que se guarde e siga rigorosamente as nossas prescrições."

Demeure

A comunicação seguinte foi recebida em Montauban, em 1º de fevereiro, no círculo dos amigos espíritas que ele tinha naquela cidade:

"Antoine Demeure. Não estou morto para vós, meus bons amigos, mas para os que, como vós, não conhecem esta santa Doutrina, que reúne os que se amaram na Terra e que tiveram os mesmos pensamentos e os mesmos sentimentos de amor e caridade.

Sou feliz; mais feliz do que podia esperar, porquanto gozo de rara lucidez entre os Espíritos desprendidos da matéria há tão pouco tempo. Tende coragem, meus bons amigos; doravante estarei junto a vós e não deixarei de vos instruir sobre muitas coisas que ignoramos quando ligados à nossa pobre matéria, que nos oculta tantas magnificências e tantos prazeres. Orai pelos que estão privados dessa felicidade, pois não sabem o mal que fazem a si mesmos.

Hoje não me delongarei muito, mas vos direi que não me acho completamente estranho neste mundo dos invisíveis. A mim parece que sempre o habitei. Aqui estou feliz, porque vejo os meus amigos e posso comunicar-me com eles sempre que o deseje.

Não choreis, meus amigos; faríeis que lamentasse vos haver conhecido. Deixai correr o tempo e Deus vos conduzirá à esta morada, onde todos devemos nos reunir. Boa noite, meus amigos: que Deus vos console; aqui estou junto a vós."

DEMEURE

OBSERVAÇÃO – A situação do Sr. Demeure, como Espírito, é bem a que podia deixar pressentir sua vida tão dignamente e tão utilmente realizada. Mas outro fato não menos instrutivo ressalta de suas comunicações: é a atividade que ele demonstra, quase imediatamente depois da morte, para ser útil. Por sua alta inteligência e por suas qualidades morais, pertence à ordem dos Espíritos muito adiantados; ele é muito feliz, mas sua felicidade não está na inação.

Há poucos dias, cuidava dos doentes como médico e, apenas desencarnado, desvela-se em ir cuidá-los como Espírito. Algumas pessoas perguntarão: "Que se ganha em estar no outro mundo, se ali não se goza de repouso?" A isto lhes perguntaremos, para começar, se nada significa não mais ter preocupações, nem necessidades, nem as enfermidades da vida, ser livre e poder, sem afadigar-se, percorrer o espaço com a rapidez do pensamento, ir ver os amigos a qualquer hora, seja qual for a distância em que se encontrem? Depois acrescentamos: Quando estiverdes no outro mundo, nada vos forçará a fazer seja o que for; sereis perfeitamente livres para ficar numa ociosidade beata, tanto tempo quanto quiserdes, mas logo vos cansareis dessa ociosidade egoísta e pedireis uma ocupação. Então vos será respondido: Se vos aborreceis por nada fazerdes, buscai vós mesmos algo fazer; as ocasiões de ser útil não faltam no mundo dos Espíritos, como não faltam entre os homens. É assim que a atividade espiritual não é um constrangimento; é uma necessidade, uma satisfação para os Espíritos que procuram as ocupações segundo seus gostos e aptidões, e escolhem de preferência as que possam ajudar o seu adiantamento.

O processo Hillaire

Uma questão sobre a qual havíamos guardado um silêncio facilmente compreensível, acaba de ter um desfecho que a põe no domínio público. Tendo sido publicada por vários jornais das localidades vizinhas, desde então julgamos oportuno dela falar, a fim de prevenir as falsas interpretações da malevolência em relação à Doutrina Espírita, e provar que essa doutrina não encobre com seu manto nada que seja repreensível. Aliás, como nosso nome está envolvido no assunto, não é inútil que se conheça a nossa maneira de ver. Esse assunto diz respeito ao médium Hillaire, de Sonnac (Charente-Inférieure),[38] com o qual já tivemos ocasião de entreter os nossos leitores.

Hillaire é um homem moço, casado e pai de família, simples trabalhador, quase analfabeto. A Providência o dotou de notável

---

[38] N.E.: Hoje conhecida como Charente-Maritime.

faculdade mediúnica, muito ampla, cujos detalhes podem ser lidos na obra do Sr. Bez, intitulada: [*Les Miracles de nos jours*], e que tem várias analogias com a do Sr. Home. Naturalmente, essa faculdade despertou a atenção para ele; ela lhe havia conquistado uma celebridade local e, ao mesmo tempo, lhe valido a simpatia de uns e a aversão de outros. Os elogios um tanto exagerados de que era objeto nele produziram sua má influência habitual. Os sucessos do Sr. Home subiram-lhe um pouco à cabeça, como o atestam as cartas que nos escreveu. Sonhava com um teatro maior do que o seu vilarejo. Contudo, apesar de suas instâncias para que o fizéssemos vir a Paris, jamais lhe quisemos dar a mão. Certamente, se nessa providência tivéssemos visto uma utilidade qualquer, tê-lo-íamos favorecido, mas estávamos convencidos, de acordo com as ideias e o caráter que lhe conhecíamos, de que ele não era capaz de representar um papel preponderante, e isso em seu próprio interesse. Aliás, muito recentemente tivéramos um triste exemplo dessas ambições que empurram para a capital e acabam em cruéis decepções. Elevando-o sobre um pedestal, prestaram-lhe um mau serviço. Sua missão era local; num raio limitado, sobre certa população, podia prestar grandes serviços à causa do Espiritismo, com o auxílio dos notáveis fenômenos que se produziam sob sua influência; ele os prestou propagando as ideias espíritas na região, mas os poderia prestar ainda maiores se se tivesse limitado à sua modesta esfera, sem abandonar o trabalho de que vivia e se, com mais prudência, o tivesse podido conciliar com o exercício da mediunidade. Infelizmente para ele, a importância que se atribuía o tornava pouco acessível aos conselhos da experiência; como muita gente, os teria aceitado de bom grado se fossem concordes com as suas ideias, das quais suas cartas nos davam provas! Vários indícios nos fizeram prever sua queda, mas estávamos longe de suspeitar por que causa se daria. Apenas nossos guias espirituais nos advertiram algumas vezes para agir com ele com grande circunspeção e resguardar a nossa autoridade, evitando, sobretudo, fazê-lo vir a Paris.

Por muita presunção de um lado e muita fraqueza do outro, ele aniquilou sua missão no momento em que ela poderia ganhar o seu maior brilho. Cedendo a deploráveis arrastamentos e, talvez, como somos levados a crer, a pérfidas insinuações, manejadas com habilidade, ele cometeu uma falta, em razão da qual deixou a região e da qual, mais tarde, teve de prestar contas à justiça. O Espiritismo, longe de sofrer com isto, como se vangloriavam os nossos adversários, saiu são e salvo desta prova, como logo se verá. Nem é preciso dizer que se empenhavam em fazer passar todas as manifestações do infeliz Hillaire como insignes trapaças.

Nesta triste questão, o lesado, um dos que mais o tinham aclamado ao tempo de sua glória passageira e o tinha acobertado com o seu patrocínio, escreveu-nos após a fuga dos culpados, para nos dar conta detalhada dos fatos e pedir o nosso concurso e o de nossos correspondentes, a fim de que os prendessem. Ele termina dizendo: "É preciso tirar-lhes todos os recursos, a fim de obrigá-los a voltar à França e os mandar castigar pela justiça dos homens, esperando que o Deus de misericórdia os *castigue* também, pois causam um grande prejuízo ao Espiritismo. Esperando uma resposta de vossa mão, vou pedir a Deus para que sejam descobertos. Sou todo vosso, vosso irmão em Deus etc."

Eis a resposta que lhe demos, sem suspeitar que ela se tornaria uma das peças do processo:

"Senhor,

Retornando de longa viagem que acabo de fazer, encontrei a carta que me escrevestes a propósito de Hillaire. Deploro tanto quanto qualquer outro esta triste história, da qual, entretanto, o Espiritismo não pode receber nenhum ataque, já que não poderia ser responsabilizado pelos atos dos que o compreendem mal. Quanto a vós, o mais prejudicado nesta circunstância, compreendo vossa indignação e o primeiro momento de exaltação que vos deve ter agitado, mas espero que a reflexão tenha dado mais calma ao vosso espírito. Se fordes realmente espírita, deveis saber que devemos aceitar com resignação todas as provas que a Deus aprouver enviar-nos e que são, elas mesmas, expiações que merecemos por nossas faltas passadas. Não é orando a Deus, como fazeis, para nos vingar daqueles de quem temos de nos queixar, que adquirimos o mérito das provas que Ele nos manda; muito ao contrário, perdemos os seus frutos e atraímos outras ainda maiores. Não é uma contradição de vossa parte dizer que orais ao *Deus de misericórdia* para que os culpados sejam presos, a fim de serem entregues à justiça dos homens? Dirigir-lhe semelhantes preces é uma ofensa, quando necessitamos, em maior ou menor grau, de sua misericórdia para nós mesmos, esquecendo que Ele disse: *Sereis perdoados como tiverdes perdoado aos outros*. Tal linguagem não é cristã, nem espírita, porquanto, a exemplo do Cristo, o Espiritismo nos ensina a indulgência e o perdão das ofensas. É uma bela ocasião para mostrardes grandeza e magnanimidade e provardes que estais acima das misérias humanas. Desejo que não a deixeis escapar.

Pensais que esta questão prejudicará o Espiritismo. Repito que ele nada sofrerá com isto, em que pese o ardor dos adversários em explorar esta circunstância em seu proveito. Se o devesse prejudicar, seria apenas um efeito local e momentâneo e nisso tereis vossa parte de responsabilidade, pelo ardor com que o divulgastes. Tanto por caridade, quanto pelo interesse que dizeis ter pela Doutrina, deveríeis ter feito todo o possível para evitar o escândalo, ao passo que, pela repercussão que lhe destes, fornecestes armas aos inimigos. Os espíritas sinceros vos teriam sido gratos por vossa moderação, e Deus vos teria levado em conta esse bom sentimento.

Lamento que tenhais podido pensar que eu servisse, fosse no que fosse, aos vossos desejos vindicativos, tomando providências para entregar os culpados à justiça. Era enganar-vos singularmente quanto ao meu papel, ao meu caráter e à minha compreensão dos verdadeiros interesses do Espiritismo. Se, como dizeis, sois realmente meu irmão em Deus, crede-me, implorai sua clemência, e não a sua cólera, porque aquele que chama a cólera sobre outrem corre o risco a fazê-la cair sobre si mesmo.

Tenho a honra de vos saudar cordialmente, com a esperança de vos ver voltar a ideias mais dignas de um espírita sincero."

A. K.

Eis, agora, o relato que nos foi enviado:

Iniciado sexta-feira, o caso Hillaire terminou sábado à meia-noite. Retirando Vitet sua queixa no momento em que ia ser pronunciado o julgamento, sua esposa foi inocentada. Só Hillaire ficava sob a clava da justiça. O ministério público concluiu pela culpabilidade e exigiu a aplicação dos artigos 336, 337, 338 etc., do Código Penal. O Tribunal, *declinando* de sua competência no que respeita à apreciação *de todos os transportes e outros fatos mediúnicos*, fazendo aplicação do artigo 463, condenou Hillaire a um ano de prisão e pagamento das custas processuais. Aos nossos olhos, esse julgamento é uma justa aplicação da lei escrita, embora tenha sido considerado um tanto severo por pessoas que absolutamente não são espíritas.

Se fomos testemunhas do desenrolar de tristes torpezas a que podem conduzir as fraquezas humanas, por outro lado assistimos a um belo espetáculo, quando ouvimos ser proclamada solenemente a ortodoxia da moral espírita; quando, durante a suspensão e à saída das audiências, ouvimos estas palavras, repetidas em público: 'Devemos invejar a felicidade daqueles cuja fé os põe constantemente em presença daqueles a quem amaram, e dos quais o próprio túmulo não os pode mais separar.'

Com efeito, vede esta multidão, que logo este pretório não poderá conter. Aí se comprimem membros de todas as posições sociais, desde a mais ínfima até a mais elevada. Pensais que esses homens vêm simplesmente assistir aos vulgares debates de uma torpe questão na polícia correcional? Ao vexame de dois infelizes que confessaram e narraram todos os detalhes de sua falta? Oh! não. O caso em questão tem um alcance muito alto. O Espiritismo está em jogo; vêm ouvir as revelações que um inquérito de três meses terá trazido contra a nova Doutrina; vêm gozar o ridículo que não deixará de cair sobre esses pobres alucinados, mas suas esperanças pouco caridosas foram ludibriadas pela sabedoria do tribunal.

O presidente começa por proclamar a mais absoluta liberdade de consciência; recomenda a todos o respeito pela crença religiosa de cada um; ele próprio marcha até o fim nesse caminho. Apresenta-se o momento de ler a carta de nosso mestre a Vitet (carta citada acima); toma-a e, depois de lê-la, observa reconhecer nela uma voz digna dos primeiros Pais da Igreja; que jamais foi pregada mais bela moral em mais bela linguagem.

Vinte testemunhas foram unânimes quanto à veracidade dos transportes; nenhum manifestou a mais leve suspeita. Daí a declaração de incompetência do tribunal. Somente Vitet e seu criado Muson contestaram a marcha miraculosa, mas no mesmo instante lhes foi contraposto os autos do depoimento, redigido nesse mesmo dia por Vitet, escrito do próprio punho e trazendo a sua assinatura e a de Muson. Dois membros de nossa Sociedade foram ouvidos. O presidente não temeu, por causa de seus depoimentos, provocar discussão sobre certos pontos da Doutrina; um e outro responderam perfeitamente e venceram, para satisfação de todos os espíritas.

O advogado de Hillaire foi muito breve — e nem podia deixar de ter sido — no que se referia especialmente ao chefe da acusação. Mas sobre a Doutrina, os seus ensinamentos, as suas consequências, os seus progressos no mundo; sobre a perseverança desses homens da localidade, pelo menos, dizia ele, nossos iguais em ciência, em inteligência, em moralidade, em posição social; sobre os fatos publicados diariamente na imprensa; sobre a multiplicidade das obras, dos jornais especiais, ele sempre falou com eloquência e convicção. Seu último golpe foi a leitura de uma carta do Sr. Jaubert. Nessa carta o citado senhor refere que ele mesmo e seus amigos, ocupando-se de manifestações físicas, *viram e viram bem*, tanto à luz das lâmpadas quanto à luz do dia, fatos análogos aos obtidos por Hillaire, dos quais dá conta nos mínimos detalhes. Essa leitura, seguida em tom solene da profissão de fé do próprio Sr. Jaubert, magistrado, vice-presidente com funções no tribunal civil da capital de um Departamento, comoveu todo o auditório. (O *Journal de*

Saint-Jean d'Angely, de 12 de fevereiro, analisa essa notável defesa. Ver também a *Revue de l'Ouest*, de Niort, de 18 de fevereiro.)

Em seu requisitório, o ministério público difama o acusado. Quanto aos fatos das manifestações, explica-os por meios vulgares; cada um, diz ele, pode produzi-los em seus salões à vontade, com a maior facilidade: basta a menor habilidade. Cita fatos mediúnicos históricos, para os quais conclui pela alucinação. No que concerne à Doutrina, sempre foi digno e respeitoso para com os sectários dedicados. Sobretudo aplaudiu calorosamente a coragem, a sinceridade e a boa-fé das testemunhas que vieram afirmar sua crença, sem serem detidas nem pelo temor dos sarcasmos e das piadas, nem por seus interesses materiais, que com isto podem ser prejudicados.

O Espiritismo não apenas saiu incólume desta prova, como dela saiu com as honras da guerra. É verdade que o julgamento não proclamou absolutamente a realidade das manifestações de Hillaire, mas as pôs fora de causa por sua declaração de incompetência; por isto mesmo não as declarou fraudulentas. Quanto à Doutrina, ali obteve um notável sufrágio. Para nós é o ponto essencial, porque o Espiritismo está menos nos fenômenos materiais do que em suas consequências morais. Pouco nos importa que neguem fatos, constatados diariamente em todos os pontos da Terra. Não está longe o dia em que todos serão forçados a se renderem à evidência; o principal é que a Doutrina daí resultante seja reconhecida como digna do Evangelho, sobre o qual se apoia. Certamente o Sr. juiz substituto não é espírita; ao que saibamos, o presidente também não o é. Mas estamos felizes por constatar que sua opinião nada retira à sua imparcialidade.

Os elogios feitos às testemunhas são uma homenagem brilhante prestada à coragem da opinião e à sinceridade das crenças. Devíamos a esses firmes sustentáculos de nossa fé um testemunho especial. Apressamo-nos em dá-lo, por meio da mensagem seguinte, que lhes remetemos:

Paris, 21 de janeiro de 1865.

Do Sr. Allan Kardec aos espíritas devotados no caso Hillaire.

Caros irmãos em Espiritismo,

Venho, em meu nome pessoal e no da Sociedade Espírita de Paris, pagar um justo tributo de elogios a todos quantos, na triste circunstância que nos afligiu, sustentaram sua fé e defenderam a verdade com coragem, dignidade e firmeza. Um brilhante e solene testemunho lhes foi prestado pelos órgãos da justiça; o de seus irmãos em crença não lhes podia faltar. Pedi a sua lista, tão exata e completa quanto possível, a fim de inscrever seus nomes ao lado dos que bem mereceram do Espiritismo. Não é para lhes conferir uma publicidade que lhes feriria a modéstia e que, aliás, na hora que passa, é mais prejudicial do que útil, mas nosso século está tão preocupado que é esquecido. É preciso que a memória dos devotamentos verdadeiros, puros de qualquer pensamento preconcebido de interesse, não se perca para os que vierem depois de nós. Os arquivos do Espiritismo lhes dirão os que têm direito legítimo ao seu reconhecimento.

Aproveito esta ocasião, caros irmãos, para me entreter um instante convosco a respeito do que nos preocupa.

À primeira vista, podiam temer-se as consequências deste caso para o Espiritismo. Como o sabeis, jamais me inquietei com ele, porque, em todo o caso, não podia produzir senão uma emoção local e momentânea; porque a nossa Doutrina, assim como a religião, não pode ser responsabilizada pelas faltas dos que não a compreendem. É em vão que os nossos adversários se esforçam em apresentá-la como nociva e imoral; seria necessário provar que ela provoque, desculpe ou justifique um só ato repreensível, ou que ao lado de seus ensinos ostensivos, ela os tenha secretos, sob os quais a consciência possa abrigar-se. Mas como no Espiritismo tudo se passa à luz do dia e ele não prega senão a moral do Evangelho, à prática da qual tende a conduzir os homens que dela se afastam, só uma intenção malévola lhe poderia imputar tendências perniciosas. Levando-se em conta que cada um pode julgar por si mesmo os seus princípios, altamente proclamados e claramente formulados em obras ao alcance de todos, só a ignorância ou a má-fé os podem desnaturar, como fizeram com os primeiros cristãos, acusados de todas as desgraças e de todos os acidentes que se sucediam em Roma, e de corromper os costumes. Com o Evangelho na mão, o Cristianismo só podia sair vitorioso de todas essas acusações e da luta terrível investida contra ele. Assim se dá com o Espiritismo, que também tem como bandeira o Evangelho. Para sua justificação, basta-lhe dizer: Vede o que ensino, o que recomendo e o que condeno. Ora, o que é que condeno? Todo ato contrário à caridade, que é a lei ensinada pelo Cristo.

O Espiritismo não está apenas na crença na manifestação dos Espíritos. O erro dos que o condenam é crer que só consista na produção de fenômenos estranhos, e isto porque, não se dando ao trabalho de estudá-lo, só lhe veem a superfície. Esses fenômenos só são estranhos para os que lhes não conhecem a causa. Mas quem quer que os aprofunde, neles não vê senão os efeitos de uma lei, de uma força da natureza que não se conhecia e que, por isto mesmo, não são maravilhosos, nem sobrenaturais. Esses fenômenos provam a existência dos Espíritos, que mais não são que as almas dos que viveram, provando, por conseguinte, a existência da alma, sua sobrevivência ao corpo, a vida futura com todas as suas consequências morais. A fé no futuro, assim apoiada em provas materiais, torna-se inabalável e triunfa sobre a incredulidade. Daí por que, quando o Espiritismo tornar-se crença de todos, não haverá mais incrédulos, nem materialistas, nem ateus. Sua missão é combater a incredulidade, a dúvida, a indiferença; não se dirige aos que têm uma fé, e a quem esta fé é suficiente, mas aos que em nada creem, ou que duvidam. Não diz a ninguém que deixe a sua religião; respeita todas as crenças, quando sinceras. Aos seus olhos a liberdade de consciência é um direito sagrado; se não a respeitasse, faltaria ao seu primeiro princípio, que é a caridade. Neutro entre todos os cultos, será o laço que os reunirá sob uma mesma bandeira — o da fraternidade universal. Um dia eles se darão as mãos, em vez de se anatematizarem.

Longe de serem a parte essencial do Espiritismo, os fenômenos não passam de um acessório, um meio suscitado por Deus para vencer a incredulidade, que invade a sociedade; ele está, sobretudo, na aplicação de seus princípios morais. É nisto que se reconhecem os espíritas sinceros. Os exemplos de reforma moral provocada pelo Espiritismo já são bastante numerosos para que se possa julgar dos resultados que produzirá com o tempo. É preciso que sua força moralizadora seja bem grande para triunfar sobre os hábitos inveterados pela idade, e da leviandade da juventude.

O efeito moralizador do Espiritismo tem, pois, por causa primeira o fenômeno das manifestações, que deu a fé. Se esses fenômenos fossem uma ilusão, como o pretendem os incrédulos, seria preciso abençoar uma ilusão que dá ao homem a força de vencer as más inclinações.

No entanto, se ainda se veem, depois de dezoito séculos, tanta gente que professa o Cristianismo e o pratica tão pouco, é de admirar que em menos de dez anos todos os que creem no Espiritismo dele não tenham tirado o proveito desejável? Nesse número, há os que apenas viram o fato material das manifestações, nos quais foi mais excitada a curiosidade do que tocado o coração. Eis por que nem todos os espíritas são perfeitos. Isto nada tem de surpreendente em seu começo; e se uma coisa deve espantar, é o número de reformas operadas neste curto intervalo. Se nem sempre o Espiritismo triunfa sobre os maus arrastamentos de maneira completa, um resultado parcial não deixa de ser um progresso, que deve ser levado em conta; e como cada um de nós tem seu lado fraco, isto nos deve tornar indulgentes. O tempo e as novas existências acabarão o que está começado; felizes os que se pouparem novas provas!

Hillaire pertence a essa classe que o Espiritismo, de certo modo, não faz senão aflorar; eis por que faliu. A Providência o havia dotado de notável faculdade, com o auxílio da qual fez muito bem. Poderia fazer ainda muito mais se, por fraqueza, não tivesse corrompido sua missão. Não podemos condená-lo, nem absolvê-lo; só a

Deus cabe julgá-lo por não haver cumprido a tarefa até o fim. Possa a expiação que sofre e uma guinada séria sobre si mesmo merecer a sua clemência!

Irmãos, estendamos-lhe uma mão caridosa e oremos por ele.

Notas bibliográficas

Un ange du ciel sur la Terre[39, 40]

Eis o testemunho dado sobre esta obra na *Sociedade Espírita de Paris*, por nosso colega Sr. Feyteau, advogado:

Sob esse título, o Sr. Benjamin Mossé escreveu um livro cheio de poesia, no qual, sob o duplo ponto de vista, a caridade é progressivamente ensinada pelos mais tocantes fatos. O assunto deste pequeno poema em prosa começa no Céu, desenvolve-se na Terra e termina no Céu, onde começou.

Os anjos, os arcanjos, os querubins e os serafins, todos os seres sagrados — são expressões do Sr. Mossé — estão reunidos e cantam louvores ao Altíssimo, que os reuniu para lhes dar a missão de ir entre as almas da Terra, a fim de reconduzi-las ao caminho do bem, do qual as desviam incessantemente os apetites e as paixões terrenas.

Um desses anjos, o mais puro, foi o único a ficar depois da partida de todos os outros. Esse anjo é *Zadécia*. Prosternada aos pés do trono do Eterno, implora para si o favor de uma exceção à regra geral, imposta aos seus irmãos; dizia suplicante:

Senhor, escuta a minha prece, antes que eu obedeça à tua voz! Vou descer à Terra, segundo a tua vontade. Deixo com pesar, já que ordenas,

---
[39] N.E.: *Um anjo do céu na Terra*.
[40] Nota de Allan Kardec: Por Benjamin Mossé, rabino de Avignon. Um vol. in-12º; preço: 3 fr. 50. – Avignon, Livraria Bonnet Filho.

a felicidade com a qual nos inundas; vou falar disto aos habitantes da morada inferior; vou inspirar-lhes a esperança, para sustentá-los em sua marcha penosa. Mas digna-te conceder às minhas súplicas a graça que te imploro! Permite, ó meu Deus, que afastada de teu palácio, jamais esqueça as suas delícias! Permite que o envoltório de que me vou revestir jamais sirva de obstáculo a meus voos para ti! Que eu fique sempre senhora de mim mesma; que nada de impuro jamais venha alterar minha nobreza! Permite, Senhor, que minha ausência da mansão bem-aventurada não tenha longa duração! Permite que minha missão seja cumprida prontamente; que eu aqueça à minha chama um coração generoso; que o cative com meus encantos esse coração já abençoado por tua mão; que meu amor o eleve, o aperfeiçoe, complete a sua virtude, a fim de que receba minhas inspirações, aceite a minha mensagem e se torne para a humanidade uma consolação, uma luz, e que então eu possa, ó meu Deus, voltar à minha celeste morada, feliz por ter deixado na Terra um nobre continuador de minha missão, animado por meu olhar, adorando minha imagem e sempre se elevando para mim, a fim de haurir em meu seio a força de continuar sua obra, para cuja realização eu lhe prodigalizei o encorajamento de meu amor, até a hora em que, por tua vontade, ele vier encontrar-me e receber em meus braços, aos pés de teu trono, tuas bênçãos eternas.

Exalto a tua prece, minha filha!" respondeu-lhe a voz divina. "Vai, vai sem temor, levar aos homens os tesouros de tua chama. O fogo que te anima nada perderá em santidade na Terra, onde tua passagem será rápida, onde uma alma digna de ti já tomou um invólucro terrestre para cumprir a grande missão que lhe queres confiar. Tão ardente quanto pura, ela se enobrecerá com teu amor; será santificada por tua presença, pelos laços que a unirão ao teu destino imortal. Nessa união que abençoo antecipadamente, essa alma receberá tua missão, da qual se resgatará como tu mesma. Então subirás novamente às regiões supremas, de onde velarás sobre teu esposo bem-amado da Terra, que se tornará, terminada sua tarefa, teu esposo bem-amado no Céu!

A essas palavras, Zadécia desceu radiosa das moradas infinitas para o meio dos homens; osculou a fronte do menino que mais tarde deveria atrair a si pelo matrimônio; depois, submetendo-se às condições necessárias da existência terrestre, envolveu-se numa forma material, na qual devia brilhar a sua beleza e resplandecerem suas virtudes e seus encantos!

É nestas condições particularmente abençoadas que a alma de Zadécia empreende sua missão, cuja primeira fase é a sua encarnação na criatura que uma jovem mãe dolorosamente deu à luz. Na segunda fase de sua missão, Zadécia é um anjo de inocência, e sua beleza, que irradia como emanação divina, purifica tudo que dela se aproxima. Na terceira fase, Zadécia é o anjo de resignação pela paciência com que suporta os sofrimentos físicos. Na quarta, é anjo de piedade pelos exemplos de caridade e abnegação que dá. Na quinta, é o anjo do amor, pela afeição simpática que se desenvolve entre ela e o jovem Azariel. Na sexta, é o anjo do amor conjugal por sua união com Azariel. Na sétima, é o anjo do amor maternal. A oitava fase, enfim, é a sua volta ao Céu, deixando na Terra o esposo e a filha, para continuar sua obra de santificação.

Indubitavelmente, esses diferentes quadros contêm exemplos edificantes e são de leitura atraente, mas o triunfo por demais previsto de Zadécia sobre todas as provas a que está submetida em sua encarnação lhe tira esse caráter de ensinamento útil, que não pode resultar realmente senão dos esforços da luta. Esta situação em que se acha Zadécia, ao deixar o Céu, de conservar a pureza e a incorruptibilidade dos anjos, quase não desperta interesse por ela além da atração que deu o autor pela forma e expressão dos pensamentos, nas etapas de sua viagem à Terra. Por isso, depois de ter lido este livro e lhe concedendo o justo tributo de elogios que merecem o estilo e o conjunto verdadeiramente harmonioso do enredo, é de lamentar que o autor pareça estranho aos princípios reais da natureza dos Espíritos, e jamais ter pensado em se dar conta da influência que eles exercem sobre as diversas condições sociais da humanidade, pelo melhoramento progressivo que desenvolvem em suas várias encarnações.

Há uma preocupação natural em o homem sério, seja porque aos múltiplos clarões da filosofia ele perscrute as peripécias da vida humana, seja porque com o archote das religiões sonde as misteriosas profundezas da morte: chegar a uma conclusão que o esclareça sobre seu verdadeiro destino, mostrando-lhe a via que deve seguir. Sem dúvida esta via nem sempre é a verdadeira, mas cada um segue o sulco traçado pela charrua da vontade no campo do pensamento, segundo tenha empregado bons ou maus princípios. Para uns, sistemas preconcebidos lhes tomam lugar de verdades; deles fazem uma lei, consumindo-se em discussões para impô-la e fazê-la prevalecer. Para outros, é o próprio Deus que têm a pretensão de traduzir, interpretar e comentar de tantas maneiras e em tantos debates tumultuosos, quando não sangrentos, que os textos sagrados da palavra divina ficam enterrados nos escombros de suas disputas.

Se o livro do Sr. Mossé não revela a preocupação que aí gostaríamos de ver sobre a natureza dos Espíritos, pelo menos não revela nenhuma das que a excluem ou a combatem. Diremos mesmo que mais se aproxima, do que dela se afasta, e que, com mais um passo, marchariam em uníssono, porque tendem para um fim comum: a prática da caridade como condição da vida bem-aventurada. É, pois, um bom livro que o Espiritismo deve acolher, como um aliado, que pode tornar seu irmão.

Feyteau, advogado
Allan Kardec

Revista Espírita
Jornal de estudos psicológicos
ANO VIII   ABRIL DE 1865   N° 4

Destruição dos seres vivos uns pelos outros[41]

A destruição recíproca dos seres vivos é uma das leis da natureza, que, à primeira vista, menos parecem conciliar-se com a bondade de Deus. Pergunta-se por que Deus criou para eles a necessidade de mutuamente se destruírem, para se alimentarem uns à custa dos outros.

Para quem apenas vê a matéria e restringe a sua visão à vida presente, parece, de fato, que há uma imperfeição qualquer na obra divina. É que em geral os homens julgam a perfeição de Deus do ponto de vista humano; medem a sabedoria divina pelo próprio julgamento que dela fazem, e pensam que Deus não poderia fazer coisa melhor do que eles próprios fariam. Como a curta visão de que dispõem não lhes permite apreciar o conjunto, não compreendem que um bem real possa decorrer de um mal aparente. Só o conhecimento do princípio espiritual, considerado em sua essência verdadeira, bem como o da grande lei de unidade, que constitui a harmonia da Criação, pode dar ao homem

---

[41] N.T.: Vide *A gênese*, de Allan Kardec, cap. III, itens 20 a 24.

a chave desse mistério e mostrar-lhe a sabedoria providencial e a harmonia, justamente onde apenas vê uma anomalia e uma contradição. Dá-se com esta verdade o mesmo que se dá com uma imensidão de outras; o homem não é apto a sondar certas profundezas senão quando seu Espírito chega a um suficiente grau de maturidade.

A verdadeira vida, tanto do animal quanto do homem, não está no envoltório corpóreo, do mesmo modo que não está no vestuário. Está no princípio inteligente que preexiste e sobrevive ao corpo. Esse princípio necessita do corpo para se desenvolver pelo trabalho que lhe cumpre realizar sobre a matéria bruta. O corpo se consome nesse trabalho, mas o Espírito não se gasta; ao contrário, dele sai cada vez mais forte, mais lúcido e mais apto. Que importa, pois, que o Espírito mude mais ou menos frequentemente de envoltório? Não deixa por isso de ser Espírito. É absolutamente como se um homem mudasse cem vezes no ano as suas vestes. Não deixaria por isso de ser homem.

Por meio do espetáculo incessante da destruição, Deus ensina aos homens o pouco caso que devem fazer do envoltório material e lhes suscita a ideia da vida espiritual, fazendo que a desejem como uma compensação.

Deus, alegarão, não podia chegar ao mesmo resultado por outros meios, sem constranger os seres vivos a se entredevorarem? Se tudo é sabedoria em sua obra, devemos supor que esta não existirá mais num ponto do que em outros; se não o compreendemos assim, devemos atribuí-lo à nossa falta de adiantamento. Contudo, devemos tentar a pesquisa da razão do que nos pareça defeituoso, tomando por bússola este princípio: *Deus há de ser infinitamente justo e sábio*. Procuremos, portanto, em tudo, a sua justiça e a sua sabedoria.

Uma primeira utilidade que se apresenta de tal destruição, utilidade puramente física, é verdade, é esta: os corpos orgânicos só se conservam com o auxílio das matérias orgânicas, por elas conterem os elementos nutritivos necessários à transformação deles. Como os corpos, instrumentos de ação para o princípio inteligente, precisam ser constantemente renovados, a Providência faz que sirvam a sua mútua manutenção. É por isso que os seres se nutrem uns dos outros. Mas é o corpo que se nutre do corpo, sem que o Espírito se aniquile ou altere. Fica, apenas despojado do seu envoltório.

Há também considerações morais de ordem elevada. É necessária a luta para o desenvolvimento do Espírito. Na luta é que ele exercita as suas faculdades. O que ataca em busca do alimento e o que se defende para conservar a vida usam de habilidade e inteligência, aumentando, em consequência, suas forças intelectuais. Um dos dois sucumbe; mas, em realidade, que foi que o mais forte ou o mais destro tirou ao mais fraco? A veste de carne, nada mais; mais tarde, o Espírito, que não morreu, tomará outra.

Nos seres inferiores da Criação, naqueles a quem ainda falta o senso moral, nos quais a inteligência ainda não substituiu o instinto, a luta não pode ter por objetivo senão a satisfação de uma necessidade material. Ora, uma das necessidades materiais mais imperiosas é a da alimentação. Eles, pois, lutam unicamente para viver, isto é, para fazer ou defender uma presa, visto que nenhum móvel mais elevado os poderia estimular. É nesse primeiro período que a alma se elabora e ensaia para a vida.

Quando a alma atingiu o grau de maturidade necessário à sua transformação, recebe de Deus novas faculdades: o livre-arbítrio e o senso moral, numa palavra a centelha divina, que dão novo curso às suas ideias e a dotam de novas aptidões e percepções. Mas as novas faculdades morais de que é dotada só se desenvolvem gradualmente, pois nada é brusco na natureza.

No homem, há um período de transição em que ele mal se distingue do bruto. Nas primeiras idades, domina o instinto animal e a luta ainda tem por móvel a satisfação das necessidades materiais. Mais tarde, contrabalançam-se o instinto animal e o sentimento moral; luta então o homem, não mais para se alimentar, porém, para satisfazer à sua ambição, ao seu orgulho, à necessidade, que experimenta, de dominar. Para isso, ainda lhe é preciso destruir. Todavia, à medida que o senso moral prepondera, desenvolve-se a sensibilidade, diminui a necessidade de destruir, acaba mesmo por desaparecer, por se tornar odiosa. O homem ganha horror ao sangue.

Entretanto, a luta é sempre necessária ao desenvolvimento do Espírito, pois mesmo chegando a esse ponto que nos parece culminante, ele ainda está longe de ser perfeito. Só à custa de muita atividade adquire conhecimentos, experiência e se despoja dos últimos vestígios da animalidade. Mas, nessa ocasião, a luta, de sangrenta e brutal que era, se torna puramente intelectual. O homem luta contra as dificuldades, e não mais com os seus semelhantes.

NOTA – Como se vê, esta explicação se prende à grave questão do futuro dos animais. Nós a trataremos proximamente e a fundo, porque nos parece suficientemente elaborada e cremos que se pode, desde já, considerá-la como resolvida em princípio, pela concordância do ensino.

Um sermão sobre o progresso

Escrevem-nos de Montauban:

"Passou-se nestes dias um fato interessante em nossa cidade, que impressionou diversamente a população. Um pregador protestante, o Sr. Rewile, capelão do rei da Holanda, num discurso pronunciado perante duas mil pessoas, revelou-se claramente partidário das ideias novas. Sentimo-nos felizes ao ouvir, pela primeira vez, estas sublimes verdades proclamadas do alto de um púlpito cristão, e desenvolvidas com um talento e uma eloquência excepcionais. Por mais que se tenha saído bem, os fanáticos se apressaram em conferir-lhe o título de anticristo. Lamento não poder transmitir o sermão inteiro, mas vou tentar analisar algumas de suas passagens.

O orador tinha tomado por texto: 'Não vim destruir a lei e os profetas, mas dar-lhes cumprimento. Amai-vos de todo o vosso coração, de toda a vossa alma, de todo o vosso entendimento, e ao vosso próximo como vós mesmos.'

Conforme o Sr. Rewile, a missão do Cristo entre os homens foi uma missão de caridade e de espiritualidade; sua doutrina parecia, pois, estar em oposição à dos judeus, cujo princípio era a 'observância estrita da lei', princípio que engendraria o egoísmo. Mas a expressão *dar cumprimento* explica essa aparente contradição, porque significa completar, tornar mais perfeita. Ora, substituir o egoísmo pela caridade e o culto da matéria pela espiritualidade, era dar cumprimento, completar a lei. Em vão o Cristo tentou fazer essa nação romper as cadeias da matéria, elevando o seu pensamento e fazendo-a encarar seu destino de mais alto; jamais pôde ela compreender a profundeza de sua moral. Assim, quando ele quis atacar os abusos de toda sorte, as práticas exteriores e abrandar os rigores da lei mosaica, foi acusado e covardemente condenado. Os judeus esperavam um Messias conquistador que, armado de um cetro de ferro, lhes desse em partilha o poder temporal, e não compreendiam o que havia de grande, de sublime naquele que, com um fraco caniço na mão, vinha trazer à humanidade, como penhor de sua força espiritual, a lei de amor e de caridade.

Mas os desígnios de Deus sempre se realizam, a despeito de todas as resistências. Se os judeus, como obreiros de má vontade, recusaram-se a trabalhar na vinha, nem por isso a humanidade marchou e marchará menos, arrastando em sua passagem tudo o que constitui obstáculo para chegar ao progresso. A Igreja cristã, sob pena de decadência, deve seguir esta marcha ascendente, porque *a humanidade não foi feita para a Igreja, mas a Igreja para a humanidade.* Infeliz de quem resistir, pois será pulverizado pela mão do progresso. O progresso não foi feito para responder pelo futuro?

Que os filhos do século XIX, contrariamente à conduta dos judeus antigos, compreendam e realizem sua obra! Já não experimentam esse tremor involuntário que agita todas as inteligências de escol e que as impele espontaneamente para a conquista das ideias espiritualistas, única garantia de felicidade para a humanidade? Por que, sem espiritualidade, há apenas a matéria, e sem liberdade não há apenas escravidão? *Por que, pois, resistir por mais tempo a esses nobres impulsos da alma e atribuir ao demônio esses novos sinais dos tempos modernos? Por que, antes, não ver aí as inspirações dos mensageiros celestes de um Deus de amor e de caridade, anunciando-nos a renovação da humanidade?*

Que a Igreja cristã volte ao espírito. Com efeito, que é a Igreja sem o espírito, senão um cadáver, verdadeiro cadáver na acepção da palavra?... Quem tiver ouvidos que ouça! A verdadeira Igreja, nestes dias críticos, tem o direito de contar com seus filhos... Vamos, de pé e à obra! que cada um cumpra o seu dever. Deus o quer! Deus o quer!

Se o Cristo veio para dar cumprimento, isto é, para completar a lei pela prática do amor de Deus e dos homens, é que considerava esse preceito como resumindo a perfeição humana. A lei de amor de Deus e dos homens é, como ensina o próprio Cristo, uma lei de primeira ordem, à qual estão subordinadas todas as outras. É necessário, pois, praticá-la na sua mais larga acepção, a fim de se aproximar dele e, consequentemente, de Deus, do qual foi a mais alta expressão na Terra. Para amar a Deus é preciso amar a verdade, o belo, o bem; sentir-se transportado interiormente para esses atributos da perfeição moral, mas é preciso também amar a seus irmãos, seus semelhantes, em quem Deus se reflete no que há de verdadeiro, de belo, de bem.

Por que o Cristo amou a humanidade até dar a vida por ela? Porque sendo também a mais alta expressão da perfeição humana, sentiu no mais alto grau os efeitos dessa lei de amor de Deus e dos homens, e a praticou de maneira sublime... Praticar a caridade, amar, é marchar a passos largos no caminho da verdade, do belo, do bem; é ir a Deus! Amar é viver; é ir para a imortalidade!"

Segundo o que me foi relatado, o Sr. Rewile teria abordado com sucesso a questão das manifestações, nas duas conferências dadas aos alunos da Faculdade. Teria respondido vitoriosamente a todas as objeções. Lamento não ter podido ouvi-lo nesta circunstância tão interessante.

Observação – Bem tinham dito os Espíritos que o Espiritismo iria encontrar defensores nas próprias fileiras de seus adversários. Tal discurso na boca de um ministro da religião, e pronunciado do alto do púlpito, é um acontecimento grave. Esperemos ver outros, porque o exemplo da coragem de opinião é contagioso. As ideias novas também não tardarão a encontrar campeões confessos na alta ciência, na literatura e na imprensa; aí já desfrutam de mais simpatia do que se pensa. Só o primeiro passo é que custa. Até hoje pode dizer-se que, com exceção dos órgãos especiais do Espiritismo, que não se dirigem à massa do público indiferente, só os nossos adversários tiveram a palavra, e Deus sabe se a usaram! Agora a luta começa. Que dirão quando virem nomes justamente honrados e estimados saírem de suas fileiras, empunhando abertamente a bandeira da Doutrina? Está dito que tudo se cumprirá.

Extrato do *Journal de Saint-Jean d'Angely*

5 de março de 1865
(Sociedade de Estudos Espíritas de Saint-Jean d'Angely)

Golpe de vista sobre o Espiritismo e suas consequências

Existe uma harmonia secreta e contínua entre o mundo visível e o mundo dos Espíritos. Esta harmonia, suas manifestações possíveis,

eis, incontestavelmente, uma das grandes questões de nossa época. É a que nos propomos tratar nas colunas deste jornal.

Dirigimo-nos a todos, sem dúvida, porém mais particularmente àqueles cujas ocupações diárias impedem, nas grandes obras, o estudo seguido dos fatos tão comoventes que, assinalados de um a outro extremo do universo, são proclamados e atestados pelos homens mais esclarecidos; demonstrar a possibilidade desses fatos pela revelação de leis naturais até agora desconhecidas; despojá-las do epíteto irônico de pretensos milagres, com que os quereriam diminuir aos olhos dos que não sabem mais sobre isto, iniciá-los no conhecimento da Doutrina daí resultante, dela deduzindo as consequências tão consoladoras que traz consigo, eis o nosso objetivo.

Falam de milagres. Se há um, incompreensível aos nossos olhos, é o da frieza e da indiferença, reais ou simuladas, de homens inteligentes e probos, em presença das manifestações que surgem em todos os recantos do mundo e publicados diariamente em profusão.

Se a reprodução daquilo que tantos outros viram só resultasse na satisfação de uma curiosidade infantil, ou não tivesse por resultado senão o emprego de momentos que não pudessem ser mais bem empregados, oh! então compreenderíamos o desdém e as leviandades de linguagem.

Já não pode ser assim quando pensamos que se trata não apenas do mais importante objetivo de nossa existência, a solução, pela prova palpável da imortalidade de nossas almas, da questão há tanto tempo discutida de nossos destinos futuros, mas também, e sobretudo, que se trata do chamado, pela convicção dessas grandes verdades, dos que delas se afastam para o cumprimento de seus deveres para com Deus, para com os semelhantes e para consigo mesmos.

Vede um pouco: sois membro de um júri; testemunhas que não conheceis, que jamais vistes, vêm afirmar o fato mais inverossímil, o assassinato de um pai pelo filho, ou de um filho pelo pai; acreditais e condenais o miserável autor de semelhante crime, e fazeis bem. Mas sondemos a questão com a mão na consciência. Se esse infeliz tivesse acreditado num Deus poderoso e justo e soubesse, desde muito tempo, que seu ato horrível acarretaria infalivelmente merecida punição em outra existência, não teria recuado diante da realização de seu crime? Não, não pensastes nisto. Como nós, direis: Sim, a crença, mas a crença firme e sem restrição, a crença absoluta, nas penas e recompensas em outra vida, onde cada um receberá conforme suas obras terrenas, eis o freio que deve ser mais difícil de quebrar; e ainda tendes razão.

Para a quase totalidade, infelizmente, essas crenças são *desconhecidas* do grande problema da moralização universal.

Parai um pouco! — grita-me o maior número — deixamos de estar de acordo; há muito tempo nossa inteligência e os nossos estudos nos deram a conhecer a solução que indicais. Para nós, vossas pretensas novas provas são inúteis: *somos e temos sido sempre crentes*.

Tal a linguagem em que se apoia o comum dos mortais.

Dizeis que sempre acreditastes; pelo menos é o que assegurais. Tanto melhor para vós, senhores; se for preciso confessar, não o duvidamos; recebei nossas sinceras felicitações; seríamos verdadeiramente felizes se pudéssemos afirmar outro tanto. Francamente, concordamos que, a despeito do favor de todas as boas condições que contribuíram para engrandecer a nossa mente, restava-nos muito caminho a percorrer, para fazer tanto quanto vós. Quantos de nossos irmãos, com mais forte razão ficaram na retaguarda, privados que estavam, por suas posições sociais, das vantagens do estudo e, por vezes, dos bons exemplos?

Sim, a fé está morta: todos os doutores da lei o confessam e gemem por isto. Apesar de seus esforços, jamais a incredulidade foi mais profunda, mais geral. Segui um pouco esta longa fila de homens que, como dizem, acabam de conduzir um dos seus à sua última morada, e ouvireis 95% a repetir: *Mais um que chega ao fim de suas penas*. Tristes palavras; triste e grandíssima prova, ao mesmo tempo, da insuficiência dos meios hoje empregados para a propagação da única e verdadeira felicidade que os homens podem desfrutar em nossa Terra, para a propagação da fé.

Deus seja louvado! um novo farol brilha para todos. Abaixo o privilégio! Espaço aos homens de boa vontade! Sem esforços da inteligência, sem estudos difíceis e custosos, o mais humilde, o menos instruído pode contemplar a luz divina, caso queira, como todos os seus irmãos. Só não a verão os que não quiserem ver.

Se é assim, repetimos, os homens mais honrados, mais instruídos, cujos nomes citaremos por falanges, dão o testemunho mais autêntico. Se é assim, dizemos nós, por que se empenhar em pôr a luz debaixo do alqueire? Por que, já que não sentimos a sua necessidade, rejeitar sem exame fenômenos cujo conhecimento e apreciação podem, se não sempre, pelo menos muitas vezes, deter a criatura nos despenhadeiros fatais, onde vicejam a dúvida e a incredulidade? Por que, em todos os casos e por tão pouco, pode reerguer pela esperança as coragens prestes a sucumbir ao peso do infortúnio?

Eis os benefícios que, pelo exemplo, tão facilmente podem ser espalhados à nossa volta, mas que a indiferença, tanto quanto a oposição, podem retardar o seu progresso e a sua difusão.

A. Chaigneau, D.-M.-P.

(Continua)

Observação – Nossa previsão, emitida no artigo anterior, a propósito do sermão de Montauban, começa a realizar-se. Eis um jornal não pertencente aos quadros do Espiritismo e que hoje acolhe o que, certamente, não teria feito há um ano, não o relato dos fatos, mas artigos de fundo, desenvolvendo os princípios da Doutrina. E de quem são esses artigos? de um desconhecido? de um ignorante? Não; são de um médico que desfruta na região de uma reputação de saber justamente merecida e de uma consideração devida à suas eminentes qualidades. Mais um exemplo que terá imitadores.

Sabemos de mais de um jornal que não teria repugnância em falar favoravelmente do Espiritismo, que dele falaria mesmo de bom grado, não fosse o temor de desagradar a certos leitores e comprometer seus próprios interesses. Esse temor poderia ser legítimo há algum tempo, mas hoje já não o é. De alguns anos para cá a opinião mudou muito em relação ao Espiritismo; não é mais uma coisa desconhecida; dele se fala em toda parte e já não riem tanto. A ideia vulgarizou-se a tal ponto que, se algo há de espantoso é ver a imprensa indiferente a uma questão que preocupa as massas e que conta os seus partidários por milhões em todos os países do mundo e nas camadas mais esclarecidas da sociedade; é, sobretudo, ver homens inteligentes criticá-la sem dela saber a primeira palavra. É, então, uma questão fútil essa que suscita a cólera de todo um partido? esse partido se inquietaria se nela não visse senão um mito sem consequência? Dela riria, mas desde que se irrita, que troveja, que acende os seus autos de fé, na expectativa de matar a ideia, é que existe algo de sério. Ah! se todos os que se dizem representantes do progresso se dessem ao trabalho de aprofundar a questão, é provável que não a tratariam com tanto desdém.

Seja como for, não é nosso objetivo fazer aqui a sua apologia. Apenas queremos constatar um fato hoje comprovado, o de que a ideia espírita tem seu lugar reservado entre as doutrinas filosóficas; que constitui uma opinião, cujos representantes se multiplicam de tal modo que os adversários são os primeiros a proclamá-la. A consequência natural disto é que os jornais que forem francamente simpáticos a esta causa terão as simpatias de seus aderentes, e estes são bastante numerosos para compensar amplamente as poucas defecções que pudessem experimentar, se é que experimentariam.

Do ponto de vista da ideia espírita, o público se divide em três categorias: os partidários, os indiferentes e os antagonistas. Está provado que as duas primeiras constituem a imensa maioria; os partidários os procurarão por simpatia; os indiferentes ficarão satisfeitos por encontrar numa discussão imparcial os meios de se esclarecerem sobre aquilo que ignoram. Quanto aos antagonistas, a maior parte se contentará em não ler os artigos que lhes não convenham, mas, por este motivo, não renunciarão a um jornal que lhes agrade sob outros aspectos, por suas tendências políticas, sua redação, seus folhetins, ou a variedade de notícias diversas. Aliás, os adversários natos do Espiritismo têm seus jornais especiais. Em suma, é certo que, no estado atual da opinião, com isto mais ganhariam do que perderiam.

Dirão, sem dúvida, e com razão, que a convicção não se encomenda, e que um jornal, assim como um indivíduo, não pode abraçar ideias que não sejam as suas. Isto é muito justo, mas não impede a imparcialidade. Ora, até hoje, salvo pequeníssimas exceções, os jornais têm aberto suas colunas, tão amplamente quanto possível, à crítica, aos ataques, à difamação mesma, contra uma numerosa classe de cidadãos, lançando sem escrúpulo o ridículo e o desprezo sobre as pessoas, enquanto se mantêm fechados impiedosamente à defesa. Quantas vezes a lei não assegurou resposta a direitos que foram ignorados! Dever-se-ia, então, recorrer a medidas de exceção, intentar processos? Estes teriam sido aos milhares nos últimos dez anos. Perguntamos: Há imparcialidade, justiça, da parte das folhas que, incessantemente, proclamam a liberdade de pensamento, a igualdade de direitos e a fraternidade? Compreende-se a refutação de uma doutrina com a qual não se compartilha, a discussão raciocinada e de boa-fé de seus princípios, mas o que nem é justo, nem leal, é desnaturá-la e fazê-la dizer o contrário do que diz, com vistas a desacreditá-la. Ora, é o que fazem diariamente os adversários do Espiritismo. Admitir a defesa depois do ataque, a retificação das inexatidões, não seria esposar-lhe os princípios, mas apenas imparcialidade e lealdade. Um jornal poderia mesmo ir mais longe; sem renunciar às suas convicções e com toda reserva de suas opiniões pessoais, poderia admitir a discussão dos prós e dos contras e, assim, colocar seus leitores em condições de julgar uma questão que vale bem a pena, pela repercussão que ela alcança dia a dia.

Devemos, pois, elogios à imparcialidade do jornal que acolhe os artigos do Sr. Chaigneau. Devemo-los, também, ao autor que, como um dos primeiros, entra na arena da publicidade oficial, para aí sustentar a nossa causa, com a autoridade de um homem de ciência. O artigo referido acima é apenas a introdução de seu trabalho; o número de 12 de março contém a abertura da matéria: é uma exposição cientificamente racional do histórico do Espiritismo moderno. Lamentamos que sua extensão não nos permita reproduzi-lo.

Correspondência de além-túmulo

Estudo mediúnico

Para a compreensão do fato principal de que se trata, extraímos a passagem seguinte da carta de um de nossos assinantes; é, além disso, uma simples e tocante expressão das consolações que os aflitos haurem no Espiritismo:

"Permiti vos diga o quanto o Espiritismo me tem aliviado, ao dar-me a certeza de rever num mundo melhor um ser que amei com um amor sem limites, um irmão querido, morto na flor da idade. Como é consolador o pensamento de que aquele cuja morte pranteamos muitas vezes está perto de nós, sustentando-nos quando estamos acabrunhados sob o peso da dor, alegrando-se quando a fé no futuro nos deixa entrever um encontro certo! Iniciado há alguns anos nos admiráveis preceitos do Espiritismo, tinha aceitado todas as suas verdades e me esforçava por viver aqui de maneira a apressar o meu adiantamento. Minhas boas resoluções tinham sido tomadas muito sinceramente; confesso, todavia, que não possuindo os elementos necessários para fortalecer e sustentar minha crença na comunicação dos Espíritos, pouco a pouco me havia habituado, não a rejeitá-la, mas a encará-la com mais indiferença. É que a desgraça até então me era desconhecida. Hoje, que a Deus aprouve enviar-me uma prova dolorosa, hauri no Espiritismo preciosas consolações e sinto necessidade de vo-lo agradecer muito particularmente, como o primeiro propagador desta santa Doutrina.

Não sendo a doutrina do Espiritismo uma simples hipótese, mas apoiando-se em fatos patentes e ao alcance de todo o mundo, as consolações que proporciona consistem não apenas na certeza de rever as pessoas amadas, mas também, e sobretudo, na possibilidade de corresponder-se com elas e delas obter salutares ensinos.

Assim convicto, o irmão vivo escreveu ao irmão morto a seguinte carta, solicitando a resposta por meio de um médium:

N..., 14 de março de 1865.

"Meu irmão bem-amado,

É-me impossível dizer-te quanto fiquei feliz ao ler a carta que me enviaste por meio do médium de S... Comuniquei-a aos nossos pobres pais, a quem muito afligiste, ao deixá-los de maneira tão inesperada. Eles me pediram que te escrevesse novamente, que te pedisse novos detalhes sobre tua existência atual, a fim de poderem crer, por provas que darás facilmente, na realidade do ensino dos Espíritos. Mas, antes de tudo, acerca-te deles, inspira-lhes a resignação e a fé no futuro; consola-os, pois necessitam ser consolados, alquebrados que estão por um golpe tão inesperado. Quanto a mim, ó meu irmão bem-amado, serei sempre feliz quando te for permitido dar as tuas notícias. Hoje venho pedir-te novos detalhes sobre a tua moléstia, tua morte e teu despertar no mundo dos Espíritos.

Quais os Espíritos que vieram receber-te no limiar do mundo invisível? Reviste o nosso avô? Ele é feliz? Reviste e reconheceste nossos parentes, mortos antes de ti, mesmo os que não havias conhecido na Terra? Assististe ao teu sepultamento? Que impressão sentiste? Peço-te que me dês alguns detalhes sobre essa triste cerimônia, que não permitam aos nossos pais duvidarem de tua identidade. Poderias dizer se algum membro de nossa família se tornará médium? Não desejarias comunicar-te por um de nós?

Não posso compreender que não queiras continuar teus estudos de música, que cultivavas com tanto ardor na Terra; para nós seria uma doce consolação se quisesses terminar, por meio de um médium, os salmos que começaste a musicar em Paris.

Pudeste constatar o vazio imenso causado por tua morte no coração de todos nós. Suplico-te que inspires a teus pais a coragem necessária para não sucumbirem nesta terrível prova; sê muitas vezes com eles e dá notícias tuas. Quanto a mim, Deus sabe quanto chorei. Apesar de minha crença no Espiritismo, há momentos em que não posso acostumar-me à ideia de não mais te rever na Terra, e em que daria a vida para poder apertar-te ao coração.

Adeus, meu nobre amigo. Pensa algumas vezes naquele cujos pensamentos estão constantemente dirigidos para ti, e que fará o possível para ser julgado digno de um dia estar reunido a ti.

Abraço-te e te aperto ao coração."

Teu irmão devotado, B...

NOTA – Em precedente comunicação dada aos pais, por outro médium, tinha sido dito que o jovem não queria continuar seus estudos musicais no mundo dos Espíritos.

Resposta do irmão morto ao irmão vivo:

"Eis-me aqui, meu bom irmão; mas és muito exigente. Mesmo com a melhor boa vontade não posso responder, numa só evocação, às numerosas perguntas que me diriges. Então não sabes que por vezes é muito difícil aos Espíritos transmitir o pensamento por certos médiuns pouco aptos a receber claramente, em seu cérebro, a impressão fotográfica dos pensamentos de certos Espíritos e que, desnaturando-os, lhes dão um cunho de falsidade, que leva os interessados à negação mais formal das manifestações? Isto é muito pouco lisonjeiro e entristece profundamente os que, em falta de instrumentos adequados, são impotentes para dar suficientes sinais de identidade.

Crê-me, bom irmão, evoca-me em família. Com um pouco de boa vontade e alguns ensaios perseverantes, tu mesmo poderás conversar comigo à vontade. Estou quase sempre perto de ti, porque sei que és espírita e tenho confiança em ti. É certo que a simpatia atrai a simpatia e que não se pode ser expansivo com um médium que a gente vê pela primeira vez. Entretanto, esforçar-me-ei por satisfazer-te.

Minha morte, que te aflige, era o termo do cativeiro de minha alma. Teu amor, tua solicitude, tua ternura tinham tornado doce o meu exílio na Terra. Porém, nos meus mais belos momentos de inspiração musical, eu voltava o olhar para as regiões luminosas, onde tudo é harmonia, absorto em escutar os acordes longínquos da melodia celeste que me inundava em doces vibrações. Quantas vezes eu me extasiei nesses devaneios arrebatadores, aos quais devia o sucesso de meus estudos musicais, que continuo aqui! Seria um erro extraordinário acreditar que a aptidão individual se perde no mundo espírita; ao contrário, ela se aperfeiçoa, para em seguida levar esse aperfeiçoamento aos planetas onde esses Espíritos são chamados a viver.

Não choreis mais, vós todos, bem-amados pais! Para que servem as lágrimas? Para enfraquecer, para desencorajar as almas. Parti primeiro, mas vireis encontrar-me. Esta certeza não é bastante poderosa para vos consolar? A rosa, que exalou seus perfumes no carvalho, morre como eu, depois de ter vivido pouco, juncando o solo de pétalas murchas. Mas, por sua vez, o carvalho morre e tem a sorte da rosa que chorou e cujas cores vivas se harmonizam com sua sombria folhagem.

Ainda algum tempo e vireis a mim; então cantaremos o cântico dos cânticos e louvaremos a Deus em suas obras. Juntos seremos felizes se vos resignardes à provação que vos aflige.

Aquele que foi teu irmão na Terra e te ama sempre,"

B...

Vários ensinamentos importantes ressaltam desta comunicação. O primeiro é a dificuldade do Espírito para se exprimir com o auxílio do instrumento que lhe é dado. Conhecemos pessoalmente esse médium, que há muito tempo vem dando provas de força e de flexibilidade da faculdade, sobretudo no que respeita às evocações particulares. É o que se pode chamar um médium seguro e bem assistido. De onde provém, então, esse impedimento? É que a facilidade das comunicações depende do grau de afinidade fluídica existente entre o Espírito e o médium. Assim, cada médium é mais ou menos apto a receber a impressão ou a *impulsão* do pensamento de tal ou qual Espírito; pode ser um bom instrumento para um e mau para outro, e este fato em nada desmerece as suas qualidades, pois a condição é mais orgânica do que moral. Assim, pois, os Espíritos buscam de preferência os instrumentos com os quais vibram em uníssono; impor-lhes o primeiro que aparecer e crer que deles possam servir-se indiferentemente, seria a mesma coisa que obrigar um pianista a tocar violino: em virtude de saber música, deve ser capaz de tocar todos os instrumentos.

Sem esta harmonia, a única que pode levar à assimilação fluídica, *tão necessária na tiptologia quanto na escrita*, as comunicações ou são impossíveis, ou incompletas, ou falsas. Em falta do Espírito, que não se pode ver, se não puder manifestar-se livremente, não faltarão outros, sempre prontos a aproveitar a ocasião, e que pouco se importam com a verdade do que dizem. Esta assimilação fluídica por vezes é completamente impossível entre certos Espíritos e certos médiuns; outras vezes, e é o caso mais ordinário, só se estabelece gradualmente e com o tempo, o que explica por que os Espíritos que se manifestam habitualmente a um médium o fazem com mais facilidade, e por que as primeiras comunicações quase sempre atestam certa dificuldade e são menos explícitas.

Está, pois, demonstrado, tanto pela teoria quanto pela experiência, que não há mais médiuns universais para as evocações, como não os há aptos a todos os gêneros de manifestações. Aquele que pretendesse receber à vontade e no momento certo as comunicações de todos os Espíritos e, por conseguinte, satisfazer aos legítimos desejos de todos os que querem entreter-se com os seres que lhes são caros, ou daria prova de radical ignorância dos princípios mais elementares da ciência, ou de charlatanismo e, em todo o caso, de uma presunção incompatível com as qualidades essenciais de um bom médium. Pôde-se acreditar nisto em certo tempo, mas hoje os progressos da ciência teórica e prática demonstram, em princípio, a sua impossibilidade. Quando um Espírito se comunica pela primeira vez a um médium, sem qualquer dificuldade, isto se deve a uma afinidade fluídica excepcional ou anterior, entre o Espírito e seu intérprete.

É, pois, um erro impor um médium ao Espírito que se quer invocar. É preciso deixar-lhe a escolha de seu instrumento. Mas, indagarão, como fazer quando só se tem um médium, o que é muito frequente? Primeiro, se contentar com o que se tem e abster-se do que não se tem. Não está no poder da ciência espírita mudar as condições normais das manifestações, assim como não cabe à Química mudar as da combinação dos elementos.

Contudo, há aqui um meio de atenuar a dificuldade. Em princípio, quando se trata de uma evocação nova, o médium deve sempre evocar o seu guia espiritual previamente, e indagar se ela é possível. Em caso afirmativo, perguntar ao Espírito evocado se encontra no médium a aptidão necessária para receber e transmitir seu pensamento. Se houver dificuldade ou impossibilidade, pedir-lhe que o faça por meio do guia do médium ou ser por ele assistido. Neste caso, o pensamento do Espírito chega de segunda mão, isto é, depois de ter atravessado dois meios. Compreende-se, então, quanto importa que o médium seja bem assistido, porque se o for por um Espírito obsessor, ignorante ou orgulhoso, a comunicação será alterada. Aqui, as qualidades pessoais do médium forçosamente representam um papel importante, pela natureza dos Espíritos que atrai a si. Os médiuns mais indignos podem dispor de poderosas faculdades; os mais seguros, porém, são os que a essa força juntam as melhores simpatias no mundo invisível. Ora, *de modo algum* essas simpatias garantem os nomes mais ou menos imponentes dos Espíritos que assinam as comunicações recebidas por via mediúnica.

Esses princípios fundamentam-se ao mesmo tempo na lógica e na experiência. As próprias dificuldades que revelam provam que a prática do Espiritismo não deve ser tratada levianamente.

Outro fato ressalta igualmente da comunicação acima: é a confirmação do princípio de que os Espíritos inteligentes prosseguem na vida espiritual os trabalhos e estudos que empreenderam na vida corporal.

É por isso que damos preferência, nas comunicações que publicamos, àquelas de onde pode sair um ensinamento útil.

Quanto à carta do irmão vivo ao seu irmão morto, é uma ingênua e tocante expressão da fé sincera na sobrevivência da alma, na presença dos seres que nos são caros e da possibilidade de continuar com estes as relações de afeição, que a eles nos uniam.

Sem dúvida os incrédulos rirão daquilo que, aos seus olhos, é uma pueril credulidade. Por mais que façam, o nada que preconizam jamais terá encanto para as massas, porque parte o coração e aniquila as mais santas afeições; gela, em vez de aquecer; apavora e desespera, em vez de fortalecer e consolar.

Como suas diatribes contra o Espiritismo têm por eixo a doutrina apavorante do nada, não se deve admirar da sua impotência em desviar as massas das novas ideias. Entre uma doutrina desesperadora e outra consoladora, a escolha da maioria não poderia ser duvidosa.

Depois da horrível catástrofe da Igreja de Santiago do Chile, em 1864,[42] nela encontraram uma caixa de cartas, nas quais os fiéis depositavam as missivas que dirigiam à Santa Virgem. Poder-se-ia estabelecer uma paridade entre o fato que excitou a verve dos zombadores e a carta acima? Seguramente, não. Contudo, o erro não era dos que acreditavam na possibilidade de corresponder-se com o outro mundo, mas dos que exploravam essa crença, respondendo às cartas previamente seladas. Há poucas superstições que não tenham seu ponto de partida numa verdade desnaturada pela ignorância. Acusado de ressuscitá-las, o Espiritismo vem, ao contrário, reduzi-las ao seu justo valor.

Poder curativo do magnetismo espiritual

Espírito doutor Demeure

Em nosso artigo do mês anterior sobre o Dr. Demeure, prestamos uma justa homenagem às suas eminentes qualidades como homem e como Espírito. O fato seguinte é uma nova prova de sua benevolência, constatando, ao mesmo tempo, o poder curativo da magnetização espiritual.

Escrevem-nos de Montauban:

"Vindo aumentar o número de nossos amigos invisíveis, que nos cuidam da moral e do físico, quis o Espírito do bom pai

---

[42] N.E.: Incêndio ocorrido na velha igreja da Companhia de Jesus, em 8 de dezembro de 1863.

Demeure manifestar-se desde os primeiros dias por um benefício. A notícia de sua morte ainda não era conhecida dos nossos irmãos de Montauban, quando empreendeu espontânea e diretamente a cura de um deles por meio do magnetismo espiritual, apenas pela ação fluídica. Vedes que ele não perdia tempo e, como Espírito, continuava, como dizeis, sua obra de alívio da humanidade sofredora. Entretanto, há aqui uma importante distinção a fazer. Certos Espíritos continuam a dedicar-se às suas ocupações terrenas, sem terem consciência de seu estado, sempre se julgando vivos; é próprio dos Espíritos pouco adiantados, ao passo que o Sr. Demeure se reconheceu imediatamente e age voluntariamente como Espírito com a consciência de, neste estado, ter maior força.

Tínhamos ocultado à Sra. G..., médium vidente e sonâmbula muito lúcida, a morte do Sr. Demeure, para poupar sua extrema sensibilidade, e o bom doutor, por certo nos penetrando o pensamento, tinha evitado manifestar-se a ela. No dia 10 de fevereiro último, estávamos reunidos a convite de nossos guias que, diziam, queriam aliviar a Sra. G... de uma entorse de que sofria cruelmente desde a véspera. Não sabíamos mais que isto, e estávamos longe de aguardar a surpresa que nos reservavam. Tão logo caiu em sonambulismo, a dama soltou gritos lancinantes, mostrando o pé. Eis o que se passava:

A Sra. G... via um Espírito curvado sobre sua perna, mas sua fisionomia ficava oculta; realizava fricções e massagens, exercendo de vez em quando uma tração longitudinal sobre a parte doente, absolutamente como teria feito um médico. A manobra era tão dolorosa que a paciente por vezes vociferava e fazia movimentos desordenados. Mas a crise não durou muito; ao cabo de dez minutos toda a marca de entorse havia desaparecido, não mais edema, o pé havia recobrado sua aparência normal. A Sra. G... estava curada.

Quando se pensa que para curar completamente uma afecção desse gênero, os mais dotados magnetizadores e os mais experientes, sem falar da Medicina oficial, que ainda não chegou a uma solução, é necessário um tratamento cuja duração nunca é inferior a

36 horas, consagrando três sessões por dia, com uma hora de duração cada uma, esta cura em dez minutos, pelo fluido espiritual, pode bem ser considerada como instantânea, com tanto mais razão, como diz o próprio Espírito numa comunicação que encontrareis a seguir, quanto era de sua parte uma primeira experiência feita com vistas a uma aplicação posterior, em caso de êxito.

Entretanto, o Espírito ficava sempre desconhecido do médium, persistindo em não mostrar suas feições; dava mesmo a impressão de querer fugir, quando, de um salto só, nossa doente, que minutos antes não podia dar um passo, se lança no meio do quarto para pegar e apertar a mão de seu médico espiritual. Dessa vez o Espírito virou-se para ela, deixando sua mão na dela. Neste momento a Sra. G... solta um grito e cai desfalecida no parquete: acabava de reconhecer o Sr. Demeure no Espírito curador. Durante a síncope recebeu os cuidados diligentes de vários Espíritos simpáticos. Enfim, readquirida a lucidez sonambúlica, conversou com os Espíritos, trocando com eles calorosos apertos de mão, notadamente com o Espírito do doutor, que respondia a seus testemunhos de afeição penetrando-a de um fluido reparador.

Não é uma cena impressionante e dramática? Dir-se-ia que todas as personagens representavam seu papel na vida humana. Não é uma prova entre mil de que os Espíritos são seres perfeitamente reais, tendo um corpo e agindo como faziam na Terra? Estávamos felizes por encontrar nosso amigo espiritualizado, com seu excelente coração e sua delicada solicitude. Durante a vida ele tinha sido médico da médium; conhecia sua extrema sensibilidade e a tinha conduzido como se fora sua própria filha. Esta prova de identidade, dada àqueles a quem o Espírito amava, não é admirável e capaz de fazer encarar a vida futura sob seu aspecto mais consolador?"

Eis a comunicação recebida do Sr. Demeure, no dia seguinte a esta sessão:

"Meus bons amigos, estou ao vosso lado e vos amo sempre, como no passado. Que felicidade poder comunicar-me com os que me são caros! Como fui feliz, ontem à noite, por me tornar útil e aliviar nosso caro médium vidente! É uma experiência que me servirá e que porei em prática no futuro, toda vez que se apresentar uma ocasião favorável. Hoje seu filho está muito doente, mas espero que logo o curaremos; tudo isto lhe dará coragem para perseverar no estudo do desenvolvimento de sua faculdade. (Com efeito, o filho da Sra. G... foi curado de uma angina diftérica, com medicação homeopática prescrita pelo Espírito.)

Daqui a algum tempo poderemos dar-vos ocasião de testemunhar fenômenos que ainda não conheceis, e que serão de grande utilidade para a ciência espírita. Serei feliz em poder contribuir para essas manifestações, que me teriam dado tanto prazer de ver quando vivo, mas, graças a Deus, hoje as assisto de maneira muito particular e que me prova evidentemente a verdade do que se passa entre vós. Crede, meus bons amigos, sinto sempre um verdadeiro prazer em tornar-me útil aos semelhantes, ajudando-os a propagar estas belas verdades, que devem mudar o mundo, trazendo-o a melhores sentimentos. Adeus, meus amigos; até logo."

ANTOINE DEMEURE.

Não é curioso ver um Espírito, já instruído na Terra, fazer como Espírito estudos e experiências para adquirir mais habilidade no alívio de seus semelhantes? Há nesta confissão uma louvável modéstia que denota o verdadeiro mérito, ao passo que os Espíritos pseudossábios geralmente são presunçosos.

O último número da *Revista* cita uma comunicação do Sr. Demeure, como tendo sido dada em Montauban em 1º de fevereiro; foi em 26 de janeiro que ele a ditou. Em minha opinião esta data tem certa importância, porque foi o dia seguinte ao de sua morte. No segundo parágrafo, ele diz: "Gozo de rara lucidez entre os Espíritos desprendidos da matéria há tão pouco tempo." Realmente, essa lucidez prova um rápido desprendimento, só compatível com os Espíritos moralmente muito adiantados.

Observação – A cura reportada acima é um exemplo da ação do magnetismo espiritual puro, sem qualquer mescla com o magnetismo humano. Por vezes os Espíritos se servem de médiuns especiais, como condutores de seu fluido. São esses os *médiuns curadores* propriamente ditos, cuja faculdade apresenta graus muito diversos de energia, conforme sua aptidão pessoal e a natureza dos Espíritos que os assistem. Conhecemos em Paris uma pessoa acometida há oito meses de exostoses no quadril e no joelho, que lhe causam grandes sofrimentos e a obrigam a ficar acamada. Um de seus amigos, rapaz dotado desta preciosa faculdade, prodigalizou-lhe cuidados pela simples imposição das mãos sobre a cabeça, durante alguns minutos, e pela prece, que o doente acompanhava com fervor edificante. No momento este último apresentava uma crise muito dolorosa, análoga à que sentia a Sra. G..., logo seguida de uma calma perfeita. Então ele sentia a impressão de várias mãos, que massageavam e estiravam a perna, que se via alongar-se de 10 a 12 cm. Nele já há uma melhora muito sensível, pois começa a andar, mas a antiguidade e a gravidade do mal necessariamente tornam a cura mais difícil e mais demorada que a de uma simples entorse.

Faremos observar que a mediunidade curadora ainda não se apresentou, ao que saibamos, com caracteres de generalidade e de universalidade, mas, ao contrário, restrita como aplicação, isto é, o médium tem uma ação mais poderosa sobre certos indivíduos do que sobre outros, e não cura todas as doenças. Compreende-se que assim deva ser, quando se conhece o papel capital que representam as afinidades fluídicas em todos os fenômenos mediúnicos. Algumas pessoas somente o gozam acidentalmente e para um determinado caso. Seria, pois, um erro acreditar que, pelo fato de se ter obtido uma cura, mesmo difícil, podem ser obtidas todas, em virtude de o fluido próprio de certos doentes ser refratário ao fluido do médium; a cura é tanto mais fácil quanto mais naturalmente se opera a assimilação dos fluidos. Também é surpreendente ver algumas pessoas, frágeis e delicadas, exercerem uma ação poderosa sobre indivíduos fortes e robustos. É que, então, essas pessoas são bons condutores do fluido espiritual, ao passo que homens vigorosos podem ser péssimos condutores. Têm apenas o seu fluido pessoal, fluido humano, que jamais tem a pureza e o poder reparador do fluido depurado dos Espíritos bons.

De acordo com isto, compreendem-se as causas maiores que se opõem a que a mediunidade curadora se torne uma profissão. Para que isso ocorra, seria preciso ser dotado de uma faculdade universal. Ora, só os Espíritos encarnados da mais elevada ordem poderiam possuí-la nesse grau. Ter essa presunção, mesmo exercendo-a com desinteresse e por pura filantropia, seria uma prova de orgulho que, por si só, seria um sinal de inferioridade moral. A verdadeira superioridade é modesta; faz o bem sem ostentação e apaga-se, em vez de procurar o brilho; a notoriedade vai buscá-la e a descobre, ao passo que o presunçoso corre atrás da fama que muitas vezes lhe escapa. Jesus dizia aos que havia curado: "Ide, dai graças a Deus e não faleis disto a ninguém." É uma grande lição para os médiuns curadores.

Lembraremos aqui que a mediunidade curadora está exclusivamente na ação fluídica mais ou menos instantânea; que não se deve confundi-la nem com o magnetismo humano, nem com a faculdade que têm certos médiuns de receber dos Espíritos a indicação de remédios. Estes últimos são apenas *médiuns receitistas*,[43] como outros são médiuns poetas ou desenhistas.

Conversas familiares de além-túmulo

PIERRE LEGAY, DITO GRAND-PIERROT

(Continuação – *Vide* a *Revista* de novembro de 1864)

Pierre Legay, parente da Sra. Delanne, ofereceu-nos o singular espetáculo de um Espírito que, dois anos depois de morto, julgava-se ainda vivo, dedicava-se aos seus negócios, viajava de carro, pagava sua passagem em estradas de ferro, visitava Paris pela

---

[43] N.T.: No original, *médiums médicaux*.

primeira vez etc. Publicamos hoje a conclusão desse estado, que seria difícil de compreender se não nos reportássemos aos detalhes dados na *Revista* de novembro de 1864.

Inutilmente o Sr. e a Sra. Delanne haviam tentado demover seu parente do erro; seu guia espiritual lhes tinha dito que esperassem, pois o momento ainda não era chegado.

Nos primeiros dias de março último, fizeram a seguinte pergunta a seu guia:

Depois da última visita de Pierre Legay, mencionada na *Revista Espírita*, não pudemos obter nenhuma resposta dele. Dissestes, a respeito, que quando chegasse o momento, ele próprio nos daria suas impressões. Pensais que o possa agora?

Resp. – Sim, meus filhos; a hora é chegada. Ele vos poderá responder e vos fornecerá vários assuntos de estudos e de ensinamentos. Deus tem suas razões.

P. – [A Pierre Legay.] Caro amigo, estás aqui?

Resp. – Sim, meu amigo.

P. – Vedes o meu objetivo vos evocando hoje?

Resp. – Sim, pois tenho, junto a mim, amigos que me instruíram sobre tudo quanto se passa de admirável neste momento na Terra. Meu Deus, como é estranho tudo isto!

P. – Dizeis que tendes amigos, que vos cercam e vos instruem. Podeis dizer quem são?

Resp. – Sim, são amigos, mas não os conheci senão depois que *despertei*. Sabeis que *dormi*? Chamo dormir o que chamais morrer.

P. – Podeis dizer o nome de alguns desses amigos?

Resp. – Tenho constantemente ao meu lado um homem, que antes deveria chamar um anjo, pois é tão afável, tão bom, tão belo que julgo que todos os anjos devam ser como ele. E, depois, tem Didelot (o pai da Sra. Delanne), que também está aqui. Em seguida vossos pais, meu amigo. Oh! como são bons! Ah! — como tudo isso é engraçado — encontro também nossa irmã superiora. Ela é sempre a mesma; não mudou. Mas como tudo isto é curioso!

NOTA – A irmã que o Espírito designa residia na comuna de Tréveray, e dera as primeiras instruções à Sra. Delanne. Ela só se manifestou uma vez, três anos antes.

Olha! Também vós, *jardineiro*! (nome familiar dado a um tio da Sra. Delanne, que jamais se havia manifestado.) Mas como eu sou tolo! Estamos em casa de vossa sobrinha. Pois bem! estou contente de vos ver. Isto me deixa à vontade, porque, palavra de honra! sou transportado não sei como desde algum tempo; vou mais rápido que por estrada de ferro e percorro o espaço sem poder me dar conta como. Sois como eu, Didelot? Ele parece achar tudo isto natural, como se já estivesse habituado. Aliás, ele o faz há mais tempo que eu (morreu há seis anos) e compreendo que esteja menos surpreso. Ah! como tudo isto é engraçado! muito engraçado! Dizei-me, vós sabeis, meu primo, convosco estou à vontade. Pois bem! Dizei-me, então, com franqueza, o que é que se chama *morrer*?

Sr. Delanne – Meu amigo, chama-se morrer deixar na Terra o corpo grosseiro, a fim de dar à alma a libertação que ela precisa para entrar na vida real, a grande vida do Espírito. Sim, estais nela, caro amigo, nesse mundo ainda desconhecido por muitos homens da Terra. Eis-vos saído da letargia ou entorpecimento que se segue à separação entre o corpo e a alma. Vedes vosso anjo da guarda, amigos que vos cercam; foram eles que vos trouxeram entre nós, para vos provar a imortalidade e a individualidade de vossa alma. Orgulhai-vos e sede feliz, porque, como agora vedes, a morte é a vida. Eis, também, porque atravessais o espaço com a rapidez do relâmpago e podeis conversar conosco em Paris, como se tivésseis um corpo material como o nosso. Não tendes mais esse corpo; agora só tendes um envoltório fluídico e leve, que não mais vós retém à Terra.

Pierre Legay – Singular expressão: *morrer*! Mas, então, dai outro nome ao momento em que a alma deixa seu corpo na Terra, porque tal instante não é o da morte... Eu me lembro... Mal me havia desembaraçado dos laços que me retinham ao corpo e meus sofrimentos, em vez de diminuírem, só fizeram aumentar. Via meus filhos, disputando cada um para ter a parte que lhes cabia. Via-os sem cuidarem das terras que eu lhes deixara, então, *me punha a trabalhar* ainda com mais força do que nunca. Estava lá, lamentando ver que não me compreendessem; portanto, *eu não estava morto*. Asseguro-vos que experimentava os mesmos temores e as mesmas fadigas que quando tinha o meu corpo e, contudo, não mais o tinha. Explicai-me isto. Se é assim que se morre, é uma maneira engraçada de morrer. Dizei-me vossa ideia sobre isto e depois vos direi a minha, porque agora estes bons amigos têm a bondade de mo dizer. Vamos, meu primo, dizei a vossa ideia.

Sr. Delanne – Meu amigo: Como vos disse, quando os Espíritos deixam o corpo, são envolvidos num segundo corpo; este é fluídico; jamais o abandonam. Pois bem! É com esse corpo que julgáveis trabalhar, como em vida do outro. Podeis depurar esse corpo semimaterial pelo vosso desenvolvimento moral; e se a palavra *morte* não vos convém para precisar esse momento, chamai-o *transformação*, se quiserdes. Se tivestes de sofrer coisas que vos foram penosas, é que vós mesmos, em vida, talvez vos tenhais apegado demais às coisas materiais, negligenciando as espirituais, que interessam vosso futuro. (Ele estava muito interessado.) É um pequeno castigo que Deus vos impôs para resgatar vossas faltas, facultando-vos os meios de vos instruirdes e abrirdes os olhos à luz.

Pierre Legay – Pois bem! meu caro, não é a este momento que se deve dar o nome de transformação, porque o Espírito não se transforma tão depressa se não for imediatamente auxiliado a se reconhecer pela prece, nem esclarecido quanto à sua verdadeira posição, quer, como acabo de dizer, orando por ele, quer evocando-o. É por isso que *há tantos Espíritos, como o meu, que ficam estacionários*. Para o Espírito da categoria do meu, há *transição*, mas não *transformação*; ele não se apercebe do que lhe acontece. Eu arrastei, ou antes, julguei arrastar meu corpo com a mesma dificuldade e os mesmos males que sobre a Terra. Quando me desprendi de meu corpo, sabeis o que experimentei? Pois bem! aquilo que se experimenta depois de uma queda que atordoa por um momento, ou, melhor dizendo, depois de um desfalecimento, do qual nos fazem recobrar os sentidos com vinagre. *Despertei* sem reparar que o corpo me havia deixado. Vim a Paris, onde estou, pensando mesmo aqui estar em carne e osso e não me poderíeis ter convencido do contrário *se de fato eu não estivesse morto*.

    Sim, morre-se, mas não no momento em que se deixa o corpo; é no momento em que o Espírito, *percebendo sua verdadeira posição*, é tomado de uma vertigem, não compreende mais o que lhe dizem, não vê mais as coisas que lhe explicam da mesma maneira; então se perturba. Vendo que não mais o compreendem, procura, e, como o cego que é ferido subitamente, pede um guia que, naturalmente, não vem de chofre. É necessário que permaneça algum tempo nas trevas, onde tudo é confuso para ele; está perturbado; é preciso que o desejo o impila com ardor a pedir a luz, que só lhe será concedida depois de terminada a agonia e chegada a hora da libertação. Pois bem, meu primo, é quando o Espírito se acha nesse momento que é *o momento da morte*, porque não sabe mais se reconhecer. É preciso, repito, que se seja ajudado pela prece para sair desse estado e é também quando é chegada a hora da libertação que se pode empregar a palavra *transformação* para os Espíritos de minha ordem.

    Oh! obrigado por vossas boas preces, obrigado, meu amigo. Sabeis quanto vos amava e vos amarei ainda muito mais agora. Continuai com vossas boas preces pelo meu adiantamento.

Obrigado ao homem que soube divulgar essas grandes verdades santas, das quais tantos outros antes dele não se dignaram de ocupar-se. Sim, obrigado por terdes associado meu nome a tantos outros. Oraram por mim lendo algumas linhas que eu vos tinha vindo dar. Obrigado, também, a todos quantos oraram por mim; hoje, graças à prece, cheguei a compreender o seu alcance. Por minha vez, tentarei ser útil a todos.

Eis o que tinha a vos dizer e ficai tranquilos. Hoje não tenho mais dinheiro a lamentar, mas, ao contrário, tenho todo o meu tempo a vos dar.

Não vos deve surpreender muito esta mudança? Pois bem! doravante será assim, pois agora vejo muito claro, lá e de longe.

PIERRE LEGAY

OBSERVAÇÃO – O novo estado em que se encontra Pierre Legay, cessando de se julgar neste mundo, pode ser considerado como um segundo despertar do Espírito. Esta situação se prende à grande questão da *morte espiritual*, que está em estudo neste momento. Agradecemos aos espíritos que, tendo em vista o nosso relato, oraram por esse Espírito. Podem ver que ele se apercebeu disto e achou-se bem.

Manifestações espontâneas de Marselha

Neste momento as manifestações de Poitiers têm a sua contrapartida em Marselha. Deve-se concluir que os assim chamados brincalhões, que perturbaram a primeira cidade, sem serem descobertos, transportaram-se para a segunda, onde também não o são? É de convir que são mistificadores muito hábeis, para assim frustrar as investigações da polícia e de todos quantos estão interessados em descobri-los.

A *Gazette du Midi*, de 5 de março, dá a respeito esta breve notícia:

> Durante o dia de sexta-feira, o bairro Chave estava em alvoroço, e no boulevard deste nome numerosos grupos estacionavam perto da casa 80. Corria o rumor de que naquela casa passavam-se cenas estranhas, que tinham posto em fuga os moradores do imóvel enfeitiçado. Diziam que fantasmas passeiam por ali; a certa hora são ouvidos ruídos estranhos e mãos invisíveis fazem móveis, louças e objetos de cozinha se entrechocarem. Foi necessária a intervenção da polícia para manter a ordem no seio desses grupos, que aumentavam a cada instante. A propósito, o que há de razoável para dizer, parece, é que a casa de que se trata talvez não ofereça toda a solidez requerida, sobre um terreno minado pelas águas. Alguns estalos ouvidos, transformados pelo medo em jogos de bruxaria, terão gerado rumores que não tardarão a dissipar-se.
>
> CAUVIÈRE

Eis o relato circunstanciado que nos é transmitido pelo Dr. Chavaux, de Marselha, em data de 14 de março:

"Há cerca de quinze dias, tive a honra de vos dar alguns detalhes sobre as manifestações que, há mais de um mês, se produzem na casa 80 do Boulevard Chave. Não vos dizia senão o que tinha ouvido dizer; hoje venho dizer o que eu mesmo vi e ouvi.

Tendo obtido permissão de visitar a casa, dirigi-me sexta-feira, 10 de março, ao apartamento do primeiro andar, ocupado pela Sra. A... e suas duas filhas, uma de 8 anos e outra de 16. A uma hora em ponto houve uma forte detonação na mesma casa, seguida de nove outras, no espaço de três quartos de hora. À segunda detonação, que me pareceu partir do interior do quarto onde estávamos, vi formar-se um leve vapor, depois um cheiro muito pronunciado de pólvora se fez sentir. Tendo entrado a Sra. R... no momento da oitava detonação, disse que havia um cheiro de pólvora. Isto me agradou, porque provava que a minha imaginação não era responsável por nada.

Segunda-feira, 13, fui novamente à casa, às 8h30 da noite. Às nove horas ouviu-se a primeira detonação e, no espaço de uma hora, trinta e oito. Disse a Sra. C...: 'Se esses ruídos são produzidos por Espíritos, que façam ainda dois, totalizando quarenta.' No mesmo instante foram ouvidas duas detonações, uma após a outra, com um barulho assustador. Entreolhamo-nos com surpresa e mesmo com pavor. A Sra. C... disse ainda: 'Começo a compreender que há Espíritos neste caso; para me convencer completamente, gostaria que os Espíritos batessem ainda dez vezes, o que perfará cinquenta.' As dez detonações ocorreram em menos de quinze minutos.

Algumas vezes esses ruídos têm a força de um tiro de canhão de pequeno calibre, dado numa casa; as portas e janelas são abaladas, bem como as paredes e o soalho; os objetos pendurados às paredes são vivamente agitados. Dir-se-ia que a casa, abalada de todos os lados, fosse cair, mas não há nada. Depois do tiro não há a menor fenda; nada está danificado e tudo volta à calma ordinária. Esses disparos ora se dão a intervalos de um a cinco minutos, ora se sucedem até seis vezes, golpe sobre golpe. A polícia fez uma batida, mas nada descobriu.

Eis, caro mestre, toda a verdade e a mais exata verdade.

Aceitai etc."

Chavaux, D.-M.-P.,
24, rua du Petit Saint-Jean

Outra carta, de 17 de março, contém o seguinte:

"Ontem passamos parte da noite na casa do Boulevard Chave. A reunião era composta de sete pessoas. As detonações começaram às onze horas e, no intervalo de dez minutos, contamos 22.

Podemos compará-los às de um canhão pequeno; podiam-se ouvi-las a uma grande distância da casa. Essa casa encontra-se em excelentes condições de solidez, contrariamente ao que diz a *Gazette du Midi*.

Disseram-me que ontem à noite ocorreram quatro detonações numa outra casa da mesma avenida, e que eram mais fortes que as primeiras.

Recebei etc."

Carrier

Dirão que a causa é inteiramente natural: vê-se fumaça, sente-se o cheiro de pólvora, e não adivinhais o meio empregado pelos mistificadores? — Parece-nos que mistificadores que se servem da pólvora para produzir, durante mais de um mês, semelhantes detonações no próprio apartamento onde se encontram as testemunhas, que têm a complacência de repeti-las conforme o desejo que lhes é expresso, não devem estar nem muito longe, nem muito escondidos. Por que, então, não foram descobertos? — Mas, então, de onde vem esse cheiro de pólvora? — Isto é outra questão, que será tratada a seu tempo. Enquanto se espera, os ruídos são um fato e o fato tem uma causa. Vós os atribuís à malevolência? Então procurai os mal-intencionados.

Poesias espíritas

O Espiritismo

O Espiritismo é o desenvolvimento do Evangelho, a extensão e a expansão da vida.

Verdade, é pois! sua sombra querida
Vem sustentar, encorajar meus cantos,
E penetrar de prazer sem medida
A feliz vaga de meus sonhos tantos.

Como uma luz refletida em minha alma,
De seu Espírito raios risonhos
Enchem meus dias de fulgente calma,
Enchem-me as noites de encantados sonhos.

Então dos céus eu invoco as idades,
Seu sopro puro traz-me uma lembrança,
E do presente as nevuosidades
Dissipa ante um futuro de esperança.

"Criança — ele diz — a terra abandonando,
"Antigos dias de novo acharás;
"Ao lado teu, quem foi teu pai te amando,
"Nos corações amores eternais.

Marie-Caroline Quillet
Membro da Sociedade dos Escritores

Pont-l'Éveque (Calvados).

A Sra. Quillet, autora da *Églantine solitaire*, acaba de publicar um encantador livrinho com o título de *Une heure de poésie*,[44] que será apreciado por todos os amantes dos bons versos. Sendo a obra estranha à Doutrina Espírita, posto não lhe sendo absolutamente contrária, sua apreciação escapa da especialidade de nossa *Revista*. Limitar-nos-emos a dizer que a autora prova uma coisa: pode-se ter espírito e crer nos Espíritos, contrariamente à opinião de alguns de seus confrades em literatura.

A Sra. Quillet nos escreve o que segue, a respeito de uma das comunicações da Sra. Foulon, publicada no número de março.

"A Sra. Foulon imagina que os homens não compreenderiam a poesia do Espiritismo. Deve ter razão do seu

---

[44] Nota de Allan Kardec: Um vol. in-18. Preço: 3 fr. Livraria Delahais, em Pont-l'Éveque.

ponto de vista luminoso. Sem dúvida os poetas sentem suas asas pesadas pelas trevas de nossa atmosfera. Mas o instinto, a dupla vista de que são dotados, vem auxiliar-lhes a inteligência. Eu creio que cada um é chamado, conforme suas aptidões, ao grande trabalho da renovação terrestre: os poetas, os filósofos, por inspiração dos Espíritos; os mártires, os trabalhadores, pelo gênio dos filósofos e pelo canto dos poetas. É verdade que esses cantos não passam de um suspiro, mas no exílio dos suspiros formam a base e o complemento do concerto."

Em apoio dessas palavras ela junta as seguintes estrofes:

Aos poetas

Despertai vós, apóstolos e poetas;
Às predições do tempo daí ouvido.
Está cheio o ar do sopro dos profetas,
E o hosana é então nos ventos retinido.

Há no Sinai nuvens sem claridades;
O Etna a rugir ao horror dos fogaréus;
Porém o Eterno afasta as tempestades,
E sobre a terra enche de luz os céus.

Pois da parábola a verdade luz;
Seu brilho puro nos tocando a fronte,
De um novo dia o seu clarão traduz,
E cujos raios para a fé são fonte.

A fé, o amor, o vero sol das almas
Empresta aos mais obscuros a claridade;
E de seu disco alimenta as palmas,
Para o trabalho e para a caridade.

Vinde vós todos, mártires, aos cantos;
Abri a voz a estranhos lutadores.
Aos ventos todos, nos altos recantos,
Plantai do Cristo a humilde cruz das dores.

A Sra. Quillet está certa quando diz que cada um é chamado a concorrer para a obra da renovação terrestre. Ninguém contesta a influência da poesia, mas ela se engana quanto ao pensamento da Sra. Foulon, quando esta diz: "O entusiasmo invadiu-me a alma e espero que não seja muito tarde para vos entreter com o Espiritismo sério, e não com o Espiritismo poético, que não é bom para os homens. Estes não o compreenderiam." O Espírito não entende por *Espiritismo poético* as ideias espíritas traduzidas pela poesia, mas o Espiritismo ideal, produto de uma imaginação entusiasta; e por *Espiritismo sério* o Espiritismo científico, apoiado nos fatos e na lógica, que melhor convém à natureza positiva dos homens de nossa época, o que constitui objeto de nossos estudos.

Enterro espírita

Sob este título, *Le Monde Musical* de Bruxelas, de 5 de março de 1865, descreve nos seguintes termos as exéquias da Sra. Vauchez, mãe de um dos nossos excelentes irmãos em Espiritismo:

"Os irmãos Vauchez, nossos amigos e colaboradores, perderam sua mãe há alguns dias. Os cuidados com que, ultimamente, um e outro cercaram essa dama respeitável eram o sinal e o efeito de uma ternura que não vem ao caso descrever.

Os dois irmãos são espíritas. Reunidos a amigos que têm a mesma crença, acompanharam o corpo da mãe até o túmulo. Ali, o filho mais velho exprimiu, em palavras tão simples quanto justas, ao Espírito de sua mãe, que, na sua fé espírita, estava presente e os ouvia, a tristeza que essa separação produzia entre eles, ainda mesmo que, de outra parte, estivessem persuadidos de que ela entrava numa vida melhor, não deixaria de comunicar-se com eles e os inspiraria, fortalecendo-os continuamente na via do bem. Repetiu a certeza de que seus votos de agonizante seriam realizados pela consagração a duas boas obras, afora as despesas economizadas no enterro, puramente civil e sem qualquer cerimonial. Esses votos são: que seja feita uma fundação em favor da creche de Saint-Josse-ten-Noode, e um abono assistencial em favor da velhice desamparada.

Depois desta espécie de conversa entre o filho e a alma de sua mãe, o Sr. Herezka, um dos amigos espíritas da família, exprimiu em versos, com a mesma simplicidade, algumas palavras, cuja reprodução dará a conhecer uma parte do que há de bom e de bem numa crença que, diariamente e em toda parte, se torna a de um maior número de homens, que se conta entre pessoas instruídas. Eis as palavras do Sr. Herezka à alma da defunta:

> Já aberta está a grande cova,
> Logo esta tumba atra e sutil
> Será de teu despojo a alcova;
> Mas, livre então do fardo vil,
> Irás planando pelo espaço,
> Seguindo do progresso o traço.
>
> Basta de dúvida, de dor!
> Do mal quebraste já a prisão,
> Deixa em teu corpo o desamor,
> E só o bem no coração.
> Somente o amor e a caridade
> Te guiem pela eternidade!
>
> Leva aos irmãos dos outros mundos
> Os nossos votos fraternais;
> Dize-lhes que seres fecundos,
> Maduros frutos eternais,
> Têm-nos mostrado lá do etéreo,
> Da morte o seu grácil mistério.
>
> Dize-lhes! "Lá vossos amigos
> "Contra a ignorância inda orgulhosa
> "Vão dar combate aos seus perigos;

"Por causa assim tão gloriosa,
"Eis vos invocam com ardor,
"Dai-lhes, Espíritos, amor!

Vinde acalmar nossos tormentos,
Oh! vinde os céus fazer-nos ver
Em nossos desfalecimentos;
E a nossos olhos resplender
Qualquer centelha celestial
Que emane de fonte imortal.

Após estas palavras, os irmãos Vauchez e seus amigos se retiraram sem ruído, sem ostentação, sem emoção dolorosa, como se tivessem vindo acompanhar alguém que empreende uma longa viagem, em todas as condições desejáveis de bem-estar e segurança. Mesmo sem ser espírita, tomamos parte no cortejo. Aqui não passamos do narrador de um fato: a cerimônia tão tocante quanto notável pela simplicidade e pela sinceridade da crença e das intenções."

Roselli

A Sra. Vauchez sucumbiu após 32 anos de uma doença que há vinte anos a retinha no leito. Aceitara com alegria as crenças espíritas e nelas tinha haurido grandes consolações em seus longos e cruéis sofrimentos. Nós a vimos por ocasião de nossa última viagem a Bruxelas e ficamos edificados com sua coragem, resignação e confiança na misericórdia de Deus.

Eis as primeiras palavras que ditou aos filhos pouco depois de ter exalado o último suspiro:

"O véu que ainda nos cobre o mundo extraterrestre acaba de ser levantado para mim. Vejo, sinto, vivo! Deus Todo-Poderoso, obrigada! Vós, meus guias, meus anjos da guarda e protetores, obrigada! Vós, meus filhos, tu, minha filha, resignação, pois sois espíritas; não me pranteeis: vivo a vida eterna, vivo na luz etérea;

vivo e não sofro mais; minhas dores cessaram, minha prova terminou. Obrigado a vós, meus amigos, por terdes pensado em evocar-me logo; fazei-o muitas vezes. Eu vos assistirei e estarei convosco.

Deus teve piedade de meus sofrimentos. Oh! meus amigos, como é bela a vida da alma, quando desprendida da matéria! Espíritos bons velam por vós; tornai-vos dignos de sua proteção. Neste momento estou assistida por vosso protetor, o bom São Vicente de Paulo."

Marguerite Vauchez

Notas bibliográficas

Confusão no império de Satã

Por L.-A. G. Salgues (de Angers.)

Brochura pequena in-8º, de 150 páginas – Angers, Lemesle & Cia. – Paris, Dentu, Palais-Royal – Preço: 2 francos

(Posteriormente trataremos desta obra)

Provas dadas ao fanatismo religioso, de que os Espíritos não são demônios, em resposta às entrevistas sobre os Espíritos, do padre jesuíta Xavier Pailloux. Digressão histórica por ele provocada e demonstração *que Satã e o inferno dos satanistas* são um mito. Seguidas de dados dos Espíritos sobre o estado póstumo do homem e impressão após a morte.

L'Echo d'outre-tombe[45]

Jornal espírita, publicado em Marselha, sob a direção do Sr. Gilet, aparecendo aos domingos. Escritório em Marselha, Boulevard Chave, nº 81. – Preço: 10 fr. por ano.

---

[45] N.E.: *Eco de além-túmulo*

O jornal traz no alto a divisa: *Fora da caridade não há salvação*. Sentimo-nos felizes por lhe ver empunhar uma bandeira que é a marca de ligação de todos os espíritas sinceros. Seguindo sem desvio a rota que indica, tem-se certeza de que não se extraviará. Assim como dissemos a propósito do *Médium Évangélique* de Toulouse, a nobreza obriga. Conta, assim, o Espiritismo, um órgão a mais numa das principais cidades da França.

Concordância da Fé e da Razão

Pela Sra. J.-B. Dedicado ao Clero

Brochura in-8º de 100 páginas – Paris, Didier & Cia – Preço: 1 fr. 50 c.

Esta brochura é do mesmo autor das *Lettres sur le Spiritisme écrites à des ecclésiastiques* [*Cartas sobre o espiritismo, escritas aos eclesiásticos*]. Esta última obra trata mais especialmente da questão religiosa; sentimo-nos felizes por constatar que o autor o faz com notável poder de lógica, aliando, ao mesmo tempo, louvável moderação em suas refutações. Num estilo elegante e escorreito, diz as maiores verdades sem ferir a ninguém. É o melhor meio de persuadir. Nós a recomendamos aos nossos leitores, que aí colherão excelentes argumentos.

Allan Kardec

Revista Espírita
Jornal de estudos psicológicos
ANO VIII   MAIO DE 1865   Nº 5

Questões e problemas

Manifestação do Espírito dos animais

Escrevem-nos de Dieppe:

"...Parece-me, caro senhor, que chegamos a uma época em que se devem realizar coisas incríveis. Não sei o que pensar de um dos mais estranhos fenômenos que acaba de ocorrer em minha casa. Nos tempos de ceticismo em que vivemos, dele não ousaria falar a ninguém, temendo que me tomassem por alucinado. Mas, caro senhor, com risco de trazer aos vossos lábios o sorriso da dúvida, quero contar-vos o fato. Aparentemente fútil, no fundo, talvez seja mais sério do que se poderia pensar.

Meu pobre filho, falecido em Boulogne-sur-Mer, onde continuava os estudos, tinha ganhado de um de seus amigos uma linda galga, que adestramos com extremo cuidado. Na sua espécie era a mais adorável criaturinha que se pudesse imaginar. Nós a queríamos como se ama tudo o que é belo e bom. Ela nos compreendia pelo gesto, pelo olhar. Tal era a expressão dos seus olhos que parecia fosse nos responder quando lhe dirigíamos a palavra.

Depois da morte de seu jovem dono, a pequena Mika (era o seu nome) foi trazida para Dieppe e, conforme seu hábito, dormia bem agasalhada aos pés de minha cama. No inverno, quando o frio castigava muito, ela se levantava, dava um gemido baixinho de extrema doçura, o que era sua maneira habitual de formular um pedido e, compreendendo o que ela desejava, eu permitia que viesse pôr-se ao meu lado. Então ela se estendia como possível entre seus panos, com o focinho em meu pescoço, que usava como travesseiro, entregando-se ao sono como os felizes da Terra, recebendo meu calor, transmitindo-me o seu, o que aliás não me desagradava. Comigo a pobre pequenina passava dias felizes. Mil coisas boas não lhe faltavam. Mas, em setembro último, adoeceu e morreu, malgrado os cuidados do veterinário a quem a confiei. Muitas vezes falávamos dela, minha mulher e eu, e a lamentávamos quase como se fora um filho amado, tanto ela tinha sabido, pela doçura, pela inteligência e por seu apego fiel, cativar-nos a afeição.

Ultimamente, pelo meio da noite, estando deitado mas não dormindo, ouço partir dos pés de meu leito aquele gemidinho que soltava a pequena galga, quando queria alguma coisa. Fiquei de tal modo impressionado que estendi o braço fora do leito, como se a quisesse atrair para mim e julguei mesmo que ia sentir suas carícias. Ao me levantar de manhã, contei o fato à minha mulher, que me disse: 'Ouvi a mesma voz, não uma, mas duas vezes. Parecia vir da porta de meu quarto. Meu primeiro pensamento foi que nossa pobre cadelinha não estava morta e que, escapando da casa do veterinário, que dela se teria apropriado graças à sua gentileza, queria voltar à nossa casa.'

Minha pobre filha doente, que tem sua caminha no quarto da mãe, afirma que também ouviu. Apenas lhe pareceu que a voz não partia da porta de entrada, mas do próprio leito de sua mãe, que é pertinho da porta.

Devo dizer-vos, caro senhor, que o quarto de minha mulher fica acima do meu. Esses sons estranhos viriam da rua, como pensa minha mulher, que não partilha de minhas convicções espíritas? É impossível. Vindos da rua, esses sons tão suaves não teriam chegado ao meu ouvido, pois estou de tal modo acometido de surdez que, mesmo no silêncio da noite, sou incapaz de ouvir o barulho de um carro que passa. Nem sequer escuto o trovão durante uma tempestade. Por outro lado, se o som da voz viesse da rua, como explicar a ilusão de minha esposa e de minha filha, que julgaram ouvi-lo vindo de um ponto oposto, da porta de entrada, por minha mulher, do leito desta por minha filha?

    Confesso, caro senhor, que embora esses fatos se reportem a um ser privado de razão, me fazem refletir singularmente. Que pensar disto? Nada ouso decidir e não posso me estender muito a respeito, mas eu me pergunto se o princípio imaterial, que, como nos homens, deve sobreviver nos animais, não adquiriria, em certo grau, a faculdade de comunicação, como a alma humana. Quem sabe? Conhecemos todos os segredos da natureza? Evidentemente não. Quem explicará a lei das afinidades? quem explicará as leis da repulsão? Ninguém. Se a afeição, que é do domínio do sentimento, como o sentimento é do domínio da alma, possui em si uma força atrativa, que haveria de admirável que um pobre animalzinho em estado imaterial se sinta arrastado para onde o leva sua afeição? Mas, perguntarão, como admitir o som da voz? E se ele foi ouvido uma, duas vezes, por que não todos os dias? Esta objeção pode parecer séria. Todavia, seria uma insensatez pensar que esse som não possa produzir-se fora de certas combinações de fluídos que, reunidos, agem num sentido qualquer, como em química se produzem certas efervescências, certas explosões, em consequência da mistura de tais ou quais elementos? Se essa hipótese tem ou não fundamento, não a discuto; direi apenas que pode estar nas coisas possíveis e, sem ir muito longe, acrescentarei que constato um fato apoiado num tríplice testemunho e que se o fato se produziu é porque pôde produzir-se. Além disso, esperemos que o tempo nos esclareça; talvez não tardemos a ouvir falar de fenômenos da mesma natureza."

    Nosso honrado correspondente age com sabedoria ao não decidir a questão categoricamente. De um único fato, que ainda não passa de uma probabilidade, ele não tira uma conclusão absoluta. Constata, observa, aguardando que a luz se faça. Assim o quer a prudência. Os fatos deste gênero ainda não são bastante numerosos, nem suficientemente provados para deles deduzir-se uma teoria, afirmativa ou negativa. A questão do princípio e do fim do Espírito dos animais apenas começa a destrinchar, e o fato de que se trata a ela se liga essencialmente. Se não for uma ilusão, pelo menos constata o vínculo de afinidade existente entre o Espírito dos animais, ou, melhor, de certos animais e o do homem. Aliás, parece positivamente provado que há animais que veem os Espíritos e por estes são impressionados; temos referido vários exemplos na *Revista*, entre os quais o do *Espírito e o cãozinho*, no número de junho de 1860. Se os animais veem os Espíritos, evidentemente não é pelos olhos do corpo. Portanto, eles também têm uma espécie de visão espiritual.

Até agora a Ciência não fez senão constatar as relações fisiológicas entre o homem e os animais. Ela nos mostra, no físico, todos os elos da cadeia dos seres sem solução de continuidade. Mas entre o princípio espiritual dos dois Espíritos havia um abismo. Se os fatos psicológicos, melhor observados, vêm lançar uma ponte sobre esse abismo, será um novo passo para a unidade da escala dos seres e da Criação. Não é por meio de sistemas que se poderá resolver esta grave questão, mas pelos fatos. Se o deve ser um dia, só o Espiritismo, criando a *psicologia experimental*, poderá lhe fornecer os meios. Em todo o caso, se existem pontos de contato entre a alma animal e alma humana, este não pode ser, do lado da primeira, senão da parte dos animais mais adiantados. Um fato importante a constatar é que, entre os seres do mundo espiritual, jamais se fez menção de que existissem Espíritos de animais. Disso pareceria resultar que aqueles não conservam a sua individualidade após a morte, mas, por outro lado, a pequena galga, que se teria manifestado, pareceria provar o contrário.

De acordo com isto, vê-se que a questão ainda está pouco adiantada, e que não se deve apressar a sua solução. Tendo sido lida a carta acima na Sociedade de Paris, a respeito foi dada a seguinte comunicação:

Maio de 1865

(Paris, 21 de abril de 1865[46] – Médium: Sr. E. Vézy)

Esta noite vou abordar uma grave questão, falando-vos das relações que podem existir entre a animalidade e a humanidade. Mas neste recinto, quando, pela primeira vez, minhas instruções vos ensinam a solidariedade de todas as existências e as afinidades que existem entre elas, elevou-se um murmúrio numa parte desta assembleia, e eu me calei. Deveria fazer o mesmo hoje, malgrado vossas perguntas? Não, porque, enfim, vejo que entrais no caminho que vos indicava.

Mas não basta apenas crer no progresso incessante do Espírito, embrião na matéria, desenvolvendo-se ao passar pela peneira do mineral, do vegetal e do animal, para chegar à *humanimalidade*, onde começa a ensaiar-se apenas a alma que se encarnará, orgulhosa de sua tarefa, na *humanidade*. Entre essas diferentes fases existem laços importantes, que é necessário conhecer, e que chamarei *períodos intermediários ou latentes*; porque é aí que se operam as transformações sucessivas. Mais tarde eu vos falarei dos laços que unem o mineral ao vegetal, o vegetal ao animal. Já que um fenômeno que vos causa admiração nos leva aos laços que ligam o animal ao homem, vou entreter-vos com estes últimos.

Entre os animais domésticos e os homens as afinidades são produzidas pelas cargas fluídicas que vos cercam e sobre eles recaem. É um pouco a humanidade que se distingue sobre a animalidade, sem alterar as cores de uma ou de outra. Daí esta superioridade inteligente do cão sobre o instinto brutal do animal selvagem e é somente a essa causa que poderão ser devidas essas manifestações que vos acabam de ler. Assim, não se enganaram ouvindo um grito alegre do animal reconhecido pelos cuidados de seu dono, o qual veio, antes de passar ao estado intermediário de um desenvolvimento a outro, trazer-lhe uma lembrança. A manifestação, portanto, pode ocorrer, mas é passageira, porque o animal, para subir

---

[46] N.T.: 1845 no original. É evidente que Kardec se refere ao ano de 1865.

um degrau, precisa de um trabalho latente, que aniquila, em todos, qualquer sinal exterior de vida. Esse estado é a crisálida espiritual, onde se elabora a alma, perispírito informe, não tendo nenhuma figura reprodutiva de traços, irrompendo num estado de maturidade para deixar escapar, nas correntes que a arrastam, os germes de almas que aí se originam. Assim, pois, ser-nos-ia difícil falar-vos dos Espíritos de animais do espaço: eles não existem; ou, melhor, sua passagem é tão rápida como se nula fosse e, no estado de crisálida, não poderiam ser descritos.

Já sabeis que nada morre da matéria que sucumbe. Quando um corpo se dissolve, os diversos elementos de que é composto reclamam a parte que lhe deram: oxigênio, hidrogênio, azoto, carbono voltam ao seu foco primitivo para alimentar outros corpos. Dá-se o mesmo com a parte espiritual: os fluidos organizados espirituais tomam, de passagem, cores, perfumes, instintos, até a constituição definitiva da alma.

Compreendeis bem? Talvez eu precisasse explicar-me melhor, mas, para terminar esta noite, e não vos deixar supor o impossível, eu vos asseguro que o que é do domínio da inteligência animal não pode ser reproduzido pela inteligência humana, isto é, que o animal, seja qual for, não pode expressar seu pensamento pela linguagem humana; suas ideias são apenas rudimentares. Para ter a possibilidade de exprimir-se, como faria o Espírito de um homem, precisaria de ideias, conhecimentos e um desenvolvimento que não tem, que não pode ter. Tende, pois, como certo, que nem o cão, nem o gato, nem o burro, nem o cavalo, nem o elefante podem manifestar-se por via mediúnica. Só os Espíritos chegados ao grau da humanidade podem fazê-lo, e ainda em razão de seu adiantamento, porquanto o Espírito de um selvagem não vos poderá falar como o de um homem civilizado.

OBSERVAÇÃO – Estas últimas reflexões do Espírito foram motivadas pela citação, feita na sessão, de pessoas que pretendiam ter recebido comunicações de diversos animais. Como explicação do fato precitado, sua teoria é racional e concorda, no fundo, com a que hoje prevalece nas instruções dadas na maioria dos centros. Quando tivermos reunido documentos suficientes, resumi-los-emos num corpo de doutrina metódico, que será submetido ao controle universal. Até lá, são apenas balizas postas no caminho, para esclarecê-lo.

Considerações sobre os ruídos de Poitiers[47]

Extraídas do *Journal de la Vienne*, de 22 de novembro de 1864

Conhece-se a lógica dos adversários do Espiritismo. A passagem seguinte, de um artigo assinado por David, de Thiais, fornece uma amostra.

Amigo leitor,

Como eu, deveis ter em vosso escritório uma pequena brochura (in-8º) do Sr. Boreau, de Niort, cujo título — *Como e por que me tornei espírita* — traz o fac-símile do autógrafo da escrita direta de um Espírito familiar.

É a mais curiosa das histórias: a de um homem sincero, convicto, amante das coisas elevadas, mas que diviniza suas ilusões e incessantemente corre atrás dos sonhos, crendo captar a realidade. Perseguindo com Jeanne, a sonâmbula, um tesouro enterrado num antigo campo de batalha da Vendeia, ele encontra, em vez do ouro que lhe é prometido, Espíritos trapaceiros, malévolos, temíveis, que quase matam de terror a sua companheira e o expõem às mais dolorosas angústias. De repente ele se torna espírita, como se as aparições que o obsediam reproduzissem os milagres da lâmpada maravilhosa e, ao mesmo tempo, lhe prodigalizassem todos os bens do corpo e da alma.

---

[47] N.E.: Ver *Nota Explicativa*, p. 493.

É preciso que a ficção seja uma das maiores necessidades do gênio humano, para que semelhantes crenças se tornem possíveis.

Há aí gênios *farsistas*, que zombam; Espíritos cruéis, que ameaçam e batem; Espíritos grosseiros, com a boca sempre a injuriar, e a gente se pergunta o que eles vêm fazer aqui, já que a morte não os burilou em seu temível crisol.

Aí também se entretêm com parelhas e quadrinhas de um bom anjo, que não trouxe do céu os segredos de sua poesia, mostrando o quanto uma ideia preconcebida nos leva longe no caminho das ilusões.

Em matéria de Espiritismo, o Sr. Boreau tem a fé ingênua do homem simples; chega mesmo a gostar dos que o batem e o molestam. Nada temos a dizer quanto a isto, tanto mais quanto sua brochura contém páginas muito divertidas, provando que pode dispensar facilmente os Espíritos exteriores, pois o seu lhe deve bastar muito bem.

Diremos apenas que os fatos que ele relata não são de ontem. A gente ainda se recorda da emoção que se apoderou da cidade de Poitiers, quando da formidável artilharia ouvida na rua Saint-Paul, no ano passado. Uma longa procissão de curiosos rodou durante oito dias em volta dessa casa assombrada pelo demônio; a polícia ali estabeleceu o seu quartel-general e cada um espreitou o voejar dos Espíritos, na esperança de surpreender os segredos do outro mundo, mas só viram fogo. Os Espíritos só se revelam aos crentes fazendo todo o barulho do mundo. (*Revista Espírita*, fevereiro, março e maio de 1864.)

Coisa estranha, leitor! essas paragens parecem ter o monopólio desta raça barulhenta e zombeteira.

Gorre, célebre médico alemão, morto em 1836, ensina no tomo III de sua *Mística* — pelo menos é o que diz Guillaume d'Auvergne, bispo de Paris, falecido em 1249 — que, pelo mesmo tempo, um

Espírito batedor se havia introduzido numa casa do dito bairro de Saint-Paul, em Poitiers, e que ali jogava pedras e quebrava os vidros.

Pierre Marmois, professor de teologia em nossa universidade, autor do *Flagellum maleficorum*, conta o que se passava, em 1447, na rua Saint-Paul, numa casa na qual certo Espírito, entregando-se às suas evoluções ordinárias, lançava pedras, mudava os móveis de lugar, quebrava os vidros e até batia nas pessoas, embora delicadamente, sem que fosse possível descobrir como atuava.

Conta-se que naquela ocasião Jean Delorme, então cura de Saint-Paul, homem muito instruído e de grande probidade, veio, acompanhado de algumas pessoas, visitar o teatro dessas estranhas proezas e, munido de velas bentas e acesas, água benta e água gregoriana, percorreu todos os aposentos da casa, aspergindo-os e exorcizando-os.

Mas todos os exorcismos foram impotentes; nenhum diabo se mostrou. Contudo, a partir daquele momento, o Espírito maligno deixou de se manifestar.[48]

Assim, com alguns séculos de distância, os mesmos fenômenos espíritas se repetem três vezes na mesma cidade e no mesmo bairro. Mas, que se deve concluir disto? *Absolutamente* nada. Com efeito, não há qualquer consequência importante a tirar de um ruído vão, de brincadeiras pueris, de fatos lamentáveis que, evidentemente, não podem ser atribuídos aos Espíritos, corpos imponderáveis que, pairando sobre o mundo, devem escapar às enfermidades humanas, aproximando-se incessantemente da luz e da bondade de Deus.

Aliás, esta questão não está em discussão. Cada um é livre de escolher os seus Espíritos, de adorá-los à sua maneira, de lhes emprestar uma virtude, um poder, um caráter conforme às suas aspirações. Somente preferimos, aos gênios um tanto materiais da escola moderna, as criações encantadoras, nascidas da poesia dos dias antigos

---

[48] Nota de Allan Kardec: *Vide* a brochura do Sr. Bonsergent, na Biblioteca Imperial.

e que, marchando fraternalmente com o homem no limite dos dois mundos, lhes davam tão docemente a mão, para aproximá-los das fontes da vida imortal e da felicidade sem-fim.

Para nós, nenhum Espírito batedor valerá essas adoráveis imagens pintadas pelo gênio de Ossian[49] sobre as nuvens vaporosas do Norte, cujas harpas melancólicas ainda fazem vibrar tão bem as fibras mais íntimas do coração. Quando a alma levanta voo, tem o cuidado de aliviar suas asas e repele tudo quanto as pode tornar mais pesadas.

Somos reconhecidos ao autor deste artigo por nos haver dado a conhecer esse fato notável, que ignorávamos, do mesmo fenômeno, reproduzido na mesma localidade com intervalo de vários séculos. Sem o suspeitar, ele não podia servir melhor à nossa causa, porque desta repetição ele pretende tirar um argumento contra as manifestações. Parece-nos que em boa lógica, quando um fato é único e isolado, não se lhe pode deduzir consequência absoluta, já que pode ser devido a uma causa acidental, ao passo que, quando se repete em condições idênticas, é que depende de uma causa constante; em outras palavras, de uma lei. Buscar essa lei é dever de todo observador sério, porque ela pode levar a descobertas importantes.

Que, apesar da duração, do caráter especial e das circunstâncias acessórias dos ruídos de Poitiers, algumas pessoas tenham persistido em atribuí-los à malevolência, compreende-se até certo ponto, porém, quando se repetem pela terceira vez, na mesma rua, com vários séculos de distância, haverá, por certo, matéria para reflexão, porque, se há mal-intencionados, é pouco provável que em tão longo intervalo tenham escolhido precisamente o mesmo lugar para teatro de suas façanhas. Entretanto, que concluir disto? Diz o autor: *Absolutamente nada*. Assim, de um fato que emociona toda uma população, várias vezes repetido, não há nenhuma consequência importante a tirar! Realmente, é uma lógica muito singular! "São ruídos vãos, *divertimentos pueris* que, *evidentemente*, não podem ser

---

[49] N.E.: Herói e bardo escocês lendário, do séc. III.

atribuídos aos Espíritos, corpos imponderáveis que, pairando sobre o mundo, devem escapar às enfermidades humanas, aproximando-se incessantemente da luz e da bondade de Deus." Então o Sr. David crê nos Espíritos, já que descreve os seus atributos com tanta precisão. Onde hauriu tais conhecimentos? Quem lhe disse que os Espíritos são tais quais ele os imagina? Tê-los-á estudado para decidir assim tão categoricamente a questão? Diz ele que os Espíritos "devem escapar às enfermidades humanas"; às enfermidades corporais, sem dúvida, mas às enfermidades morais, também? Então ele crê que o homem perverso, o assassino, o bandido, o mais vil dos malfeitores e ele estarão no mesmo nível quando forem Espíritos? De que lhes terá servido ser honestos durante a vida, desde que, após a morte, sê-lo-ão como se o tivessem sido? Uma vez que os Espíritos se aproximam incessantemente da luz e da bondade de Deus, o que é mais verdadeiro do que talvez creia o autor, então houve um tempo em que eles estavam longe, porque, para se aproximar de um objetivo, é preciso que dele se tenha afastado. Onde o ponto de partida? Só pode estar no oposto da perfeição, isto é, na imperfeição. Seguramente não são Espíritos perfeitos que se divertem com semelhantes coisas. Mas se os há imperfeitos, que há de espantoso que cometam malícias? Do fato de planarem sobre o mundo, segue-se que dele não se possam aproximar? Seria supérfluo levar mais longe essa refutação. Sendo mais ou menos equivalentes todos os argumentos dos nossos adversários, nem mesmo teríamos refutado este artigo, não fosse o precioso documento que encerra e pelo qual novamente agradecemos ao autor.

Conversas de além-túmulo

O doutor Vignal

(Sociedade de Paris, 31 de março de 1865 – Médium: Sr. Desliens)

Por certo nossos leitores se lembram dos interessantes estudos sobre o Espírito de pessoas vivas, publicados na *Revista* de janeiro e março de 1860, e aos quais se haviam submetido os Srs. conde de R... e o Dr. Vignal. Este último, afastado há vários anos, faleceu em 27 de março de 1865. Na véspera do enterro, perguntamos a um sonâmbulo muito lúcido, que via bem os Espíritos, se o enxergava. Disse ele: "Vejo um cadáver, no qual se opera um trabalho extraordinário. Dir-se-ia uma massa que se agita, e como algo que faz esforços para se libertar dela, mas que tem dificuldade em vencer a resistência. Não distingo forma de Espírito bem determinada." No dia 31 de março o Dr. Vignal foi evocado na Sociedade de Paris. O mesmo sonâmbulo assistia, adormecido, à sessão durante a evocação. Viu-o e o descreveu perfeitamente, enquanto se comunicava com o médium de sua escolha.

Dizemos de sua *escolha* porque a experiência demonstra o inconveniente de impor um médium ao Espírito, que pode não encontrar nele as condições necessárias para se comunicar livremente. Quando se faz pela primeira vez a evocação de um Espírito, convém que todos os médiuns presentes se ponham à sua disposição e esperem que se manifeste por um deles. Nesta sessão havia 11 médiuns.

P. – Caro Sr. Vignal, todos os vossos antigos colegas da Sociedade de Paris guardaram de vós a melhor lembrança, e eu, em particular, a das excelentes relações, que não se descontinuaram entre nós. Chamando-vos ao vosso meio, tivemos por objetivo, antes de tudo, dar-vos um testemunho de simpatia; e ficaremos muito felizes se quiserdes ou se puderdes vir conversar conosco.

Resp. – Caro amigo e digno mestre, vossa boa lembrança e vossos testemunhos de simpatia me sensibilizam bastante. Se hoje posso vir a vós e assistir, livre e desprendido, a esta reunião de todos os nossos bons amigos e irmãos espíritas, é graças ao vosso bom pensamento e à assistência que vossas preces me trouxeram. Como dizia com justeza meu jovem secretário, eu estava muito impaciente para me comunicar; desde o começo desta noite empreguei todas as minhas forças espirituais para dominar este desejo. Vossas conversas e as graves questões que discutistes, interessando-me vivamente, tornaram minha espera menos penosa. Perdoai, caro amigo, mas eu precisava manifestar o meu reconhecimento.

NOTA – Desde que se tratou do Sr. Vignal, o médium sentiu, efetivamente, a influência desse Espírito, que desejava comunicar-se por ele.

P. – Antes de mais, dizei como vos achais no mundo dos Espíritos. Ao mesmo tempo, tende a bondade de descrever o trabalho da separação, vossas sensações nesse momento e dizer ao cabo de quanto tempo recobrastes a razão.

Resp. – Estou tão feliz quanto se pode ser, quando a gente vê se confirmarem plenamente todos os pensamentos secretos, que se pode ter emitido sobre uma doutrina consoladora e reparadora. Sou feliz! sim, porque agora vejo sem qualquer obstáculo desdobrar-se à minha frente o futuro da ciência e da filosofia espíritas.

Mas afastemos por hoje essas digressões inoportunas. Virei novamente vos entreter a respeito, sabendo que minha presença vos dará tanto prazer quanto eu mesmo experimento em vos visitar.

O desligamento foi muito rápido; mais rápido do que meu pouco mérito permitia esperar. Fui ajudado poderosamente por vosso concurso, e vosso sonâmbulo vos deu uma ideia muito clara do fenômeno da separação, para que eu insista na mesma tecla. Era uma sorte de oscilação descontínua, uma espécie de arrebatamento em dois sentidos opostos. O Espírito triunfou, já que aqui estou. Não deixei o corpo completamente senão no momento em que foi depositado na terra. Vim convosco.

P. – Que pensais do serviço que foi feito nos vossos funerais? Julguei um dever estar presente. Naquele momento estáveis bastante desprendido para vê-lo, e as preces que eu disse por vós (não ostensivas, naturalmente) chegaram até vós?

Resp. – Sim. Como vos disse, vossa assistência tudo fez em parte e eu vim convosco, abandonando completamente minha velha crisálida. As coisas materiais pouco me tocam; aliás, vós o sabeis. Eu só pensava na alma e em Deus.

P. – Lembrai-vos de que a pedido vosso, cinco anos atrás, em fevereiro de 1860, fizemos um estudo sobre vós, quando ainda estáveis vivo? Naquele momento vosso Espírito desprendeu-se para vir conversar conosco. Podeis descrever-nos, tanto quanto possível, a diferença existente entre o vosso desprendimento atual e o de então? *Resp.* – Sim, certamente; eu me lembro. Mas que diferença entre o meu estado de então e o de hoje! então a matéria ainda me constringia com a sua malha inflexível. Eu queria me desligar de maneira mais absoluta e não podia. Hoje sou livre. Um vasto campo, o do desconhecido, abre-se à minha frente e, com a vossa ajuda e a dos Espíritos bons, aos quais me recomendo, espero avançar e me penetrar o mais rapidamente possível dos sentimentos que devo experimentar e dos atos que preciso realizar para subir o caminho da prova e merecer o mundo das recompensas. Que majestade! Que grandeza! é quase um sentimento de assombro que domina, porquanto, fracos como somos, queremos fixar as sublimes claridades.

P. – De outra vez estimaremos muito continuar esta conversa, quando quiserdes regressar entre nós.

Resp. – Respondi sucintamente e sem sequência às vossas diversas perguntas. Não exigis ainda muito de vosso fiel discípulo, pois não estou inteiramente livre. Conversar, conversar ainda seria minha felicidade; meu guia modera meu entusiasmo e já pude apreciar bastante a sua bondade e sua justiça, para me submeter inteiramente à sua decisão, por mais pesar que eu sinta em ser interrompido. Consolo-me pensando que poderei vir muitas vezes assistir incógnito às vossas reuniões. Falarei convosco algumas vezes; amo-vos e quero prová-lo. Mas outros Espíritos mais adiantados que eu reclamam prioridade e eu deveria apagar-me ante os que houveram por bem permitir ao meu Espírito dar livre curso à torrente de pensamentos que eu havia acumulado.

Deixo-vos, amigos, e devo agradecer duplamente, não só a vós, espíritas, que me chamastes, mas também a este Espírito que permitiu que eu tomasse o seu lugar e que, em vida, usava o nome ilustre de Pascal.

Aquele que foi e será sempre o mais devotado de vossos adeptos.

Dr. Vignal

Nota – Com efeito, o Espírito Pascal deu em seguida a comunicação publicada adiante, sob o título de O Progresso intelectual.

Correspondência

Cartas do Sr. Salgues, de Angers

Aos nos enviar o seu opúsculo *A confusão do império de Satã*, anunciado em nosso último número, o Sr. Salgues teve a gentileza de anexar a carta seguinte, que temos o prazer de publicar com sua autorização. Como nós, cada um apreciará os sentimentos nela expressos.

Angers, 9 de março de 1865.

Senhor e caro irmão em Deus,

É sob a impressão causada pela leitura das comunicações dos Espíritos da Sra. Foulon e do Dr. Demeure (*Revista Espírita* de março de 1865), que tenho a honra de vos escrever para exprimir todo o prazer que nelas encontrei e, posso dizer, muito interesse, que de regra é o produto de vossa pena.

Acabo de vos enviar uma pequena brochura, rogando que a aceiteis. Para vós e para todos os meus leitores será uma obra muito modesta; mas um velho de 80 anos, com a vista arruinada por excesso de trabalho e de estudos e, por isto, não podendo retocar o que escreve, como gostaria, deve contar com a indulgência do público.

Os adversários católicos da pneumatologia alimentam nos fanáticos apostólicos a opinião de que os Espíritos são demônios, de que Satã é uma realidade, prejudicando, assim, o desenvolvimento das boas doutrinas, como resultado das preciosas lições, tão morais e tão consoladoras, desses supostos duendes. É em vão que as pessoas sensatas negam estes últimos, por uma simples rejeição persistente. Convém provar aos demonófobos, com detalhes circunstanciados, que laboram em erro; que o inferno dos cristãos é um mito. Foi o que me levou a escrever este opúsculo, sem a pretensão de ocupar o lugar de um escritor.

Na condição de assinante das publicações espíritas de Bordeaux, acabo de enviar um exemplar de meu livro a cada um de seus autores. Deveria ser de outro modo convosco, senhor, cujas produções leio sempre com interesse desde a sua aparição? Todavia, pensareis que o faça com timidez, já que fui adversário, não dos *espíritas*, muito *honrados* para mim, mas do Espiritismo; não de uma maneira absoluta, mas por arrastamento, devendo, entretanto, repelir na ocasião uma linguagem que me atribuíam por abuso de minha assinatura. Assim, acabei por interditar-me toda crítica, querendo ser amigo de todos. Desejo apenas observar, aproximar, comparar, esperar, aprender e julgar no silêncio do gabinete. Hoje ainda creio que estamos longe de tudo saber, que em Espiritismo, como em espiritualismo, haveria lugar para discutir com os Espíritos certas questões de doutrina, mas hoje me dou por satisfeito. Com paciência chegaremos todos ao mesmo fim, à felicidade absoluta e à vida eterna.

Aliás, creio que por toda parte o *Espiritismo* faz felizes; é vossa obra gloriosa e eu me aplico a fazer ler o mais possível os escritos que hoje tanto se espalham, para restabelecer a moralidade e os sentimentos religiosos, levados na via mais racional. Os homens sensatos devem, pois, fazer votos *comigo* para que Deus vos conceda longos dias, em perfeita saúde. Creio que ele também se manifestou a meu respeito por meio de três Espíritos que, sem que neles eu pensasse, e em diferentes lugares, me disseram que eu viveria muito tempo, o que já data de sete ou oito anos. Talvez seja porque sempre fiz propaganda com zelo, sem descanso, desde 1853 que, a despeito da visão, muito sacrificada, tenho força, energia, leveza física e vivacidade juvenil, pois minha idade não é deduzida por meu aspecto.

Quereis, pois, aceitar, senhor e caro irmão, o penhor de minha alta consideração e minhas cordiais saudações.

Salgues

Uma segunda carta do Sr. Salgues, de 11 de abril de 1865, contém a seguinte passagem:

"Um anúncio de meu opúsculo foi feito por um jornal ao qual eu enviei um exemplar. Tive de censurar o autor por me ter chamado de adversário implacável do Espiritismo. Sob a impressão dos dados há pouco fornecidos a Victor Hennequin por um Espírito mau, combati de boa-fé a doutrina das encarnações, mas, depois de haver reconhecido grande número de incoerências espiritualistas, do mesmo modo que notei no Espiritismo certos detalhes que não cativavam minha confiança, acabei por me limitar à observação minuciosa, esperando com paciência o dia em que, com uma natureza mais perfeita, eu pudesse reconhecer a verdade a respeito de nosso destino após a vida na matéria. Com relação aos fatos e às comunicações espíritas, basta-me, por hora, ter assegurada uma segunda vida em estado espiritual."

Resposta:

"Meu caro senhor,

Recebi a carta que vos dignastes escrever-me, bem como a brochura que a acompanhava, pelo que peço aceiteis meus sinceros agradecimentos. Ainda não tive tempo de tomar conhecimento da obra, mas não duvido que destes trabalho aos nossos antagonistas. A questão do demônio é o último cavalo de batalha em que se agarram, mas esse cavalo está impossibilitado de locomover-se e a corda dessa tábua de salvação está tão gasta que não tardará a romper-se e deixar o barco à deriva.

Fico satisfeito, senhor, pelos excelentes sentimentos que me testemunhais, e por encontrar em vós uma moderação e uma imparcialidade que atestam a elevação do vosso Espírito. Confesso que o contrário é que me surpreenderia, e é para mim uma grande felicidade ver que eu tinha sido induzido em erro por falsas aparências. Se divergimos em alguns pontos da Doutrina, vejo com verdadeira satisfação que um grande princípio nos une, este: *Fora da caridade não há salvação.*

Recebei, caro senhor, as fraternais saudações do vosso muito dedicado,"

ALLAN KARDEC

Manifestações diversas; curas; chuva de amêndoas

CARTA DO SR. DELANNE

Nosso colega, Sr. Delanne, escreve-nos em data de 2 de abril de 1865:

"Caríssimo mestre,

Revi nossos irmãos de Barcelona. Lá, como na França, a Doutrina se propaga, os adeptos são zelosos e fervorosos. Num grupo que visitei, vi dignos êmulos desse caro Sr. Dombre, de Marmande. Constatei a cura completa de uma senhora, atacada por terrível obsessão, que já durava no mínimo quinze anos, muito antes que se falasse de Espíritos. Médicos, padres, exorcismos, tudo fora empregado inutilmente. Hoje essa mãe de família voltou aos seus, que não cessam de dar graças a Deus por tão miraculosa cura. Bastaram dois meses para obter esse resultado, tanto pela evocação do obsessor, quanto pela influência de preces coletivas e simpáticas.

 Numa outra sessão foi feita a evocação do Espírito que, há oito anos, obsedia um operário chamado Joseph, agora em vias de cura. Nunca me havia emocionado tão penosamente senão quando presenciei as dores do paciente no momento da evocação. A princípio calmo, de repente é tomado de sobressaltos, de espasmos e de tremores nervosos. Colhido por seu inimigo invisível, agita-se em horríveis convulsões; o peito infla, o doente sufoca e, depois, retomando a respiração, ele se retorce como uma serpente, rola no chão, ergue-se de um salto e se bate na cabeça. Só pronunciava palavras entrecortadas, sobretudo a palavra: Não! não! O médium, que é uma senhora, estava em prece; toma da pena e eis que o invisível, deixando sua presa por um instante, apodera-se de sua mão e a teria maltratado, se o tivessem deixado.

 Há quinze dias que evocam esse Espírito da pior espécie; jamais ele quis dizer o motivo de sua vingança. Premido por mim com perguntas, enfim confessou que esse Joseph lhe havia roubado aquela a quem ama. Nós lhe fizemos compreender que se não o quisesse mais atormentar e mostrasse o menor sinal de arrependimento, Deus lhe permitiria revê-la. — Por ela —, diz ele — farei tudo. — Pois bem! então dizei: Meu Deus, perdoai minhas faltas. Depois de hesitar, ele nos disse: "Vou tentar; mas ai dele se não me fizerdes vê-la!" E escreveu: "Meu Deus, perdoai minhas faltas." O momento era crítico; que ia acontecer? Consultados, os guias disseram: "Fizestes bem em pôr toda a vossa confiança em Deus e em nós; tendes a chave para trazê-lo a vós. Ele verá mais tarde aquela a quem ama; nada temais. É uma promessa que deveis aproveitar, a fim de que ele seja reconduzido ao bem." Depois desta cena, Joseph, esgotado como um lutador, extenuado de fadiga, se ressente da terrível possessão de seu inimigo invisível. Então o Sr. B..., operando enérgicos passes magnéticos, termina por acalmá-lo completamente. Queira Deus que esta cura seja tão estrondosa quanto a precedente.

Eis a que se aplicam esses caros irmãos! Quanta energia, quanta convicção, quanta coragem não são precisas para fazer semelhantes curas! Somente a fé, a esperança e, sobretudo, a caridade podem vencer tão grandes obstáculos e afrontar com tamanha temeridade uma malta de tão terríveis adversários. Saí dali exausto!

Alguns dias mais tarde eu assisti em Carcassonne a emoções de outro gênero. Visitei o Sr. presidente Jaubert. Disse-me ele: "Temos numerosos casos de transportes desde algum tempo. Vou levar-vos à senhorita que é objeto dessas manifestações." Como se de propósito, a moça estava indisposta; o estômago estava intumescido, a ponto de não poder afivelar o vestido. Consultados os guias, a sessão foi adiada para o dia seguinte, às oito horas da noite. O Sr. C..., capitão reformado, houve por bem colocar seu salão à nossa disposição. É uma grande peça vazia, apenas atapetada. Como toda decoração, só dispõe de um espelho sobre a lareira, uma cômoda e cadeiras; nada de quadros, cortinas ou forro de papel nas paredes: um verdadeiro apartamento de rapaz. Éramos ao todo nove pessoas, todos adeptos convictos.

Assim que entramos, uma chuva de amêndoas caiu com estrondo num ângulo do aposento! Seria difícil falar-vos da minha emoção, porquanto a honorabilidade dos assistentes, aquela sala vazia e escolhida, tudo parecia preparado de propósito pelos Espíritos para tirar qualquer dúvida, nada havendo que pudesse fazer suspeitar uma manobra fraudulenta. Apesar desse prodígio, eu não deixava de olhar, de perscrutar as paredes com o olhar e lhes perguntar se não eram cúmplices de um conchavo qualquer.

A médium doente toma seu lápis e escreve: "Dize a Delanne que ponha sua mão na boca de teu estômago e essa inflamação desaparecerá. Orai antes." Eis-nos todos em prece. Eu estava na extremidade da sala quando, em meio ao recolhimento geral, uma nova chuva de amêndoas se produziu no ângulo oposto àquele de onde partira na primeira vez. Julgai de nossa alegria. Aproximei-me da doente; o inchaço era muito maior que na véspera. Impus a mão e o edema desapareceu como por encanto. "Estou curada" — disse ela. Seu vestido, bastante apertado, tornou-se muito folgado. Todos constataram o fato. Unimo-nos em pensamento para agradecer aos Espíritos bons por tanta bondade. Então se sucedeu uma terceira chuva de amêndoas. Em minha vida jamais esquecerei estes fatos. Aqueles senhores estavam encantados, mais por mim do que por eles, habituados a essas formas de manifestações. Cada um deles possui alguns objetos trazidos pelos Espíritos. O Sr. Jaubert afirmou ter visto sua mesa virar-se e se erguer várias vezes sem o concurso das mãos; seu chapéu levado de um a outro canto da sala. Um fato análogo de cura instantânea igualmente se produziu há alguns meses, sob a mão do Sr. Jaubert.

A senhorita médium é, além disso, sonâmbula muito lúcida; estando adormecida, eu lhe disse: "Quereis acompanhar-me a Paris?" — Sim. "Tende a bondade de ir à minha casa." — Vejo vossa esposa —, disse ela — ela me agrada; está deitada e lê. Descreveu o apartamento com perfeita exatidão. Eis a conversa que teve com minha mulher: "Senhora, não sabeis que o vosso marido está conosco?" — Não, mas dizei a ele que me escreva. — Vede! eu não tinha visto vosso filho; ele é gentil. "Vossa senhora me diz que tem outro filho, também muito gentil." — Pedi-lhe que vos diga sua idade. — Ele tem nove meses. "Exatamente."

Como eu sabia que havia reunião em vossa casa, pedi-lhe que vos fosse ver. Ela não ousava entrar, tamanha era a quantidade de gente e de grandes Espíritos. Ela vos detalhou muito bem, caro presidente, assim como vários de nossos colegas.

OBSERVAÇÃO – Antes de mais, prestemos um justo tributo de elogios aos nossos irmãos de Barcelona, por seu zelo e devotamento. Como diz o Sr. Delanne, para realizar tais coisas é preciso coragem e perseverança, que somente a fé e a caridade podem dar. Que aqui recebam o testemunho de fraterna simpatia da Sociedade de Paris.

Os fatos de Carcassonne farão sorrir os incrédulos, que não deixarão de dizer que é a representação de uma comédia; caso contrário, dirão, seriam milagres, e o tempo dos milagres já passou. Respondemos-lhe que não há nisto nenhum milagre, mas simples fenômenos naturais, cuja teoria compreenderão quando quiserem se dar ao trabalho de os estudar, razão por que não nos esforçamos para lhos explicar. Quanto à comédia, seria preciso saber em benefício de quem foi representada. Certamente a prestidigitação pode operar coisas igualmente surpreendentes, até mesmo a cura de uma inchação simulada por uma bexiga cheia. Mas, ainda uma vez, em benefício de quem? Sempre se é forte quando se pode opor a uma acusação de charlatanismo o mais absoluto desinteresse; já não seria o mesmo se estivesse em jogo a mais leve suspeita de interesse material. E, depois, quem representaria essa comédia? Uma jovem de boa família, que não se exibe em espetáculo, que nem dá sessões em sua casa, nem na cidade, e não busca falar de si, o que não é o caso dos charlatães; um vice-presidente de Tribunal; honrados negociantes; oficiais recomendáveis e recebidos na melhor sociedade; tal suspeita pode atingi-los? Dirão que é no interesse da Doutrina e para fazer adeptos. Mas nem por isso deixa de ser uma fraude, indigna de pessoas que se respeitam. Aliás, seria um meio singular assentar uma doutrina sobre a habilidade em enganar, por meio de gente honesta. Mas os nossos contraditores não olham isto de tão perto, em matéria de contradições; a lógica é a menor de suas preocupações.

Contudo, há uma importante observação a fazer aqui. Quem assistia à sessão, da qual dá conta o Sr. Delanne? Havia incrédulos a quem queriam convencer? Não, nenhum. Todos eram adeptos que já tinham testemunhado esses fatos várias vezes. Teriam, pois, escamoteado pelo prazer de enganar a si mesmos. Por mais que digais, senhores, os Espíritos empregam tantas maneiras diferentes para atestar sua presença que, em definitivo, os que riem não estarão do nosso lado. Podeis julgá-lo pelo número sempre crescente de seus partidários. Se tivésseis encontrado um só argumento sério, não o teríeis omitido;, mas caís precisamente sobre os charlatães e os exploradores, que o Espiritismo desacredita e com os quais declara nada ter em comum; nisto nos secundais, em vez de nos prejudicar. Assinalai a fraude, onde quer que a encontreis; é só o que pedimos.

Jamais nos vistes tomar-lhes a defesa, nem sustentar os que, por sua falta, tiveram problemas com a justiça ou transgrediram a lei. Todo espírita sincero, que se cinge aos limites dos deveres que lhe traça a Doutrina, concilia a consideração e o respeito, e nada tem a temer.

Variedades

O TABACO E A LOUCURA

Lê-se em *Le Siècle* de 15 de abril de 1865:

Os casos de paralisia e de alienação mental aumentam na França, em razão direta da produção do imposto sobre o tabaco. De 1812 a 1832, os recursos trazidos ao orçamento pelo imposto sobre o tabaco elevaram-se a 28 milhões, e os hospícios de alienados contavam 8.000 dementes. Hoje, a cifra do imposto alcança 180 milhões e contam-se 44.000 alienados ou paralíticos nos hospitais especializados.

Esses paralelos, fornecidos pelo Sr. Jolly na última sessão da Academia de Ciências, devem fazer refletir os amantes dos vapores nicotinizados. O Sr. Jolly terminou seu estudo por esta frase ameaçadora para a geração atual: O emprego imoderado do tabaco, sobretudo do cachimbo, ocasiona uma debilidade no cérebro e na medula espinhal, de onde resulta a loucura.

Se ainda fosse preciso refutar, depois de tudo quanto foi dito, as alegações dos que pretendem que o Espiritismo entulha as casas de alienados, as cifras forneceriam um argumento sem réplica, porque não só repousam sobre um fato material e um princípio científico lógico, mas constatam que o crescimento do número de alienados remonta a mais de vinte anos antes que se cogitasse do Espiritismo. Ora, não é lógico admitir que o efeito tenha precedido a causa. Os espíritas não estão preservados das causas materiais que podem perturbar o cérebro, como dos acidentes capazes de quebrar braços e pernas. Não é, pois, de admirar que haja espíritas entre os loucos. Mas, ao lado das causas materiais, há causas morais; é contra estas que os espíritas têm um poderoso preservativo em suas crenças. Desse modo, se um dia for possível ter uma estatística exata, conscienciosa e feita sem prevenção, dos casos de loucura devidos a causas morais, ver-se-á incontestavelmente o seu número diminuir com o desenvolvimento do Espiritismo. Diminuirá também o número dos casos ocasionados pelos excessos e abuso de bebidas alcoólicas, mas não impedirá a febre ardente, acompanhada de delírio, e muitas outras causas de distúrbios da razão.

É notório que tais homens de letras de renome morrem loucos em consequência do uso imoderado do absinto, cujos efeitos deletérios sobre o cérebro e a medula espinhal estão hoje demonstrados. Se esses homens se tivessem ocupado do Espiritismo, não teriam deixado de responsabilizar a Doutrina por isto. Quanto a nós, não temos afirmar que se dela se tivessem ocupado seriamente, teriam sido mais moderados em tudo, e não se teriam expostos a essas tristes consequências da intemperança. Um paralelo semelhante ao que faz o Dr. Jolly poderia, talvez com tanta ou mais razão, ser feita entre a proporção de alienados e o consumo de absinto.

Mas eis uma outra causa posta em evidência pelo *Le Siècle* de 21 de abril, no fato seguinte:

Lê-se no *Droit*:

Joséphine-Sophie D..., de 19 anos, operária polidora de metais, reside como os pais na rua Bourbon-Villeneuve. Dedica-se com ardor incrível à leitura de romances que encerram as publicações ditas populares, de cinco centavos. Os sentimentos exagerados, os caracteres escandalosos, os acontecimentos inverossímeis, de que geralmente essas obras estão cheias, influem de maneira deplorável sobre sua inteligência. Ela se julgava chamada aos mais altos destinos. Seus pais, embora numa posição um tanto difícil tinham feito todos os sacrifícios possíveis para lhe dar instrução; entretanto, não passavam aos seus olhos de pobres criaturas, incapazes de compreendê-la e de se elevarem até a esfera a que ela aspirava.

Desde há muito tempo Sophie D... entregava-se a esses pensamentos romanescos. Vendo, enfim, que nenhum ser espiritual se ocupava dela e que sua vida devia transcorrer, como a das outras operárias, em meio ao trabalho e aos cuidados da família, resolveu pôr fim aos seus dias, por certo na expectativa de que seus sonhos se realizariam num outro mundo.

Ontem pela manhã, como se admirassem de não a ver aparecer à hora em que devia se dirigir ao trabalho, sua jovem irmã foi chamá-la. Abrindo a porta foi tomada de uma agitação nervosa, ao ver a irmã enforcada; pendurara-se no gancho que guarnecia a trave da cama. Chamou os pais, que acorreram e se apressaram em cortar a corda; contudo, todas as tentativas para chamar a filha à vida foram infrutíferas.

Eis, pois, um caso de loucura e de suicídio causado por aqueles mesmos que acusam o Espiritismo de entupir as casas de alienados. Os romances podem, pois, exaltar a imaginação a tal ponto que a razão fique perturbada? Poder-se-ia citar bom número de casos semelhantes, sem contar os loucos produzidos pelo temor do diabo sobre os espíritos fracos. Mas surgiu o Espiritismo e cada um se apressou em dele fazer o bode expiatório de suas próprias faltas.

Dissertações espíritas

(Lyon, novembro de 1863 – Médium: Sr. X...)

I

Ideias preconcebidas

Temos-vos dito muitas vezes que investiguem as comunicações que vos são dadas, submetendo-as à análise da razão, e que não tomeis sem exame as inspirações que vêm agitar o vosso Espírito, sob a influência de causas por vezes muito difíceis de constatar pelos encarnados, entregues a distrações sem-número.

As ideias puras que, por assim dizer, flutuam no espaço (segundo a ideia platônica), levadas pelos Espíritos, nem sempre podem alojar-se sozinhas e isoladas no cérebro dos vossos médiuns. Muitas vezes encontram o lugar ocupado por ideias preconcebidas, que se espalham com o jacto da inspiração, perturbando-o e transformando-o de maneira inconsciente, é verdade, mas algumas vezes de maneira bastante profunda para que a ideia espiritual se ache, assim, inteiramente desnaturada.

A inspiração encerra dois elementos: o pensamento e o calor fluídico destinado a excitar o Espírito do médium, dando-lhe o que chamais a verve da composição. Se a inspiração encontrar o lugar ocupado por uma ideia preconcebida, da qual o médium não pode ou não quer desligar-se, nosso pensamento fica sem intérprete e o calor fluídico se gasta em estimular uma ideia que não é nossa. Quantas vezes em vosso mundo egoísta e apaixonado temos trazido o calor e a ideia! Desdenhais a ideia, que vossa consciência deveria fazer-vos reconhecer e vos apoderais do calor, em benefício de vossas paixões terrenas, por vezes dilapidando o bem de Deus em proveito do mal. Assim, quantas contas terão de prestar um dia todos os advogados das causas equivocadas!

Sem dúvida seria desejável que as boas inspirações pudessem sempre dominar as ideias preconcebidas. Mas, então, entravaríamos o livre-arbítrio da vontade do homem e, assim, este último escaparia à responsabilidade que lhe pertence. Mas se somos apenas os conselheiros auxiliares da humanidade, quantas vezes nos devemos felicitar, quando nossa ideia, batendo à porta de uma consciência estreita, triunfa da ideia preconcebida e modifica a convicção do inspirado! Entretanto, não se deveria crer que nosso auxílio mal-empregado não traísse um pouco o mau uso que dele podem fazer. A convicção sincera encontra acentos que, partidos do coração, chegam ao coração; a convicção simulada pode satisfazer as convicções apaixonadas, vibrando em uníssono com a primeira, mas traz um frio particular que deixa a consciência malsatisfeita e revela uma origem duvidosa.

Quereis saber de onde vêm os dois elementos da inspiração mediúnica? A resposta é fácil: a ideia vem do mundo extraterrestre — é a inspiração própria do Espírito. Quanto ao calor fluídico da inspiração, nós o encontramos e o tomamos em vós mesmos; é a parte quintessenciada do fluido vital em emanação; algumas vezes nós a tomamos do próprio inspirado, quando este é dotado de certo poder fluídico, ou mediúnico, como dizeis; na maioria das vezes nós o tomamos em seu ambiente, na emanação de benevolência, de que está mais ou menos cercado. É por isto que se pode dizer com razão que a simpatia torna eloquente.

Se refletirdes atentamente nestas causas, encontrareis a explicação de muitos fatos que a princípio causam admiração, mas dos quais cada qual possui certa intuição. Só a ideia não bastaria ao homem, se não se lhe desse o poder de exprimi-la. O calor é para a ideia o que o perispírito é para o Espírito, o que o vosso corpo é para a alma. Sem o corpo a alma seria impotente para agitar a matéria; sem o calor, a ideia seria impotente para comover os corações.

A conclusão desta comunicação é que jamais deveis abdicar de vossa razão, ao examinardes as inspirações que vos são submetidas. Quanto mais o médium tem ideias adquiridas, mas é ele susceptível de ideias preconcebidas, mais deve fazer tábula rasa de seus próprios pensamentos, abandonar as influências que o agitam e dar à sua consciência a abnegação necessária a uma boa comunicação.

II

Deus não se vinga

O que precede não passa de um preâmbulo destinado a servir de introdução a outras ideias. Falei-vos de ideias preconcebidas, mas há outras além das que vêm das inclinações do inspirado; há as que são consequência de uma instrução errônea, de uma interpretação acreditada num tempo mais ou menos longo, que tiveram sua razão de ser numa época em que a razão humana estava insuficientemente desenvolvida e que, passadas ao estado crônico, só podem ser modificados por esforços heroicos, sobretudo quando têm para si a autoridade do ensino religioso e de livros reservados. Uma destas ideias é esta: Deus *se vinga*. Que um homem, ferido em seu orgulho, em sua pessoa ou em seus interesses, se vingue, isto se concebe; embora culpado tal vingança está dentro dos limites das imperfeições humanas. Mas um pai que se vinga nos filhos levanta a indignação geral, porque cada um sente que um pai, encarregado da tarefa de criar os seus filhos, pode corrigir-lhes os erros e os defeitos por todos os meios ao seu alcance, mas a vingança lhe é interdita, sob pena de tornar-se estranho a todos os direitos da paternidade.

Sob o nome de vindita pública, a sociedade que desaparece vingava-se dos culpados; a punição infligida, muitas vezes cruel, não passava de vingança sobre as más ações do homem perverso; ela não se preocupava absolutamente com a reabilitação desse homem, deixando a Deus o cuidado de o punir ou de o perdoar. Bastava-lhe ferir pelo terror, que julgava salutar, os futuros culpados. A sociedade que surge não pensa mais assim; se ainda não age em vista da reeducação do culpado, ao menos compreende o que a vingança contém de odioso por si mesma; salvaguardar a sociedade contra os ataques de um criminoso lhe basta e, ajudada pelo temor de um erro judiciário, em breve a pena capital desaparecerá dos vossos códigos.

Se hoje a sociedade se julga muito forte em frente a um culpado para se deixar tomar pela cólera e dele vingar-se, como quereis que Deus, participando de vossas fraquezas, se deixe tomar por um sentimento irascível e fira por vingança um pecador chamado ao arrependimento? Crer na cólera divina é um orgulho da humanidade, que se imagina pesar bastante na balança divina. Se a planta do vosso jardim não se desenvolve a contento, ireis encolerizar-vos e vos vingar dela? Não; se puderdes a soerguereis, apoiá-la-eis em estacas e, se necessário, a transplantareis, mas não vos vingareis. Assim faz Deus.

Vingar-se, Deus? que blasfêmia! que amesquinhamento da grandeza divina! quanta ignorância da distância infinita que separa o Criador da criatura! Quanto esquecimento de sua bondade e de sua Justiça! Deus viria, numa existência em que não vos resta nenhuma lembrança dos vossos erros passados, fazer-vos pagar muito caro as faltas cometidas numa época apagada em vosso ser! Não, não! Deus não age assim; ele entrava o impulso de uma paixão funesta, corrige o orgulho inato por uma humildade forçada, retifica o egoísmo do passado pela urgência de uma necessidade presente, que leva a desejar a existência de um sentimento que o homem nem conheceu, nem experimentou. Como pai, corrige, mas, também como pai, Deus não se vinga.

Guardai-vos dessas ideias preconcebidas de vingança celeste, detritos perdidos de um erro antigo. Guardai-vos dessas tendências fatalistas, cuja porta está aberta para vossas doutrinas novas e que vos conduziriam diretamente ao quietismo oriental. A parte de liberdade do homem já não é bastante grande para diminuí-la ainda mais por crenças errôneas; quanto mais sentirdes vossa liberdade, sem dúvida maior será a vossa responsabilidade e tanto mais os esforços de vossa vontade vos conduzirão adiante, na senda do progresso.

PASCAL

III

A VERDADE

A verdade, meu amigo, é uma dessas abstrações para as quais tende o espírito humano incessantemente, sem jamais poder atingi-la. É preciso que ele tenda para ela, é uma das condições do progresso, mas, pela simples razão da imperfeição de sua natureza, ele não poderia alcançá-la. Seguindo a direção que segue a verdade em sua marcha ascendente, o espírito humano está na via providencial, mas não lhe é dado ver o seu termo.

Compreender-me-ás melhor quando souberes que a verdade é, como o tempo, dividida em duas partes, pelo momento inapreciável que se chama o presente, a saber: o passado e o futuro. Assim, há duas verdades: a verdade relativa e a verdade absoluta; a verdade relativa é o que é; a verdade absoluta é o que deveria ser. Ora, como o que deveria ser sobe por graus até a perfeição absoluta, que é Deus, segue-se que, para os seres criados e seguindo a rota ascensional do progresso, não há senão verdades relativas. Mas, do fato de uma verdade relativa não ser imutável, não se segue que seja menos sagrada para o ser criado.

Vossas leis, vossos costumes, vossas instituições são essencialmente perfectíveis e, por isto mesmo, imperfeitas, mas suas imperfeições não vos liberam do respeito que lhes deveis. Não é permitido adiantar-se ao tempo e fazer leis fora das leis sociais. A humanidade é um ser coletivo que deve marchar, se não em seu conjunto, ao menos por grupos, para o progresso do futuro. Aquele que se destaca da sociedade humana para avançar como criança perdida, sofre sempre na vossa Terra a pena devida à sua impaciência. Deixai aos iniciadores inspirados pelo Espírito de Verdade, o cuidado de proclamar as leis do futuro, submetendo-se à do presente. Deixai a Deus, que mede vossos progressos pelos esforços que tendes feito para vos tornardes melhores, o cuidado de escolher o momento que julgar útil para uma nova transição, mas jamais vos esquiveis a uma lei senão quando for derrogada.

Porque o Espiritismo foi revelado entre vós, não creiais num cataclismo das instituições sociais; até agora ele tem realizado uma obra subterrânea e inconsciente para aqueles que foram os seus instrumentos. Hoje que ele vem à tona e surge à luz, nem por isso a marcha do progresso deve ser de lenta regularidade. Desconfiai dos Espíritos impacientes, que vos impelem para as sendas perigosas do desconhecido. A eternidade que vos é prometida deve levar-vos a ter piedade das ambições tão efêmeras da vida. Sede reservados até em suspeitar, muitas vezes, da voz dos Espíritos que se manifestam.

Lembrai-vos disto: O espírito humano move-se e se agita sob a influência de três causas, que são: a *reflexão*, a *inspiração* e a *revelação*. A *reflexão* é a riqueza de vossas lembranças, que agitais voluntariamente. Nela, o homem encontra o que lhe é rigorosamente útil, para satisfazer às necessidades de uma posição estacionária. A inspiração é a influência dos Espíritos extraterrestres, que se mistura mais ou menos às vossas próprias reflexões para vos compelir ao progresso; é a intromissão do melhor na insuficiência da passagem, uma força nova que se junta a uma força adquirida, para vos levar mais longe que o presente, a prova irrecusável de uma causa oculta que vos impulsiona para frente, e sem a qual permaneceríeis estacionários. Porque é regra física e moral que o efeito não poderia ser maior que sua causa, e quando isto acontece, como no progresso social, é que uma causa ignorada, não percebida, juntou-se à causa primeira de vosso impulso. A *revelação* é a mais elevada das forças que agitam o Espírito do homem, porque vem de Deus e só se manifesta por sua vontade expressa; ela é rara, por vezes mesmo inapreciável, algumas vezes evidente para o que a experimenta a ponto de sentir-se involuntariamente tomado de santo respeito. Repito, ela é rara e dada ordinariamente como recompensa à fé sincera, ao coração devotado, mas não tomeis como revelação tudo quanto vos pode ser dado como tal. O homem se vangloria da amizade dos grandes, os Espíritos exibem uma permissão especial de Deus, que muitas vezes lhes falta. Algumas vezes fazem promessas que Deus não ratifica, porque só ele sabe o que é e o que não é preciso.

Eis, meu amigo, tudo quanto posso dizer-te sobre a verdade. Humilha-te perante o grande Ser, por quem tudo vive e se move na infinidade dos mundos, que seu poder governa; medita que se nele se acha toda a sabedoria, toda justiça e todo poder, nele também se acha toda a verdade.

PASCAL

Estudo sobre a mediunidade

(Sociedade de Paris, 7 de abril de 1865 – Médium: Sr. Costel)

Não se devem erigir em sistemas os ditados mal concebidos e mal expressos, que desnaturam totalmente a inspiração mediúnica, se é que esta tenha existido. Deixo a outros o cuidado de explicar a teoria do progresso, porque é inútil que todos os médiuns tratem do mesmo assunto. Vou ocupar-me da mediunidade, esse tema inesgotável de pesquisas e estudos.

A mediunidade é uma faculdade inerente à natureza do homem; nem é uma exceção, nem um favor, e faz parte do grande conjunto humano. Como tal está sujeita às variações físicas e às desigualdades morais; sofre o temível dualismo do instinto e da inteligência. Possui seus gênios, sua multidão e suas anomalias.

Jamais se devem atribuir aos Espíritos — e por estes eu me refiro aos que são elevados — esses ditados sem fundo e sem forma, que aliam à sua nulidade o ridículo de serem assinados por nomes ilustres. A mediunidade séria só investe em cérebros providos de uma instrução suficiente ou, pelo menos, provados pelas lutas passionais. Os melhores médiuns são os únicos a receber o afluxo espiritual; os outros sofrem tão somente o impulso fluídico material, que lhes movimenta as mãos, sem fazer que sua inteligência produza algo que já não disponha em estado latente. É preciso encorajá-los a trabalhar, mas não iniciar o público em suas elucubrações.

As manifestações espíritas devem ser feitas com a maior reserva; se for indispensável acumular, para a dignidade pessoal, todas as provas de uma perfeita boa-fé em torno das experiências físicas, pelo menos importa preservar as comunicações espirituais do ridículo, que muito facilmente se prendem às ideias e aos sistemas assinados irrisoriamente por nomes célebres, que são e continuarão sempre estranhos a essas produções. Não ponho em dúvida a lealdade das pessoas que, recebendo o choque elétrico, o confundem com a inspiração mediúnica. A Ciência tem seus pseudossábios, a mediunidade os seus falsos médiuns, na ordem espiritual, bem entendido.

    Tento estabelecer aqui a diferença que existe entre os médiuns inspirados pelos fluidos espirituais e os que não agem senão pelo impulso fluídico corporal, isto é, os que vibram intelectualmente e aqueles cuja ressonância física só leva à produção confusa e inconsciente de suas próprias ideias, ou de ideias vulgares e sem alcance.

    Existe, pois, uma linha de demarcação muito nítida entre os médiuns escreventes: uns obedecendo à influência espiritual, que só os leva a escrever coisas úteis e elevadas; outros, sofrendo a influência fluídica material que age sobre seus órgãos cerebrais, como os fluidos físicos agem sobre a matéria inerte. Esta primeira classificação é absoluta, mas admite uma porção de variedades intermediárias. Aqui indico os principais traços de um estudo importante, que outros Espíritos completarão. Somos os pioneiros do progresso terrestre, e solidários uns com os outros. Na falange espírita formamos o núcleo do futuro.

GEORGES

    OBSERVAÇÃO – A frase na qual o Espírito diz que deixa a outros o cuidado de explicar a teoria do progresso, é motivada por diversas perguntas que tinham sido propostas sobre o assunto na sessão. Quando diz que a mediunidade é um tema inesgotável de pesquisas e estudos, está perfeitamente certo.

    Embora o estudo desta parte integrante do Espiritismo esteja longe de ser completa, já estamos longe do tempo em que se acreditava que bastasse receber um impulso mecânico para se dizer médium e se julgar apto a receber comunicações de todos os Espíritos. Isto equivaleria a pensar que o primeiro que tocasse uma pequena ária ao piano devesse ser necessariamente um excelente músico. O progresso da ciência espírita, que diariamente se enriquece com novas observações, mostra-nos a quantas causas diferentes e influências delicadas, que não se suspeitava, são submetidas as relações inteligentes com o mundo espiritual. Os Espíritos não podiam ensinar tudo ao mesmo tempo, mas, como hábeis professores, à medida que as ideias se desenvolvem, entram em maiores detalhes e desdobram os princípios que, dados prematuramente, não teriam sido compreendidos e teriam confundido o nosso pensamento.

A mediunidade exige, pois, um estudo sério da parte de quem quer que veja no Espiritismo uma coisa séria. À medida que os verdadeiros mecanismos desta faculdade forem mais bem conhecidos, estaremos menos expostos às decepções, porque saberemos o que ela pode dar e em que condições poderá fazê-lo. Quanto mais houver pessoas esclarecidas sobre este ponto, menos vítimas haverá do charlatanismo.

Progresso intelectual

(Sociedade de Paris, 31 de março de 1865 – Médium: Sr. Desliens)

Nada se perde neste mundo, não só na matéria, onde tudo se renova incessantemente, aperfeiçoando-se segundo leis imutáveis aplicadas a todas as coisas pelo Criador, como, também, no domínio da inteligência. A humanidade é semelhante a um homem que vivesse eternamente e adquirisse continuamente novos conhecimentos.

Isto não é uma imagem, mas uma realidade, porque o Espírito é imortal; somente o corpo, envoltório ou vestimenta do Espírito, cai quando gasto e é substituído por outro. A própria matéria sofre modificações. À medida que o Espírito se depura, adquire novas riquezas e merece, se assim me posso exprimir, uma roupagem mais luxuosa, mais agradável, mais cômoda, para empregar vossa linguagem terrena.

A matéria se sublima e se torna cada vez mais leve, sem jamais desaparecer completamente, pelo menos nas regiões médias; quer como corpo, quer como perispírito, ela acompanha sempre a inteligência e lhe permite, por este ponto de contato, comunicar-se com seus inferiores, seus iguais e seus superiores, para instruir, meditar e aprender.

Dissemos que nada se perde em a natureza. Acrescentamos: nada é inútil. Tudo, das criaturas mais perigosas até os venenos mais sutis, têm a sua razão de ser. Quantas coisas haviam sido julgadas inúteis ou prejudiciais e cujas vantagens foram reconhecidas mais tarde! Outro tanto se dá com as que não compreendeis. Sem tratar a fundo a questão, apenas direi que as coisas nocivas vos obrigam a atenção e a vigilância que exercitam a inteligência, ao passo que se o homem nada tivesse a temer, abandonar-se-ia à preguiça, em prejuízo de seu desenvolvimento. Se a dor ensina a gemer, gemer é um ato de inteligência.

Deus, sem dúvida, como objetam alguns, poderia vos ter poupado das provações e dificuldades, que vos parecem supérfluas, mas se os obstáculos vos são opostos, é para despertar em vós os recursos adormecidos; é para impulsionar os tesouros da inteligência, que ficariam enterrados no vosso cérebro, se uma necessidade, um perigo a evitar não vos viesse forçar a velar por vossa conservação.

O instinto nasce; a inteligência o segue, as ideias se encadeiam e está inventado o raciocínio. Se raciocino, julgo, bem ou mal, é verdade, mas é raciocinando errado que se aprende a reconhecer a verdade; quando se é enganado várias vezes, acaba-se acertando; e esta verdade, esta inteligência, obtidas por tanto trabalho, adquirem um preço infinito e vos faz considerar a sua posse como um bem inestimável. Temeis ver se perderem descobertas que fizestes; que fazeis, então? Instruís vossos filhos, vossos amigos; desenvolveis sua inteligência, a fim de nela semear e fazer frutificar o que adquiristes a preço de esforços intelectuais. É assim que tudo se encadeia, que o progresso é uma lei natural e que os conhecimentos humanos, acrescidos paulatinamente, se transmitem de geração em geração. Que, depois disto, vos venham dizer que tudo é matéria! Em sua maioria, os materialistas não repelem a espiritualidade senão porque, sem isto, precisariam mudar o gênero de vida, atacar os seus erros, renunciar aos seus hábitos. Seria muito custoso, razão por que acham mais cômodo tudo negar.

Pascal

Da seriedade das reuniões

(Sociedade de Paris, 17 de março de 1865 – Médium: Sr. Desliens)

Como já tendes provas, a atitude séria dos membros de um grupo choca os estranhos que assistem às sessões com a intenção de as expor ao ridículo; muda-lhes a vontade de zombar em respeito involuntário e, do respeito ao estudo sério, por conseguinte à fé, a transição é insensível. Aliás, aqueles que não saem convencidos dessas reuniões, delas levam ao menos uma impressão favorável; e, se não se aliam a vós imediatamente, deixam de fazer parte de vossos adversários obstinados. Eis uma primeira razão que vos deve convencer a serdes sérios e recolhidos. Com efeito, que quereis que pensem os que saem de uma reunião onde os assuntos mais dignos de respeito são tratados com leviandade e inconsequência? Embora os espíritas que assim procedem estejam longe de ser mal-intencionados, não são menos prejudiciais: não em relação ao futuro, mas ao rápido desenvolvimento da Doutrina. Se apenas se tivessem realizado reuniões sérias, conduzidas de maneira conveniente, a Doutrina estaria ainda muito mais adiantada, se bem que já o esteja bastante. Agir assim não é agir como verdadeiros espíritas, nem no interesse da Doutrina, porque os adversários aproveitam-se disso para ridicularizá-la. É, pois, um dever dos que lhe compreendem a importância não prestar apoio a reuniões dessa natureza.

Não é somente à Doutrina que prejudicam, mas, também, a si próprios, porquanto, se toda boa ação traz consigo a recompensa, toda ação leviana deixa atrás de si uma impressão deplorável, por vezes seguida de uma punição física, cuja menor consequência pode ser a suspensão da mediunidade ou, pelo menos, a impossibilidade de comunicar-se com os Espíritos bons.

Maio de 1865

É preciso ser sério, não apenas com os Espíritos benevolentes e esclarecidos, que vêm dar sábias instruções, e que o vosso pouco recolhimento afastaria, mas, ainda, com os Espíritos sofredores ou malévolos, que vêm, uns vos pedir consolações, outros vos mistificar. Direi mesmo que é principalmente com estes últimos que se requer gravidade, embora temperada pela benevolência. É o melhor meio de lhes impor e os manter a distância, compelindo-os ao respeito. Se vos rebaixardes até a familiaridade com os que vos são inferiores, moral e intelectualmente, não tardareis a ser vítimas de sua influência perversa, que se traduz, inicialmente, por mistificações e, mais tarde, por cruéis e tenazes obsessões.

Mantende-vos em guarda; adaptai vossa linguagem conforme a dos Espíritos que se comunicam em vossos grupos, mas que a seriedade e a benevolência jamais sejam excluídas. Não repilais os que se vos apresentam sob aparências imperfeitas. Talvez prefirais sempre comunicações sensatas, sobre as quais não vos seja necessário exercitar o vosso sentimento e o vosso julgamento para lhes conhecer o valor, mas considerai que o julgamento só se desenvolve pelo exercício. Todas as comunicações têm sua utilidade para os que delas sabem tirar proveito; uma mistificação reconhecida e prevenida pode agir com mais eficácia sobre as vossas almas, fazendo-vos perceber melhor os pontos a reforçar, do que instruções que vos contentaríeis em admirar sem as pôr em prática.

Trabalhai com coragem e sinceridade, e o Espírito do Senhor será convosco.

Moki

Imigração de Espíritos superiores na Terra

(Sociedade Espírita de Paris, 7 de outubro de 1864 – Médium: Sr. Delanne)

Nesta noite vos falarei das imigrações de Espíritos adiantados que vêm encarnar-se em vossa Terra. Esses novos mensageiros já tomaram o cajado do peregrino; já se espalham aos milhares em vosso globo; por toda parte estão dispostos em grupos e em séries, pelos Espíritos que dirigem o movimento de transformação. A Terra já se agita ao sentir em seu seio aqueles que outrora ela viu passar através de sua humanidade nascente. Ela se regozija em revê-los, porque pressente que vêm para conduzi-la à perfeição, tornando-se guias dos Espíritos ordinários, que precisam ser encorajados por bons exemplos.

Sim, grandes mensageiros estão entre vós; são eles que se tornarão os sustentáculos da geração futura. À medida que o Espiritismo cresce e se desenvolve, Espíritos de ordem cada vez mais elevada virão sustentar a obra, em razão das necessidades da causa. Deus espalhou suportes para a Doutrina; eles surgirão no tempo e no lugar. Assim, sabei esperar com firmeza e confiança; tudo o que foi predito acontecerá, como diz o livro santo, até um iota.

Se a transformação atual, como acaba de dizer o mestre, levantou as paixões e fez surgir a escória dos Espíritos encarnados e desencarnados, também despertou o desejo ardente numa multidão de Espíritos de posição superior nos mundos dos turbilhões solares, de virem novamente servir aos desígnios de Deus para esse grande acontecimento.

Eis por que eu dizia há pouco que a imigração dos Espíritos superiores se operava em vossa Terra para ativar a marcha ascendente de vossa humanidade. Assim, redobrai de coragem, de zelo, de fervor pela causa sagrada. Ficai sabendo que nada deterá a marcha progressiva do Espiritismo, porquanto poderosos protetores continuarão vossa obra.

Mesmer

Sobre as criações fluídicas

(Sociedade de Paris, 14 de outubro de 1864 – Médium: Sr. Delanne)

Falei, em poucas palavras, sobre os grandes mensageiros enviados entre vós para realizar sua missão de progresso intelectual e moral em vosso globo.

Se, nessa ordem, o movimento se desenvolve e assume proporções que notais a cada dia, um outro se realiza, não só no mundo dos Espíritos que deixaram a matéria, mas também importante na ordem material. Quero falar das leis de depuração fluídica.

O homem não só deve elevar sua alma pela prática da virtude, mas deve, também, depurar a matéria. Cada indústria fornece seu contingente a esse trabalho, porque cada indústria produz misturas de toda espécie; essas espécies liberam fluidos que, mais depurados, vão juntar-se na atmosfera a fluidos mais similares, que se tornam úteis às manifestações dos Espíritos de que faláveis há pouco.

Sim, os objetos procriados instantaneamente pela vontade, que é o mais rico dom do Espírito, são colhidos nos fluidos semimateriais, análogos à constituição semimaterial do corpo chamado perispírito, dos habitantes da erraticidade. Eis por que, com esses elementos, eles podem criar objetos conforme o seu desejo.

O mundo dos invisíveis é como o vosso. Em vez de ser material e grosseiro, é fluídico, etéreo, da natureza do perispírito, que é o verdadeiro corpo do Espírito, haurido nesses meios moleculares, como o vosso se forma de coisas mais palpáveis, tangíveis, materiais.

O mundo dos Espíritos não é o reflexo do vosso; o vosso é que é uma imagem grosseira e muita imperfeita do reino de além-túmulo.

As relações entre esses dois mundos sempre existiram. Mas hoje é chegado o momento em que todas essas afinidades vos serão desvendadas, demonstradas e tornadas palpáveis.

Quando compreenderdes as leis das relações entre os seres fluídicos e os que conheceis, a lei de Deus estará próxima de ser executada; porque cada encarnado compreenderá sua imortalidade e, a partir de então, não apenas se tornará um ardente trabalhador da grande causa, mas, também, um digno servidor de suas obras.

MESMER
ALLAN KARDEC

Revista Espírita
Jornal de estudos psicológicos
ANO VIII   JUNHO DE 1865   N° 6

Relatório da caixa do Espiritismo

Apresentado pelo Sr. Allan Kardec em 5 de maio de 1865

Senhores e caros colegas,

Há algum tempo anunciei que vos daria novas explicações sobre a caixa do Espiritismo. O começo de um novo ano social naturalmente me oferece essa ocasião. Nesta exposição lamento ter de falar de mim, o que sempre faço o menos possível, mas nesta circunstância não me poderia esquivar, razão por que vos rogo, antecipadamente, que me desculpeis.

Lembrarei sumariamente o relatório que, sobre o mesmo assunto, eu vos submeti há dois anos.

No mês de fevereiro de 1860 foi posto à minha disposição um donativo de 10.000 francos para empregá-lo à vontade, no interesse do Espiritismo. Naquela época a Sociedade não tinha sede própria, resultando em graves inconvenientes. A extensão que começava a tomar a Doutrina reclamava um local especial reservado não só para as sessões, mas para a recepção de visitantes, cada vez mais numerosos, tornando-se indispensável a presença permanente de alguém na própria sede da Sociedade. Escolhi este local, que reunia as vantagens da conveniência e da posição central. Aliás, a escolha não foi fácil, considerando-se a necessidade de dependências apropriadas à sua destinação, aliada à excessiva carestia do aluguel. O preço de locação do imóvel, incluindo as contribuições, é de 2.930 francos. Não podendo a Sociedade suportar tal encargo e pagando apenas 1.200 francos, restavam 1.730 francos, aos quais se devia prover. Ao destinar o donativo feito, quer na compra do material, quer no pagamento do excedente do aluguel, não nos afastávamos das intenções do doador, pois o empregávamos no interesse da Doutrina. Hoje se compreende perfeitamente quanto foi útil dispor deste centro, para onde convergem tantas relações e, além disso, quanto era necessário que eu tivesse uma pousada. Todavia — devo lembrar — não há para mim nenhuma vantagem em residir neste local, pois tenho outro apartamento, que nada me custa e onde me seria mais agradável morar, e isto com tanto mais razão quando essa dupla residência, longe de ser um alívio, é uma agravação de encargos, como logo demonstrarei.

Esta soma de 10.000 francos constituiu, pois, o primeiro fundo da caixa do Espiritismo, caixa que, como sabeis, é objeto de contabilidade especial e não se confunde com meus negócios pessoais. Esse fundo deveria bastar para completar, mais ou menos, o aluguel durante os seis anos do arrendamento, conforme conta detalhada que apresentei da última vez. Ora, o contrato expira dentro de um ano e a soma chega ao fim.

É verdade que o capital da caixa foi aumentado de várias quantias. Está assim constituído:

1º) Donativo de fevereiro de 1860	10.000 fr.
2º) Abono de empréstimo feito em época anterior no interesse do Espiritismo	600 fr.
3º) Donativo feito em 1862	500 fr.
4º) Outro donativo feito em setembro de 1864	1.000 fr.
5º) Outro donativo feito em outubro de 1864	2.000 fr.
TOTAL	14.100 fr.

Junho de 1865

Tendo estas duas últimas quantias destino especial, na verdade só 11.100 francos estão reservados para o aluguel, e não serão suficientes.

O aluguel não é, porém, a única despesa que incumbe ao Espiritismo. Não me refiro às obras de beneficência, que são uma coisa à parte, da qual falaremos em breve. Abordo outro lado da questão, e é aqui que reclamo a vossa indulgência, pela necessidade em que estou de falar de mim.

Muito se falou do lucro que eu retirava de minhas obras. Seguramente, nenhuma pessoa séria acredita em meus milhões, a despeito da afirmação dos que diziam saber de boa fonte que eu levava uma vida principesca, tinha carruagens de quatro cavalos e que em minha casa eu só pisava em tapetes de Aubusson. Aliás, o que quer que tenha dito o autor da brochura que conheceis, provando, por cálculos hiperbólicos, que meu orçamento das receitas ultrapassa a lista civil do mais poderoso soberano da Europa (38 milhões, *Revista* de junho de 1862 e junho de 1863), o que, diga-se de passagem, testemunharia um desenvolvimento verdadeiramente miraculoso da Doutrina, há um fato mais autêntico que esses cálculos: é que jamais pedi qualquer coisa a alguém, ninguém jamais me deu algo pessoalmente; nenhuma coleta de um centavo qualquer veio prover às minhas necessidades; numa palavra, não vivo a expensas de ninguém, porquanto, das somas que me foram voluntariamente confiadas no interesse do Espiritismo, nenhuma parcela foi desviada em meu proveito, contudo, é de ver-se a que cifras elas alcançam.

Minhas imensas riquezas proviriam, então, de minhas obras espíritas. Embora estas obras tenham tido um sucesso inesperado, basta ter um pouco de familiaridade com os negócios de livraria para saber que não é com livros filosóficos que se amontoam milhões em cinco ou seis anos, quando sobre a venda só se tem o direito autoral de alguns centavos por exemplar. Mas, muito ou pouco, sendo esse produto o fruto do meu trabalho, ninguém tem o direito de intrometer-se no emprego que dele faço; ainda mesmo que se elevasse a milhões, ninguém tem nada a ver com isto, desde que a compra de livros, assim como a assinatura da *Revista*, é facultativa e não é imposta em nenhuma circunstância, nem mesmo para assistir às sessões da Sociedade. Falando comercialmente, estou na posição de todo homem que recolhe o fruto de seu trabalho; corro o risco de todo escritor, que tanto pode triunfar quanto fracassar.

Mesmo não tendo, neste particular, nenhuma conta a prestar, creio útil à própria causa a que me devotei dar algumas explicações.

Antes de mais, direi que minhas obras não são propriedade exclusiva minha, o que me obriga a comprá-las de meu editor e pagá-las como um livreiro, à exceção da *Revista*, da qual conservei os direitos; que o lucro se acha singularmente diminuído pelas dívidas incobráveis e pelas distribuições gratuitas feitas no interesse da Doutrina a pessoas que, sem isto, delas estariam privadas. Um cálculo muito fácil prova que o preço de dez volumes perdidos ou doados, que nem por isso deixo de pagar, é suficiente para absorver o lucro de cem volumes. Isto seja dito a título de informação e entre parênteses. Somando tudo e feito o balanço, resta, contudo, alguma coisa. Imaginai a cifra que quiserdes; o que faço dela? Isto é o que mais preocupa certa gente.

Quem quer que outrora tenha visto o nosso interior e o veja hoje, pode atestar que nada mudou em nossa maneira de viver, desde que me ocupo de Espiritismo; é tão simples agora como o era antigamente, porque uma vida suntuosa não está nos nossos gostos. Então é certo que os meus lucros, por maiores que sejam, não servem para nos dar os prazeres do luxo. Não temos filhos, portanto não é para eles que economizamos; nossos herdeiros indiretos são, em sua maioria, mais ricos do que nós; seria ingenuidade que me esgotasse trabalhando para eles. Então teria eu a mania de entesourar para ter o prazer de contemplar meu dinheiro? Creio que meu caráter e meus hábitos jamais permitiriam que se fizesse tal suposição. Os que me atribuem semelhantes ideias conhecem muito pouco meus princípios em matéria de Espiritismo, já que me julgam tão apegado aos bens da Terra. O que pretendem? Desde que isto não me aproveita, quanto mais fabulosa for a soma, mais embaraçosa será a resposta. Um dia saberão a cifra exata, bem como o seu emprego detalhado, e os fazedores de histórias pouparão a imaginação; hoje eu me limito a alguns dados gerais para pôr um freio a suposições ridículas. Para tanto, devo entrar nalguns detalhes íntimos, mas que são necessários, e para os quais vos peço perdão.

Sempre tivemos do que viver, muito modestamente é verdade, mas o que teria sido pouco para certa gente nos bastava, graças a nossos gostos e hábitos de ordem e economia. À nossa pequena renda vinha juntar-se, como suplemento, o produto das obras que publiquei antes do Espiritismo e o de um modesto emprego, que me vi forçado a deixar quando os trabalhos da Doutrina absorveram todo o meu tempo.

Na propriedade que possuo, e que me fica como saldo daquilo que a má-fé não me pôde arrancar, podíamos viver tranquilamente e longe da agitação dos negócios. Tirando-me da obscuridade, o Espiritismo veio lançar-me em novo caminho; em pouco tempo vi-me arrastado num movimento que estava longe de prever. Quando concebi a ideia de *O livro dos espíritos*, minha intenção era não me pôr em evidência e ficar desconhecido, mas, prontamente ultrapassado, isto não me foi possível: tive de renunciar aos meus gostos de insulamento, sob pena de abdicar da obra empreendida e que crescia prodigiosamente; foi preciso seguir seu impulso e tomar-lhe as rédeas. Se meu nome tem agora alguma popularidade, seguramente não fui eu que o procurei, pois é notório que nem a devo à propaganda, nem à camaradagem da imprensa, e que jamais aproveitei de minha posição e de minhas relações para me lançar no mundo, quando isto me teria sido fácil. Mas, à medida que a obra crescia, um horizonte mais vasto se desdobrava à minha frente, recuando os seus limites; compreendi então a imensidão de minha tarefa e a importância do trabalho que me restava fazer para completá-la. Longe de me apavorarem, as dificuldades e os obstáculos redobraram minha energia; vi o objetivo e resolvi atingi-lo com a assistência dos Espíritos bons. Sentia que não tinha tempo a perder e não o perdi nem em visitas inúteis, nem em cerimônias ociosas; foi a obra de minha vida: a ela dei todo o meu tempo, sacrifiquei meu repouso, minha saúde, porque o futuro estava escrito diante de mim em caracteres irrecusáveis. Fi-lo por meu próprio impulso, e minha mulher, que nem é mais ambiciosa, nem mais interesseira do que eu, concordou plenamente com meus pontos de vista e me secundou em minha tarefa laboriosa, como o faz ainda, por um trabalho muitas vezes acima de suas forças, sacrificando sem pesar os prazeres e distrações do mundo, aos quais sua posição de família a tinham habituado.

Sem nos afastarmos de nosso gênero de vida, nem por isso esta posição excepcional deixou de nos criar menos dificuldades, às quais somente os meus recursos não me permitiriam prover. Seria difícil imaginar a multiplicidade das despesas que ela suscita e que, sem isso, eu teria evitado. A necessidade de residir em dois locais diferentes é, como já disse, um acréscimo de gastos, pela obrigação de ter um duplo mobiliário, sem contar uma porção de despesas miúdas exigidas por essa dupla habitação e as perdas que resultam de meus interesses materiais, negligenciados em razão dos trabalhos que absorvem todo o meu tempo. Não é uma queixa que articulo, visto que minhas ocupações atuais são voluntárias, mas um fato que constato em resposta aos que afirmam que tudo é lucro para mim no Espiritismo. Quanto aos gastos especiais decorrentes de minha posição, seria impossível enumerá-los, mas se se considerar que tenho anualmente mais de oitocentos francos de despesas em porte de cartas, independentemente das viagens, da necessidade de me associar a alguém para me secundar, e outros pequenos gastos, compreender-se-á que não exagero ao dizer que minhas despesas anuais, que têm crescido sem cessar, hoje estão mais que triplicadas. Pode-se fazer uma ideia aproximada de quanto se elevou este excedente em oito anos, considerando a média de 6.000 francos por ano. Ora, ninguém contestará a utilidade destas despesas para o sucesso da Doutrina que, evidentemente, teria enlanguescido, se eu tivesse permanecido no meu retiro, sem ver ninguém e sem as numerosas relações que mantenho diariamente. E, contudo, é o que eu teria sido obrigado a fazer, se nada me tivesse vindo em auxílio.

Pois bem, senhores! o que me proporcionou esse suplemento de recursos foi o produto de minhas obras. E o digo com satisfação, pois foi com o meu próprio trabalho, com o fruto de minhas vigílias que provi, pelo menos em maior parte, às necessidades materiais do estabelecimento da Doutrina. Assim, eu trouxe uma larga cota-parte à caixa do Espiritismo. Quis Deus que ele encontrasse em si mesmo seus primeiros meios de ação. No princípio, eu lamentava que minha pouca fortuna não me permitisse fazer o que queria fazer pelo bem da causa; hoje aí vejo o dedo da Providência e a realização dessa predição tantas vezes repetida pelos Espíritos bons: Não te inquietes com coisa alguma; Deus sabe o que te é preciso e saberá provê-lo.

Se eu tivesse empregado o produto de minhas obras no aumento de meus prazeres materiais, teria sido em prejuízo do Espiritismo; não obstante, ninguém teria tido o direito de me censurar, porque eu era bem senhor de dispor à vontade daquilo que só devia a mim mesmo, mas, porque me privava antes, também podia privar-me depois; aplicando-o na obra, creio que ninguém achará que seja dinheiro mal-empregado e os que ajudam a propagar as obras não poderão dizer que trabalham para me enriquecer.

Prover o presente não era tudo: era necessário pensar no futuro e preparar uma fundação que, depois de mim, pudesse ajudar aquele que me substituirá na grande tarefa que terá de cumprir. Esta fundação, sobre a qual devo calar-me ainda, liga-se à propriedade que possuo, e é em vista disto que aplico uma parte de meus produtos em melhorá-la. Como estou longe dos milhões com que me gratificaram, e a despeito de minhas economias, duvido muito que meus recursos pessoais me permitam dar a esta fundação o complemento que em vida lhe queria destinar. Mas, desde que sua realização está nos planos de meus guias espirituais, se eu mesmo não a fizer, é provável que um dia ou outro isto seja feito. Enquanto espero, elaboro os projetos no papel.

Longe de mim, senhores, o pensamento de tirar a menor vaidade do que acabo de vos expor. Foi preciso a perseverança de certas diatribes para me engajar, embora a contragosto, para romper o silêncio sobre alguns fatos que me dizem respeito. Mais tarde, todos quantos a malevolência aprouve desnaturar serão trazidos à luz por documentos autênticos, mas o tempo dessas explicações ainda não chegou. A única coisa que me importava no momento era que fôsseis esclarecidos sobre o destino dos fundos que a Providência fez passar às minhas mãos, seja qual for a sua origem. Não me considero senão como depositário, mesmo daqueles que ganho e, com mais forte razão, dos que me são confiados e dos quais prestarei contas rigorosas. Resumo, dizendo: para mim não necessito; significa dizer que deles não tiro proveito.

Resta-me ainda falar, senhores, da caixa de beneficência. Sabeis que ela se formou, sem desígnio premeditado, por algumas quantias depositadas em minhas mãos para obras de caridade, mas sem aplicação especial, às quais junto as que, de vez em quando, se acham sem emprego determinado. O primeiro donativo feito com este objetivo foi o de uma quantia de 200 francos, enviados no dia 20 de agosto de 1863. No ano seguinte, em 17 de agosto de 1864, a mesma pessoa me remeteu idêntica soma de 200 francos. Em 1º de setembro, durante minha viagem, outra pessoa me enviou 100 francos. Quando das subscrições publicadas na *Revista*, várias pessoas juntaram às suas remessas quantias de menor importância, com emprego facultativo. Recentemente, em 28 de abril último, alguém me remeteu 500 francos. O total das receitas elevou-se hoje a 1.317 francos. O total das despesas, em auxílios diversos, donativos ou empréstimos ainda não reembolsados, elevam-se a 1.060 francos. Atualmente restam-me em caixa 257 francos.

Alguém me perguntava um dia, sem curiosidade, é claro, e por mero interesse pela causa, o que eu faria de um milhão, se o tivesse. Respondi-lhe que hoje o seu emprego seria totalmente diferente do que teria feito no início. Outrora eu teria feito propaganda por uma larga publicidade; agora reconhecia que isto teria sido inútil, pois os nossos adversários se haviam encarregado disto à sua custa. Não pondo então grandes recursos à minha disposição, os Espíritos quiseram provar que o Espiritismo só devia o seu sucesso a si mesmo, à sua própria força, e não ao emprego de meios vulgares.

Hoje, que o horizonte se ampliou, sobretudo que o futuro se desdobrou, fazem-se sentir necessidades de ordem completamente diversa. Um capital como o que supondes receberia um emprego mais útil. Sem entrar em detalhes, que seriam prematuros, direi simplesmente que uma parte serviria para converter minha propriedade numa casa especial de retiro espírita, cujos habitantes recolheriam os benefícios de nossa doutrina moral; a outra constituiria uma renda inalienável, destinada: 1º) a manter o estabelecimento; 2º) a assegurar uma existência a quem me suceder e aos que o ajudarem em sua missão; 3º) a prover às necessidades correntes do Espiritismo, sem recorrer aos produtos eventuais, como sou obrigado a fazer, já que a maior parte dos recursos assenta-se em meu trabalho, que terá um termo.

Eis o que eu faria, mas se esta satisfação não me for dada, pouco me importa que seja concedida a outros. Aliás, de um modo ou de outro, sei que os Espíritos que dirigem o movimento proverão a todas as necessidades em tempo hábil; eis por que absolutamente não me inquieto com isto e me ocupo com o que, para mim, é essencial: a conclusão dos trabalhos que me restam por terminar. Feito isto, partirei quando a Deus aprouver chamar-me.

É de admirar que certas personagens altamente colocadas, e notoriamente simpáticas à ideia espírita, não tomem abertamente, e oficialmente, a causa em questão. Dirão que seria o seu dever, uma vez que o Espiritismo é uma obra essencialmente moralizadora e humanitária. Esquecem que tais pessoas, por sua própria posição, mais que outras têm de lutar contra preconceitos que só o tempo fará desaparecer, e que cairão ante o ascendente da opinião. Digamos, ademais, que o Espiritismo ainda se encontra em estado de esboço e que não disse a última palavra; os princípios gerais estão assentados, mas só lhes entreveem as consequências, que não são *nem podem* ser ainda claramente definidas. Até agora não passa de uma doutrina filosófica, cuja aplicação deve ser aguardada para as grandes questões de interesse geral. Só então é que muitas pessoas compreenderão o seu verdadeiro alcance e utilidade e poderão pronunciar-se com conhecimento de causa. Até que o Espiritismo tenha completado sua obra, o bem que faz é limitado; não podendo ser senão uma crença individual, uma adesão oficial seria prematura e impossível. Aí, sim, muitos dos que hoje o consideram como uma coisa fútil, mudarão forçosamente a maneira de ver e serão levados, pela própria força das coisas, a fazer dele um estudo sério. Deixemo-lo, pois, crescer e não peçamos que seja homem antes de ter sido criança. Não peçamos à infância o que só a idade viril pode dar.

A. K.

Nota – Esta exposição tinha sido feita apenas para a Sociedade, mas, tendo sido pedida por unanimidade a sua inserção na *Revista*, julgamos por bem aquiescer a esse desejo.

O Espiritismo de alto a baixo da escala

Nada ensinamos de novo aos nossos irmãos em crença, nem aos nossos adversários, dizendo que o Espiritismo invade todas as camadas da sociedade. As duas cartas que aqui citamos têm por objetivo principal realçar a similitude de sentimentos que a Doutrina suscita nos dois polos extremos da escala social, em indivíduos que não têm nenhum contato, que jamais vimos e que, no entanto, se encontram no mesmo terreno, sem outro guia a não ser a leitura das obras. Um é um dignitário do império russo, e o outro um simples pastor da Touraine.

Eis a primeira das cartas:

"Senhor,

Desde 23 de outubro último formou-se em nossa cidade um grupo espírita sob a proteção do apóstolo Pedro.

Considerando que sois nosso mestre em Espiritismo, julgo um dever, senhor, como presidente deste grupo, dar-vos esta informação.

O objetivo principal a que nos propomos é o alívio dos Espíritos sofredores, tanto encarnados quanto desencarnados. Nossas reuniões ocorrem duas vezes por semana. Procuramos alcançar a unidade de pensamento e, para corrigi-lo, cada assistente, durante toda a sessão, guarda o mais recolhido silêncio. A pergunta feita aos Espíritos é lida em voz alta e cada um de nós, mentalmente, pede ajuda a seu anjo da guarda, a fim de obter uma resposta verdadeira. Em nossas evocações tratamos, na maioria das vezes, com Espíritos de ordem inferior, Espíritos obsessores; e como conhecemos, por experiência, a eficácia da prece em comum, a ela quase sempre recorremos para esclarecer e aliviar esses infelizes. Nosso grupo possui muitos médiuns, mas, habitualmente, só dois ou três escrevem em cada sessão. Temos, além disso, um médium audiente e vidente, e um magnetizador. Prometem-nos um médium desenhista, mas, como jamais o vimos, não posso apreciar a sua faculdade. Nosso grupo já se compõe de quarenta membros.

Há várias outras reuniões espíritas em São Petersburgo, mas não possuem regulamentos. Nosso grupo é o primeiro a ser regularmente organizado e esperamos que, com a ajuda de Deus, nosso exemplo seja seguido.

Estimo muito poder dizer-vos que, enfim, apareceu a primeira brochura espírita na Rússia, impressa em São Petersburgo, com autorização da censura: é minha resposta a um artigo que o arcipreste Sr. Debolsky inseriu no jornal *Radougaf* (Arco-íris). Até agora nossa censura só permitia a publicação de artigos contra o Espiritismo, mas nunca a favor. Pensei que a melhor refutação fosse a tradução de vossa brochura *O Espiritismo na sua expressão mais simples*, que mandei inserir naquele jornal.

Permitiríeis, senhor, que eu vos enviasse as comunicações mais importantes que pudéssemos obter, sobretudo as que viessem em apoio da verdade e da sublimidade de nossa Doutrina?

Quereis aceitar etc."

General A. de B...

A postura desse grupo, o objetivo de total caridade a que se propõem, são as melhores provas de que ali o Espiritismo é compreendido em sua verdadeira essência e encarado por seu lado mais sério e mais eminentemente prático; nada de curiosidade, nada de perguntas inúteis, mas a aplicação da Doutrina no que tem de mais elevado. Uma pessoa que muitas vezes assistiu a essas reuniões nos disse que a gente fica edificado com a gravidade, o recolhimento e o sentimento de verdadeira piedade que as presidem.

A carta seguinte não nos foi escrita, mas ao presidente de um dos grupos espíritas de Tours. Transcrevemo-la literalmente, salvo a ortografia, que foi corrigida:

"Caro Sr. Rebondin e irmão em Deus,

Perdoai, caro senhor, se tomo a liberdade de vos escrever. Há muito tempo eu tinha a intenção de fazê-lo, para vos agradecer a boa acolhida que me destes o ano passado, proporcionando-me o prazer de assistir duas vezes às vossas sessões. Provavelmente não vos lembrais de mim, mas vou dizer-vos quem sou. Vim ver-vos com meu antigo patrão, Sr. T...; eu era seu pastor há onze anos; hoje ele acaba de se casar e os parentes de sua esposa, percebendo que eu me ocupava de Espiritismo — um estudo diabólico, segundo eles — tanto fizeram que ele se viu forçado a nos despedir. Sofri muito com esta separação, caro senhor, mas quero seguir as máximas de nossa santa Doutrina; meu dever é orar por todos os infelizes que ofendem o divino Mestre de todos nós.

    Tenho feito todos os esforços, desde que conheci a Doutrina, para fazer adeptos; se encontrei obstáculos, tive a satisfação de ter levado muitas pessoas ao conhecimento do Espiritismo, que explica todas as provações que sofremos nesta Terra de amarguras e de misérias. Oh! como é doce ser espírita e praticar suas virtudes! Para mim é minha única felicidade. Vós, caro senhor, o mais devotado à santa causa, espero que não me recuse um lugar em vosso coração. Sou tão feliz por vos conhecer, acolhestes-me tão bem! Já fui duas vezes a Tours, com meus dois amigos que estudam o Espiritismo, com intenção de assistir às vossas sessões, mas fiquei sabendo que vossas reuniões não se realizavam mais aos domingos. Tende a bondade de me dizer se vos reunis sempre nesse dia e permiti que me reúna a vós, com os meus amigos, a fim de participarmos em nosso bem espiritual; dar-nos-íamos a maior felicidade. Conto com a vossa amizade, esperando o dia em que serei tão feliz por estarmos reunidos para praticar o amor e a caridade.

    Do vosso amigo, que vos ama e saúda fraternalmente,"

Pierre Houdée
Pastor

    Vê-se que não é preciso um diploma para compreender a Doutrina. É que, malgrado seu elevado alcance, ela é tão clara e tão lógica que chega sem custo a todas as inteligências, condição sem a qual nenhuma ideia pode popularizar-se. Toca o coração: eis o seu maior segredo, e há um coração no peito do proletário, como no do grão-senhor. O grande, como o pequeno, tem suas dores, suas amarguras, suas chagas morais, para as quais pede bálsamo e consolações, que um e outro encontram na certeza do futuro, porque são iguais na dor e perante a morte, que tanto ferem o rico quanto o pobre. Duvidamos muito que consigam dar à doutrina do demônio e das chamas eternas bastante atrativo para suplantá-la. Esse mesmo pastor fazia muitas vezes, após a sua jornada de trabalho, duas léguas para ir a Tours assistir a uma reunião espírita, e outro tanto para retornar. Quando falamos do *elevado alcance* da Doutrina e das consolações que proporciona, falamos uma linguagem incompreendida para os que creem que o Espiritismo está inteiramente numa mesa que gira ou num fenômeno mais ou menos autêntico, que reúne curiosos, mas que é perfeitamente entendido por quem quer que não se tenha detido na superfície nem dê ouvidos a boatos, e cujo número é grande.

Os Espíritos na Espanha

Cura de uma obsedada em Barcelona

Sob o primeiro título publicamos, em setembro de 1864, um artigo no qual estava provado, por fatos autênticos, que, para os Espíritos, não havia Pirineus, e que eles até se riam dos autos de fé. A carta do Sr. Delanne, publicada em nosso último número, é uma nova prova. Aí se menciona sumariamente a cura de uma obsessão, devida ao zelo e à perseverança de alguns espíritas sinceros e devotados de Barcelona. Enviaram-nos o relato detalhado dessa cura, que julgamos por bem publicar, assim como a carta que a acompanhava:

"Senhor e caro mestre,

Tivemos o privilégio de ter conosco o nosso caro irmão em crença Sr. Delanne, e lhe demos informações de nossos fracos trabalhos, bem como de nossos esforços para proporcionar alívio a alguns pobres pacientes, que Deus se dignou pôr em nossas mãos. Entre estes havia uma mulher que, durante quinze anos, foi vítima de uma obsessão das mais cruéis, e que Deus nos permitiu curar. Certamente não era nossa intenção mencioná-la, porque trabalhamos em silêncio, sem querer nos atribuir qualquer mérito. Mas, como o Sr. Delanne nos disse que o relato dessa cura talvez servisse de estímulo a outros crentes que, como nós, se devotariam a essa obra de caridade, não vacilamos em vo-lo enviar. Bendizemos a mão do Senhor, que nos permite saborear o fruto de nossos trabalhos e já nos dá aqui a sua recompensa.

Durante a Semana Santa foram pregados vários sermões contra o Espiritismo, dos quais um se destacava pelos absurdos. O pregador indagava aos fiéis se eles ficariam satisfeitos em saber que as almas de seus parentes renasciam em corpos de boi, de jumento, de porco ou outro animal qualquer. Eis, diz ele, o Espiritismo, meus caros irmãos; ele é perfeito para o espírito leviano dos franceses, mas não para vós, espanhóis, sérios demais para admiti-lo e nele acreditar.

Aceitai,"

J. M. F.

Casada em 1850, Rose N... foi acometida, poucos dias após o casamento, de ataques espasmódicos, que se repetiam com muita frequência e com violência, até engravidar. Durante a gravidez nada experimentou, mas, depois do parto, os mesmos acidentes se renovavam; muitas vezes as crises duravam três ou quatro horas, durante as quais ela fazia toda sorte de extravagâncias e eram precisas três ou quatro pessoas para dominá-la. Entre os médicos chamados, uns diziam que era uma doença nervosa; outros, que era loucura. O mesmo sintoma se repetia em cada gravidez, isto é, os acidentes cessavam durante a gestação e recomeçavam após o parto.

Isto já durava vários anos. O pobre casal estava cansado de consultar a uns e outros e a fazer uso de remédios que não davam o menor resultado. Essa gente simples estava no limite da paciência e dos recursos, pois, algumas vezes, a mulher ficava meses inteiros sem poder dedicar-se aos trabalhos domésticos. Por vezes sentia ligeira melhora, que fazia supor uma cura, mas, após algumas semanas de trégua, o mal reaparecia com terrível recrudescência.

Como algumas pessoas os persuadissem de que um mal tão rebelde deveria ser obra do demônio, eles recorreram aos exorcismos e a paciente se dirigiu a um santuário distante vinte léguas, de onde voltou aparentemente tranquila, mas; ao cabo de alguns dias o mal voltou com nova intensidade. Ela partiu para outro retiro, onde permaneceu quatro meses, durante os quais ficou tão tranquila que a julgaram curada. Voltou, então, à sua família, alegre por se ver, enfim, livre da cruel doença; contudo, após algumas semanas, suas esperanças novamente foram por água a baixo, já que os acessos voltaram com mais força que nunca. Marido e mulher estavam desesperados.

Foi em julho último, 1864, que um de nossos amigos e irmão em crença nos deu conhecimento do fato, propondo que tentássemos aliviar, se não curar, essa pobre perseguida, pois a julgava tomada de uma obsessão das mais cruéis. Na ocasião a doente estava sendo submetida a tratamento magnético, que lhe havia proporcionado certo alívio, mas o magnetizador, embora espírita, não tinha meios de evocar o Espírito obsessor, por falta de médiuns e, apesar de sua vontade, não podia produzir o efeito desejado. Aceitamos com interesse essa oportunidade de fazer uma boa obra. Reunimos vários adeptos sinceros e mandamos trazer a doente.

Bastaram alguns minutos para reconhecermos a causa da moléstia de Rose. Era, com efeito, uma obsessão das mais terríveis. Tivemos muito trabalho para fazer o obsessor vir ao nosso chamado. Ele foi muito violento, respondeu algumas palavras incoerentes e logo se atirou enfurecido sobre sua vítima, provocando-lhe violenta crise, logo acalmada pelo magnetizador.

Na segunda sessão, ocorrida poucos dias depois, pudemos reter por mais tempo o Espírito obsessor, que, no entanto, se mostrou sempre rebelde e muito cruel para com sua vítima. A terceira evocação foi mais feliz; o obsessor conversou familiarmente conosco; fizemo-lo compreender todo o mal que fazia, perseguindo essa infeliz mulher, mas ele não queria confessar seus erros e dizia que a fazia pagar *uma velha dívida*. Na quarta evocação orou conosco e se queixou por ter sido trazido a nós contra sua vontade; queria vir, mas de moto próprio. Foi o que fez na sessão seguinte. Pouco a pouco, a cada nova evocação, exercíamos maior domínio sobre ele e acabamos por fazê-lo renunciar ao mal que, desde a quarta sessão, vinha diminuindo; na nona, tivemos a satisfação de ver as crises cessarem. De cada vez uma magnetização de 12 a 15 minutos acalmava totalmente Rose e a deixava num estado de perfeita tranquilidade.

Desde o mês de agosto — há nove meses, portanto — a doente não teve mais crises, e suas ocupações não foram interrompidas. Apenas uma vez ou outra ela sofria ligeiros abalos, em consequência de alguma contrariedade que não podia dominar, mas eram como relâmpagos sem tempestade, praticamente para lhe demonstrar que não devia esquecer os bons hábitos que tinha contraído para com Deus e os seus semelhantes. É preciso dizer também que ela contribuiu poderosamente para a cura, por sua fé, seu fervor e sua confiança no Criador, e pela moderação de um caráter naturalmente irritável. Tudo isto contribuiu para que o obsessor se enchesse de coragem, pois não a tinha bastante para tomar resolutamente o bom caminho; temia as provações que teria de sofrer para merecer o perdão. Mas, graças a Deus, e com o poderoso auxílio de nossos bons guias, já está no bom caminho e faz tudo o que pode para ser perdoado. Hoje, é ele que dá bons conselhos àquela a quem perseguiu por tanto tempo e que é agora robusta e alegre, como se nada tivera. Contudo, de oito em oito dias ela vem submeter-se a uma magnetização e, de vez em quando, evocamos seu antigo perseguidor, para fortalecê-lo em suas boas resoluções. Eis a sua última comunicação, dada em 19 de abril de 1865:

Eis-me aqui. Venho agradecer vossa boa perseverança para comigo. Sem vós, sem esses Espíritos bons e benevolentes, aqui presentes, eu jamais teria conhecido a felicidade que agora sinto; ainda me arrastaria no mal, na miséria. Oh! sim, miséria, porque não se pode ser mais infeliz do que eu era; sempre a fazer o mal e sempre desejoso de o fazer! Quantas vezes, ah! vos disse que não sofria! Só agora vejo quanto sofria. Neste mesmo instante ainda sinto esses sofrimentos, mas não como antes; hoje é o arrependimento e não a incessante vontade de fazer o mal. Oh, não! que o Deus de bondade dele me preserve e que eu seja fortalecido para não mais recair na pena. Oh! não mais essas torturas; não mais esses males causticantes que não deixam à alma nenhum momento de repouso. Isto é bem o inferno, que está com aquele que faz o mal, como eu fazia.

Fiz o mal por ressentimento, por vingança, por ambição! O que lucrei com isto? Ai! repelido pelos Espíritos bons, não os podia compreender quando se aproximavam de mim e eu escutava suas vozes, porque não me era permitido vê-los. Não! hoje Deus permitiu; é por isto que sinto um bem-estar que jamais experimentei; porque, a despeito de sofrer bastante, entrevejo o futuro e suporto meus sofrimentos com paciência e resignação, pedindo perdão a Deus e assistência aos Espíritos bons para aquela a quem persegui por tanto tempo. Que ela me perdoe; dia virá, e talvez não custe, em que lhe poderei ser útil.

Termino agradecendo e vos pedindo que continueis a me favorecer com as vossas preces e com a amizade que me testemunhastes, e me perdoando pelo trabalho que vos dei. Oh! obrigado, obrigado! Não podeis saber quanto o meu Espírito é grato pelo bem que me fizestes. Rogai a Deus que me perdoe e aos Espíritos bons para que estejam comigo, a fim de me ajudarem e me fortalecerem. Adeus.

Pedro

Depois desta comunicação recebemos o seguinte de nossos guias espirituais:

A cura chega ao fim. Agradecei a Deus que se dignou acolher vossas preces e se servir de vós para que um inimigo obstinado se tivesse tornado hoje um amigo; porque, tende certeza, um dia esse Espírito fará tudo o que for possível por essa pobre família, que por tanto tempo atormentou. Mas vós, caros filhos, não abandoneis o perseguidor, nem a perseguida; ambos ainda precisam de vossa assistência; um para sutentá-lo no bom caminho que tomou; evocando-o algumas vezes, aumentareis a sua coragem; a outra, para dissipar totalmente o fluido malsão que a envolveu tanto tempo; de vez em quando fazei-lhe uma abundante magnetização, sem o que ela ainda se acharia exposta à influência de outros Espíritos malévolos, pois sabeis que estes não faltam e vós o lamentaríeis. Coragem, pois; acabai, completai vossa obra e preparai-vos para as que ainda vos estão reservadas. Sede firmes; vossa tarefa é espinhosa, é verdade, mas, também, se não vos dobrardes, como será grande a vossa recompensa!

Vossos guias

Não basta relatar fatos mais ou menos interessantes; o essencial é deles tirar uma instrução, sem o que não têm proveito. É pelos fatos que o Espiritismo se constituiu em ciência e em doutrina, mas, se não nos tivéssemos limitado senão a constatá-los e a registrá-los, não estaríamos mais adiantados que no primeiro dia. No Espiritismo, como em toda ciência, sempre há algo a aprender. Ora, é pelo estudo, pela observação e pela dedução dos fatos que se aprende. É por isso que, quando é o caso, fazemos seguir os que citamos das reflexões que nos sugerem, quer venham confirmar um princípio conhecido, quer sirvam de elemento a um princípio novo. Em nossa opinião, é o meio de cativar a atenção das pessoas sérias.

Uma primeira observação a fazer sobre a carta relatada acima é que, a exemplo dos que compreendem a Doutrina em sua pureza, seus adeptos fazem abnegação de todo amor-próprio; não se exibem e nem procuram brilhar; fazem o bem sem ostentação e sem se vangloriarem das curas que obtêm, porque sabem que não as devem ao seu talento, nem ao seu mérito pessoal, e que Deus lhes pode retirar esse favor quando lhe aprouver; não buscam clientela nem reputação; encontram sua recompensa na satisfação de ter aliviado um aflito e não no vão sufrágio dos homens. É o meio de granjear o apoio dos Espíritos bons, que deixam o orgulho aos Espíritos orgulhosos.

Os casos de cura como este, como os de Marmande e outros não menos meritórios, sem dúvida são um encorajamento; são, também, excelentes lições práticas, que mostram a que resultados se podem chegar pela fé, pela perseverança e por uma sábia e inteligente direção; mas o que não deixa de ser um bom ensinamento é o exemplo da modéstia, da humildade e do completo desinteresse moral e material. Nos centros animados de tais sentimentos é que se obtêm esses resultados maravilhosos, porque aí se é verdadeiramente forte contra os Espíritos maus. Não é menos notável que desde que o orgulho aí penetre, que o bem não se faça exclusivamente pelo bem e que aí se busque a satisfação do amor-próprio, a força declina.

Notemos, igualmente, que é nos centros verdadeiramente sérios que se fazem os mais sinceros adeptos, porque os assistentes são tocados pela boa impressão que recebem, ao passo que nos centros levianos e frívolos só se é atraído pela curiosidade, que nem sempre é satisfeita. É compreender o verdadeiro objetivo da Doutrina empregá-la a fazer o bem aos desencarnados como aos encarnados; convenhamos que é pouco recreativo para certa gente, mas é mais meritório para os que a isso se devotam. Assim, estamos satisfeitos por ver se multiplicarem os centros que se entregam a esses trabalhos úteis; as criaturas aí se instruem prestando serviço, e os assuntos de estudo aí não faltam. São os mais sólidos sustentáculos da Doutrina.

Não é um fato muito característico ver, nas duas extremidades da Europa, no norte da Rússia e no sul da Espanha, reuniões espíritas animadas pelo mesmo pensamento de fazer o bem, agindo sob o impulso dos mesmos sentimentos de caridade para com os seus irmãos? Não é o indício da irresistível força moral da Doutrina, que vence todos os obstáculos e não conhece barreiras?

Na verdade, é preciso ser muito desprovido de boas razões para combatê-la, quando se está reduzido aos tristes expedientes utilizados pelo pregador de Barcelona, acima citado; seria perder tempo refutá-los; só há que lamentar os que se deixam ir a semelhantes aberrações, que provam a mais cega ignorância, ou a mais insigne má-fé. Disso, porém, não resulta uma instrução menos importante. Suponhamos que a mulher Rose tivesse acreditado nas asserções do pregador e que tivesse repelido o Espiritismo; o que teria acontecido? Não se teria curado; teria caído na miséria, por não poder trabalhar; ela e o marido talvez tivessem amaldiçoado a Deus, ao passo que agora o bendizem, e o Espírito mau não se teria convertido ao bem. Do ponto de vista teológico, são três almas redimidas pelo Espiritismo, e que o pregador teria deixado que se perdessem.

Vendo os primeiros sintomas, compreende-se que a Ciência tenha podido enganar-se, porque tinham todos os caracteres de um caso patológico. Todavia, não era nada disso. Só o Espiritismo podia descobrir a sua verdadeira causa e a prova é que a Ciência, com seus remédios, foi impotente durante longos anos, ao passo que, em alguns dias, ele triunfou sem medicamentos, unicamente pela moralização do ser perverso, que era o seu autor. O fato aí está, e milhares de fatos semelhantes. Que dizem os incrédulos? É o acaso, a força da natureza; a doente devia curar-se. E certos padres? dizemos certos padres intencionalmente, porque nem todos pensam da mesma forma. Essa mulher foi curada pelo demônio, e teria sido melhor para a salvação de sua alma que tivesse ficado doente. A mulher Rose não é desta opinião; como por isto agradece a Deus e não ao demônio, ora e faz boas obras, absolutamente não julga comprometida a sua salvação; em segundo lugar, ela prefere ter sido curada e trabalhar para alimentar os filhos a vê-los morrer de fome. Em nossa opinião, Deus é fonte de todo bem.

Mas se o diabo é o verdadeiro ator em todos os casos de obsessão, donde vem a impotência dos exorcismos? É um fato positivo que, não só em semelhantes casos o exorcismo sempre falhou, mas que as cerimônias desse gênero sempre se fizeram seguir de recrudescência no mal; Morzines ofereceu memoráveis exemplos. O diabo é, pois, mais poderoso que Deus, já que resiste aos seus ministros, aos que lhe opõem coisas santas? E, contudo, quem os espíritas invocam? a quem solicitam apoio? A Deus. Por que triunfam com a mesma assistência, quando os outros falham? Eis a razão:

Em primeiro lugar, o retorno do obsessor ao bem e, por conseguinte, a cura do doente — e isto é um fato material — provam que não é um demônio, mas um Espírito mau, susceptível de melhorar-se. Em segundo lugar, no exorcismo só lhe contrapõem palavras e sinais materiais, na virtude dos quais acreditam, mas que o Espírito não leva em nenhuma conta: irritam-no, ameaçam-no, amaldiçoam-no e o condenam às chamas eternas; querem domá-lo pela força, mas, como é inatingível, ele ri e vos escapa, querendo provar que é mais forte que vós. Pelo Espiritismo falam-lhe com doçura, procuram fazer que nele vibre a corda do sentimento e lhe mostram a misericórdia de Deus; fazem-lhe entrever a esperança e o conduzem suavemente ao bem. Eis todo o segredo.

O fato acima apresenta um caso particular, o da suspensão das crises durante a gravidez. De onde vem isto? Que a Ciência o explique se puder. Eis a razão dada pelo Espiritismo: A doença não era loucura, nem uma afecção nervosa; a cura é a prova disto: era bem uma obsessão. O Espírito obsessor exercia uma vingança; Deus o permitia para servir de provação e de expiação à mãe e, além disso, porque, mais tarde, a cura desta devia levar à melhora do Espírito. Mas as crises, durante a gestação, podiam prejudicar a criança; Deus queria mesmo que a mãe fosse punida pelo mal que fizera, mas não queria que o ser inocente que trazia no ventre sofresse por isto. É por tal motivo que, durante esse tempo, foi retirada toda liberdade de ação aos seus perseguidores.

Como o Espiritismo explica coisas para quem quiser estudar e observar! Quantos horizontes abrirá à Ciência, quando esta levar em conta o elemento espiritual! Como estão longe de compreendê-lo os que só o veem nas manifestações curiosas!

Os dois espiões

Um dos nossos correspondentes de São Petersburgo nos envia a tradução de um artigo publicado contra o Espiritismo, num jornal religioso daquela cidade: *Doukhownaia Beceda* (Exercícios religiosos). É um relato feito por dois jovens de Moscou, os Srs.***, que, em novembro último, se apresentaram em nossa casa, aparentando fazer parte da melhor sociedade, dizendo-se muito simpáticos ao Espiritismo, tendo sido recebidos com a consideração devida à sua qualidade de estrangeiros. Nada absolutamente em suas palavras e maneiras traía a intenção que os realizarem a missão de que estavam encarregados. Por certo nossos adversários da França nos habituaram a relatos que não brilham pela exatidão, mas, justiça lhes seja feita: ao que saibamos, nenhum deles levou tão longe a calúnia. Isto teria sido difícil num jornal francês, porque a lei protege contra tais abusos, mas também porque muitas testemunhas oculares viriam constatar a verdade. Mas, a seiscentas léguas, num país estrangeiro e numa língua desconhecida aqui, isto era mais fácil. Devemos aos numerosos adeptos da Rússia uma refutação desse ignóbil panfleto, cujos autores são ainda mais repreensíveis por terem abusado da confiança que tinham buscado inspirar. Introduzindo-se sob falsas aparências, como emissários de um partido, numa casa particular e numa reunião muito privada, jamais aberta ao público e onde só se é admitido mediante recomendação, para dar publicidade a um relatório desfigurado e ultrajante, colocam-se abaixo dos espiões, porquanto estes, pelo menos, prestam conta exata do que viram. É lamentável, ainda, seja em nome da Religião que se façam semelhantes coisas, por as julgarem necessárias à sua sustentação. Não é por tais meios que algum dia aniquilarão o Espiritismo; fazem-no crescer pelo ódio que lhe devotam. Deu-se o mesmo com o Cristianismo no seu início; perseguindo-o, seus adversários trabalharam pela sua consolidação. Mas naquela época não havia publicidade e a calúnia podia ser alimentada por muito tempo. Hoje a verdade vem à tona prontamente, e, quando dizem que uma coisa é negra, ainda que de forma mecânica, cada um pode achar ao seu lado a prova de que é branca e o odioso da calúnia recai sobre seus autores.

As reflexões do jornal são as de todos os detratores que têm a mesma opinião. Foram refutadas tantas vezes que seria inútil a elas voltar. Não obstante, citaremos a seguinte passagem:

"Os espíritas estarão, efetivamente, em comunicação direta com o mundo dos Espíritos, a tal ponto que as mais altas personagens e as mais sagradas acorram ao seu apelo *ad libitum*, à vontade dos médiuns, como ao toque de uma sineta? Não há aqui charlatanismo e grosseira patifaria, não da parte dos Espíritos, que Allan Kardec ensina tão bem a distinguir, mas da parte do próprio chefe dessa nova seita, tão sedutora para a imaginação de seus adeptos inexperientes? Duas cartas anexas, de Paris, vindas de pessoas *dignas de fé*, mas que não quiseram identificar-se, podem dar uma resposta suficiente a essa delicada questão."

O Espiritismo jamais disse que os Espíritos, quaisquer que sejam, venham à vontade de um médium qualquer; ao contrário, diz que eles não estão às ordens de ninguém; que vêm quando querem e podem. Faz mais, pois demonstra as causas materiais que se opõem a que um Espírito se manifeste ao primeiro que chegar.

Se a comunicação dos Espíritos não passa de uma ideia sem fundamento e de uma comédia, só uma pessoa devia ter o seu monopólio. Como é que a realidade do fato é constatada há anos por milhões de indivíduos de todas as classes e idades, em todos os países? Então todo mundo representa a comédia, dos príncipes aos plebeus, e isto em proveito de quem? O que é ainda mais bizarro é que essa comédia leva os incrédulos a Deus e faz orar os que zombavam da prece. Jamais se viu uma escamoteação produzir resultados tão sérios.

Quanto às cartas dos dois emissários, seria supérfluo assinalar as tolas e grosseiras injúrias que encerram; bastará que citemos alguns erros materiais para mostrar a fé que merece seu relatório sobre o resto.

À hora convencionada fomos nos recomendar a Allan Kardec. Ele reside numa dessas passagens constantemente tomadas pela multidão. Um cartaz em grandes letras anuncia que é lá que se realizam os mistérios do Espiritismo.

JUNHO DE 1865

Ao pé da escada há um pequeno letreiro, com estas palavras: *Revista Espírita, 2º andar*, porque lá está a direção do jornal, e sendo todo jornal sujeito ao público, deve indicar seu domicílio. Abaixo está escrito: *Sala de cursos*, porque a sala das sessões era primitivamente destinada a cursos diversos, que jamais se realizaram desde que habitamos o local. Nada há ali que anuncie a realização de quaisquer mistérios. É uma primeira invenção desses senhores tão dignos de fé.

Eram cinco horas da tarde. Estava escuro e o espírita não tinha fogo. Por corredores tortuosos fomos introduzidos em seu gabinete.

Os visitantes jamais são introduzidos em nosso gabinete, mas num salão de recepção que, por certo, não é o de um palácio, mas onde os que não o acham digno estão perfeitamente livres para não voltar.

Depois de nos ter convidado para nos assentarmos, continuou a conversar com um rapaz desconhecido para nós. As palavras deste último nos levaram a compreender que era um médium recente e se achava obsidiado pela força impura que lhe dava respostas sob a máscara de Espíritos puros; que a princípio as respostas são veladas por uma inocência perfeita, mas em seguida o diabo se traía pouco a pouco. A voz, o ar estupefato do jovem, tudo denotava uma violenta agitação. O espírita respondeu que a pureza moral da vida e a moderação eram necessárias para se comunicar com os Espíritos, e assim por diante; que no começo o médium é ordinariamente perseguido pelos Espíritos maus, mas que depois chegam os bons. O tom desse discurso era o de um mestre ou preceptor. *Não há dúvida* de que tudo isto não passava de uma comédia representada em nossa presença.

Esse rapaz, nós nos lembramos, era um simples operário que vinha pedir-nos conselhos, como acontece muitas vezes. *Continuamos* nossa conversa com ele porque, aos nossos olhos, um operário honesto tem direito a tanto mais consideração quanto mais humilde a sua posição. É possível que estas ideias não sejam as daqueles senhores, mas eles lá chegarão quando, numa outra existência, se

> acharem na condição daqueles a quem hoje tratam com tanta altivez. Quanto à comédia que, *não há dúvida*, eles representaram, é muito singular que fosse preparada para eles, já que não os esperávamos. À sua chegada o moço estava só; como *continuamos* a conversa, é que a tínhamos começado. Ambos, então, representamos uma comédia. Em todo o caso, ela nada tinha de muito interessante, e quando se faz tanto, faz-se algo melhor.

Graças a uma obscuridade interessante, o mestre não era visível. Dirigiu-se a nós com uma pergunta que sondava nossa crença no Espiritismo, seu desenvolvimento em Moscou, e assim por diante. Procedia com muita reserva até que soube do nosso desejo. Trouxeram uma lâmpada; então vimos diante de nós um senhor bem corpulento, idoso, de fisionomia bastante amável, olhos singulares que, à primeira vista, pareciam trespassar o indivíduo, para, logo depois, mostrarem certo ar sonhador. Por muito tempo fitei seus olhos, notáveis no mais alto grau, em seu semblante comum.

Não sei por que atraí sua atenção, de sorte que me perguntou, várias vezes, se eu não era médium. Provando nossa conversa *os nossos conhecimentos de Espiritismo*, ele começou a tornar-se mais comunicativo.

> Vê-se qual era o conhecimento deles sobre o Espiritismo e, sobretudo, sua sinceridade. Se, por uma linguagem astuciosa, pensaram nos enganar, eles é que representavam a comédia.

Pôs-se a falar em termos obscuros da alma e dos Espíritos; a princípio sua voz era calma, mas terminou seu discurso com uma ênfase singular. Tendo-lhe perguntado como ele distingue os Espíritos bons dos maus, respondeu que previamente submetiam cada Espírito à prova; *se o Espírito não contradissesse as opiniões morais e religiosas dos espíritas, anotavam-no como Espírito puro*. À minha pergunta: Por que ele só se ocupava da solução das questões morais e não tocava nem nas científicas, nem nas *políticas* — pergunta que o contrariou visivelmente — respondeu algo deste gênero: "Os Espíritos não se metem nisto."

Geralmente a política é o terreno perigoso sobre o qual os falsos irmãos procuram trazer os espíritas. Segundo eles, a moral é coisa muito banal e muito vulgar; isto é assunto muito repisado; é necessário o positivo. Um indivíduo condecorado que, sob falsa aparência, se havia introduzido num grupo de operários, em Lyon, onde também se encontravam alguns militares, fez esta pergunta: "O que pensam os Espíritos de Henrique V?" A resposta dos Espíritos e dos assistentes não lhe deu vontade de continuar nem de voltar.

Depois de certa hesitação, ele nos *permitiu* assistir à reunião dos espíritas sexta-feira à noite. Pretendiam questionar um coronel da guarda, médium há pouco falecido. Dissemos-lhe adeus. A noite de sexta-feira me interessa e vos darei conta de tudo que vir e ouvir. No entanto, dizem que tomam cem francos por cada sessão. Se for verdade, evidentemente não poderei ver nem ouvir. *Sacrificarei dez francos*, não mais. Paris, 2/14 de novembro de 1864.

Independentemente de nossos bem conhecidos princípios, claramente formulados em nossas obras, em relação à exploração do Espiritismo sob uma forma qualquer, mais de seis mil ouvintes, que foram admitidos às sessões da Sociedade Espírita de Paris, desde a sua fundação em 1º de abril de 1858, podem dizer se alguma vez um só deles pagou alguma coisa como contribuição obrigatória ou *facultativa*; mesmo se foi imposto a quem quer que seja, como condição de admissão, a compra de um único livro ou a assinatura da *Revista*. Quando se explora o público, a escolha não é difícil; visa-se o número. A *hesitação*, portanto, não seria concebível para admitir esses senhores; em vez de permitir que viessem, teriam sido solicitados a vir. Só por estas palavras eles se traem, mas não pensam em tudo.

Já que tinham ouvido falar que eram cobrados supostos cem francos por pessoa, e que consentiriam em pagar apenas dez, como é que não se certificaram disso antes? Era muito natural, necessário mesmo, no-lo perguntar, para não serem pegos de surpresa na chegada. Há aqui uma insinuação pérfida, mas desastrada. No relato que a seguir fazem da sessão a que assistiram, não falam de pagamento. Ora, tendo dito que *sacrificariam* dez francos, dão a entender que não lhes custou mais. Recuaram ante uma afirmação, mas disseram de si para si: "Lancemos a ideia; sempre restará alguma coisa." Mas quando não há nada, nada pode restar, a não ser a vergonha para o mentiroso.

Aliás, não é a primeira vez que a malevolência e a inveja empregam tal meio com vistas a desacreditar a Sociedade perante a opinião pública. Ultimamente, em Nantes, um indivíduo informava que as entradas aí custavam cinco francos por cabeça. Seria singular que depois de oito anos de existência ainda não se saiba se ela cobra 100 francos ou 5 francos. Na verdade, é preciso estar bem enceguecido pela vontade de prejudicar a ponto de crer que o público possa ser enganado sobre um fato tão material, que diariamente recebe um desmentido, tanto pelas pessoas que a eles assistem, quanto pelos princípios que ela professa e que são formulados sem equívoco em nossos escritos.

Entretanto, dessa calúnia ressalta uma instrução. Desde que os nossos adversários pensam poder desacreditar a Sociedade, dizendo que exige uma contribuição dos visitantes, é que eles consideram como mais honroso nada cobrar. Ora, uma vez que ela nada exige; que em vez de visar ao número dos audientes, o restringe tanto quanto possível, é que não especula com eles; assim, corta pela base toda suspeita de charlatanismo.

A circunstância do coronel que devia ser evocado nos deu a pista da sessão à qual assistiram aqueles senhores. O fato de não encontrarmos seus verdadeiros nomes na lista do dia prova que se apresentaram com nomes falsos. Isto era muito fácil de verificar, porque aquele era um dia de sessão particular reservada aos membros da Sociedade, à qual só tinham sido admitidos quatro ou cinco estrangeiros, de passagem em Paris. Enviando-nos os seus nomes verdadeiros, nosso correspondente nos informa que são filhos de um alto funcionário eclesiástico russo.

Sexta-feira passada, às oito horas da noite, dirigimo-nos à sessão da Sociedade espírita. Chegamos cedo; os membros ainda não eram numerosos, de sorte que pudemos examinar minuciosamente o ambiente. Um enorme salão continha várias fileiras de cadeiras. Ao lado de uma das paredes achava-se uma mesa coberta com uma toalha verde, em redor da qual estavam cadeiras para os principais membros da Sociedade. Sobre a mesa havia um monte de papéis brancos e uma porção de lápis apontados; nada mais. Acima da mesa pendia a imagem do Senhor abençoando.

Uma investigação tão minuciosa e levada até o exame dos papéis é um tanto indiscreta da parte de pessoas que se dizem gentis-homens e admitidas por cortesia numa casa particular e a uma reunião que nada tem de pública.

Não há absolutamente nada suspenso acima da mesa. Perto da parede há uma estatueta de São Luís, em costume de rei, presidente espiritual da Sociedade, e que aqueles senhores, ao que parece tomaram pelo Cristo.

As paredes eram ocupadas por quadros singulares. Examinei-os detalhadamente. O maior, pintado a óleo, representa um caixão de defunto, com correntes caídas em volta; uma paisagem extravagante, com plantas fantásticas, rodeava o caixão. Uma inscrição explica que o quadro foi pintado por *Allan Kardec*.

Esse quadro alegórico é o de que falamos na *Revista* de novembro de 1862. Não há correntes nem plantas de nenhuma espécie. Em baixo há uma legenda explicativa, com esta inscrição aposta ao próprio quadro, e em evidência: "Pintura mediúnica. Quadro alegórico do advento e do triunfo do Espiritismo; pintado pelo Sr. V..., *jovem aluno de farmácia*, sem qualquer conhecimento de pintura nem de desenho. Lyon." Não sabemos como esses senhores puderam ver nessas palavras que o quadro foi pintado por Allan Kardec. Isto dá a medida da exatidão de seu relatório e da confiança que o resto merece.

Mais longe, toda uma série de quadros ou desenhos, não sei bem como os chamar, feitos por diversas pessoas, sob a influência dos Espíritos. Impossível dizer a impressão que esses quadros produziram em mim. Examinei-me, examinei-me severamente e achei que a disposição de meu espírito naquele momento era perfeitamente tranquila, cheia de sangue-frio, de sorte que a impressão que experimentei ao ver aqueles quadros era independente de minha imaginação. Os quadros ou desenhos representam uma insólita reunião de linhas, pontos, círculos, uma reunião original que não tem qualquer semelhança com o que quer que seja. Todos têm certo gênero particular, que lhes pertence em comum, mas completamente indefinível. Dir-se-ia que nada há de particular nesses pontos e linhas e, contudo, a impressão que deixam é das mais desagradáveis, semelhante a um fatigante pesadelo. Numa palavra, aqueles desenhos em nada se parecem com os que já tenhais visto e para mim são repugnantes.

> Nessa coleção de desenhos mediúnicos acham-se: a casa de Mozart, publicada na *Revista* de agosto de 1858, e que todos conhecem; uma cabeça do Cristo, feita no México, de um tipo admirado por todos os peritos; outro Cristo, coroado de espinhos, modelado em argila na Sociedade Espírita de Madrid, de notável execução; duas soberbas cabeças de mulher em perfil grego, desenhadas na Sociedade Espírita de Constantinopla; uma paisagem a bico-de-pena, pelo Sr. Jaubert, vice-presidente do Tribunal de Carcassonne e que qualquer artista consumado assinaria etc. Eis as linhas e os pontos que perturbaram os olhos daqueles senhores de maneira tão desagradável e repugnante. Seríamos realmente tentados a crer que um Espírito maligno os fascinou, de modo a fazê-los ver tudo pelo avesso, a fim de tornar seu relato mais pitoresco.

Enfim, os membros da Sociedade se reúnem em número de cerca de setenta. Como nas sociedades verdadeiras, também havia secretários. Inicialmente leram um capítulo do Evangelho; depois o protocolo da sessão precedente. Confesso que não havia meio de escutar sem rir as diversas informações. Em Lyon, por exemplo, um Espírito dizia tolices, razão pela qual determinaram a sua exclusão do número dos Espíritos de boa conduta.

Em seguida leram o necrológio do coronel espírita que devia ser evocado durante essa sessão. Antes ele era são-simonista. Allan Kardec disse à Sociedade que lhe faria perguntas sobre as relações do Espiritismo e do são-simonismo. Um dos assistentes quis fazer algumas perguntas, mas o mestre declarou que os outros não deviam *intrometer-se* naquilo que não fossem solicitados.

Eu esperava sempre que trouxessem o aparelho que devia escrever, mas me enganava. Allan Kardec tocou a campainha e, na antecâmara, apareceu um rapaz com cara de larápio, numa palavra, pronto a dizer de cor, por um quarto de rublo e até mesmo por meia libra, toda sorte de absurdos. Disseram-nos que era um médium.

> Aqui já não se trata de simples inexatidões: é o cinismo da injúria e do ultraje. Basta citar tais palavras para os desacreditar. Na França seus autores teriam sido levados aos tribunais. No que respeita a inexatidões, diremos apenas que, desde que a Sociedade existe, jamais houve campainha em seu escritório; por conseguinte, não podíamos tocá-la. Os ouvidos desses senhores tiniram, como seus olhos faiscaram, ao olharem os desenhos e a estatueta de São Luís.

O público, na maioria composto de velhos, era característico; quase metade era de semiloucos. Os jovens, extasiados e desgrenhados, seguiam atentamente os movimentos do médium. Ali havia crentes tão obstinados, que era até um pecado rir deles; não se podia senão lamentá-los.

> Parece que mentir é um pecado menor. É verdade que certas pessoas pensam que toda mentira, feita com boas intenções, é desculpável. Ora, para alguns, denegrir o Espiritismo é excelente motivo.

Que respondeu o Espírito? Respondeu pela tagarelice de Allan Kardec, que se pode admirar em suas obras.

> O Espírito de que se trata é o do Sr. Bruneau, membro da Sociedade Espírita, antigo aluno da Escola Politécnica e coronel de artilharia, falecido recentemente. Pode-se ver a ata de sua evocação na *Revista* de dezembro de 1864.
>
> Allan Kardec *propôs evocar uma criança são-simonista*.
>
> Naquele dia havia oito médiuns à mesa, e não um. Como se acabava de evocar o Sr. Bruneau, que tinha sido são-simonista, e que, a respeito, se havia falado desta Doutrina, seu antigo chefe, o Pai Enfantin,[50] comunicou-se espontaneamente, e sem ser evocado, por um dos médiuns e participou da discussão. Foi, pois, o Pai Enfantin que o fiel narrador tomou por uma criança são-simonista.
>
> Quanto a nós, ficamos tão aborrecidos quanto enojados com o aspecto de toda *essa gente*. Levantamo-nos e fomos embora. Assim terminou nossa visita espírita. A despeito de tudo, não me posso dar conta se é *patifaria ou loucura*. Mas, chega! Paris, 9/21 de novembro de 1864.

O redator do jornal acrescenta:

A pessoa que nos forneceu essas duas cartas interessantes as termina com a seguinte observação: "O relato *conscioncioso* da testemunha ocular é muito importante, ainda mesmo que nem tudo explique. É por esta razão que pensamos que o extrato atual não será desprovido de utilidade para as pessoas demasiado crédulas em matéria de comunicação com os Espíritos."

As reflexões provocadas por fatos desta natureza estão resumidas no artigo seguinte.

---

[50] N.T.: Parece que o missivista, por não compreender bem o francês, confundiu a palavra enfant (criança) com Père Enfantin (nome próprio).

Nova tática dos adversários do Espiritismo

Jamais uma doutrina filosófica dos tempos modernos causou tanta emoção quanto o Espiritismo e nenhuma foi atacada com tamanha obstinação. É prova evidente de que lhe reconhecem mais vitalidade e raízes mais profundas que nas outras, já que não se toma de uma picareta para arrancar um pé de erva. Longe de se apavorarem, os espíritas devem regozijar-se com isto, pois prova a importância e a verdade da Doutrina. Se esta não passasse de uma ideia efêmera e sem consistência, de uma mosca que voa, não a atacariam com tanta violência; se fosse falsa, haveriam de combatê-la com argumentos sólidos, que já teriam triunfado sobre ela. Mas, desde que nenhum dos que lhe opõem foi capaz de detê-la, é que ninguém encontrou o seu calcanhar de Aquiles. Contudo, não faltaram boa vontade nem talento aos seus antagonistas.

Neste vasto torneio de ideias, em que o passado entra em liça com o futuro, e que tem por campo fechado o mundo inteiro, o grande júri é a opinião pública; ela escuta os prós e os contras, julga o valor dos meios de ataque e de defesa e se pronuncia pelo que dá melhores razões. Se um dos dois campeões emprega armas desleais, é condenado por antecipação. Ora, existirão armas mais desleais que a mentira, a calúnia e a traição? Recorrer a semelhantes meios é confessar-se vencido pela lógica; a causa que se reduz a tais homens que pronunciarão a sua sentença: é a humanidade, que a força das coisas e a consciência do bem arrastam para o que é mais justo e mais racional.

Vide, na história do mundo, se uma única ideia grande e verdadeira deixou de triunfar, o que quer que tenham feito para entravá-la. A esse respeito o Espiritismo nos apresenta um fato inaudito e sem paralelo: o da rapidez de sua propagação. Essa rapidez é tal que os próprios adversários ficam estupefatos; por isso o atacam com o furor alucinado dos combatentes que perdem o sangue-frio e se deixam ferir por suas próprias armas.

A luta, entretanto, está longe de terminar; ao contrário, é de esperar que tome maiores proporções e outro caráter. Seria por demais prodigioso e incompatível com o estado atual da humanidade que uma doutrina que traz em si o germe de toda uma renovação se estabelecesse pacificamente em alguns anos. Ainda uma vez, não nos lamentemos; quanto mais rude for a luta, mais estrondoso será o triunfo. Ninguém duvida que o Espiritismo cresceu pela oposição que lhe fizeram; deixemos, pois, essa oposição esgotar os seus recursos: ele crescerá mais ainda quando ela tiver revelado sua própria fraqueza a todos os olhos. O campo de combate do Cristianismo nascente era circunscrito; o do Espiritismo se estende por toda a superfície da Terra. O Cristianismo não pôde ser abafado sob ondas de sangue; cresceu com seus mártires, como a liberdade dos povos, porque era uma verdade. O Espiritismo, que é o Cristianismo apropriado ao desenvolvimento da inteligência e isento dos abusos, crescerá do mesmo modo sob a perseguição, porque ele também é uma verdade.

A força aberta é reconhecida impotente contra a ideia espírita, mesmo nos países onde ela é exercida com toda liberdade; aí está a experiência para atestá-lo. Comprimindo a ideia num ponto, fazem-na brotar de todos os lados; uma compressão geral levaria a uma explosão. Contudo, nossos adversários não renunciaram; enquanto esperam, recorrem a outra tática: a das manobras surdas.

Já tentaram muitas vezes, e o farão ainda, comprometer a Doutrina, impelindo-a por uma via perigosa ou ridícula, para acreditá-lo. Hoje é semeando a divisão de modo sub-reptício, lançando o pomo de discórdia, na expectativa de fazer germinar a dúvida e a incerteza nos espíritos, provocar o desânimo, verdadeiro ou *simulado*, e levar a perturbação moral entre os adeptos. Mas não são adversários confessos que assim agiriam. O Espiritismo, cujos princípios têm tantos pontos de semelhança com os do Cristianismo, também deve ter os seus Judas, para que tenha a glória de sair triunfando dessa nova prova. Por vezes o dinheiro é o argumento que substitui a lógica. Não se viu uma mulher confessar ter recebido 50 francos para simular loucura, depois de haver assistido a uma única reunião espírita?

Não é, pois, sem razão que, na *Revista* de março de 1863, publicamos o artigo sobre os *falsos irmãos*; aquele artigo não agradou a todos; alguns queriam que fôssemos mais claros, que abríssemos os olhos dos outros, apertando-nos a mão em sinal de aprovação como se fôssemos tolos. Mas que importa! Nosso dever é premunir os espíritas sinceros contra as armadilhas que lhes são estendidas. Quanto aos que nos abandonaram, para os quais esses princípios eram muito rigorosos, neste como em vários outros pontos, é que sua simpatia era superficial e não do fundo do coração, não havendo nenhuma razão para nos prendermos a eles. Temos que nos ocupar com coisas mais importantes que a sua boa ou má vontade a nosso respeito. O presente é fugidio; amanhã não existirá mais; para nós nada é; o futuro é tudo, e é para o futuro que trabalhamos. Sabemos que as simpatias verdadeiras nos seguirão; as que estão à mercê de um interesse material não concretizado ou de um amor-próprio insatisfeito não merecem este nome.

Quem quer que ponha o seu ponto de vista fora da estreita esfera do presente não é mais perturbado pelas mesquinhas intrigas que se agitam à sua volta. É o que nos esforçamos para fazer, e é o que aconselhamos aos que querem ter a paz da alma neste mundo. (*O evangelho segundo o espiritismo*, cap. II, item 5.)

Como todas as ideias novas, a ideia espírita não podia deixar de ser explorada por gente que, não tendo alcançado êxito em nada por má conduta ou por incapacidade, estão à espreita do que é novo, na esperança de aí encontrar uma mina mais produtiva e mais fácil; se o sucesso não corresponde à sua expectativa, não o atribuem a si mesmos, mas à coisa, que declaram má. Tais pessoas só têm de espíritas o nome. Melhor do que ninguém, pudemos ver essa manobra, tendo sido muitas vezes o alvo dessas explorações, às quais não quisemos dar a mão, o que não nos valeu amigos.

Voltemos ao nosso assunto. O Espiritismo, repetimos, ainda tem de passar por rudes provas e é aí que Deus reconhecerá seus verdadeiros servidores, por sua coragem, firmeza e perseverança. Os que se deixarem abalar pelo medo ou por uma decepção são como esses soldados, que só têm coragem nos tempos de paz e recuam ao primeiro tiro. Entretanto, a maior prova não será a perseguição, mas o conflito das ideias que será suscitado, com cujo auxílio esperam romper a falange dos adeptos e a imponente unidade que se faz na Doutrina.

Esse conflito, embora provocado com má intenção, venha dos homens ou dos Espíritos maus, é, contudo, necessário e, ainda que causasse uma perturbação momentânea em algumas consciências fracas, terá por resultado definitivo a consolidação da unidade. Como em todas as coisas, não se deve julgar os pontos isolados, mas ver o conjunto. É útil que todas as ideias, mesmo as mais contraditórias e as mais excêntricas, venham à luz; provocam o exame e o julgamento, e, se forem falsas, o bom senso lhes fará justiça. Cairão forçosamente ante a prova decisiva do controle universal, como já caíram tantas outras. Foi esse grande critério que fez a unidade atual; será ele que a concluirá, porque é o crivo que deve separar o bom do mau grão, e a verdade brilhará mais quando sair do crisol isenta de todas as escórias. O Espiritismo ainda está em ebulição; deixemos, pois, que a escuma suba à superfície e se derrame: ele apenas ficará mais depurado. Deixemos aos adversários a alegria maligna e pueril de soprar o fogo para provocar essa ebulição, porque, sem o querer, eles apressam a sua depuração e o seu triunfo e eles próprios se queimarão no fogo que acendem. Deus quer que tudo seja útil à causa, mesmo aquilo que é feito com a intenção de prejudicá-la.

Não esqueçamos que o Espiritismo não está acabado; ainda não fez senão fincar balizas. Mas, para avançar com segurança, deve fazê-lo gradualmente, à medida que o terreno estiver preparado para recebê-lo, e bastante consolidado para nele pôr o pé com segurança. Os impacientes, que não sabem esperar o momento propício, comprometem a colheita como comprometem a sorte das batalhas.

Entre os impacientes, sem dúvida alguns há de muito boa-fé e que gostariam que as coisas andassem ainda mais depressa; assemelham-se a essas criaturas que julgam adiantar o tempo adiantando o relógio. Outros, não menos sinceros, são impelidos pelo amor-próprio a serem os primeiros a chegar; semeiam antes da estação e apenas colhem frutos malogrados. Infelizmente, ao lado destes existem outros que empurram o carro a mil por hora, na esperança de vê-lo tombar.

Compreende-se que certos indivíduos, que queriam ter sido os primeiros, nos censurem por termos ido rápido demais; que outros, por motivos contrários, nos reprochem por termos ido muito devagar, mas o que é menos explicável é, por vezes, ver essa dupla censura feita pelo mesmo indivíduo, o que não é dar prova de muita lógica. Quer sejamos aguilhoados por ir à direita ou à esquerda, nem por isso deixaremos de seguir, como temos feito até agora, a linha que nos foi traçada, na ponta da qual está o objetivo que queremos alcançar. Iremos para frente ou esperaremos, apressaremos o passo ou nos retardaremos, conforme as circunstâncias, e não segundo a opinião deste ou daquele.

O Espiritismo marcha em meio a adversários numerosos que, não o tendo podido tomar pela força, tentam tomá-lo pela astúcia; insinuam-se por toda parte, sob todas as máscaras e até nas reuniões íntimas, na esperança de aí surpreender um fato ou uma palavra que muitas vezes terão provocado, e que esperam explorar em seu proveito. Comprometer o Espiritismo e torná-lo ridículo, tal é a tática, com o auxílio da qual esperam desacreditá-lo a princípio, para mais tarde terem um pretexto para mandar interditar, se possível, o seu exercício público. É a armadilha contra a qual devemos nos precaver, porque é estendida de todos os lados, e na qual, sem o querer, são apanhados os que se deixam levar pelas sugestões dos Espíritos enganadores e mistificadores.

O meio de frustrar essas maquinações é seguir o mais exatamente possível a linha de conduta traçada pela Doutrina; sua moral, que é a sua parte essencial, é inatacável, não se dá ensejo a nenhuma crítica fundada e a agressão se torna mais odiosa. Achar os espíritas em falta e em contradição com seus princípios seria uma boa sorte para os seus adversários; assim, vede como se empenham em acusar o Espiritismo de todas as aberrações e de todas as excentricidades pelas quais não poderia ser responsável. A Doutrina não é ambígua em nenhuma de suas partes; é clara, precisa, categórica nos mínimos detalhes; só a ignorância e a má-fé podem enganar-se sobre o que ela aprova ou condena. É, pois, um dever de todos os espíritas sinceros e devotados repudiar e desaprovar abertamente, em seu nome, os abusos de todo gênero que pudessem comprometê-la, a fim de não lhes assumir a responsabilidade. Pactuar com os abusos seria acumpliciar-se com eles e fornecer armas aos adversários.

Os períodos de transição são sempre difíceis de passar. O Espiritismo está nesse período; atravessa-o com tanto menos dificuldade quanto mais os seus adeptos forem prudentes. Estamos em guerra; lá está o inimigo a espiar, prestes a explorar o menor passo em falso em seu proveito, e disposto a meter o pé na lama, se o puder.

Não nos apressemos, contudo, em lançar pedras e suspeições com muita leviandade, sobre aparências que poderiam ser enganosas; a caridade, aliás, faz da moderação um dever, mesmo para os que estão contra nós. A sinceridade, todavia, mesmo em seus erros, tem atitudes de franqueza com as quais não é possível equivocar-se, e que a falsidade jamais simulará completamente, porquanto, mais cedo ou mais tarde, deixa cair a máscara. Deus e os Espíritos bons permitem que ela se traia por seus próprios atos. Se uma dúvida atravessa o Espírito, deve ser apenas um motivo para se guardar reserva, o que pode ser feito sem faltar às conveniências.

Variedades

CARTA DE DANTE AO SR. THIERS

Sob esse título lê-se no *Charivari* de 20 de maio de 1865:

Florença, 20 de maio de 1865.

Senhor e caro confrade,

Eu não podia ficar indiferente às festividades que iam celebrar em minha honra e, tendo minha sombra pedido e obtido licença de oito dias, venho assistir à inauguração do monumento que me é consagrado. É, pois, de Florença que vos dirijo esta carta, ainda sob a emoção que me causou a cerimônia que acabo de testemunhar. Se tomo esta liberdade, senhor e caro confrade, é porque julgo estar em condição de vos fornecer informações que vos serão de alguma utilidade.

Não obstante morto há cinco séculos, não deixei de continuar a seguir com a mesma atenção e o mesmo patriotismo a marcha dos acontecimentos que interessam ao futuro da Itália. Sabeis tão bem quanto eu de quantas vicissitudes tenho sido testemunha; também podeis fazer uma ideia de quantas dores meu coração foi assoberbado..."

(Seguem-se longas reflexões sobre os negócios da Itália e as opiniões do Sr. Thiers. Não as reproduzimos pelo duplo motivo de que são estranhas ao nosso assunto e porque a política está fora dos planos deste jornal. A carta termina assim:)

"Se, pois, como me afirmaram, em breve deveis empreender viagem à Itália, tende a bonda de passar por Florença e vir conversar alguns instantes com minha estátua. Ela terá coisas muito interessantes a vos dizer.

Com esta esperança, senhor e caro confrade, rogo aceiteis a certeza de... etc."

DANTE ALIGHIERI
Por cópia, conforme Pierre Véron

A julgar pelos artigos que o *Charivari* publicou mais de uma vez sobre o assunto, duvidamos muito que o Sr. Pierre Véron seja simpático à ideia espírita. Assim, não se deve ver nessa carta mais que um simples produto da imaginação apropriado à circunstância, a menos que o Espírito Dante tenha vindo ditá-la à revelia do autor. Ela é muito espirituosa para que ele não a desaprove, mas só deve ser apreciada em seu conjunto, porque perde muito se for fracionada.

Era um pensamento engenhoso fazer intervir, mesmo ficticiamente, o Espírito Dante nessa ocasião. Salvo alguns pequenos detalhes, um espírita não teria falado de outro modo. Para nós não é duvidoso que Dante, a menos que tenha reencarnado, pudesse ter assistido a essa imponente manifestação, atraído pela poderosa evocação de todo um povo irmanado num mesmo pensamento. Se, naquele momento, o véu que oculta o mundo espiritual aos olhos dos encarnados pudesse ser levantado, que imenso cortejo de grandes homens teria sido visto planando no espaço e misturado à multidão para aplaudir a regeneração da Itália! Que belo assunto para um pintor ou um poeta inspirado pela fé espírita!

Allan Kardec

Revista Espírita
Jornal de estudos psicológicos
ANO VIII   JULHO DE 1865   N° 7

Ária e letra composta pelo rei Henrique III

O *Grand Journal* de 4 de junho de 1865 relata o seguinte fato:

Todos os editores e amantes da música de Paris conhecem o Sr. N. G. Bach, aluno de Zimmermann, primeiro prêmio de piano do Conservatório, no concurso de 1819, um dos nossos mais estimados e mais honrados professores de piano, bisneto do grande Sebastian Bach, cujo nome ilustre porta com dignidade.

Informado por nosso amigo comum Sr. Dollingen, administrador do *Grand Journal*, de que o apartamento do Sr. N. G. Bach tinha sido teatro de um verdadeiro prodígio na noite de 5 de maio último, pedi a Dollingen que me levasse à casa do Sr. Bach, e fui acolhido no n° 8 da rua Castellane com fina cortesia. Creio ser inútil acrescentar que foi depois de ter obtido autorização expressa do herói desta história maravilhosa que me permito contá-la aos meus leitores.

No dia 4 de maio último, o Sr. Léon Bach, que é um curioso dublê de um artista, trouxe a meu pai uma espineta admiravelmente esculpida. Depois de longas e minuciosas pesquisas, o Sr. Bach descobriu, numa prancha interna, o inventário do instrumento; data do mês de abril de 1564 e foi fabricada em Roma.

O Sr. Bach passou uma parte do dia na contemplação de sua preciosa espineta. Ao deitar-se pensava nela e, quando o sono vinha cerrar-lhe as pálpebras, ainda pensava no instrumento.

Não é, pois de admirar que tenha tido o seguinte sonho:

No mais profundo de seu sono, o Sr. Bach viu aparecer à cabeceira do leito um homem com longa barba, sapatos arredondados na ponta e com grandes laços em cima, um calção muito grande, um gibão de mangas justas com aberturas no alto, um grande colarinho e com um chapéu pontudo e de abas largas.

Essa personagem curvou-se diante do Sr. Bach e narrou o seguinte:

A espineta que possuís me pertenceu. Muitas vezes me serviu para distrair meu senhor, o rei Henrique III. Quando ele era muito jovem, compôs uma ária com letra, que gostava de cantar e que eu lhe tocava muitas vezes. Ele compôs a ária e a letra em lembrança de uma mulher que encontrou numa caçada e pela qual se apaixonou. Afastaram-na dele; diz-se que foi envenenada e o rei sofreu uma grande dor. Toda vez que estava triste cantarolava esta *romanza*.[51] Então, para o distrair eu tocava em minha espineta uma sarabanda de minha composição, que ele apreciava muito. Assim eu associava sempre esses dois trechos e não deixava de tocar um após o outro. Vou fazer-te ouvi-los:

Então o homem do sonho aproximou-se da espineta, deu alguns acordes e cantou a ária com tanta expressão que o Sr. Bach acordou em pranto. Acendeu uma vela, olhou a hora, constatou que eram duas da madrugada e não tardou a dormir novamente.

---

[51] N.T.: Grifo nosso.

É aqui que começa o extraordinário.

Pela manhã, ao despertar, o Sr. Bach ficou muito surpreso ao encontrar sobre a cama uma página de música, preenchida com uma escrita muito fina e notas microscópicas. Foi com dificuldade que o Sr. Bach, auxiliado pelo binóculo, já que é bastante míope, conseguiu reconhecer-se em meio a esses rabiscos.

Um instante depois, o neto de Sebastian sentou ao piano e decifrou o trecho. A romança, a letra e a sarabanda estavam exatamente conformes às que o homem do sonho lhe fizera ouvir durante o sono!

Ora, o Sr. Bach não é sonâmbulo; jamais escreveu um único verso em sua vida e as regras da versificação lhe são completamente estranhas.

Eis o refrão e as três quadras tais quais as copiamos do manuscrito. Conservamos a sua ortografia que, diga-se de passagem, de modo algum é familiar ao Sr. Bach.

Perdi aquela
Por quem tanto amor nutria;
Ela é tão bela
Tinha por mim cada dia
Novo favor
De anseio ter.
Sem ela, oh! dor,
Quero morrer!

Numa caçada longe, ainda matina,
Eu a avistei pela primeira vez,
Imaginei um anjo na campina,
Então senti-me o mais feliz dos reis.

Daria, sim, meu reino para revê-la
Ainda que fosse por um breve instante;
Numa cabana humilde ao lado dela
Para sentir meu coração pulsante.

Enclausurada e triste, oh! minha linda,
Últimos dias seus longe de mim.
Ela não sente mais que a pena é finda;
E quanto a mim, ai, ai! sofrendo assim.

Nesta canção lamentosa, como na sarabanda alegre, que a segue, a ortografia musical não é menos arcaica que a ortografia literária. As *claves* são feitas de modo diverso daquelas dos nossos dias. O baixo é escrito num tom e o canto em outro. O Sr. Bach teve a delicadeza de me fazer ouvir os dois trechos, que são de uma melodia simples, ingênua e penetrante. Aliás, nossos leitores não tardarão a poder julgá-los com conhecimento de causa. Estão nas mãos dos grandes gravadores e aparecerão no correr desta semana no editor Legouix, no Boulevard Poissonière, nº 27.

O jornal da *Estoile* nos informa que o rei Henrique III teve uma grande paixão por Maria de Clèves, marquesa de Isles, morta na flor da idade, numa abadia, no dia 15 de outubro de 1574. Não seria "a pobre, bela e triste enclausurada" a que aludem os versos? O mesmo jornal também nos diz que um músico italiano, chamado Baltazarini, veio à França nessa época e foi um dos favoritos do rei. Teria a espineta pertencido a Baltazarini? Foi o Espírito deste quem escreveu a romança e a sarabanda? — Mistério que não ousamos aprofundar.

Albéric Second

Depois da letra, o *Grand Journal* inseriu a música, que lamentamos não poder reproduzir aqui, mas como atualmente se acha à venda, será fácil aos amadores adquiri-la. (*Ver* as Notas Bibliográficas.)

O Sr. Albéric Second termina o seu relato por estas palavras:

"Mistério que não ousamos aprofundar!" E por que não o ousais? Eis um fato cuja autenticidade vos é demonstrada, como vós mesmo reconheceis, e, porque diz respeito à vida misteriosa de além-túmulo, não ousais pesquisar-lhe a causa! Tremeis ao olhá-la de frente! Então, mau grado vosso, temeis os fantasmas ou receais adquirir a prova de que nem tudo acaba com a vida do corpo? É verdade que para um cético, que nada vê e em nada crê além do presente, essa causa é muito difícil de encontrar. Entretanto, por isto mesmo, porque o fato é mais estranho e parece afastar-se das leis conhecidas, deve tanto mais fazer refletir, pelo menos despertar a curiosidade. Dir-se-ia realmente que certas pessoas têm medo de ver muito claro, porque teriam de convencer-se de que se enganaram. Vejamos, contudo, as deduções que todo homem sério pode tirar deste fato, abstração feita de qualquer ideia espírita.

O Sr. Bach recebe um instrumento, cuja antiguidade constata, o que lhe causa grande satisfação. Preocupado com esta ideia, é natural que esta lhe provoque um sonho; vê um homem em costumes da época, tocando aquele instrumento e cantando uma ária da época; a rigor, nada aí que não possa ser atribuído à imaginação superexcitada pela emoção e pela lembrança da véspera, sobretudo num músico. Mas aqui o fenômeno se complica; a ária e a letra não podem ser uma reminiscência, pois os Sr. Bach não as conhecia. Quem, então, lhas revelou, se o homem que lhe apareceu não passa de um ser fantástico, sem vitalidade? Que a imaginação superexcitada faça reviver na memória coisas esquecidas, compreende-se, mas teria o poder de nos dar ideias novas? de nos ensinar coisas que não sabemos? que jamais soubemos? com as quais jamais nos ocupamos? Aí estaria um fato gravíssimo e que valeria a pena ser examinado, porquanto seria a prova de que o Espírito age, percebe e concebe independentemente da matéria. Passemos por cima, se se quiser. Estas considerações são de uma ordem tão elevada e tão abstrata que nem a todos é dado perscrutá-las, nem mesmo de sobre elas deter o pensamento.

Vamos ao fato mais material, o mais positivo, o dessa música escrita com a letra. Seria um produto da imaginação? A coisa aí está, palpável, sob os olhos. É aqui que se faz indispensável um exame escrupuloso das circunstâncias. Para não nos lançarmos no campo das hipóteses, digamos, antes de ir mais longe, que o Sr. Bach, que não tínhamos a honra de conhecer, deu-se ao trabalho de nos vir ver e submeter o original da peça em questão. Assim, pudemos colher de seus lábios todos os ensinamentos necessários para esclarecer nossa opinião, ao mesmo tempo que ele retificava nalguns pontos o relato do jornal.

Tudo se passou no sonho exatamente como está indicado, mas não foi na mesma noite que o papel foi trazido. No dia seguinte o Sr. Bach procurava lembrar-se da ária que tinha ouvido; pôs-se à espineta e conseguiu compor a música, embora imperfeitamente. Cerca de três semanas depois, o mesmo indivíduo lhe apareceu novamente; desta vez, cantou a música e a letra e disse que ia dar-lhe um meio para fixá-las na memória. Foi então que, ao despertar, encontrou o papel na cama. Tendo-se levantado, decifrou a ária no seu instrumento e reconheceu que era mesmo a que tinha ouvido, bem como a letra, das quais só lhe havia restado uma lembrança confusa.

Reconheceu também o papel, por lhe pertencer; era uma folha dupla de papel de música comum, sobre uma das faces do qual ele havia escrito, pessoalmente, várias coisas. Esse papel, como muitos outros, estava numa secretária fechada, posta num outro aposento da casa. Assim, seria preciso que alguém o tivesse tirado de lá para colocá-lo na cama, enquanto ele dormia. Ora, em casa dele, ninguém do seu conhecimento poderia tê-lo feito. Quem poderia ter sido? Eis o mistério terrível, que o Sr. Albéric Second não ousa aprofundar.

Foi na face em branco da folha que ele encontrou a ária, composta *segundo o método e os sinais do tempo*. As palavras são escritas com extrema precisão, cada sílaba colocada exatamente sob a nota correspondente. O todo está escrito a lápis. A escrita é muito fina, mas muito clara e muito legível; a forma das letras é característica: é a que se vê nos manuscritos da época.

O Sr. Bach não era cético, nem materialista e, ainda menos, ateu, mas, como muita gente, pertencia à numerosa classe dos indiferentes, muito pouca preocupada com as questões filosóficas. Só conhecia o Espiritismo de nome. Aquilo que acabava de testemunhar despertou sua atenção; longe de não ousar aprofundar o mistério, disse de si para si: aprofundemo-lo. Leu obras espíritas, começou a perceber e foi com o objetivo de ter mais amplas informações que nos honrou com sua visita. Hoje o fato não tem mais mistérios para ele e lhe parece muito natural; além disso, está muito feliz com a fé e os novos conhecimentos que a circunstância lhe permitiu adquirir. Eis o que ganhou.

    Sabe perfeitamente que nem a música, nem a letra, podiam vir dele; não duvidava que lhe tivessem sido ditadas pela personagem que lhe havia aparecido, mas se perguntava quem as tinha podido escrever, ou se não poderia ter sido ele mesmo em estado sonambúlico, conquanto jamais tivesse sido sonâmbulo. A coisa era possível, mas, admitindo-a, apenas provava melhor a independência da alma, como todos os fatos desse gênero, tão curiosos e tão numerosos e com os quais, no entanto, a Ciência jamais se preocupou. Uma particularidade parece destruir esta opinião, a de que a escrita não guarda nenhuma relação com a do Sr. Bach; seria preciso, no estado sonambúlico, que ele mudasse sua letra habitual para tomar a do século XVI, o que não é presumível. Seria brincadeira de alguém de sua casa? Mas, admitindo tal intenção, ele tem certeza de que ninguém tinha os conhecimentos necessários para executá-la. Ora, se ele, que sonhara, tinha apenas uma lembrança insuficiente para transcrever a letra e a música, como uma pessoa estranha se teria recordado melhor? O cuidado com o qual a coisa estava escrita teria, aliás, exigido muito tempo e requerido uma grande habilidade prática.

    Outro ponto importante a esclarecer era o fato histórico dessa primeira paixão do rei, a que nenhuma história faz menção, e que lhe teria inspirado esse cântico melancólico. Tendo o filho do Sr. Bach se dirigido a um de seus amigos adido à biblioteca imperial, a fim de saber se existiria algum documento a respeito, foi-lhe respondido que, se o existisse, só poderia ser no jornal da *Estoile*, que se publicava na época. Pesquisas feitas imediatamente levaram à descoberta da passagem acima relatada. A mãe de Henrique III, temendo o domínio que aquela mulher, de um espírito superior, pudesse exercer sobre o seu filho, a fez enclausurar e depois matar. O rei não se conformou com essa perda, da qual conservou profunda mágoa durante toda a vida. Não é singular que esse canto relate precisamente um fato ignorado de todos e, por conseguinte, do Sr. Bach, e que mais tarde se ache confirmado por um documento da época, escondido numa biblioteca? Esta circunstância tem uma importância capital, pois prova de maneira irrecusável que a letra não pode ser uma composição do Sr. Bach, nem de nenhuma pessoa da casa. Toda suposição de fraude cai diante desse fato material.

Só o Espiritismo podia dar a chave desse fato, pelo conhecimento da lei que rege as relações do mundo corporal com o mundo espiritual. Aí nada existe de maravilhoso nem de sobrenatural. Todo o mistério está na existência do mundo invisível, composto das almas que viveram na Terra, e que não interrompem suas relações com os sobreviventes. Mostrai a alguém, ignorante de eletricidade, que se pode corresponder a duzentas léguas em alguns minutos, e isto lhe parecerá miraculoso; explicai a lei da eletricidade e ele achará a coisa muito natural. Dá-se o mesmo com todos os fenômenos espíritas.

Numa sessão da Sociedade Espírita de Paris, à qual assistia o Sr. Bach, o Espírito que lhe havia aparecido deu as explicações seguintes sobre o fato que acabamos de relatar.

(Sociedade Espírita de Paris, 9 de junho de 1865 – Médium: Sr. Morin)

P. – [Ao guia espiritual do médium]. Podemos chamar o Espírito que se manifestou ao Sr. Bach?

Resp. – Meu filho, a grave questão que levou a essa manifestação espontânea é muito natural. Deve ser resolvida esta noite, a fim de não deixar qualquer dúvida sobre a maneira pela qual a música foi feita. O Espírito está aí e responderá muito claramente às perguntas que lhe forem dirigidas.

P. – [Ao Espírito que se manifestou ao Sr. Bach]. Já que quisestes vir até nós, antecipando-se ao nosso apelo, nós vos seremos reconhecidos se nos derdes a explicação do fenômeno que se produziu por vossa intervenção. Também desejaríamos saber por que o Sr. Bach foi escolhido de preferência para esta manifestação e que participação teve na produção do fenômeno?

Resp. – Agradeço a benevolência com que me acolheis entre vós. Compreendo a importância que dais a esse fato, que, entretanto, não vos deve espantar, já que esse gênero de manifestação é hoje quase geral e conhecido por muita gente.

Inicialmente, respondo à vossa primeira pergunta. O Sr. Bach foi escolhido por duas razões: a primeira é a simpatia que me une a ele; a segunda é toda no interesse da Doutrina Espírita. Situado como está no mundo, sua idade, sua longa carreira tão honradamente exercida, suas relações com a imprensa e o mundo erudito, dele fizeram o melhor instrumento para dar publicidade a fatos que, até hoje, só eram impressos em jornais espíritas. Já vos disseram muitas vezes que era chegado o dia em que o Espiritismo, conquistando imunidade em toda parte em que há raciocínio, lógica e bom senso, seria aceito mesmo nos jornais que o denegriram.

Quanto à segunda questão: sim, tendes razão de procurar saber, a fim de não serdes vítimas de equívocos. O transporte — pois é um transporte — foi feito e dele participa o Espírito, que sou eu, e o Sr. Bach, no sonho puro e só em relação com os Espíritos.

NOTA – Esta última frase tem sua explicação no artigo adiante, sobre os sonhos.

Eu trouxe ao Sr. Bach o papel de música, que obtive numa peça vizinha de seu quarto, e então a música foi escrita pelo próprio Espírito Bach, que se serviu de seu corpo como meio de transmissão. Eu escrevi a letra, que conhecia. A obra assim feita pode ser considerada como complemento espiritual, visto como o Sr. Bach, em seu sonho, estava quase que completamente desmaterializado.

P. – Qualquer pessoa dotada de mediunidade teria servido nesta circunstância?

Resp. – Não, certamente, porque se o Sr. Bach não tivesse reunido todas as qualidades requeridas, é provável que nem ele nem eu tivéssemos sido escolhidos para essa propagação.

P. – Como se serviu o Sr. Bach de seu corpo para escrever a música? Tê-lo-ia feito em estado de sonambulismo?

Resp. – Eu disse que ele se tinha servido de seu corpo como meio de transmissão, porque seu Espírito ainda está encarnado e não pode agir como Espírito desencarnado. O Espírito encarnado só pode servir-se de seus membros, e não do seu perispírito, pois é o mesmo perispírito que mantém o Espírito ligado ao corpo.

P. – Podeis dizer quem compôs a letra?

Resp. – Se tivesse sido eu, minha grande dose de orgulho lhe guardaria a honra. Mas não; expliquei-me claramente, dizendo: "Escrevi a letra, que conhecia." Essa letra, assim como a música, são realmente, como vos foi dito, composição e inspiração própria de meu então senhor, o rei Henrique.

P. – Seria indiscrição pedir que nos esclarecêsseis sobre a vossa personalidade e nos dissésseis o que éreis sob Henrique III?

Resp. – Nunca há indiscrição, desde que esteja em jogo um ensinamento moral. Responderei que, tendo partido de minha terra, que era Florença, vim à França e fui introduzido na corte por uma princesa que, tendo-me ouvido cantar, quis agradar ao delfim, pois que ainda o era, fazendo que ouvisse o pobre trovador. O prazer foi tão vivo que resolveram pôr-me à sua disposição, e eu fiquei muito tempo junto a ele a título de músico, mas, na realidade, como amigo; porque ele me quis muito e eu lhe fiz bem. Tendo morrido antes dele, adquiri então a certeza de seu apego a mim, pelo pesar que sentiu com a minha perda. Meu nome foi pronunciado aqui: eu era Baltazarini.

A Sra. Delanne, que assistia à sessão, recebia pela audição respostas idênticas às que eram dadas ao Sr. Morin. No dia seguinte, em sua casa, ela escreveu a comunicação seguinte, que confirma e completa a de Baltazarini.

"Quando é chegada a hora, Deus se serve de todos os meios para fazer penetrar a ciência divina em todas as classes da sociedade. Seja qual for a opinião que se professe em relação às ideias novas, cada um deve servir à causa, ainda que à sua revelia, no meio onde está colocado. Tendo o Espírito Bach vivido sob Henrique III, e tendo sido ligado à pessoa do rei, como amigo íntimo, gostava apaixonadamente de ouvir esses versos e, sobretudo, a música. Preferia a espineta aos outros instrumentos; é por isso que o Espírito que lhe apareceu, e que é mesmo o de Baltazarini, serviu-se desse instrumento, a fim de trazer o Espírito Bach à época em que vivia e lhe mostrar, bem como à Ciência, que a doutrina da reencarnação é confirmada todos os dias por novas provas. O fato da música só teria sido insuficiente para forçar o Sr. Bach a buscar a luz imediatamente. Precisava de um fenômeno do qual não se pudesse dar contar por si mesmo, uma participação completamente inconsciente. Ele devia preconizar a Doutrina, contando o fato presente, procurando esclarecer-se quanto à maneira pela qual se tinha produzido, pedindo a todas as inteligências que com ele e de boa-fé buscassem a verdade. Por sua idade respeitável, sua honrosa posição, sua reputação no mundo e na imprensa literária, é uma das primeiras balizas plantadas no mundo rebelde, porque não se pode suspeitar de sua boa-fé, nem o tratar como louco, como não se pode negar a autenticidade da manifestação.

Além disso, ficai convencidos de que tudo isto tinha sua razão de ser. Vedes que a imprensa absteve-se de comentários e, contudo, o artigo foi produzido por um não-crente, um gracejador da Ciência, que, só ela, pode dar uma explicação racional do fato mencionado. Deus tem seus desígnios; lança a semente divina no coração quando o julga conveniente. Esse fato terá mais repercussão do que supondes; trabalhai sempre em silêncio e esperai com confiança.

Nós vos temos dito muitas vezes; não vos inquieteis. Deus saberá suscitar no tempo e no lugar homens e fatos que virão levantar os obstáculos e vos confirmar que as bases da Doutrina receberam sua sanção pelo Espírito de Verdade. O Espiritismo cresce e se desenvolve; os galhos da árvore abençoada e gigantesca já se estendem por todas as partes do globo. Diariamente o Espiritismo ganha novos adeptos em todas as classes e novas falanges vêm engrossar as fileiras dos desencarnados. Quanto mais difíceis se tornarem os vossos trabalhos, tanto maior será a assistência dos Espíritos bons."

São Bento

Gontran, vencedor das corridas de Chantilly

O fato seguinte, bem como o da romança de Henrique III, que acabamos de relatar, é igualmente tirado do *Grand Journal*, de 4 de junho de 1865, no qual não forma, com o precedente, senão um só e mesmo artigo, assinado por *Albéric Second*.

Os que nos dão a honra de nos ler sabem, não há dúvida, que professamos um ceticismo radical a respeito do Espiritismo, dos espíritas e dos médiuns. — Mostrai-nos os fatos — dizíamos aos que se esforçavam por nos converter às suas teorias e às suas doutrinas. E considerando que não nos davam nenhuma prova concludente, persistimos na negação e na zombaria.

Antes de mais, quem assina estas crônicas é um escritor de boa-fé; assim, julga-se obrigado a não pôr a luz sob o alqueire. Que tirem do seu relato as ilações que quiserem, não é problema seu. Semelhante a um presidente de tribunal, vai limitar-se a reproduzir os fatos num rápido resumo, imparcial, deixando aos leitores o trabalho de pronunciar um veredicto à vontade.

Depois deste preâmbulo, que é o de um homem leal, como seria de desejar que fossem todos os nossos antagonistas, narra o autor, na forma espirituosa que lhe é familiar, que um de seus amigos, achando-se em casa de um médium, perguntou se um Espírito poderia designar qual seria o vencedor das próximas corridas de Chantilly. O médium que é, ao que se diz, uma camponesa recentemente vinda das montanhas do Jura, o que vale dizer pouco letrada e pouco afeita aos hábitos do esporte, tendo evocado o Espírito de um dos nossos mais célebres desportistas, obteve pelas batidas a designação das letras, formando o nome de *Gontran*.

Existe, pois, — perguntou o Sr. Albéric Second — um cavalo com este nome entre os concorrentes inscritos? — A bem da verdade, nada sei — respondeu seu amigo — mas se o houver, podeis contar que é nele que apostarei.

Ora, domingo último era 28 de maio. O *Derby* de Chantilly foi corrido nesse dia e o vencedor foi *Gontran*, da coudelaria do major Fridolin. (pseudônimo hípico dos Srs. Charles Laffitte e Nivière.)

Os fatos que acabo de relatar são conhecidos de grande número de pessoas no mundo da Bolsa. O Sr. Emile T. foi amplamente recompensado pelo resultado de sua confiança absoluta nas predições da camponesa do Jura, e os seus amigos que partilharam sua fé igualmente tiveram bom lucro. — E dizer que vosso servo perdeu uma tão rara ocasião de ganhar, com toda certeza e sem esforço, 1.000 ou 1.500 luízes, que teriam sido bem-vindos! Não é muita estupidez?

Fatos desta natureza não são os que melhor servem à causa do Espiritismo; primeiro, porque são muito raros e, em segundo lugar, porque falseariam o seu espírito, fazendo crer que a mediunidade é um meio de adivinhação. Se tal ideia fosse plausível, ver-se-ia uma multidão de indivíduos consultando os Espíritos, como se consultam as cartas, e os médiuns seriam transformados em ledores de buena-dicha. É então que se teria razão de invocar contra eles a lei de Moisés, que fere de anátema "os adivinhos, os encantadores e os que têm o espírito de Píton".[52] É para evitar esse grave inconveniente, que seria muito prejudicial à Doutrina, que sempre nos levantamos contra a mediunidade exploradora.

Não repetiremos o que foi dito cem vezes e largamente desenvolvido, sobre a perturbação que acarretaria o conhecimento do futuro, oculto ao homem pela sabedoria divina; o Espiritismo não está destinado a fazê-lo conhecer; os Espíritos vêm para nos tornar melhores e não para no-lo revelar ou nos indicar os meios de ganhar dinheiro *com toda certeza* e sem esforço, como diz o herói da aventura, ou ocupar-se dos nossos interesses materiais, colocados pela Providência sob a salvaguarda de nossa inteligência, de nossa prudência, de nossa razão e de nossa atividade. Assim, todos os que, de *desígnio premeditado*, julgarem encontrar no Espiritismo um novo elemento de especulação, *a qualquer título*, equivocam-se; as mistificações ridículas e, por vezes, a ruína em vez da fortuna, têm sido o fruto de seu engano. Eis o que todos os espíritas sérios devem esforçar-se em propagar, se querem servir utilmente à causa. Temos dito sempre aos que sonharam com fortunas colossais pelo concurso dos Espíritos, sob o especioso pretexto de que a sensação que tal acontecimento produziria, tornaria todo mundo crente; que, se tivessem êxito, desfeririam um golpe funesto na doutrina, excitando a cupidez em vez do amor ao bem. É por isto que as tentativas desse gênero, encorajadas por Espíritos mistificadores, sempre foram seguidas de decepções.

Há alguns anos, alguém nos escrevia de Hamburgo, porque, tendo perdido no jogo e se achando sem recursos para partir, teve

---

[52] N.E.: Na mitologia grega, serpente monstruosa, primeiro senhor de Delfos. Foi morta por Apolo, que se apoderou do oráculo e fundou os Jogos Píticos em sua homenagem.

a ideia de dirigir-se a um Espírito, que lhe indicou um número, no qual pôs o seu último florim, ganhou e saiu da dificuldade. A pessoa nos convidava a publicar o fato na *Revista*, como prova da intervenção dos Espíritos. Supondo a ação de um Espírito em tal circunstância, ela não via a severa lição que lhe era dada, pelo próprio fato de que lhe forneciam os meios de ir-se embora e que a tirara de um mau passo. Na verdade era conhecer-nos muito pouco, ou nos supor bastante leviano para nos julgar capaz de preconizar semelhante fato como meio de propaganda, pois esta teria sido feita em nome das casas de jogo, e não do Espiritismo. Teria sido realmente curioso ver-nos fazer a apologia dos Espíritos que favorecem os jogadores e, particularmente, o roubo, porque, ganhar *com toda certeza*, seja com cartas marcadas, seja por uma *indicação* qualquer é uma verdadeira fraude.

Um indivíduo que não era espírita — apressemo-nos em dizê-lo — mas que absolutamente não negava a intervenção dos Espíritos, um dia veio fazer-nos uma proposta singular. Disse ele:

"As casas de jogo são profundamente imorais; o meio de suprimi-las é provar que se pode lutar seguramente contra elas. Encontrei uma nova combinação, um meio infalível de fazê-las explodir todas. Quando se virem arruinadas e impossibilitadas de resistir, serão forçadas a fechar e o mundo estará livre dessa chaga, que é o roubo organizado. Mas para isto é preciso certo capital que, oh! estou longe de possuir. Não poderíeis indicar, por meio dos Espíritos, alguém a quem me possa dirigir com segurança? Imaginai o efeito que isto produzirá, quando se souber que é pelos Espíritos que tão grande resultado é obtido! Quem está livre de crer nisto? Os mais incrédulos, os mais obstinados deverão render-se à evidência. Como vedes, meu objetivo é muito moral e eu não me aborreceria se na ocasião tivesse o conselho dos Espíritos sobre a minha combinação."

— Sem consultar os Espíritos, posso facilmente vos dar a opinião deles. Eis o que eles vos responderiam: "Achais que o ganho nas bancas de jogo é ilícito e que é um roubo organizado. Para remediar o mal quereis, por um meio infalível, apoderar-vos desse dinheiro mal adquirido; em outros termos, quereis roubar o ladrão, o que não é mais moral. Temos outro meio de chegar ao resultado que propondes: em vez de fazer ganharem os jogadores, arruiná-los o mais possível, a fim de os desencorajar. Os desastres causados por esta paixão fizeram fechar mais casas de jogo do que poderiam fazê-lo os jogadores mais felizes. É o excesso do mal que faz abrir os olhos e conduz a reformas salutares, nisto como em todas as coisas. Quanto a propagar a crença no Espiritismo, temos igualmente meios mais eficazes e, sobretudo, mais morais: é o bem que ele faz, as consolações que proporciona e a coragem que dá nas aflições. Assim, diríamos a todos os que tomam a peito o progresso da Doutrina: Quereis servir utilmente à causa? fazer uma propaganda realmente proveitosa? Mostrai que o Espiritismo vos tornou melhores; fazei que em vos vendo transformados, cada um possa dizer: Eis os milagres desta crença; é, pois, uma boa coisa. Mas, se ao lado de uma profissão de fé de crentes, vos virem sempre viciosos, ambiciosos, odientos, cúpidos, invejosos ou debochados, dareis razão aos que perguntam para que serve o Espiritismo. A verdadeira propaganda de uma doutrina essencialmente moral se faz tocando o coração, e não visando a bolsa. Eis por que favorecemos a uns e frustramos os cálculos de outros."

  Voltemos a Gontran. Os casos de previsão desse gênero, embora tendo exemplos, são, todavia, muito raros e podem ser encarados como excepcionais; aliás, são *sempre* fortuitos e *jamais* o resultado de um cálculo premeditado. Quando ocorrem, devem ser aceitos como fatos isolados, mas bem louco e imprudente seria quem se fiasse em sua realização.

  Não se deve confundir estas espécies de revelações com as previsões que por vezes dão os Espíritos dos grandes acontecimentos futuros, sobre cuja realização podem nos fazer pressentir no interesse geral. Isto tem sua utilidade para nos manter alerta e nos exortar a marchar no bom caminho. Mas as predições em dia certo, ou com excessivo caráter de precisão, devem ser tidas sempre por suspeitas.

No caso em tela, o pequeno fato tinha a sua utilidade; era o meio, talvez o único, de chamar a atenção de certas pessoas para a ideia dos Espíritos e sua intervenção no mundo, muito mais que para um fato sério; isto é preciso para todos os caracteres. Nesse número, alguns simplesmente terão dito: "É singular!" mas outros terão querido aprofundar a coisa e a terão encarado pelo lado sério e verdadeiramente útil. Ainda que houvesse apenas um em dez, seriam outros tantos elementos de ganho e de propaganda à causa. Quanto aos demais, a ideia semeada em seu espírito germinará mais tarde.

Relatando o fato, já que mereceu grande publicidade, quisemos ressaltar as suas consequências, mas não o teríamos feito sem comentários e a título de simples anedota. O Espiritismo é uma mina inesgotável de assuntos de observação e de estudo por suas inumeráveis aplicações.

Diz o autor do artigo no preâmbulo: "Mostrai-nos fatos." Por certo ele imagina que os Espíritos obedecem a ordens e que os fenômenos são obtidos à vontade, como as experiências num laboratório ou como os truques de escamoteação. Ora, não é assim que acontece. Aquele que quer fenômenos não deve pedir que lhos tragam, mas procurá-los, observá-los e aceitar os que se apresentam. Esses fenômenos são de duas naturezas: os que são produto dos médiuns propriamente ditos e que, até certo ponto, podem ser provocados, e os fenômenos espontâneos. Estes últimos têm, para os incrédulos, a vantagem de não serem suspeitos de preparação; são numerosos e se apresentam sob uma variedade infinita de aspectos, tais como: aparições, visões, pressentimentos, dupla vista, ruídos insólitos, algazarra, perturbações, obsessões etc. O caso do Sr. Bach pertence a esta categoria e o de Gontran à primeira. Para quantos queiram convencer-se seriamente, os fatos não faltam e aquele que os pede talvez os tenha testemunhado mais de uma vez sem o suspeitar; errava, porém, a maioria por querer fatos à sua maneira, a hora marcada, e não se contentar com os que a Providência põe sob os nossos olhos. A incerteza da obtenção desses fenômenos e a impossibilidade de provocá-los à vontade são provas de sua realidade, porque se fossem produto do charlatanismo ou de meios fraudulentos, jamais faltariam. O que falta a certas pessoas não são fatos, mas paciência e vontade de buscar e estudar os que se apresentam.

Teoria dos sonhos

É realmente estranho que um fenômeno tão vulgar quanto o dos sonhos tenha sido objeto de tanta indiferença da parte da Ciência, e que ainda se esteja a perguntar a causa dessas visões. Dizer que são produtos da imaginação não é resolver a questão; é uma dessas palavras com o auxílio da qual querem explicar o que não compreendem e que nada explicam. Em todo o caso, a imaginação é um produto do entendimento. Ora, como não se pode admitir entendimento nem imaginação na matéria bruta, é preciso que se creia que a alma nisto entra em alguma coisa. Se os sonhos ainda são um mistério para a Ciência, é que ela se obstinou em fechar os olhos para a causa espiritual.

Procura-se a alma nos refolhos do cérebro, enquanto ela se ergue a cada instante à nossa frente, livre e independente, numa imensidão de fenômenos inexplicáveis tão só pelas leis da matéria, notadamente nos sonhos, no sonambulismo natural e artificial e na dupla vista a distância; não nos fenômenos raros, excepcionais, sutis, que exigem pacientes pesquisas do sábio e do filósofo, mas nos mais vulgares; lá está ela, parecendo dizer: Olhai e me vereis; estou aos vossos olhos e não me vedes; vistes-me muitas e muitas vezes; vedes-me todos os dias; até as crianças me veem; o sábio e o ignorante, o homem de gênio e o idiota me veem, e não me reconheceis.

Mas há pessoas que parecem ter medo de olhá-la de frente, e de adquirir a prova de sua existência. Quanto aos que a procuram de boa-fé, até hoje lhes faltou a única chave com a qual a teriam reconhecido. Esta chave o Espiritismo acaba de dar pela lei que rege as relações entre o mundo corporal e o mundo espiritual. Auxiliado por esta lei e pelas observações sobre que se apoia, ele dá dos sonhos a mais lógica explicação jamais fornecida; demonstra que o sonho, o sonambulismo, o êxtase, a dupla vista, o pressentimento, a intuição do futuro, a penetração do pensamento não passam de variantes e de graus de um mesmo princípio: a emancipação da alma, mais ou menos desprendida da matéria.

Em relação aos sonhos, dá ele conta precisa de todas as variedades que apresentam? Não, ainda não; possuímos o princípio, e já é muito; os que podemos explicar por-nos-ão no caminho dos outros; sem dúvida ainda nos faltam alguns conhecimentos, que adquiriremos mais tarde. Não há uma única ciência que, de um salto, tenha desenvolvido todas as suas consequências e aplicações; elas não poderão completar-se senão por observações sucessivas. Ora, nascido ontem, o Espiritismo está como a Química nas mãos dos Lavoisier e dos Berthollet, seus primeiros criadores; estes descobriram as leis fundamentais. As primeiras balizas fincadas puseram na via de novas descobertas.

Entre os sonhos uns há que têm um caráter de tal modo positivo que, racionalmente, não poderiam ser atribuídos apenas a um jogo da imaginação; tais são aqueles nos quais se adquire, ao despertar, a prova da realidade do que se viu, e em que absolutamente não se pensava. Os mais difíceis de explicar são os que nos apresentam imagens incoerentes, fantásticas, sem realidade aparente. Um estudo mais aprofundado do singular fenômeno das criações fluídicas sem dúvida nos porá no caminho.

Esperando, eis uma teoria que parece avançar um passo na questão. Não a damos como absoluta, mas como fundada na lógica e podendo ser objeto de estudo. Ela nos foi dada por um dos nossos melhores médiuns, em estado de sonambulismo muito lúcido, por ocasião do fato seguinte:

Instado pela mãe de uma jovem a lhe dar notícias da filha, que estava em Lyon, ele a viu deitada e adormecida, e descreveu com exatidão o apartamento em que se achava. Essa jovem, de 16 anos, era médium escrevente; a mãe perguntou se ela tinha aptidão para tornar-se médium vidente. Esperai, disse o sonâmbulo, é preciso que eu siga o rasto de seu Espírito, que neste momento não está no corpo. Ela está aqui, na villa Ségur, na sala onde estamos, atraída pelo vosso pensamento; ela vos vê e vos escuta. Para ela é um sonho, do qual não se recordará ao despertar.

Pode-se, acrescenta ele, dividir os sonhos em três categorias, caracterizadas pelo grau da lembrança que resta no estado de desprendimento no qual se acha o Espírito. São:

1º) Os sonhos provocados pela ação da matéria e dos sentidos sobre o Espírito, isto é, aqueles em que o organismo representa um papel preponderante pela união mais íntima entre o corpo e o Espírito. Deles nos lembramos claramente e, por pouco desenvolvida que seja a memória, conservamos uma impressão durável.

2º) Os sonhos que podem ser chamados *mistos*. Participam ao mesmo tempo da matéria e do Espírito. O desprendimento é mais completo. Deles nos lembramos ao acordar, para esquecê-los quase que instantaneamente, a menos que alguma particularidade venha despertar a sua lembrança.

3º) Os sonhos *etéreos* ou puramente espirituais. São produzidos apenas pelo Espírito, que está desprendido da matéria, tanto quanto o pode estar durante a vida do corpo. Deles não nos recordamos; ou, se restasse uma vaga lembrança do que sonhamos, nenhuma circunstância poderia trazer à memória os incidentes do sono.

O sonho atual dessa jovem pertence à terceira categoria. Ela não se lembrará dele. Foi conduzida aqui por um Espírito muito conhecido do mundo espírita lionês e, mesmo, do mundo espírita europeu (o sonâmbulo-médium descreve o Espírito Cárita). Ele a trouxe com o objetivo de que ela conserve, se não uma lembrança precisa, um pressentimento do bem que se pode haurir de uma crença firme, pura e santa, e do bem que se pode fazer aos outros, fazendo-o a si mesmo.

Ela diz à mãe que, caso se lembrasse tão bem em seu estado normal quanto se lembra agora de suas encarnações precedentes, não demoraria muito tempo no estado estacionário em que está, pois vê claramente e pode avançar sem hesitação, ao passo que no estado ordinário temos uma venda sobre os olhos. Ela diz aos assistentes: "Obrigado por vos terdes ocupado de mim." Depois beija sua mãe. Como é feliz! acrescenta o médium, terminando, como é feliz com este sonho, do qual não se lembrará, mas que, nem por isso, deixará de lhe causar uma impressão salutar! São esses sonhos inconscientes que proporcionam essas sensações indefiníveis de contentamento e felicidade, de que não nos damos conta, e que são um antegozo daquilo de que desfrutam os Espíritos felizes.

Deduz-se daí que o Espírito encarnado pode sofrer transformações que modificam suas aptidões. Um fato que talvez não tenha sido suficientemente observado vem em apoio da teoria acima. Sabe-se que o esquecimento ao acordar é um dos caracteres do sonambulismo. Ora, do primeiro grau de lucidez o Espírito passa, por vezes, a um grau mais elevado, *que é diferente do êxtase*, e no qual adquire novas ideias e percepções mais sutis. Saindo deste segundo grau para entrar no primeiro, não se lembrará do que disse, nem do que viu; depois, passando deste grau para o estado de vigília, há um novo esquecimento. Uma coisa a notar é que há lembrança do grau superior ao grau inferior, enquanto há esquecimento do grau inferior para o superior.

É, pois, bem evidente que entre os dois estados sonambúlicos de que acabamos de falar, passa-se algo análogo ao que ocorre entre o estado de vigília e o primeiro grau de lucidez; que o que se passa influi sobre as faculdades e as aptidões do Espírito. Dir-se-ia que do estado de vigília ao primeiro grau o Espírito é despojado de um véu; que do primeiro ao segundo grau é despojado de um segundo véu. Não mais existindo esses véus nos graus superiores, o Espírito vê o que está abaixo e se lembra; descendo a escala, os véus se refazem sucessivamente e lhe ocultam o que está acima, fazendo que deles perca a lembrança. Às vezes a vontade do magnetizador pode dissipar esse véu fluídico e restituir a lembrança.

Como se vê, há uma grande analogia entre esses dois estados sonambúlicos e as diversas categorias de sonhos descritos acima. Parece-nos mais que provável que, num caso e noutro, o Espírito se ache numa situação idêntica. A cada degrau que sobe, eleva-se acima de uma camada de névoa; sua visão e suas percepções são mais claras.

Questões e problemas

Cura moral dos encarnados

Muitas vezes vemos Espíritos de natureza má cederem muito prontamente sob a influência da moralização e se melhorarem. Podemos agir do mesmo modo sobre os encarnados, mais com muito mais trabalho. Por que a educação moral dos Espíritos desencarnados é mais fácil que a dos encarnados?

Esta pergunta foi motivada pelo seguinte fato. Um rapaz, cego há doze anos, tinha sido recolhido por um espírita devotado, empenhado em curá-lo pelo magnetismo, pois os Espíritos haviam dito que a cura era possível. Mas o rapaz, em vez de se mostrar reconhecido pela bondade de que era objeto, e sem a qual teria ficado sem asilo e sem pão, só teve ingratidão e mau procedimento, dando provas do pior caráter.

Consultado a respeito, respondeu o Espírito São Luís:

"Como muitos outros, esse jovem é punido por onde pecou e suporta a pena de sua má conduta. Sua enfermidade não é incurável, e uma magnetização espiritual, praticada com zelo, devotamento e perseverança, certamente teria êxito, auxiliada por um tratamento médico destinado a corrigir seu sangue viciado. Já haveria uma sensível melhora em sua visão, que ainda não está completamente extinta, se os maus fluidos de que está cercado e saturado não opusessem um obstáculo à penetração dos bons fluidos que, de certo modo, são repelidos. No estado em que se encontra, a ação magnética será impotente, enquanto não se desembaraçar, por sua vontade e sua melhoria, desses fluidos perniciosos.

É, pois, uma cura moral que se deve obter, antes de buscar a cura física. Só um retorno sério sobre si mesmo poderá tornar eficazes os cuidados de seu magnetizador, que os Espíritos bons se desvelarão em secundar. Caso contrário, deve-se esperar que perca o pouco de luz que lhe resta e que sofra novas e mais terríveis provações.

Agi, pois, sobre ele como fazeis com os Espíritos maus desencarnados, que quereis reconduzir ao bem. Ele não está sob a ação de uma obsessão: é sua natureza que é má e, além disso, perverteu-se no meio onde viveu. Os Espíritos maus que o assediam só são atraídos pela similitude existente entre eles; à medida que se melhorar, eles se afastarão. Só então a ação magnética terá toda a sua eficácia. Dai-lhe conselhos; explicai-lhe sua posição; que várias pessoas sinceras se unam em pensamento para orar, a fim de atrair para ele influências salutares. Se as aproveitar, não tardará a lhes experimentar os bons efeitos, pois será recompensado por um mais sensível na sua posição."

Esta instrução nos revela um fato importante, o do obstáculo oposto pelo estado moral, em certos casos, à cura dos males físicos. A explicação acima é de uma lógica incontestável, mas não poderia ser compreendida pelos que só veem em toda parte a ação exclusiva da matéria. No caso em tela, a cura moral do paciente encontrou sérias dificuldades; foi o que motivou a pergunta acima, proposta na Sociedade Espírita de Paris.

Foram obtidas seis respostas, todas concordando perfeitamente entre si. Citaremos apenas duas, para evitar repetições inúteis. Escolhemos aquelas em que a questão é tratada com mais desenvolvimento.

I

Como o Espírito desencarnado vê manifestamente o que se passa e os exemplos terríveis da vida, compreende com tanto mais rapidez o que o estimula a crer ou a fazer. Esta a razão por que não é raro vermos Espíritos desencarnados dissertarem sabiamente sobre questões que, em vida, estavam longe de comovê-los.

A adversidade amadurece o pensamento. Esta expressão é verdadeira sobretudo para os Espíritos desencarnados, que veem de perto as consequências de sua vida passada.

A negligência e o preconceito, ao contrário, triunfam nos Espíritos encarnados; as seduções da vida e, mesmo, os seus desenganos, dão-lhes uma misantropia ou uma completa indiferença pelos homens e pelas coisas divinas. A carne lhes faz esquecer o Espírito; uns, essencialmente honestos, fazem o bem evitando o mal, por amor do bem, mas a vida de sua alma é quase nula; outros, ao contrário, consideram a vida como uma comédia e esquecem seu papel de homens; outros, enfim, completamente embrutecidos e no último degrau da espécie humana, nada vendo além, não pressentindo mesmo nada, entregam-se, como animais, aos crimes bárbaros e esquecem sua origem.

Assim, uns e outros, pela própria vida, são arrastados, ao passo que os Espíritos desencarnados veem, escutam e se arrependem com mais boa vontade.

Lamennais
(Médium: Sr. A. Didier)

II

Quantos problemas e questões a resolver antes que seja realizada a transformação humanitária conforme as ideias espíritas! a da educação dos Espíritos encarnados, do ponto de vista moral, está neste número. Os desencarnados estão desembaraçados dos laços da carne e não mais lhe sofrem as condições inferiores, ao passo que os homens, acorrentados numa matéria imperiosa do ponto de vista pessoal, se deixam arrastar pelo estado das provas no qual estão mergulhados. É em razão da diferença entre as diversas situações que se deve atribuir a dificuldade que experimentam os Espíritos iniciadores e os homens encarregados de melhorarem rapidamente e em algumas semanas, as criaturas que lhes são confiadas. Os Espíritos, ao contrário, aos quais a matéria já não opõe suas leis, nem mais fornece meios de satisfazer seus maus apetites e que, por conseguinte, não têm mais desejos insaciáveis, são mais aptos a aceitar os conselhos que lhes são dados. Talvez respondam com esta pergunta, que tem sua importância: Por que não ouvem os conselhos de seus guias do espaço e esperam os ensinamentos dos homens? Porque é necessário que os dois mundos, visível e invisível, reajam um sobre o outro e que a ação dos humanos seja útil aos que viveram, como a ação da maior parte destes é benéfica aos que vivem entre vós. É uma dupla corrente, uma dupla ação, igualmente satisfatória para esses dois mundos, que estão unidos por tantos laços.

Eis o que julgo dever responder à pergunta levantada por vosso presidente.

Erasto
(Médium: Sr. d'Ambel)

Sobre a morte dos espíritas

Desde algum tempo a morte tem levado bem grande número de espíritas fervorosos e dedicados, cujo concurso podia ter sido útil à causa. Qual a consequência a tirar deste fato?

Esta pergunta foi motivada pela morte recente do Sr. Geoffroy, de Saint-Jean d'Angely, membro honorário da Sociedade Espírita de Paris.

(Sociedade de Paris, 26 de maio de 1865 – Médium: Sra. B...)

Como acaba de dizer o vosso presidente, um grande número de adeptos de nossa bela Doutrina deixou o vosso mundo ultimamente. Não os lamenteis; depois de haverem feito os primeiros sulcos nesse campo que ides arrotear, foram repousar algumas horas, a fim de se prepararem para um novo trabalho; foram retemperar sua alma viril nessa fonte de vida e de progresso que, cada vez mais, deve derramar em vossa Terra suas ondas benfazejas. Em breve, novos atletas surgirão em campo com novas forças e uma caridade mais perfeita. Porque a alma que entreviu os esplendores da eterna Verdade não pode recuar, mas, fiel à atração divina que a quer aproximar do foco da justiça, da ciência e do amor, segue seu caminho sem mais se desviar.

Oh! meus amigos, como é bela esta morada que vos está preparada! Tornai-vos dignos dela o quanto antes; libertai-vos, pois, dessas susceptibilidades indignas, que muitas vezes ainda se encontram em vosso meio; são resquícios das raízes do orgulho, tão difíceis de extirpar do vosso mundo e, contudo, foi para destruí-lo que o Cristo veio entre vós; porque enquanto ele subsistir entre os humanos, estes não poderão alcançar a felicidade.

Meus amigos, há dezoito séculos que vos pregam a admirável doutrina do Cristo, e ela ainda não foi compreendida, mas o Espiritismo, vindo vos ensinar a desenvolver vossas faculdades intelectuais e a lhes dar uma boa direção, abre uma era nova em que se preencherá a lacuna que existia no ensino primitivo.

Assim, estudai de maneira séria e digna de tão grave assunto; mas, sobretudo, modificai o que há em vós de imperfeito, porque o mestre diz a todos: "Tornai-vos perfeitos, como perfeito é vosso pai celestial." Então vossa alma depurada se elevará gloriosa para as esplêndidas regiões onde o mal não tem mais acesso e onde tudo é harmonia.

São Luís

Estudos morais

A comuna de Koenigsfeld, mundo futuro em miniatura

Lê-se no *Galneur de Colmar*:

"A comuna de Koenigsfeld, perto de Villingen, na Floresta Negra, conta cerca de 400 habitantes, forma um estado modelo em miniatura. Há cinquenta anos, data da existência dessa comuna, jamais aconteceu a um habitante qualquer se envolver com a polícia; nunca houve casos de delitos ou de crimes; durante cinquenta anos jamais houve hasta pública ou nasceu um filho natural. Nunca foi aberto um processo nessa comuna. Também ali não se encontram mendigos."

Tendo sido lida na Sociedade de Paris, esta interessante nota deu motivo à seguinte comunicação espontânea:

"É belo ver a virtude num centro restrito e pobre; lá todos se conhecem, todos se veem e a caridade é simples e grande. Não é o exemplo mais impressionante da solidariedade universal essa pequena comuna? Não é em menor escala o que um dia será o resultado da verdadeira caridade, quando esta for praticada por todos os homens? Tudo está aí, espíritas: a caridade, a tolerância. Entre vós, a não ser o socorro ao infortúnio, que é praticado, as relações inteligentes, isentas de inveja, de ciúme e de dureza, o são sempre."

LAMENNAIS
(Médium: Sr. A. Didier)

Qual a causa da maior parte dos males da Terra, senão o contato incessante dos homens maus e perversos? O egoísmo mata a benevolência, a condescendência, a indulgência, o devotamento, a afeição desinteressada e todas as qualidades que fazem o encanto e a segurança das relações sociais. Numa sociedade de egoístas não há segurança para ninguém, porque cada um, apenas buscando o próprio interesse, sacrifica sem escrúpulo o do vizinho. Muitas criaturas se julgam perfeitamente honestas, porque incapazes de assassinar e de roubar nas estradas mas será que aquele que, por cupidez e severidade, causa a ruína de um indivíduo e o impele ao suicídio, reduzindo toda uma família à miséria, ao desespero, não é pior que um assassino e um ladrão? Assassina em fogo brando; e porque a lei não o condena e os semelhantes aplaudem sua maneira de agir e sua habilidade, crê-se isento de censuras e marcha de fronte erguida! Assim os homens estão sempre desconfiados uns dos outros; sua vida é uma ansiedade perpétua; se não temem o ferro, nem o veneno, são alvo das chicanas, da inveja, do ciúme, da calúnia, numa palavra, do assassinato moral. Que seria preciso fazer para cessar esse estado de coisas? Praticar a caridade. Tudo está aí, como diz Lamennais.

A comuna de Koenigsfeld oferece-nos em miniatura o que será o mundo quando for regenerado. O que é possível em pequena escala sê-lo-á em grande? Duvidar disto seria negar o progresso. Dia virá em que os homens, vencidos pelos males gerados pelo egoísmo, compreenderão que seguem caminho errado, e quer Deus que eles o aprendam à própria custa, porque lhes deu o livre-arbítrio. O excesso do mal lhes fará sentir a necessidade do bem e eles se voltarão para este lado, como para a única âncora de salvação. Quem os levará a isto? A fé séria no futuro, e não a crença no nada depois da morte; a confiança num Deus bom e misericordioso, e não o temor dos suplícios eternos.

Tudo está submetido à lei do progresso; os mundos também progridem, física e moralmente, mas se a transformação da humanidade deve esperar o resultado da melhora individual, se nenhuma causa vier acelerar essa transformação, quantos séculos, quantos milhares de anos não serão ainda precisos? Tendo a Terra chegado a uma de suas fases progressivas basta não mais permitir aos Espíritos atrasados de aqui reencarnarem, de modo que, à medida que se forem extinguindo, Espíritos mais adiantados venham tomar o lugar dos que partem, para que em uma ou duas gerações o caráter geral da humanidade seja mudado.

Suponhamos, pois, que em vez de Espíritos egoístas, a humanidade seja, num dado tempo, formada de Espíritos imbuídos de sentimentos de caridade: em vez de buscarem prejudicar-se, eles se ajudarão mutuamente, viverão felizes e em paz. Não mais ambição de povo a povo e, portanto, não mais guerras; não mais soberanos governando ao seu bel-prazer, a justiça em vez do arbítrio, portanto não mais revoluções; não mais os fortes esmagando ou explorando o fraco; equidade voluntária em todas as transações, portanto não mais querelas e chicanas. Tal será o estado do mundo depois de sua transformação. De um mundo de expiação e de provas, de um lugar de exílio para os Espíritos imperfeitos, tornar-se-á um mundo feliz, um local de repouso para os Espíritos bons; de um mundo de punição, será um mundo de recompensa.

A comuna de Koenigsfeld compõe-se incontestavelmente de Espíritos adiantados, ao menos moralmente, se não cientificamente, e que praticam entre si a lei de caridade e de amor ao próximo; esses Espíritos se reúnem por simpatia nesse recanto bendito da Terra para aí viver em paz, esperando que o possam fazer em toda a sua superfície. Suponhamos que alguns Espíritos trapalhões, egoístas e maus aí venham encarnar-se; em breve semearão a perturbação e a confusão; ver-se-ia restabelecer-se, como alhures, as querelas, os processos, os delitos e os crimes. Assim seria o estado da Terra, depois de sua transformação, se Deus a abrisse ao acesso dos Espíritos maus. Progredindo a Terra, aí estariam deslocados e por isso irão expiar seu endurecimento e burilar sua educação moral em mundos menos adiantados.

Variedades

Manifestações espontâneas diversas

Uma carta de um dos nossos correspondentes contém o seguinte relato:

"...Começo por uma recordação de minha infância, que jamais esqueci, embora remonte a uma época já bem afastada.

Em 1819 ou 1820, falou-se muito em Saumur de uma aparição a um oficial da guarnição da cidade. Aquele oficial, hospedado na casa de uma família distinta, deitou-se pela manhã para repousar de uma noite insone. Algumas horas depois, abrindo os olhos, percebeu uma sombra no quarto, vestida de branco. Julgando uma brincadeira de um de seus camaradas, levantou-se para ir ao brincalhão. A sombra recuou à sua frente, deslizou para alcova e desapareceu. A porta, que ele havia fechado para não ser incomodado, ainda estava fechada, e uma mocinha da casa, doente há algum tempo, acabava de morrer naquele mesmo instante.

O fato, que resvala no Espiritismo, lembrou a um de seus camaradas, Sr. de R..., tenente de cavalaria, um sonho extraordinário que tivera há muito tempo e que então deu a conhecer.

Estando na guarnição de Versalhes, o Sr. R... sonhou que via um homem cortando a garganta e recolhendo o sangue num vaso. Levantou-se às cinco horas da manhã, muito preocupado com o sonho e dirigiu-se ao quartel de cavalaria; estava em serviço. Seguindo uma rua ainda deserta, percebeu um grupo de pessoas examinando algo com muita atenção. Aproximou-se e soube que um homem acabava de se matar e, coisa extraordinária, disseram-lhe que tinha feito correr o sangue numa tina, cortando o pescoço. O Sr. de R... reconheceu nas feições desse homem aquele mesmo que tinha visto durante a noite, no sonho.

Eu só soube desses fatos por ouvir dizer, e não conheci nenhum dos oficiais. Eis outros, que me são quase pessoais:

Minha mãe era uma mulher de uma piedade verdadeira e esclarecida, que na maioria das vezes só se manifestava por uma ardente caridade, como o ordena o Espiritismo, mas sem qualquer caráter supersticioso e impressionável. Muitas vezes me contou esta lembrança de sua juventude. Quando moça, tinha uma amiga muito doente, ao lado da qual passava parte das noites para lhe prestar cuidados. Uma noite em que caía de fadiga, o pai da doente insistiu para que fosse repousar, prometendo-lhe que se a filha piorasse iria preveni-la. Minha mãe cedeu e deitou-se, depois de ter trancado bem o quarto. Cerca de duas horas da manhã foi despertada pelo contato de dois dedos gelados sobre o ombro. Ficou vivamente impressionada e não conseguiu mais dormir. Então se vestiu para ir à sua querida doente, e já ia abrir a sua porta quando bateram na porta da casa. Era um empregado que vinha comunicar-lhe a morte de sua amiga, que acabava de expirar.

Certo dia do ano de 1851 eu percorria a galeria de quadros e retratos da família do magnífico castelo de C..., conduzido pelo Dr. B..., que tinha sido médico da família. Parei algum tempo em frente ao retrato de um homem de quarenta e poucos anos, vestido, tanto quanto posso lembrar, com um costume azul, colete listrado de vermelho e preto e calças cinzentas. O Sr. B... se aproximou de mim e disse: "Eis como vi o conde de C..., quinze dias depois de sua morte." Pedi uma explicação e eis o que me foi respondido: "Certa noite, na bruma, mais ou menos quinze dias depois da morte do Sr. de C..., eu saía do quarto da senhora condessa. Para sair, eu devia seguir um longo corredor, no qual se abria a porta do gabinete do Sr. de C... Quando cheguei em frente daquela porta, ela se abriu e o Sr. de C... saiu, avançou para mim e marchou ao meu lado até a porta de saída.

O Sr. de B... atribuiu o fato a uma alucinação. Mas, em todo o caso, ela se teria prolongado muito, porque penso que no fim do corredor havia outra peça a atravessar antes da saída.

Enfim, eis um fato que me é inteiramente pessoal.

Em 1829, creio, em Hagueneau, na Alsácia, eu era encarregado da direção de uma enfermaria de convalescentes, que nos enviava a numerosa guarnição de Estrasburgo, então muito atacada por febres intermitentes. No número dos doentes eu tinha um jovem tocador de tambor que, todas as noites, depois de meia-noite, sentia alguém deslizar em seu leito, agarrá-lo e morder-lhe o peito à altura da mama esquerda. Os seus camaradas de quarto me disseram que nos últimos oito dias eram despertados por seus gritos; que ao se aproximarem dele o encontravam agitado, apavorado e só podiam acalmá-lo depois de explorar com a ponta do sabre e constatar que não havia ninguém, nem debaixo da cama, nem nas cercanias. Encontrei o jovem soldado com o peito um tanto inchado e doloroso do lado esquerdo, e então atribui seu estado à ação desta causa física sobre a sua imaginação, mas o efeito só se produzia por alguns instantes em cada vinte e quatro horas. Produziu-se ainda algumas vezes, depois não mais ouvi falar do caso..."

Observação – Sabe-se quão numerosos são os fatos desse gênero; o Espiritismo os admite, porque lhes dá a única explicação racional possível. Por certo haverá, nesse número, alguns que, a rigor, poderiam ser atribuídos ao que se convencionou chamar de alucinação, ou a uma preocupação do Espírito, mas já não poderia ser assim quando são seguidos de uma ação material. São tanto mais importantes quanto mais reconhecida sua autenticidade, e não podem, como dissemos num artigo precedente, ser levados à conta de habilidades.

Dissertações espíritas

O cardeal Wiseman

O *Patrie* de 18 de março de 1865 relatava o seguinte:

O cardeal Wiseman, que acaba de morrer na Inglaterra, acreditava no Espiritismo. É o que prova o fato seguinte, citado pelo *Spiritualist magazine*.

Um bispo tinha interditado a atuação de dois membros de sua Igreja, por causa de sua tendência ao Espiritismo. O cardeal suspendeu essa interdição e permitiu que os dois sacerdotes prosseguissem seus estudos e servissem como médiuns, dizendo-lhes: "Eu mesmo creio firmemente no Espiritismo, e não poderia ser um bom membro da Igreja se tivesse a menor dúvida a respeito".

Este artigo tinha sido lido e comentado numa reunião espírita em casa do Sr. Delanne, mas hesitavam em fazer a evocação do cardeal quando este se manifestou espontaneamente pelas duas comunicações seguintes:

I

Vosso desejo de me evocar me trouxe a vós e estou contente por vir dizer-vos, meus irmãos bem-amados, que na Terra eu era, sim, um espírita convicto. Tinha vindo com essas aspirações, que não pudera desenvolver, mas me sentia feliz por vê-las desenvolvidas por outros. Eu era espírita porque o Espiritismo é o caminho reto que conduz ao verdadeiro objetivo e à perfeição; eu era espírita porque reconhecia no Espiritismo a realização de todas as profecias, desde o começo do mundo até os nossos dias; eu era espírita porque esta Doutrina é o desenvolvimento da religião, o esclarecimento dos mistérios e a marcha da humanidade inteira para Deus, que é a unidade; eu era espírita porque compreendi que esta revelação vinha de Deus e que todos os homens sérios deviam ajudar sua marcha, a fim de um dia todos poderem se dar as mãos socorristas; enfim eu era espírita porque o Espiritismo não lança anátema sobre ninguém e que, a exemplo do Cristo, nosso divino modelo, estende os braços a todos, sem distinção de classes e de culto. Eis por que eu era espírita cristão.

Ó meus irmãos bem-amados! que graça imensa concede o Senhor aos homens em lhes enviando esta luz divina, que lhes abre os olhos e lhes faz ver de maneira irrecusável que além do túmulo existe mesmo uma outra vida e que, em vez de temer a morte, quando se viveu segundo os desígnios de Deus, deve-se abençoá-la quando vem libertar um de nós das pesadas cadeias da matéria.

Sim, essa vida, que se prega constantemente de maneira tão assustadora, existe, mas nada tem de penosa para as almas que, na Terra, observaram as leis do Senhor. Sim, lá se encontram aqueles a quem amamos na Terra; é a mãe bem-amada, uma terna mãe que vos vem felicitar e receber; são amigos que vos vêm ajudar a vos reconhecerdes em vossa verdadeira pátria, e que vos mostram todos os encantos da vida verdadeira, em relação aos quais os da Terra não passam de tristes imagens.

Perseverai, meus irmãos bem-amados, em marchar na via abençoada do Espiritismo; que para vós ele não seja uma palavra vã; que as manifestações que recebeis vos ajudem a subir o rude calvário da vida, a fim de que, chegados ao cume, possais colher os frutos de vida que vos tiverdes preparado.

É o que desejo a vós todos, que me escutais, e a todos os meus irmãos em Deus. Aquele que foi o cardeal Wiseman.

(Médium: Sra. Delanne)

II

Meus amigos, por que eu não viria a vós? Os sentimentos expressos quando eu estava em vossa Terra e que devem ser os de todos os servos de Deus e da verdade, devem ser para todo espírita convicto a garantia de que usarei da graça que o Senhor me concede, de vir instruir e guiar meus irmãos.

Oh! sim, meus amigos, é com satisfação e reconhecimento por aquele a quem tudo devemos, que vos venho exortar, vós que tendes a felicidade de ser admitidos entre os obreiros do Senhor, de perseverar na via em que estais empenhados; se não é a única, pelo menos é a melhor, porque se uma parte da humanidade pode alcançar a sua salvação com a fé cega, sem cair nas ciladas e nos perigos que ela oferece, com mais forte razão aqueles cuja fé tem por base a razão e o amor de Deus, que vos fazemos conhecer tal qual é, devem chegar a conquistar a vida eterna no seio desse mesmo Deus.

Filhos, inclinai-vos, curvai a cabeça, porque o vosso Deus, vosso pai, vos abençoa. Glorificai-o e amai-o na eternidade!

Oremos juntos.

WISEMAN, assistido por Santo Agostinho
(Médium: Sr. Erambert, de Aix)

Estas duas comunicações foram ditadas simultaneamente, o que explica a assistência de Santo Agostinho na última. Enquanto Wiseman fazia um dos médiuns escrever, Santo Agostinho fazia escrever o outro, ao qual transmitia o pensamento do cardeal. Muitas vezes veem-se Espíritos pouco adiantados, ou ainda perturbados, que não podem exprimir-se sem a ajuda de um Espírito mais elevado, mas aqui não é o caso: Wiseman é bastante desprendido para exprimir suas próprias ideias.

As duas comunicações a seguir foram obtidas no dia 24 de março, na Sociedade de Paris, sem evocação, após a leitura das precedentes.

A quarta é uma apreciação dos fatos acima, pelo Espírito Lamennais:

III

Meus amigos: venho confirmar minha comunicação de segunda-feira. Estou feliz por vir a um meio onde teria muito a dizer e onde estou certo de ser compreendido. Oh! sim, será uma grande felicidade para mim ver desenvolver-se, sob os olhos do mestre, os progressos da doutrina santa e regeneradora, que deve conduzir o mundo inteiro a seu destino divino.

Amigos, uni vossos esforços na obra que nos é confiada e sede reconhecidos pelo papel que o Criador de todas as coisas vos conferiu. Jamais poderíeis fazer bastante para reconhecer a graça que ele vos concede; mas ele levará em conta a vossa boa vontade, a vossa fé, a vossa caridade e o vosso amor pelos vossos irmãos. Bendizei-o, amai-o, e tereis a vida eterna.

Oremos juntos, meus caros amigos.

WISEMAN
(Médium: Sr. Erambert, de Aix)

IV

A religião espiritualista — é preciso não esquecer — é a alma do Cristianismo. Em meio do materialismo, do culto protestante e católico, o cardeal Wiseman ousou proclamar a alma antes do corpo, o espírito antes da letra. Esses tipos de audácia são raros nos dois cleros e, com efeito, é um espetáculo insólito o ato de fé do cardeal Wiseman. Aliás, seria estranho que um Espírito tão culto, tão elevado quanto o do eminente cardeal tivesse visto no Espiritismo uma fé rebelde aos ensinos da mais pura moral cristã; nós, espíritas, nunca aplaudiríamos bastante a essa confiança afastada de todo respeito humano, de todo escrúpulo mundano. Não é um encorajamento a voz de um agonizante tão distinto? Não é um aviso para o futuro? Uma promessa de que, com a boa vontade tão pregada pelo Evangelho, só há uma verdade contida na prática da caridade e na crença na imortalidade da alma? Outras vozes não menos sagradas proclamam diariamente nossa verdade imortal. É um hosana sublime que cantam os homens visitados pelo Espírito, hosana tão puro, tão entusiasta quanto o das almas visitadas por Jesus.

Nós mesmos, almas em sofrimento, não afastamos de nós a lembrança que nos chega, e no purgatório que padecemos, escutemos as vozes dos que nos fazem ver o além.

LAMENNAIS
(Médium: Sr. A. Didier)

Notas bibliográficas

O QUE É O ESPIRITISMO?,[53] por Allan Kardec. Nova edição revista e consideravelmente aumentada. In-12, com quase 200 páginas. Preço: 1 fr.; pelo correio: 1 fr. 20c.

As matérias desta nova edição estão assim divididas:

Capítulo I: Pequena conferência. Primeiro diálogo: o crítico. Segundo diálogo: o cético. – Espiritismo e Espiritualismo. – Dissidências. – Fenômenos espíritas simulados. – Impotência dos

---

[53] N.E.: Ver *O que é o espiritismo*, tradução Evandro Noleto Bezerra, edição FEB.

detratores. – O maravilhoso e o sobrenatural. – Oposição da Ciência. – Falsas explicações dos fenômenos. – Não basta que os incrédulos vejam para que se convençam. – Origem das ideias espíritas modernas. – Meios de comunicação. – Médiuns interesseiros. – Médiuns e feiticeiros. – Diversidade dos Espíritos. – Utilidade prática das manifestações. – Loucura, suicídio, obsessão. – Esquecimento do passado. – Elementos de convicção. – Sociedade Espírita de Paris. – Interdição do Espiritismo. – Terceiro diálogo: O padre. Objeções em nome da religião.

Capítulo II: Noções elementares de Espiritismo. – Espíritos. – Comunicação com o mundo invisível. – Fim providencial das manifestações espíritas. – Médiuns. – Escolhos dos médiuns. – Qualidades dos médiuns. – Charlatanismo. – Identidade dos Espíritos. – Contradições. – Consequências do Espiritismo.

Capítulo III: Solução de alguns problemas pela Doutrina Espírita. – Pluralidade dos mundos. – A alma. – O homem durante a vida terrena. – O homem depois da morte.

No *prelo*, para aparecer em 1º de agosto:

O CÉU E O INFERNO, ou A Justiça divina segundo o Espiritismo, por Allan Kardec. 1 grosso vol. in-12. Preço: 3 fr. 50c.; pelo correio: 4 fr.

A VIDA DE GERMAINE COUSIN, de Pibrac, bem-aventurado na caridade, dada mediunicamente por ela própria à Srta. M. S., num grupo familiar. Brochura in-12. Preço: 1 fr.; pelo correio: 1 fr. 10c. Toulouse, nas principais livrarias.

A VIDA DE GERMAINE COUSIN é, ao mesmo tempo, edificante e dramática, mas, também, eminentemente interessante pelos numerosos fatos mediúnicos que encerra, e que, sem o Espiritismo, seriam inexplicáveis ou maravilhosos. Os fenômenos, dos quais somos testemunhas em nossos dias, provam pelo menos a sua possibilidade. Todas as pessoas que não tenham uma ideia preconcebida da negação e, sobretudo, os espíritas, lerão essa brochura com interesse.

União Espírita Bordelense. Bordeaux contava quatro publicações espíritas periódicas: *La Ruche, Le Sauveur, La Lumière* e *La Voix d'Outre-tombe*. Como *La Lumière* e *Le Sauveur* estavam sob a mesma direção, na realidade havia apenas três, que acabam de fundir-se numa única publicação, sob o título de União Espírita Bordelense e sob a direção do Sr. A. Bez, diretor da *Voix d'Outre-tombe*.

Cumprimentamos esses senhores pela medida que adotaram e que os nossos adversários se equivocariam se a tomassem como indício de decadência da Doutrina. Fatos muito mais concludentes aí estão para provar o contrário.

Os materiais do Espiritismo, embora muito numerosos, rolam num círculo mais ou menos uniforme; daí a falta de variedade suficiente e, para o leitor que os queria receber a todos, uma carga muito onerosa, sem compensação. A nova folha bordelense só poderá ganhar com esta fusão, em todos os pontos de vista, e fazemos votos por sua prosperidade. Lemos com prazer, nos primeiros números, uma ótima refutação aos artigos do Sr. *Fumeaux* sobre a iniquidade e os flagelos do Espiritismo, bem como um interessantíssimo relato de uma nova cura em Marmande. (Ver a seguir em obras diversas.)

Ária e letra compostas pelo rei Henrique III, em 1574, e reveladas num sonho em 1865 ao Sr. N. C. Bach; Legouix, editor, 27, Boulevard Poissonnière, Paris. Preço marcado: 3 fr.

Allan Kardec

Revista Espírita
Jornal de estudos psicológicos
ANO VIII   AGOSTO DE 1865   N° 8

O que ensina o Espiritismo

Há criaturas que perguntam quais são as conquistas novas que devemos ao Espiritismo. Em razão de não haver dotado o mundo com uma nova indústria produtiva, como o vapor, concluem que nada produziu. A maior parte dos que fazem tal pergunta, por não se terem dado ao trabalho de estudá-lo, só conhecem o Espiritismo de fantasia, criado para as necessidades da crítica, e que nada tem de comum com o Espiritismo sério. Não é, pois, de admirar que perguntem qual pode ser o seu lado útil e prático. Tê-lo-iam descoberto se o tivessem ido buscar em sua fonte, e não nas caricaturas que dele fizeram os que têm interesse em denegri-lo.

Numa outra ordem de ideias, ao contrário, alguns impacientes acham a marcha do Espiritismo muito lenta para o seu gosto. Admiram-se de que ainda não tenha sondado todos os mistérios da natureza, nem abordado todas as questões que parecem ser de sua alçada; gostariam de vê-lo diariamente ensinar coisas novas, ou enriquecer-se com alguma descoberta recente. E, porque ainda não resolveu a questão da origem dos seres, do princípio e do fim de todas as coisas, da essência divina e de algumas outras da mesma importância, concluem que não saiu do á-bê-cê, que não entrou na verdadeira via filosófica e que se arrasta em lugares comuns, já que prega incessantemente a humildade e a caridade. "Até hoje, dizem, o Espiritismo nada nos ensinou de novo, porque a reencarnação, a negação das penas eternas, a imortalidade da alma, a gradação através de períodos da vitalidade intelectual, o perispírito não são descobertas espíritas propriamente ditas; então é preciso marchar para descobertas mais verdadeiras e mais sólidas."

A propósito, julgamos por bem apresentar algumas observações, que também não serão novidades, pois há coisas que é útil repetir sob diversas formas.

É verdade que o Espiritismo nada inventou de tudo isto, porque somente as verdades verdadeiras são eternas e, por isto mesmo, devem ter germinado em todas as épocas. Mas não é alguma coisa havê-las tirado, se não do nada, ao menos do esquecimento? de um germe ter feito uma planta vivaz? de uma ideia individual, perdida na noite dos tempos, ou abafada sob os preconceitos, ter feito uma crença geral? ter provado o que estava no campo das hipóteses? ter demonstrado a existência de uma lei naquilo que parecia excepcional e fortuito? de uma teoria vaga ter feito uma coisa prática? de uma ideia improdutiva ter tirado aplicações úteis? Nada é mais verdadeiro que o provérbio: "Nada existe de novo debaixo do sol." E até esta verdade não é nova. Assim, não há uma só descoberta cujos vestígios e o princípio não se encontrem nalguma parte. À vista disso, Copérnico não teria o mérito de seu sistema, porque o movimento da Terra tinha sido suspeitado antes da Era Cristã. Se a coisa era tão simples, dever-se-ia encontrá-la. A história do ovo de Cristóvão Colombo[54] será sempre uma eterna verdade.

Além disso, é incontestável que o Espiritismo ainda tem muito a nos ensinar. É o que não temos cessado de repetir, pois jamais pretendemos que ele tenha dito a última palavra. Mas do que ainda resta fazer, segue-se que não tenha ainda saído do á-bê-cê? As

---

[54] N.E.: (c.1451–1506). Navegador genovês, descobridor da América.

mesas girantes foram o seu alfabeto; e, depois, ao que nos parece, tem dado alguns passos; parece mesmo que deu passos bem grandes em alguns anos, se o compararmos às outras ciências, que levaram séculos para chegar ao ponto em que estão. Nenhuma chegou ao apogeu de um salto só; elas avançam, não pela vontade dos homens, mas à medida que as circunstâncias apontam novas descobertas. Ora, ninguém tem o poder de comandar essas circunstâncias, e a prova disto é que, todas as vezes que uma ideia é prematura, aborta, para reaparecer mais tarde, em tempo oportuno.

Mas em falta de novas descobertas, os homens de ciência nada terão a fazer? A Química não será mais a Química se diariamente não descobrir novos corpos? Os astrônomos serão condenados a cruzar os braços por não encontrarem novos planetas? E assim em todos os outros ramos das ciências e da indústria. Antes de procurar coisas novas, não se deve fazer a aplicação daquilo que se sabe? É precisamente para dar aos homens tempo de assimilar, de aplicar e de vulgarizar o que sabem, que a Providência põe um freio na marcha para frente. Aí está a História para nos mostrar que as ciências não seguem uma marcha ascendente contínua, ao menos ostensivamente. Os grandes movimentos que revolucionam uma ideia não se operam senão em intervalos mais ou menos distanciados. Assim, não há estagnação, mas elaboração, aplicação e frutificação daquilo que se sabe, o que é sempre progresso. Poderia o espírito humano absorver incessantemente novas ideias? A própria terra não precisa de um tempo de repouso antes de reproduzir? Que diriam de um professor que diariamente ensinasse novas regras aos seus alunos, sem lhes dar tempo para se exercitarem nas que aprenderam, de com elas se identificarem e de as aplicarem? Então Deus seria menos previdente e menos hábil que um professor? Em todas as coisas as ideias novas devem apoiar-se nas ideias adquiridas; se estas não forem suficientemente elaboradas e consolidadas no cérebro, se o espírito não as assimilou, as que aí se querem implantar não criam raízes: semeia-se no vazio.

Acontece a mesma coisa com o Espiritismo. Os adeptos aproveitaram de tal modo o que ele até hoje ensinou, que nada mais tenham a fazer? São mais caridosos, desprovidos de orgulho, desinteressados e benevolentes para com os seus semelhantes? Terão moderado as paixões, abjurado o ódio, a inveja e o ciúme? Enfim, são tão perfeitos que de agora em diante seja supérfluo pregar-lhes a caridade, a humildade, a abnegação, numa palavra, a moral? Essa pretensão, por si só, provaria quanto ainda necessitam dessas lições elementares, que alguns consideram fastidiosas e pueris. Entretanto, somente com o auxílio dessas instruções, se as aproveitarem, é que poderão elevar-se bastante para se tornarem dignos de receber um ensinamento superior.

O Espiritismo contribui para a regeneração da humanidade: isto é um fato constatado. Ora, não podendo essa regeneração operar-se senão pelo progresso moral, resulta que seu objetivo essencial, providencial, é o melhoramento de cada um; os mistérios que pode nos revelar são a parte acessória, porquanto, ao nos abrir o santuário de todos os conhecimentos, só estaremos mais adiantados para o nosso estado futuro se formos melhores. Para nos admitir no banquete da suprema felicidade, Deus não pergunta o que sabemos, nem o que possuímos, mas o que valemos e o bem que fizemos. Portanto, é acima de tudo pelo seu melhoramento individual que todo espírita sincero deve trabalhar. Só aquele que dominou suas más tendências aproveitou realmente o Espiritismo e receberá a sua recompensa. É por isto que os Espíritos bons, por ordem de Deus, multiplicam suas instruções e as repetem até à saciedade; só um orgulho insensato pode dizer: não preciso de mais. Só Deus sabe quando serão inúteis, e só a ele cabe dirigir o ensino de suas mensagens e de proporcioná-lo ao nosso adiantamento.

Contudo, vejamos se, fora do ensinamento puramente moral, os resultados do Espiritismo são tão estéreis quanto pretendem alguns.

1º) Antes de mais ele dá, como todos sabem, a prova patente da existência e da imortalidade da alma. Não é uma descoberta, é verdade, mas é por falta de provas sobre este ponto que há tantos incrédulos ou indiferentes quanto ao futuro; é provando o que não passava de teoria que ele triunfa sobre o materialismo e previne suas funestas consequências para a sociedade. Tendo mudado em certeza a dúvida quanto ao futuro, o Espiritismo opera toda uma revolução nas ideias, cujos resultados são incalculáveis. Se aí se limitasse exclusivamente o resultado das manifestações quão imensos seriam esses resultados!

2º) Pela firme crença que desenvolve, exerce poderosa ação sobre o moral do homem; impele-o ao bem, consola-o nas aflições, dá-lhe força e coragem nas provações da vida e lhe desvia do pensamento o suicídio.

3º) Retifica todas as ideias falsas que se tivessem sobre o futuro da alma, sobre o céu, o inferno, as penas e recompensas; destrói radicalmente, pela irresistível lógica dos fatos, os dogmas das penas eternas e dos demônios; numa palavra, descobre-nos a vida futura e no-la mostra racional e conforme à Justiça de Deus. É ainda uma coisa que tem muito valor.

4º) Dá a conhecer o que se passa no momento da morte; este fenômeno, até hoje insondável, não mais tem mistérios; as menores particularidades dessa passagem tão temível são hoje conhecidas. Ora, como todos morrem, este conhecimento interessa a todo o mundo.

5º) Pela lei da pluralidade das existências, abre um novo campo à filosofia; o homem sabe de onde vem, para onde vai e com que objetivo está na Terra. Explica a causa de todas as misérias humanas, de todas as desigualdades sociais; dá as próprias leis da natureza como base dos princípios de solidariedade universal, de fraternidade, de igualdade e de liberdade, que só se assentavam na teoria. Enfim, projeta luz sobre as mais árduas questões da metafísica, da psicologia e da moral.

6º) Pela teoria dos fluidos perispirituais, torna conhecido o mecanismo das sensações e das percepções da alma; explica os fenômenos da dupla vista, da vista a distância, do sonambulismo, do êxtase, dos sonhos, das visões, das aparições etc.; abre novo campo à Fisiologia e à Patologia.

7º) Provando as relações existentes entre o mundo corporal e o mundo espiritual, mostra neste último uma das forças ativas da natureza, um poder inteligente e dá a razão de uma porção de efeitos atribuídos a causas sobrenaturais, e que alimentaram a maior parte das ideias supersticiosas.

8º) Revelando o fato das obsessões, faz conhecer a causa, até aqui desconhecida, das numerosas afecções, sobre as quais a Ciência se havia enganado em prejuízo dos doentes, e dá os meios de os curar.

9º) Dando-nos a conhecer as verdadeiras condições da prece e seu modo de ação; revelando-nos a influência recíproca dos Espíritos encarnados e desencarnados, ensina-nos o poder do homem sobre os Espíritos imperfeitos para os moralizar e os arrancar aos sofrimentos inerentes à sua inferioridade.

10º) Tornando conhecida a magnetização espiritual, que era desconhecida, abre novo caminho ao magnetismo e lhe traz um novo e poderoso elemento de cura.

O mérito de uma invenção não está na descoberta de um princípio, quase sempre conhecido anteriormente, mas na aplicação desse princípio. Sem dúvida a reencarnação não é uma ideia nova, como o perispírito descrito por Paulo sob o nome de corpo espiritual também não o é, e nem mesmo a comunicação com os Espíritos. O Espiritismo, que não se gaba de ter descoberto a natureza, procura cuidadosamente todos os traços que pode encontrar da anterioridade de suas ideias e, quando os encontra, apressa-se em proclamá-los, como prova em apoio ao que avança. Aqueles, pois, que invocam essa anterioridade visando depreciar o que ele faz, vão contra o seu objetivo e agem desastradamente, porque isto levaria à suspeição de uma ideia preconcebida.

A descoberta da reencarnação e do perispírito não pertence, pois, ao Espiritismo; é coisa resolvida. Mas, até ele, que proveito a Ciência, a moral, a Religião haviam tirado desses dois princípios, ignorados pelas massas e ficados em estado de letra morta? Ele não só os expôs à luz, os provou e faz reconhecer como leis da natureza, mas os desenvolveu e faz frutificar; deles já fez saírem numerosos e fecundos resultados, sem os quais não se poderia compreender uma infinidade de coisas; diariamente ele nos faz compreender outras novas e estamos longe de haver esgotado esta mina. Considerando-se que esses dois princípios eram conhecidos, por que ficaram improdutivos por tanto tempo? Por que, durante tantos séculos, todas as filosofias se chocaram contra tantos problemas insolúveis? É que eram diamantes brutos, que deviam ser lapidados. É o que faz o Espiritismo. Ele abriu uma nova via à filosofia ou, melhor dizendo, criou uma nova filosofia, que diariamente ocupa seu lugar no mundo. Então estes resultados são de tal modo nulos que devemos apressar a marcha para descobertas mais verdadeiras e mais sólidas?

Em resumo, de um certo número de verdades fundamentais, esboçadas por alguns cérebros de escol e conservadas, em sua maioria, como que em estado latente, uma vez que foram estudadas, elaboradas e provadas, de estéreis que eram tornaram-se uma mina fecunda, de onde saíram uma multidão de princípios secundários e aplicações, e abriram um vasto campo à exploração, novos horizontes às ciências, à filosofia, à moral, à religião e à economia social.

Tais são, até hoje, as principais conquistas devidas ao Espiritismo, e não temos feito mais do que indicar os pontos culminantes. Supondo que devessem limitar-se a isto, já nos poderíamos dar por satisfeitos, e dizer que uma ciência nova, que dá tais resultados em menos de dez anos, não pode ser acusada de nulidade, porque toca em todas as questões vitais da humanidade e traz aos conhecimentos humanos um contingente que não é para desdenhar. Até que esses únicos pontos tenham recebido todas as aplicações de que são susceptíveis, e que os homens os tenham aproveitado, ainda se passará muito tempo, e os espíritas que os quiserem pôr em prática para si próprios e para o bem de todos, não ficarão desocupados.

Esses pontos são outros tantos focos de onde irradiarão inumeráveis verdades secundárias, que se trata de desenvolver e aplicar, o que se faz todos os dias, porque diariamente se revelam fatos que levantam uma nova ponta do véu. O Espiritismo deu sucessivamente e em alguns anos todas as bases fundamentais do novo edifício. Cabe agora aos seus adeptos pôr em obra esses materiais, antes de pedir outros novos. Deus saberá bem lhos fornecer, quando tiverem acabado sua tarefa.

Dizem que os espíritas só sabem o á-bê-cê do Espiritismo. Seja. Que aprendamos, então, a silabar esse alfabeto, o que não será o caso de um dia, porque, mesmo reduzido a estas proporções, passará muito tempo antes de haver esgotado todas as cominações e colhido todos os frutos. Não restam mais fatos a explicar? Aliás, os espíritas não devem ensinar esse alfabeto aos que o ignoram? Já lançaram a semente em toda parte onde poderiam fazê-lo? Não resta mais incrédulos a convencer, obsedados a curar, consolações a dar, lágrimas a enxugar? Há fundamento em dizer que nada mais se deve fazer quando não se terminou a tarefa, quando ainda restam tantas chagas a fechar? São nobres ocupações que valem bem a vã satisfação de sa bê-las um tanto mais e um pouco mais cedo que os outros.

Saibamos, pois, soletrar o nosso alfabeto antes de querer ler fluentemente no grande livro da natureza. Deus saberá bem no-lo abrir, à medida que avançarmos, mas não depende de nenhum mortal forçar sua vontade, antecipando o tempo para cada coisa. Se a árvore da Ciência é muito alta para que possamos atingi-la, esperemos, para sobrevoá-la, que as nossas asas estejam crescidas e solidamente pregadas, para não virmos a ter a sorte de Ícaro.[55]

---

[55] N.E.: Filho de Dédalo, comumente conhecido pela sua tentativa de deixar Creta voando, utilizando asas de penas e cera — tentativa frustrada em uma queda que culminou na sua morte.

Abade Dégenettes, médium

Antigo cura de *Notre-Dame des Victories*, em Paris

O fato seguinte foi tirado textualmente da obra intitulada: *Mês de Maria*, pelo abade Défossés:

> Eis como se produziu no mundo, *de maneira sobrenatural e celeste, a obra divina da arquiconfraria do santíssimo e imaculado Coração de Maria*. Deixemos ainda a palavra ao Sr. Dégenettes. Quem melhor do que ele poderia contar-nos o que se passou?
>
> A arquiconfraria nasceu em 3 de dezembro de 1836. Muitas pessoas que só julgam pelas aparências, *nos chamam o seu fundador. Não podemos deixar passar este preconceito sem o combater e o destruir; não somos o seu fundador*. Só a Deus a honra e a glória. Não tínhamos nenhuma das disposições de espírito nem de coração que nos pudessem preparar para isto. Devemos confessar, pedindo perdão a Deus e a Maria que, embora filho de Maria, habituado desde tenra idade a amá-la, a venerá-la como a mais terna das mães, nada compreendíamos da devoção de seu santo coração, que até evitávamos de nele pensar. Acrescentamos ainda que um santo religioso, o padre Maccarty, tendo pregado um dia em nossa igreja das missões estrangeiras sobre o santo coração de Maria, não recolhemos de seu sermão nenhum sentimento que desse o nosso sufrágio ordinário à eloquência do pregador, mas só desgosto, tão grande era o orgulho de nossa prevenção, por ter ele tratado de um assunto que pensávamos não ser mais útil aos outros do que a nós. Tal foi nossa disposição constante até o dia 3 de dezembro de 1836, festa de São Francisco Xavier.
>
> Naquele dia, às nove horas da manhã, eu começava a santa missa ao pé do altar da santa Virgem, que depois consagramos ao seu santíssimo e imaculado Coração, e que é hoje o altar da arquiconfraria. Eu estava no primeiro versículo do salmo *Judica me*,[56] quando um

---

[56] N.E.: Faça me justiça.

pensamento veio apoderar-se de meu espírito: era o pensamento da inutilidade de meu ministério nessa paróquia; ele não me era estranho e eu tinha muitas ocasiões de concebê-lo e de recordá-lo, mas naquela circunstância ele me feriu mais vivamente que de ordinário. Como não era o lugar nem o tempo para dele me ocupar, fiz todos os esforços possíveis para afastá-lo de meu espírito. Não tive sucesso e parecia-me sempre ouvir uma voz, que vinha de meu íntimo e me dizia: *Nada fazes, teu ministério é nulo. Vê, estás aqui há quatro anos; que ganhaste? Tudo está perdido, este povo não tem mais fé. Por prudência deverias retirar-te!...*

"A despeito de todos os meus esforços para repelir este pensamento infeliz, ele se obstinou de tal modo que absorveu todas as faculdades de meu espírito, a ponto de eu ler e recitar preces sem mais compreender o que dizia. A violência que eu me tinha feito me havia fatigado e eu experimentava uma transpiração das mais abundantes. Fiquei nesse estado até o começo do cânone da missa. Depois de haver recitado o *Sanctus*, parei um instante, procurando restabelecer minhas ideias; aterrorizado com o estado de meu espírito, disse-me: 'Meu Deus, em que estado estou? Como vou oferecer o divino sacrifício? Não tenho bastante liberdade de espírito para consagrar. Ó meu Deus, livrai-me desta distração.' Tão logo proferi estas palavras, ouvi distintamente estas outras, pronunciadas de maneira solene: *Consagra tua paróquia ao santíssimo e imaculado Coração de Maria*. Mal ouvidas estas palavras, que não me feriam os ouvidos, mas apenas ressoavam dentro de mim, recobrei imediatamente a calma e a liberdade de espírito. A fatal impressão que me tinha agitado tão violentamente logo se apagou e dela não me restou nenhum traço. Dei seguimento aos santos mistérios sem nenhuma lembrança de minha precedente distração.

Após minha ação de graças, examinei a maneira pela qual tinha oferecido o santo sacrifício. Só então me lembrei de que tivera uma distração, embora não passasse de uma lembrança confusa e, por alguns instantes, vi-me obrigado a pesquisar qual teria sido o seu objeto. Tranquilizei-me, dizendo: 'Não pequei; eu não estava livre.'

Perguntei-me como essa distração havia cessado e a lembrança das palavras que ouvira se me apresentou ao espírito. Esse pensamento me feriu com uma espécie de terror. Procurei negar a possibilidade do fato, mas minha memória confundia os raciocínios que eu me objetava. Batalhei comigo mesmo durante dez minutos. Dizia de mim para mim: *Se parasse nisto, expor-me-ia a uma grande desgraça; ela afetaria meu moral e eu poderia tornar-me visionário.*

Fatigado por esse novo combate, tomei meu partido e disse: *Não posso deter-me nesse pensamento; ele teria consequências deploráveis; aliás, é uma ilusão; tive uma longa distração durante a missa, eis tudo. O essencial para mim é não ter pecado. Não quero mais pensar nisto.* Apoiei as mãos no genuflexório sobre o qual estava ajoelhado. No mesmo instante, e ainda não me tinha levantado (estava só na sacristia), ouvi pronunciar bem distintamente: *Consagra tua paróquia ao santíssimo e imaculado Coração de Maria.* Torno a cair de joelhos e minha primeira impressão foi um momento de estupefação. Eram as mesmas palavras, o mesmo som, a mesma maneira de ouvi-las. Durante alguns instantes tentei não acreditar; ao menos queria duvidar e não o podia mais. Eu tinha ouvido, não podia ocultá-lo a mim mesmo. Um sentimento de tristeza tomou conta de mim; as inquietudes que acabavam de atormentar o meu espírito apresentaram-se de novo. Em vão tentei expulsar todas essas ideias; eu me dizia: É ainda uma ilusão, fruto do abalo dado em teu cérebro pela primeira impressão que ressentiste; não ouviste, não pudeste ouvir, mas o sentido íntimo me dizia: Não podes duvidar; ouviste duas vezes.

Tomei a decisão de não me ocupar com o que acabava de acontecer, de tentar esquecer. Mas estas palavras: *Consagra tua paróquia ao santíssimo e imaculado Coração de Maria*, se me apresentavam incessantemente ao espírito. Para me livrar da impressão que me fatigava, cedi exausto e me disse: *É sempre um ato de devoção à santa Virgem, que pode ter um bom efeito; tentemos.* Meu consentimento não era livre; era exigido pela fadiga do meu espírito. Entrei em meu apartamento. Para me livrar desse pensamento, pus-me a compor o estatuto de nossa associação. Tão logo pus mãos à obra o assunto se esclareceu aos meus olhos e os estatutos não tardaram a ser redigidos. Eis a verdade, e não a dissemos nas primeiras edições de nosso manual; até a ocultamos ao venerável diretor de nossa consciência. Até aquele dia a mantínhamos em segredo, mesmo para os amigos mais íntimos; *não ousávamos desvendá-lo; e hoje que a divina misericórdia assinalou tão autenticamente sua obra pelo estabelecimento, pela prodigiosa propagação da arquiconfraria e, sobretudo, pelos frutos admiráveis que ela produz, minha consciência me obriga a revelar este fato.* É glorioso — dizia o arcanjo Rafael a Tobias — é glorioso revelar as obras de Deus, a fim de que todos reconheçam que só a ele pertencem louvor, honra e glória.

O fato de mediunidade auditiva é aqui extremamente evidente. A quem negasse que seja um efeito mediúnico e o considerasse como miraculoso, responderíamos que o caráter do milagre é de ser excepcional e acima das leis da natureza, e que jamais se pensou em dar essa qualidade aos fenômenos que se produzem diariamente; a reprodução é indício certo de que existem em virtude de uma lei e que, por conseguinte, não saem da ordem natural. Ora, os fatos análogos ao do abade Dégenettes estão no número dos mais vulgares, entre os da mediunidade; as comunicações por via auditiva são excessivamente numerosas.

Se, pois, conforme a opinião de alguns, o demônio é o único agente dos efeitos mediúnicos, seria de concluir, para ser consequente, que a fundação da dita arquiconfraria é uma obra do demônio, porquanto, em boa lógica, a analogia absoluta dos efeitos implica a da causa.

Um ponto muito embaraçoso para os partidários do demônio é a reprodução incessante de todos os fenômenos mediúnicos no seio do próprio clero e das comunidades religiosas, e a perfeita similitude de uma porção de efeitos considerados santos, com os que são reputados diabólicos. Assim, forçoso é convir que os Espíritos maus não são os únicos com o poder de manifestar-se, pois, do contrário, a maioria dos santos não passariam de possessos, considerando-se que muitos só deveram sua beatificação a fatos do gênero dos que hoje se produzem entre os médiuns. Eles se safam da dificuldade dizendo que os Espíritos bons só se comunicam à Igreja, ou que só à Igreja cabe distinguir o que vem de Deus ou do diabo. Seja; é uma razão como qualquer outra, que fica para a apreciação de cada um, mas que exclui a doutrina da comunicação exclusiva dos demônios.

Nosso colega Sr. Delanne, que houve por bem nos transmitir o fato acima, juntou a comunicação seguinte, do abade Dégenettes, obtida pela Sra. Delanne:

"Meus caros filhos, respondo com alegria ao vosso apelo; darei de bom grado os detalhes que desejais conhecer, porque hoje estou ligado à grande falange dos Espíritos que têm por missão conduzir os homens no caminho da verdade.

Quando eu estava na Terra, trabalhava de corpo e alma para reconduzir os homens a Deus, mas tinha apenas uma ideia muito fraca da importância desta grande lei, pela qual todos os homens chegarão ao progresso. A matéria impõe graves entraves, e nossos instintos muitas vezes paralisam os esforços de nossa inteligência. Quando, pois, de minha *audição*, eu não sabia bem em que pensar, mas vendo que a voz continuava a fazer-se ouvir, conclui por um milagre. Apesar disso, considerava-me como um verdadeiro instrumento, e tudo quanto obtive por esta intercessão me confirmava essa ideia. Pois bem! de fato eu tinha sido um instrumento, mas não havia milagre; eu era um dos homens designados para trazer uma das primeiras pedras à doutrina, fornecendo a prova das comunicações espirituais.

Estão próximos os tempos em que vos serão dados grandes desenvolvimentos concernentes às coisas chamadas mistérios, e que deviam sê-lo até o presente, porque os homens ainda não estavam aptos a compreendê-las. Oh! mil vezes feliz os que hoje compreendem esta bela e invejável missão de propagar a doutrina da Revelação e mostrar um Deus bom e misericordioso!

Sim, meus caros filhos, quando eu estava exilado na Terra possuía o precioso dom da mediunidade, mas, eu vo-lo repito, não sabia me dar conta disto. A partir do momento em que aquela voz falou ao meu coração, reconheci mais especialmente e mais visivelmente a proteção de Maria em todas as minhas ações, mesmo as mais simples, e se ocultei aos meus superiores o que antes se havia passado comigo, ainda *foi pelos conselhos dessa mesma voz*, que me fazia compreender que não havia chegado a hora de fazer aquela revelação. Eu tinha o pressentimento e como uma vaga intuição da renovação que se opera; compreendia que a revelação *não devia vir da Igreja*, mas que um dia a Igreja seria forçada a apoiá-la por todos os fatos a que dá o nome de milagre e que atribui a causas sobrenaturais.

Continuarei de outra vez, meus filhos. Que a paz do Senhor esteja em vossas almas e vos proporcione um sono tranquilo."

P. – Devemos enviar ao Sr. Allan Kardec esta comunicação e os fatos que a provocaram?

Resp. – Eu não vos disse que era um dos propagadores da Doutrina? Meu nome não tem grande valor, mas não vejo porque não vos autorizaria a fazê-lo. Aliás, não é a primeira vez que me comunico; podeis, pois, transmitir ao mestre minhas simples instruções, ou, antes, meus simples relatos.

Dégenettes

Observação – Com efeito, o abade Dégenettes comunicou-se várias vezes, espontaneamente, e ditou palavras dignas da elevação de seu Espírito.

Tanto quanto nos lembramos, foi ele que, num sermão pregado na igreja de Notre-Dame des Victoires, contou o seguinte fato: "Uma pobre operária sem trabalho veio orar na igreja. Ao sair encontrou um senhor que a abordou e lhe disse: 'Buscai trabalho; ide a tal endereço, procurai a senhora fulana; ela vos conseguirá um.' A pobre mulher agradeceu e se dirigiu ao local indicado, onde realmente encontrou a pessoa em questão, à qual narrou o que acabava de acontecer. A senhora lhe disse: 'Não sei quem vos poderia ter dado o meu endereço, porque não pedi empregada. Entretanto, como tenho algo para mandar fazer, vou encarregá-la disto.' A pobre mulher, avistando um retrato no salão, respondeu: — Olhai, senhora, este é o senhor que me mandou à vossa casa — e apontou o retrato. 'Impossível — disse a senhora — esse retrato é de meu filho, morto há três anos' — respondeu a operária: — não sei como isto se deu, mas o reconheço perfeitamente."

O Sr. abade Dégenettes acreditava, pois, na aparição das almas após a morte, com a aparência que tinham em vida. Os fatos deste gênero não são insólitos e deles temos numerosos exemplos. Não é presumível que o abade Dégenettes tivesse relatado este do púlpito sem provas autênticas. Sua crença neste ponto, junta à que lhe chegou pessoalmente, vem em apoio do que ele disse de sua missão atual, de propagar a Doutrina dos Espíritos.

Um fato como o último referido deveria necessariamente passar por maravilhoso. Só o Espiritismo, pelo conhecimento das propriedades do perispírito, poderia dar-lhe uma explicação racional. Prova, por isto mesmo, a possibilidade da aparição do Cristo aos Apóstolos, após a sua morte.

Manifestações de Fives, perto de Lille (Norte)

Lê-se no *Indépendant de Douai*, de 6 e 8 de julho de 1865, o relato seguinte, dos fatos que acabam de se passar em Fives:

I

Há cerca de quinze dias, na rua do Prieuré, em Fives, passam-se fatos ainda inexplicáveis e causam uma profunda sensação em todo o bairro. A certos intervalos, no pátio de duas casas dessa rua, cai uma saraivada de projéteis que quebram vidraças, por vezes atingem os moradores, sem que se possa descobrir nem o lugar de onde partem, nem a pessoa que os atira. As coisas chegaram a tal ponto que um dos dois locatários teve de proteger suas janelas com grade, temeroso de ser abatido.

No início os interessados espreitavam, mas depois recorreram à polícia que, durante vários dias, exerceu a mais ativa vigilância. Isto não impediu que pedaços de tijolos, carvão de pedra etc., caíssem abundantemente nos dois pátios. Até um agente recebeu um projétil nos rins, no momento em que procurava explicar a um de seus camaradas a parábola que as pedras descreviam antes de cair.

O vidraceiro, substituindo os vidros quebrados na véspera por pedaços de tijolo, foi igualmente atingido nas costas. Logo se precipitou, jurando conhecer o autor desses atos repreensíveis, mas não foi mais feliz que os outros.

Desde alguns dias constata-se notável diminuição no volume dos projéteis, mas são mais numerosos, de sorte que a emoção continua. Entretanto, esperam em breve descobrir o que há de misterioso nesse caso singular.

II

Os fenômenos bizarros que se produzem na rua do Prieuré, em Fives, desde quinta-feira, 14 de junho, e dos quais já tínhamos falado, desde sábado entraram numa nova fase, diz o jornal de onde extraímos o primeiro relato.

Não se trata mais de projéteis atirados de fora com um barulho extraordinário contra portas e janelas e, muito menos violentamente, contra as pessoas.

Eis o que se passa agora numa das duas casas de que se falou, pois a outra está em perfeito sossego.

No sábado caíram no pátio oito vinténs e cinco moedas de dois centavos belgas. A dona da casa, vendo ao mesmo tempo vários móveis se mexerem e cadeiras sendo derrubadas, vai chamar pessoas da vizinhança. Levantam as cadeiras; por várias vezes elas caem de novo. Ao mesmo tempo veem-se no jardim os tamancos, deixados na entrada pela servente, pular em cadência, como se estivessem nos pés de uma pessoa que dançasse.

Ao anoitecer, um calendário posto em cima de uma lareira saltou e rodopiou no ar; sapatos colocados no chão também saltaram e caíram de borco.

Vindo a noite, o dono da casa, Sr. M..., resolveu vigiar.

Apenas só, ouviu um barulho: era um candelabro que caía sobre a lareira; enquanto se levantava, uma concha rolou por terra; abaixou-se para a apanhar; outro candelabro lhe caiu nas costas. Essas artimanhas duraram uma parte da noite.

Durante esse tempo a empregada, que dorme nos altos, gritou por socorro. Encontraram-na tão apavorada que não puderam duvidar de sua sinceridade quando afirmou que lhe haviam batido. Fizeram-na descer e deitar-se num gabinete vizinho; logo ouviram seus lamentos e até os golpes que recebia.

Esta moça ficou doente e teve de voltar para a casa dos pais.

Na manhã de domingo e no dia seguinte ainda caíram vinténs e centavos belgas no pátio.

À tarde a Sra. X... saiu com uma de suas amigas, depois de ter vistoriado toda a casa e sem nada encontrar fora de ordem.

A porta foi fechada cuidadosamente. Ninguém podia entrar. Ao voltar, a Sra. X... encontrou desenhado sobre a cama um grande 8, com meias e xales que estavam guardados num armário.

À noite, com o marido, o sobrinho e um pensionista, que com ela constituem toda a gente da casa, fez inspeção em todos os aposentos. Na manhã do dia seguinte, ao subir ao quarto outrora ocupado pela empregada, encontrou sobre o leito um desenho esquisito, formado com bonés e, na parte inferior da escada, doze degraus cobertos com paletós de seu marido, do sobrinho e do pensionista, estendidos e cobertos por um chapéu.

Terça-feira pela manhã ainda caiu no pátio um centavo belga. Tinham intenção de o dar aos pobres, assim como as moedas caídas dois dias antes. Mas eis que o estojo onde estavam guardados saltou de um aposento a outro e o dinheiro desapareceu, assim como a chave da secretária.

Varrendo a sala de jantar, subitamente viram duas facas se fincarem no soalho e outra no teto.

De repente uma chave caiu no pátio. Era a da porta da rua; depois veio a da secretária; em seguida vieram os xales, os lenços, enrolados e em nós, que tinham desaparecido há algum tempo.

À tarde foi visto na cama do Sr. M... uma roda feita com roupas e no celeiro um desenho do mesmo gênero, formado por um velho capote enrolado e uma canastra.

Todos estes fatos, bem como os de que falamos sábado, são atestados por pessoas da casa, cujo caráter está longe de ser levado ao exagero ou à ilusão. Parecem mais singulares ainda porque a vizinhança é bem habitada e porque uma vigilância ativa e incessante foi exercida nas últimas três semanas.

Pode imaginar-se o quanto as pessoas da casa sofrem com esse estado de coisas. Depois de terem tapado as janelas do lado do pátio, resolveram abandonar as peças onde se produziam os fatos que relatamos e agora estão, de certo modo, acampadas em dois ou três aposentos, esperando o fim de seus aborrecimentos.

Pela crônica: Th. Denis

Como se vê, esses fatos têm certa analogia com os de Poitiers, do Boulevard Chave, em Marselha, das ruas des Grès e Noyers, em Paris, de Hoerdt, perto de Estrasburgo, e de uma porção de outras localidades. Em toda parte surpreenderam a mais ativa vigilância e burlaram as investigações da polícia. Graças à sua multiplicação, terminarão por abrir os olhos. Se só se produzissem num único lugar, seríamos levados a atribui-los a uma causa local, mas, quando se sucedem em pontos tão afastados e em diferentes épocas, forçoso é reconhecer que a causa está no mundo invisível, já que não a encontramos no nosso. Em presença de fatos tão multiplicados e, por conseguinte, com testemunhas tão numerosas, a negação é quase impossível, de modo que vemos as notícias se limitarem, geralmente, a meros relatos.

Os Espíritos anunciaram que manifestações de toda natureza iam produzir-se em todos os pontos. Com efeito, se examinarmos o que se passa desde algum tempo, veremos que são fecundos em recursos que atestam sua presença. Os incrédulos pedem fatos; os Espíritos lhos fornecem a todo instante, com um valor tanto maior quanto não são provocados e se produzem sem o concurso da mediunidade ordinária e, na maior parte do tempo, entre pessoas estranhas ao Espiritismo. Parece que os Espíritos lhes dizem: Acusais os médiuns de conivência, de prestidigitação, de alucinações; nós vos damos fatos que não são suspeitos. Se depois disto ainda não credes, é que quereis fechar os olhos e os ouvidos.

As manifestações de Fives, ademais, nos são atestadas pelo Sr. Mallet, de Douai, oficial superior e homem de ciência, que se informou de sua realidade nos próprios locais e junto a pessoas interessadas. Podemos, pois, garantir a sua perfeita exatidão.

Problema psicológico

Dois irmãos idiotas

Numa família de operários de Paris encontram-se duas crianças acometidas de idiotia. Até a idade de 5 ou 6 anos bem desenvolvidas. A menos que seja provocada por uma causa acidental, a idiotia nas crianças resulta quase sempre de uma parada no desenvolvimento dos órgãos, manifestando-se, por conseguinte, desde o nascimento. Além disso, o que é de notar aqui é o fato de duas crianças atingidas pela mesma enfermidade em condições idênticas.

Podendo esse duplo fenômeno ser objeto de estudo interessante, do ponto de vista psicológico, o Sr. Desliens, um dos membros da Sociedade de Paris, foi introduzido na família por um amigo, a fim de poder dar contas à Sociedade. Eis o resultado de suas observações:

Disse ele: "Quando o pai soube do objetivo de minha visita passou a um gabinete, de onde voltou trazendo nos braços um ser que, por suas feições, mais se parecia a um animal do que a um foco de inteligência. Trouxe igualmente um segundo no mesmo estado de embrutecimento, mas com aparências físicas mais humanas. Nenhum som inteligível escapava da boca desses infortunados; gritinhos agudos, grunhidos roucos são suas únicas manifestações ruidosas. Quase sempre um riso bestial lhes anima a fisionomia. O mais velho chama-se Alfred, e o segundo, Paulin.

Alfred, atualmente com 17 anos, nasceu com toda a sua inteligência, que se manifestou mesmo com certa precocidade. Aos 3 anos falava convenientemente e compreendia os menores sinais. Teve então uma ligeira doença, depois da qual perdeu o uso da palavra e as faculdades mentais. Os tratamentos médicos apenas levaram ao esgotamento das forças vitais, hoje traduzido por um raquitismo absoluto.

Este ser, que de um homem nem mesmo guarda a aparência, tem, contudo, sentimento; ama a seus pais e a seu irmão, e sabe manifestar simpatia ou repulsão por aqueles que o cercam. Compreende tudo quanto lhe dizem; olha com olhos brilhantes e inteligentes; procura incessantemente, mas sem resultado, responder quando lhe falam de coisas que o interessam. Tem um medo invencível da morte e não pode ver um carro fúnebre sem procurar esconder-se. Certo dia, tendo sua tia lhe dito, por brincadeira, que o envenenaria se ele continuasse a ser mau, compreendeu tão bem que durante mais de um ano se negou a receber qualquer alimento de sua mão, embora tenha um apetite extraordinário.

Do ponto de vista corporal, Paulin, de 15 anos, tem uma aparência mais humana. Traz no rosto embrutecido a marca de um idiotismo absoluto. Contudo ama, limitando-se a isto suas manifestações exteriores. Também nasceu com toda a razão, que conservou integral até os 6 anos. Gostava muito do irmão. A essa idade adoeceu e passou pelas mesmas fases do mais velho. Ultimamente foi acometido por uma doença de largo curso, depois da qual parece compreender melhor o que lhe dizem. O cura e os padres da paróquia fizeram a família saber que havia possessão do demônio e que era preciso exorcizar os meninos. Os pais hesitaram. Contudo, fatigados com a insistência daqueles senhores, e temendo perder o auxílio que recebiam por causa dos filhos, concordaram. Mas, então, aqueles senhores sustentaram que, de fato, teria havido possessão numa época anterior, mas que hoje já não se tratava disto e que nada mais havia a fazer. É preciso dizer, em louvor aos pais, que sua ternura por essas infortunadas criaturas jamais foi desmentida e que elas têm sido constantemente objeto dos mais afetuosos cuidados."

Os senhores eclesiásticos renunciaram sabiamente ao exorcismo, que só teria levado a um fracasso. As crianças não apresentam nenhum dos caracteres da obsessão, no sentido do Espiritismo, e tudo prova que a causa do mal é puramente patológica. Em ambos a idiotia se produziu em consequência de uma doença que, indubitavelmente, ocasionou a atrofia dos órgãos da manifestação do pensamento. Mas é fácil ver, por trás desse véu, que existe um pensamento ativo, que encontra um obstáculo invencível à sua livre emissão. A inteligência dessas crianças, durante os primeiros anos, nelas prova Espíritos adiantados, que mais tarde se acharam contidos em laços muito apertados para que pudessem manifestar-se. Num envoltório em condições normais teriam sido homens inteligentes; e quando a morte os tiver libertado de seus entraves, recobrarão o livre uso de suas faculdades.

Esse constrangimento imposto ao Espírito deve ter uma causa moral, providencial e essa causa deve ser justa, já que Deus é a fonte de toda justiça. Ora, como esses meninos nada fizeram nesta existência que pudesse merecer um castigo qualquer, é preciso admitir que pagam a dívida de uma existência anterior, a menos que se negue a Justiça de Deus. Eles nos oferecem uma prova da necessidade da reencarnação, essa chave que resolve tantos problemas e que, diariamente, projeta luz sobre tantas questões ainda obscuras. (*Vide O evangelho segundo o espiritismo*, cap. V, item 6: Causas anteriores das aflições terrenas).[57]

A respeito do assunto, foi dada a seguinte comunicação na Sociedade de Paris, no dia 7 de julho de 1865. (Médium: Sr. Desliens.)

"A perda da inteligência nos dois idiotas a que nos referimos é, certamente, explicável do ponto de vista científico. Cada um deles teve uma curta doença; pode-se, pois, concluir com razão que os órgãos cerebrais foram afetados. Mas por que esse acidente ocorreu após a manifestação evidente de todas as suas faculdades, contrariamente ao que, em geral, se passa na idiotia? Repito: toda perturbação da inteligência ou das funções orgânicas pode ser explicada fisiologicamente, seja qual for a causa primeira, considerando-se que o Criador estabeleceu leis para as relações entre a inteligência e os órgãos de transmissão, leis que não podem ser derrogadas. A perturbação dessas relações é uma consequência mesma dessas leis, e pode ferir o culpado por suas faltas anteriores: aí está a expiação.

Por que esses dois seres foram feridos juntos? Porque participaram da mesma vida; como estavam ligados durante a provação, devem estar reunidos na vida de expiação.

---

[57] N.T.: No original, por engano, consta o nº 66, em vez do 6. (Em *O evangelho segundo o espiritismo* consta apenas o subtítulo: Causas anteriores das aflições.)

Por que sua inteligência a princípio se manifestou, ao contrário do que geralmente acontece em casos semelhantes? Do ponto de vista da intenção providencial, é uma das mil nuanças da expiação, que tem sua razão de ser para o indivíduo, mas cujo motivo muitas vezes seria difícil de sondar, por isso mesmo que é individual. É preciso aí ver, também, um desses fatos que diariamente vêm confirmar, pela observação atenta, as bases da Doutrina Espírita, e sancionar, pela evidência, os princípios da reencarnação.

Não vos esqueçais, também, de que os pais têm sua parte no que aqui se passa. Sua ternura para com esses seres, que não lhes oferecem nenhuma compensação, é uma grande prova. Devem ser felicitados por não haverem falido, porque essa compensação que não encontram no mundo, encontrá-la-ão mais tarde. Dizei a vós mesmos que os cuidados e a afeição que prodigalizam a esses dois pobres seres bem poderiam ser uma reparação em relação a eles, reparação que o estado de necessidade da família torna ainda mais meritório."

MOKI

Variedades

EPITÁFIO DE BENJAMIM FRANKLIN[58]

Um de nossos assinantes de Joinville (Haute-Marne) escreve-nos o seguinte:

"Sabendo da boa acolhida que é reservada a todos os documentos que têm alguma relação com a Doutrina Espírita, apresso-me em vos dar conhecimento de uma passagem da biografia de Franklin, extraída da *Mosaïque* de 1839, página 287. Ela prova mais uma vez que, em todas as épocas, homens superiores tiveram a intuição das verdades espíritas. A crença desse grande homem na

---

[58] N.E.: (1706–1790). Físico, filósofo e político norte-americano. Filho de modesto fabricante de velas, muito cedo começou a trabalhar numa tipografia.

reencarnação e na progressão da alma se revela toda inteira nalgumas linhas seguintes, formando o epitáfio que ele compôs para si mesmo. Está assim concebido:

> Aqui repousa, entregue aos vermes, o corpo de Benjamin Franklin, impressor, como a capa de um velho livro cujas folhas foram arrancadas, e cujo título e douração se apagaram. Mas nem por isto a obra ficará perdida, pois, como acredito, reaparecerá em nova e melhor edição, revista e corrigida pelo autor."

Um dos principais cidadãos de que mais se honram os Estados Unidos, era, pois, reencarnacionista. Não só acreditava em seu renascimento na Terra, como julgava aqui voltar melhorado por seu trabalho pessoal. É exatamente o que diz o Espiritismo. Se se recolhessem todos os testemunhos esparsos em milhares de escritos em favor desta doutrina, reconhecer-se-ia quanto ela teve raízes entre os pensadores de todas as épocas, e menos admiradas ficariam as pessoas da facilidade com que é hoje acolhida, porque se pode dizer que jaz latente na consciência do maior número. Esses pensamentos, semeados aqui e ali, eram fagulhas precursoras do fogo que devia brilhar mais tarde e mostrar aos homens o seu destino.

Notas bibliográficas

O manual de Xéfolius

Este livro é uma nova prova da fermentação das ideias espíritas, muito tempo antes que se cogitasse dos Espíritos. Mas aqui já não se trata de alguns pensamentos esparsos, mas de uma série de instruções que se diriam calcadas sobre a doutrina atual ou, pelo menos, hauridas na mesma fonte. Essa obra, atribuída a Félix de Wimpfen, guilhotinado em 1793, parece ter sido publicada por volta de 1788. A princípio só foram impressos sessenta exemplares para alguns amigos, conforme aviso colocado no início e, por conseguinte, era excessivamente raro. Eis o texto do prefácio, que traz a data de

1788 e cuja forma, bastante ambígua, bem poderia ser uma maneira de dissimular a personalidade do autor.

> Se eu dissesse de que maneira me caiu nas mãos a obra que hoje entrego ao público, o extraordinário que encerra essa história não satisfaria mais o leitor do que pode inquietá-lo o meu silêncio e eu nada acrescentaria ao preço inestimável do presente que lhe faço. Surpresa e preocupada por esta singularidade, li com uma espécie de desconfiança, mas logo as conjecturas foram abafadas pela admiração. Encontrei o que nenhum filósofo jamais nos havia oferecido, um sistema completo. Senti meu espírito apoiar-se, fixar-se sobre uma base que lhe era em tudo correspondente; senti minha alma elevar-se e crescer; senti meu coração abrasar-se de um novo amor por meus semelhantes; minha imaginação foi ferida por um respeito mais profundo pelo autor de todas as coisas. Vi o porquê de tantos assuntos de murmúrios contra a sabedoria eterna. Encontrando-me melhor e mais feliz, pensei que não era por acaso que eu tinha sido escolhida, e que a Providência me havia determinado para ser o instrumento da publicação desse manual, apropriado a todos os cultos, que ele respeita, a todas as idades que ele instrui, a todos os estados que ele consola, do monarca ao mendigo. O sentimento e a razão me levaram a partilhar com meus irmãos as encorajadoras esperanças, as pacíficas resignações, os impulsos para a perfeição, de que me acho penetrada. Fortificada por uma felicidade que até então me era desconhecida, enfrento sem medo o ridículo a que me irão expor os espíritos fortes pela fraqueza e, de antemão, lhes perdoo os pesares com que talvez queiram pagar a felicidade à qual convido o leitor e que, mais cedo ou mais tarde, será sua partilha.

Um de nossos colegas da Sociedade Espírita de Paris, que mora em Gray, na Haute-Saône, há pouco tempo encontrou esta obra sobre sua mesa; jamais ficou sabendo como e por quem foi trazida, já que não conhece ninguém que o possa ter feito, nem compreendeu o motivo para que alguém se ocultasse. Entre as pessoas que ele frequenta, nenhuma fez alusão a isto em conversa, nem pareceu ter conhecimento do livro, quando dele falou. Tocado pessoalmente pelas ideias que a obra encerra, ele no-lo comunicou em sua última viagem a Paris. Tendo sido publicada uma edição mais recente pela livraria Hachette,[59] apressamo-nos em adquiri-lo. Seu título, que infelizmente nada diz, deve ter contribuído para o deixar ignorado pelo público. Cremos que os espíritas nos serão gratos de tirá-lo do esquecimento, chamando a sua atenção. Nada melhor podemos fazer do que citar algumas de suas passagens:

> Partimos todos do mesmo ponto para chegar à mesma circunferência por raios diferentes; e é da diversidade *dos tipos que tenhamos usado* que provém a diversidade das inclinações dos homens para o seu primeiro protótipo. Quanto às inclinações dos que já usaram vários, elas têm tantas causas diferentes e tantos matizes que, se as quiséssemos indicar, nós nos perderíamos no infinito. Contentar-me-ei, pois, em dizer que, enquanto girarmos apenas no círculo das vaidades, sempre nos assemelharemos, mas aquele que entrou em suas leis não poderá conceber como pôde cometer certas ações tão pouco semelhantes e tão contrárias ao que é atualmente. (p. 87.)

> O homem não passa de um protótipo disforme ou débil senão quando abusou criminosamente da força e da beleza daquele que acaba de deixar, porque depois que fazemos a sua experiência, somos privados das vantagens de que abusamos, para nos afastarmos da felicidade e da salvação, e recebermos o que delas nos pode aproximar novamente. Se, pois, foi a beleza, *renasceremos feios, disformes*; se a saúde, fracos, doentios; se as riquezas, pobres, desprezados; se as grandezas, escravos, humilhados; enfim, tais como o jogo das leis universais no-lo mostra, já na Terra, alguns exemplos constantes naqueles que, depois de haverem abusado dos bens passageiros ou de convenção, para ultrajar os seus irmãos, tornaram-se para estes objetos de desprezo e piedade." (p. 89.)

---

[59] Nota de Allan Kardec: Um vol. In-12. Preço: 2 fr. 50; pelo correio: 2 fr. 80.

Quando julgamos das penas que merecem um crime, podemos variar na medida das punições. Mas todos concordamos que o crime deve ser punido. Estaremos igualmente de acordo para concordar que os castigos, que de um mau sujeito fariam um cidadão, seriam preferíveis à barbárie de o supliciar eternamente e inutilmente, para si e para os outros, e que não podendo a Onipotência ser ameaçada, ofendida, perturbada, não pode querer vingar-se; que, assim, tudo quanto experimentamos é apenas para *nos esclarecer e nos modificar*; mas o preço inestimável que liga o homem a objetos de toda sorte não o faz pensar menos que só precisa de um poder infinito para proporcionar o castigo ao delito do qual se tornou culpado contra si. E em sua louca paixão, imagina que Deus não deixará de vingar-se, como ele se vingaria, se fosse Deus, ao passo que outros procuram persuadir-se de que o Céu não toma nenhum conhecimento de seus crimes, mas é assim que deve raciocinar a maioria dos delinquentes, cada um tomando por base os seus diversos interesses. (p. 134.)

Se não houvessem limitado o universo ao nosso pequeno globo, a um Elíseo,[60] a um Tártaro,[61] todo cercado de velas, teriam sido mais justos para com Deus e para com os homens.

Não sabes o que fazer desse tirano de Roma que, depois de inumeráveis crimes, morreu lamentando não haver cometido todos aqueles que ainda se encontram na lista. Não podendo fazê-lo passar aos Elíseos, inventas Fúrias,[62] o Tártaro e o precipitas num abismo de penas eternas. Mas quando souberes que aquele tirano, assassinado na flor da idade, não cessou de viver; que passou pelas condições mais abjetas; *que foi punido pela lei de talião*; que sofreu sozinho tudo quanto fez sofrerem os outros; quando souberes que, *instruído pela desgraça, esse grande mestre do homem*, modificado

---

[60] N.E.: Campos Elíseos – lugar de repouso e de felicidade eterna dos heróis e homens virtuosos, após a morte.
[61] N.E.: Região mais profunda do inferno.
[62] N.E.: Fúrias ou Erínias ou Eumênides, deusas da vingança, que os romanos chamavam Fúrias. Eram três: Alecto, Tisífone e Megera, e tinham por missão punir os crimes dos homens.

pelos sofrimentos, desenganado, esclarecido sobre tudo que o afastava do bom caminho; aquele coração no qual abundavam o erro e os vícios, e que vomitava os crimes *que as leis universais fizeram servir para a modificação e salvação de uma grande quantidade de nossos irmãos*; quando souberes, digo, que aquele mesmo coração é hoje asilo da verdade, das mais suaves e harmoniosas virtudes, quais serão teus sentimentos para com ele? (p. 131.)

Quando os homens imaginaram um Deus vingativo, fizeram-no à sua imagem. O homem se vinga, ou porque se julga lesado ou para provar que não se deve brincar com ele, isto é, que só se vinga por avareza e por medo, crendo só se vingar por um sentimento de justiça. Ora, cada um sabe a que excessos podem levar-nos nossas paixões discordantes. Mas o Eterno, inacessível aos nossos ataques, o Eterno, tão bom quanto justo, só exerce sua Justiça na mesma medida da sua bondade. Tendo a sua bondade nos criado para um destino feliz, ele ordenou justamente a natureza das coisas de maneira: 1º) que nenhum crime fique impune; 2º) que, mais cedo ou mais tarde, a punição se torne *uma luz para o infrator* e para vários outros; 3º) que não podemos alterar nem infringir nossas leis sem cair num mal proporcional à nossa infração e à luxação moral do grau atual de nossa modificação. (p. 132.)

Quanto mais avançares, mais encantos encontrarás na prece do amor, porque é pelo amor que seremos felizes e porque, sendo o amor o laço dos seres, teu bom gênio reagirá sobre ti. *Esse companheiro invisível é talvez o amigo que julgas ter perdido*, ou esse outro tu mesmo, que pensas existir apenas em teu desejo; um momento ainda e estarás com ele e com todos os que terás amado bem, ou que terias amado preferentemente, se os tivesses conhecido. (p. 265.)

Quando uma injustiça ou uma maldade despertar em ti o sentimento de indignação, antes de raciocinares sobre essa injustiça ou essa maldade, raciocina teu sentimento, a fim de que não se transmude em cólera. Diz a ti mesmo: é para suportar isto que necessito de sabedoria; *não seria uma velha dívida que pago*? Se me deixar perturbar, não tardarei a cair. Não estamos todos sob a mão do grande Obreiro e não sabe ele melhor que eu o instrumento de que deve servir-se? Que conselhos eu daria ao meu amigo se o visse na minha posição? Não lhe traria à memória a gradação dos seres? não lhe perguntaria se uma planta silvestre produz frutos tão bons quanto uma árvore enxertada? se gostaria de continuar tão atrasado quanto o perverso, a fim de poder assemelhar-se a ele? se o golpe que acaba de receber não cortou um elo que desconhecia ou que ele próprio não tinha força de romper? Não terminaria eu por fixar o seu olhar sobre esta felicidade eterna, preço do complemento de uma harmonia na qual só fazemos progressos à medida que nos esclarecemos e nos destacamos dos miseráveis interesses de onde nascem os choques contínuos e nos elevamos acima do finito? (p. 310.)

Estas citações dizem bastante para dar a conhecer o espírito dessa obra e tornar supérfluo qualquer comentário. Tendo perguntado ao guia de um dos nossos médiuns, Sr. Desliens, quanto à possibilidade de evocar o Espírito do autor, ele respondeu: "Sim, certamente, e com muito mais facilidade, porque não é a sua primeira comunicação. Vários médiuns já foram dirigidos por ele em diversas circunstâncias. Mas deixo a ele mesmo o encargo de se explicar. Ei-lo."

Depois de evocado e interrogado quanto às fontes onde teria haurido as ideias contidas em seu livro, o Espírito deu a seguinte comunicação (29 de junho de 1865):

"Considerando-se que lestes uma obra cujo mérito não é apenas meu, deveis saber que o bem da humanidade e a instrução dos meus irmãos foram o objetivo de meus mais caros desejos. Equivale a dizer que venho com prazer vos dar as informações que esperais de mim. Já compareci diversas vezes às sessões da Sociedade, não só como espectador, mas como instrutor; e não vos admireis do que avanço, quando vos disser, como já o sabeis, que os Espíritos tomam, em suas comunicações, o *nome-tipo* do grupo a que pertencem. Assim, tal Espírito que assina Santo Agostinho não será o Espírito Santo Agostinho, mas um ser da mesma ordem, chegado ao mesmo grau de perfeição. Isto posto, sabei que fui, quando na vida do corpo, um desses *médiuns inconscientes que se revelam frequentemente em vossa época*. Por que falei de chofre, e de maneira que parece prematura? É o que vos vou dizer:

Para cada aquisição do homem, nas ciências físicas ou morais, diversas balizas, a princípio menosprezadas e repelidas para depois triunfarem, tiveram de ser plantadas a fim de insensivelmente preparar os Espíritos para os movimentos futuros. Toda ideia nova, fazendo, sem precedente, sua entrada no mundo que se costuma chamar sábio, quase não tem chance de êxito, em razão do espírito de partido e das oposições sistemáticas dos que o compõem. Entregar-se a novas ideias, cuja sabedoria entretanto reconhecem, é para eles uma humilhação, porque seria confessar sua fraqueza e provar a insanidade de seus sistemas particulares. Preferem negar por amor-próprio, por respeito humano, por ambição mesmo, até que a evidência os force a admitir que estão errados, sob pena de se verem cobertos do ridículo que tinham querido lançar sobre os novos instrumentos da Providência.

Foi assim em todos os tempos; também foi com o Espiritismo. Não fiqueis, pois, admirados por encontrar em épocas anteriores ao grande movimento espiritualista, diversas manifestações isoladas, cuja concordância com as da hora presente prova, mais uma vez, a intervenção da Onipotência em todas as descobertas que a humanidade erroneamente atribui a um gênio humano particular.

Sem dúvida, cada um tem seu próprio gênio, mas reduzido às próprias forças, que faria? Quando um homem, dotado de inteligência capaz de propagar novas instituições com alguma chance de sucesso, aparece na Terra ou alhures, é escolhido pela hierarquia dos seres invisíveis encarregados pela Providência de velar pela manifestação da nova invenção, a fim de receber a inspiração dessa nova descoberta e trazer, progressivamente, os incidentes que devem assegurar o seu êxito.

Agosto de 1865

Dizer-vos o que me levou a escrever esse livro, manifestação verdadeira de minha individualidade, ter-me-ia sido impossível no tempo de minha encarnação. Agora vejo claramente que fui instrumento, em parte passivo, do Espírito encarregado de me dirigir para o *ponto harmonioso*, sobre o qual eu me devia modelar para adquirir a soma das perfeições que me era dado alcançar na Terra.

Há duas espécies de perfeições bem distintas uma da outra: as relativas que são inspiradas pelo guia do momento, guia ainda muito longe de estar no topo da escada das perfectibilidades, mas apenas ultrapassando seus protegidos, em razão da compreensão de que são capazes; e a perfeição absoluta que, para mim, ainda não passa de uma aspiração velada, razão por que a ignoro e à qual se chega pela sucessão das perfeições relativas.

Em cada mundo que percorre, a alma adquire novos sentidos morais, que lhe permitem conhecer coisas de que não fazia a mínima ideia. Dizer-vos o que fui? que posição ocupo na escala dos seres? Para quê? Que utilidade teria para mim um pouco de glória terrestre?... Prefiro conservar a doce lembrança de ter sido útil aos semelhantes na medida de minhas forças e continuar aqui a tarefa que Deus, em sua bondade, me havia imposto na Terra.

Instruí-me instruindo os outros. Aqui faço o mesmo. Apenas vos direi que faço parte dessa categoria de Espíritos que designais pelo nome genérico de São Luís."

P. – Poderíeis dizer-nos: 1º) se, em vossa última encarnação éreis a pessoa designada no prefácio da reedição de vossa obra, sob o nome de Félix de Wimpfen? 2º) se fazíeis parte da seita dos teósofos, cujas opiniões se aproximavam muito das nossas; 3º) se deveis reencarnar em breve e fazer parte da falange de Espíritos destinada a acabar o grande movimento a que assistimos. O Sr. Allan Kardec tem a intenção de dar a conhecer o vosso livro e ficaria satisfeito se tivesse a vossa opinião a respeito. *Resp.* – Não; não fui Félix de Wimpfen, crede-me. Se o tivesse sido não hesitaria em vo-lo dizer. Ele foi meu amigo, bem como diversos outros filósofos do século XVIII; também partilhei de seu fim cruel. Mas, repito, meu nome ficará desconhecido e me parece inútil dá-lo a conhecer.

Certamente fui um teósofo, sem partilhar do entusiasmo que distinguiu alguns dos partidários daquela escola.

Tive relações com os principais dentre eles e, como pudestes ver, minhas ideias eram em tudo conformes às deles.

Estou inteiramente submetido aos decretos da Providência, e se lhe aprouver mandar-me de novo a esta Terra para continuar a me purificar e esclarecer, eu bendirei sua bondade. Aliás, é um desejo que formulei e cuja realização espero ver em breve.

Vindo o conhecimento de meu livro apoiar as ideias espíritas, só posso aprovar o nosso caro presidente por ter pensado nisto. Mas talvez ele não seja o primeiro instigador dessa diligência e, de minha parte, estou certo de que alguns Espíritos de meu conhecimento contribuíram para pô-lo entre suas mãos e para lhe inspirar as intenções que tomou a esse respeito.

Quando me evocardes especialmente eu me farei reconhecer, mas se vier vos instruir como no passado, não reconhecereis em mim senão um dos Espíritos da ordem de *São Luís*.

Dissertações espíritas

A CHAVE DO CÉU

(Sociedade de Montreuil-sur-Mer, 5 de janeiro de 1865)

Quando se considera que tudo vem de Deus e a ele retorna, é impossível não perceber, na generalidade das criações divinas, o laço que as une entre si e as submete a um trabalho de avanço comum e, ao mesmo tempo, a um trabalho de progresso particular. Também não se pode desconhecer que a lei de solidariedade, daí resultante, não nos obriga a sacrifícios gratuitos de toda sorte, uns para com os outros. Aliás, é de notar que Deus nos mostrou em tudo uma primeira aplicação, por ele mesmo, dos princípios primordiais que estabeleceu. Assim, pela solidariedade, encontra-se esse princípio expresso na sensibilidade de que fomos dotados, sensibilidade que nos leva a compartilhar dos males alheios, lhes ter compaixão e a os aliviar.

Isto não é tudo. Os profetas e o divino Messias Jesus nos deram o exemplo de uma segunda aplicação do princípio de solidariedade, ao consagrarem o amor do homem pelo homem, inicialmente por meio de cerimônias simbólicas, depois pela autoridade de seu ensino, para em seguida proclamarem como um dever necessário e rigoroso a prática da caridade, que é a expressão da solidariedade. A caridade é o ato de nossa submissão à lei de Deus; é o sinal de nossa grandeza moral; é a chave do céu. Assim, é da caridade que vos quero falar. Considerá-la-ei apenas sob um único lado: o lado material; e a razão disto é simples: é o lado que menos agrada ao homem.

Nem os cristãos, nem os espíritas, ninguém negou o princípio, ou, melhor, a lei da solidariedade, mas procuraram esquivar-se de suas consequências, e para isto invocaram mil pretextos. Citarei alguns deles.

As coisas do coração ou do espírito, dizem, têm um preço infinitamente superior ao das coisas materiais; por conseguinte, consolar aflições por palavras boas ou conselhos sábios vale infinitamente mais que consolar por socorros materiais. Seguramente, senhores, tendes razão se a aflição de que falais tem uma causa moral, se encontra sua razão numa ferida do coração, mas se for a fome, o frio, a doença, numa palavra, se causas materiais as provocaram, bastarão vossas doces palavras para acalmá-las? vossos bons conselhos, vossas sábias opiniões para curá-las? Permitireis que eu duvide. Se Deus, colocando-vos na Terra, tivesse se esquecido de prover o alimento para o vosso corpo, teríeis encontrado o seu equivalente nos socorros espirituais que ele vos concede? Mas Deus não é o homem, é a sabedoria eterna e a bondade infinita. Ele vos impôs um corpo de lama, mas proveu às necessidades desse corpo fertilizando os vossos campos e fecundando os tesouros da terra; aos socorros espirituais que se dirigem à vossa alma, juntou os socorros materiais reclamados por vosso corpo. Desde então, e porque o egoísmo talvez tenha despojado o pobre de sua parte na herança terrena, com que direito vos julgais quites para com ele? Porque a justiça humana o excluiu do número dos usufrutuários dos bens temporais, vossa caridade não encontraria uma justiça mais equitativa a lhe fazer?

Um ilustre pensador deste século não temia assim exprimir-se em sua memorável profissão de fé: "Cada abelha tem direito à porção de mel necessária à sua subsistência; e se entre os homens a alguns falta o necessário, é que a justiça e a caridade desapareceram do meio deles." Por mais excessiva que vos possa parecer esta linguagem, não contém menos uma grande verdade, verdade talvez inacessível à compreensão de muitos de vós, mas evidente para nós, Espíritos que, mais tocados pelos efeitos, porque os abraçamos em seu conjunto, vemos as causas que os produzem.

Ah! diz este, ninguém mais que eu lamenta as penas e as privações cruéis do verdadeiro pobre, do pobre cujo trabalho, insuficiente para a manutenção da família, não lhe traz, em troca das fadigas, nem a alegria de alimentar os seus, nem a esperança de os tornar felizes, mas eu consideraria um caso de consciência estimular, por cegas liberalidades, a preguiça ou o mau procedimento. Aliás, considero a caridade como indispensável à salvação do homem; apenas a impossibilidade de descobrir as necessidades reais em meio a tantas necessidades simuladas, parece justificar a minha abstenção.

A impossibilidade de descobrir as necessidades reais, tal é, meu amigo, a vossa justificação. E, contudo, esta justificação jamais seria sancionada por vossa consciência e não quero outra prova senão a vossa confissão; porque, do direito que teria o verdadeiro pobre à vossa esmola — e lhe reconheceis esse direito — desse direito, digo eu, decorre para vós o dever de o procurar. Procurai-o? A impossibilidade vos detém. Como, então! a caridade não tem limites, é infinita como Deus, do qual emana, e não admite nenhuma impossibilidade! Sim, algo vos detém: é o egoísmo, e Deus, que sonda os corações e os bolsos, Deus o descobrirá facilmente sob os falaciosos pretextos com que o velais. Podeis enganar o mundo, conseguireis enganar momentaneamente a vossa consciência, mas jamais enganareis a Deus. Em cem anos, em mil anos, aparecereis novamente na Terra; sem dúvida aí vivereis, despojados de vossa opulência presente e curvados sob o peso da indigência. Pois bem! eu vos declaro: recebereis do rico o desprezo e a indiferença que, vós mesmos ricos, outrora tereis mostrado pelo pobre. Diz-se que a nobreza obriga; a solidariedade obriga ainda mais. Quem se subtrai a esta lei perde todos os seus benefícios. Eis por que vós, que tereis guardado o fundo egoísta de vossa natureza, sofrereis, por vossa vez, o desprezo do egoísmo.

Escutai esta tirada de Rousseau:

Diz ele: "Para mim sei que todos os pobres são meus irmãos e que não posso, sem uma injustificável dureza, lhes recusar o fraco socorro que me pedem. Na maior parte são vagabundos, concordo, mas conheço demais as penas da vida para ignorar por quantas desgraças o homem honesto pode encontrar-se reduzido em sua sorte. E como poderia eu estar seguro de que o desconhecido que me vem implorar assistência em nome de Deus, talvez não seja esse homem honesto, prestes a perecer de miséria, e que minha recusa vai reduzir ao desespero? Quando a esmola que se lhe dá não fosse para eles um socorro real, seria ao menos um testemunho de que se é solidário com as suas penas, um abrandamento à dureza da recusa, uma espécie de saudação que se lhes faz."

É um filho de Genebra, senhores, que fala da sorte; é um filósofo dessedentado nas fontes secas do século XVIII que teme ignorar o homem honesto dentre os desconhecidos que estendem a mão e que dá a todos. Ele dá a todos porque todos são seus irmãos: ele o sabe! Sabeis menos que ele, senhores? Não ouso acreditar.

Mas em que medida deveis dar, ou, antes, qual é nos vossos bens a parte que vos pertence e a parte que pertence aos pobres? Vossa parte, senhores, é o necessário, nada mais que o necessário, e não a deveis exagerar. Em vão vos prevalecereis de vossa posição, dos encargos dela decorrentes, das obrigações de luxo que ela exige; tudo isto diz respeito ao mundo, e se quereis viver para o mundo não avançareis senão com o mundo, não ireis mais depressa que o mundo. Em vão ainda alegareis, para justificar vossos hábitos de indolência, um trabalho ao qual não se entrega o pobre, e que, praticado em vossa casa e por vós, vos torna beneficiários de maior bem-estar. Em vão alegareis isto, porque todo homem é consagrado ao trabalho, ou por ele, ou pelos outros, porque a incúria de seu vizinho não o absolveria do abandono em que o teriam deixado.

Do vosso patrimônio, como do vosso trabalho, só uma coisa vos é permitido tirar em vosso proveito: o necessário; o resto cabe aos pobres. Eis a lei. Não nego que esta lei comporte temperamentos, em certos casos e em dadas circunstâncias, mas diante da luz, diante da verdade, diante da Justiça divina, ela não comporta mais.

E a família, que será dela? Estamos quites com ela desde que socorremos os chamados pobres? Não, evidentemente, senhores, porquanto, desde que reconheceis a necessidade de vos despojar pelos pobres, trata-se de fazer uma escolha e estabelecer uma hierarquia. Ora, vossas mulheres e vossos filhos são os vossos primeiros pobres; a eles, pois, deveis dar a vossa primeira esmola. Velai pelo futuro de vossos filhos; preocupai-vos em lhes preparar dias calmos e tranquilos em meio a esse vale de lágrimas; deixai-lhes mesmo em depósito uma pequena herança, que lhes permita continuarem o bem que haveis começado: isto é legítimo. Mas jamais lhes ensineis a viver egoisticamente e a olhar como deles o que é de todos. Antes e depois deles, os autores de vossos dias, os que vos alimentaram e guardaram, os que protegeram vossos primeiros passos e guiaram vossa adolescência — vosso pai e vossa mãe — têm direito à vossa solicitude. Depois vêm as almas que Deus vos deu como irmãos segundo a carne; depois os amigos do coração; depois todos os pobres, a começar pelos mais miseráveis.

Como vedes, eu vos concedo temperamentos e estabeleço uma hierarquia conforme aos instintos do vosso coração. Entretanto, tomai cuidado para não favorecer demasiadamente a uns com exclusão dos outros. É pela partilha equitativa de vossos benefícios que mostrareis a vossa sabedoria, e é ainda por essa partilha que cumprireis a lei de Deus em relação aos vossos irmãos, que é a lei de solidariedade.

"A justiça, diz Lamennais, é a vida; a caridade também é a vida, mas uma vida mais bela e mais doce."

Sim, a caridade é uma bela e doce vida, é a vida dos santos, é a *chave do céu*.

Lacordaire

A FÉ

(Grupo Espírita de Douai, 7 de junho de 1865)

A fé paira sobre a Terra, buscando um refúgio onde se abrigar e um coração para esclarecer! Aonde irá?... A princípio entrará na alma do homem primitivo e impor-se-á; colocará um véu momentâneo sobre a razão que começa a desenvolver-se e cambaleia nas trevas do Espírito. Conduzi-lo-á através das idades de simplicidade e se fará senhora pelas revelações. Mas, não estando ainda o raciocínio bastante maduro para discernir o que é justo do que é falso, para julgar o que vem de Deus, ela arrastará o homem fora do reto caminho, tomando-o pela mão e pondo-lhe uma venda nos olhos. Muitos desvios: tal deve ser a divisa da fé cega que, entretanto, durante muito tempo teve a sua utilidade e a sua razão de ser.

Esta virtude desaparece quando a alma, pressentindo que pode ver pelos próprios olhos, a afasta e não mais quer marchar senão com a razão. Esta a ajuda a se desfazer das crenças falsas, que havia adotado sem exame. Nisto ela é boa, mas o homem, encontrando em seu caminho muitos mistérios e verdades obscuras, quer desvendá-los e se extravia. Seu julgamento não pode acompanhá-la; quer ir muito depressa, mas em tudo a progressão deve ser insensível. Assim, não tem mais a fé que repeliu; não tem mais a razão que quis ultrapassar. Então faz como a borboleta temerária, queimando as asas na luz e se perdendo em desvios impossíveis. Daí saiu a má filosofia que, buscando muito, fez tudo desmoronar e nada substituiu.

Estava aí o momento da transformação; o homem não era mais o crente cego e ainda não era o crente raciocinando a crença: era a crise universal tão bem representada pelo estado da crisálida.

Graças à procura durante a noite, a claridade jorra, e muitas almas transviadas, encontrando apenas a luz obscurecida por tantos desvios inúteis e retomando como guias seus condutores eternos — a fé e a razão — fazem-nos marchar à sua frente, a fim de que, reunidos, seus dois clarões os impeçam de se perderem uma segunda vez. Elas fazem assentar a fé sobre as bases sólidas da razão, ela própria ajudada pela inspiração.

É vossa época, meus amigos; segui o caminho, Deus está no fim.

Demeure

Aviso

Como nos anos anteriores, as sessões da Sociedade Espírita de Paris serão suspensas no período de 1º de agosto a 1º de outubro.

Allan Kardec

Revista Espírita
Jornal de estudos psicológicos
ANO VIII — SETEMBRO DE 1865 — Nº 9

Mediunidade curadora

Escrevem-nos de Lyon em 12 de julho de 1865:

"Caro Senhor Kardec,

Na qualidade de espírita, venho recorrer à vossa gentileza e pedir alguns conselhos relativamente à prática da mediunidade curadora pela imposição das mãos. Um simples artigo a respeito na *Revista Espírita*, contendo alguns desenvolvimentos, seria acolhido, tenho certeza, com grande interesse, não só pelos que, como eu, se ocupam desta questão com ardor, mas ainda por muitos outros a quem a leitura poderia inspirar o desejo de também dela se ocuparem. Lembro-me sempre das palavras de uma sonâmbula que eu tinha formado. Eu a mandava visitar, durante o sono magnético, uma doente a distância, e à minha pergunta como poderia curá-la, disse ela: Há alguém em seu vilarejo que o poderia. É fulano. Ele é médium curador, mas *nada sabe disto*.

Não sei até que ponto essa faculdade é especial; cabe a vós apreciá-la, mais do que a qualquer outro. Mas se realmente o for, quanto seria desejável que sobre esse ponto chamásseis a atenção dos espíritas. Todos os que vos lessem, mesmo fora de nossas opiniões, não poderiam sentir qualquer repugnância em experimentar uma faculdade que só reclama fé em Deus e oração. Que de mais geral e mais universal? Não se trata mais de Espiritismo e, nesse terreno, cada um pode conservar suas convicções. Quantas irmãs de caridade, quantos bons curas do campo, quantos milhares de pessoas piedosas, ardentes pela caridade, poderiam ser médiuns curadores! É o que sonho em todas as religiões, em todas as seitas. Essa faculdade, esse presente divino da bondade do Criador, em vez de ser o apanágio de alguns, cairia, se assim me posso exprimir, no domínio público, já que é aceita em toda parte. Seria um belo dia para os que sofrem, e os há tanto!

Mas, para exercitar essa faculdade, independentemente de uma fé viva e da prece, há condições a reunir, procedimentos a seguir, a fim de que sua atuação seja a mais eficaz possível. Qual a parte do médium na imposição das mãos? Qual a dos Espíritos? É preciso empregar a vontade, como nas operações magnéticas, ou limitar-se a orar, deixando a influência oculta agir à vontade? Essa faculdade é, realmente, especial ou acessível a todos? O organismo aí representa um papel? e que papel? Essa faculdade é desenvolvível? e em que sentido?

É aqui que vossa longa experiência, vossos estudos sobre as influências fluídicas, o ensino dos Espíritos elevados que vos assistem e, enfim, os documentos que recolheis de todos os recantos do globo vos podem permitir esclarecer-nos e instruir-nos; ninguém como vós está colocado nessa posição única. Estou certo de que todos os que se ocupam desta questão desejam vossos conselhos tanto quanto eu, e creio fazer-me o intérprete de todos. Que mina fecunda é a mediunidade curadora! Aliviar-se-á ou curar-se-á o corpo e, pelo alívio ou pela cura, encontrar-se-á o caminho do coração, onde muitas vezes a lógica havia falhado. Quantos recursos possui o Espiritismo! Como é rico de meios a que está chamado a servir! Não deixemos nenhum improdutivo; que tudo concorra para o elevar e espalhar. Para tanto nada poupareis, senhor Kardec; e depois de Deus e dos Espíritos bons, o Espiritismo vos deve o que é. Já tendes uma recompensa neste mundo pela simpatia e pela afeição de milhões de corações que oram por vós, sem contar a verdadeira recompensa que vos espera num mundo melhor.

Tenho a honra etc."

A. D.

O que nos pede nosso honrado correspondente é nada menos que um tratado sobre a matéria. A questão foi esboçada em *O livro dos médiuns* e em muitos artigos da *Revista*, a propósito dos casos de curas e de obsessões; está resumida em *O evangelho segundo o espiritismo*, a propósito das preces pelos doentes e dos médiuns curadores. Se um tratado regular e completo ainda não foi feito, isto se deve a duas causas: a primeira é que, malgrado toda atividade que desenvolvemos em nossos trabalhos, é-nos impossível fazer tudo ao mesmo tempo; a segunda, que é mais grave, está na insuficiência das noções que a respeito se possuem. O conhecimento da mediunidade curadora é uma das conquistas que devemos ao Espiritismo, mas o Espiritismo, que começa, ainda não pode ter dito tudo; não pode, de um só golpe, mostrar-nos todos os fatos que abarca; diariamente os mostra novos, dos quais decorrem novos princípios, que vêm corroborar ou completar os que já conhecíamos, mas precisamos de tempo material para tudo. A mediunidade curadora deveria ter a sua vez; embora parte integrante do Espiritismo, ela é, por si só, toda uma ciência, porque se liga ao magnetismo, e não só abarca todas as doenças propriamente ditas, mas todas as variedades, tão numerosas e tão complexas, das obsessões, que, por seu turno, também influem sobre o organismo. Não é, pois, em poucas palavras que se pode desenvolver um assunto tão vasto. Nele trabalhamos, como em todas as outras partes do Espiritismo, mas como aí nada queremos introduzir por nossa própria conta e que seja hipotético, procedemos pela via da experiência e da observação. Como os limites deste artigo não nos permitem dar-lhe o desenvolvimento que comporta, resumimos alguns dos princípios fundamentais que a experiência consagrou.

1) Os médiuns que obtêm indicações de remédios, da parte dos Espíritos, não são aquilo que chamamos médiuns curadores, pois não curam por si mesmos; são simples médiuns escreventes, que têm uma aptidão mais especial que outros para esse gênero de comunicações e que, por esta razão, podem ser chamados *médiuns consultores*, como outros são médiuns poetas ou desenhistas. A mediunidade curadora é exercida pela ação direta do médium sobre o doente, com o auxílio de uma espécie de magnetização de fato ou de pensamento.

2) Quem diz *médium* diz *intermediário*. Há uma diferença entre o magnetizador propriamente dito e o médium curador: o primeiro magnetiza com seu fluido pessoal, e o segundo com o fluido dos Espíritos, ao qual serve de condutor. O magnetismo produzido pelo fluido do homem é o *magnetismo humano*; o que provém do fluido dos Espíritos é o *magnetismo espiritual*.

3) O fluido magnético tem, pois, duas fontes bem distintas: os Espíritos encarnados e os Espíritos desencarnados. Essa diferença de origem produz uma grande diferença na qualidade do fluido e nos seus efeitos.

O fluido humano está sempre mais ou menos impregnado das impurezas *físicas* e *morais* do encarnado; o dos Espíritos bons é necessariamente mais puro e, por isto mesmo, tem propriedades mais ativas, que levam a uma cura mais rápida. Mas, passando por intermédio do encarnado, pode alterar-se, como acontece com a água límpida ao passar por um vaso impuro, e como sucede com todo remédio, se permanecer num vaso sujo, perdendo, em parte, suas propriedades benéficas. Daí, para todo verdadeiro médium curador, a necessidade *absoluta* de trabalhar a sua depuração, isto é, o seu melhoramento moral, segundo o princípio vulgar: limpai o vaso antes de vos servirdes dele, se quiserdes ter algo de bom. Só isto basta para mostrar que não é qualquer um que pode ser médium curador, na verdadeira acepção da palavra.

4) O fluido espiritual será tanto mais depurado e benfazejo quanto mais o Espírito que o fornece for mais puro e mais desprendido da matéria. Concebe-se que o dos Espíritos inferiores deva aproximar-se do homem e possa ter propriedades *maléficas*, se o Espírito for impuro e animado de más intenções.

Pela mesma razão, as qualidades do fluido humano apresentam matizes infinitos, conforme as qualidades *físicas* e *morais* do indivíduo. É evidente que o fluido emanado de um corpo malsão pode inocular princípios mórbidos no magnetizado. As qualidades morais do magnetizador, isto é, a pureza de intenção e de sentimento, o desejo ardente e desinteressado de aliviar o semelhante, aliados à saúde do corpo, dão ao fluido um poder reparador que pode, em certos indivíduos, aproximar-se das qualidades do fluido espiritual.

Seria, pois, um erro considerar o magnetizador como simples máquina de transmissão fluídica. Nisto, como em todas as coisas, o produto está na razão do instrumento e do agente produtor. Por estes motivos, seria imprudência submeter-se à ação magnética do primeiro desconhecido. Abstração feita dos conhecimentos práticos indispensáveis, o fluido do magnetizador é como o leite de uma nutriz: salutar ou insalubre.

5) Sendo o fluido humano menos ativo, exige uma magnetização continuada e um verdadeiro tratamento, por vezes muito longo. Gastando o seu próprio fluido, o magnetizador se esgota, pois dá de seu próprio elemento vital; é por isto que ele deve, de vez em quando, recuperar suas forças. O fluido espiritual, mais poderoso, em face de sua pureza, produz efeitos mais rápidos e, muitas vezes, quase instantâneos. Como esse fluido não é o do magnetizador, resulta que a fadiga é quase nula.

6) O Espírito pode agir diretamente, sem intermediário, sobre um indivíduo, como foi constatado em muitas ocasiões, seja para o aliviar e o curar, se possível, seja para produzir o sono

sonambúlico. Quando age por um intermediário, é o caso da *mediunidade curadora*.

7) O médium curador recebe o influxo fluídico do Espírito, ao passo que o magnetizador haure tudo de si mesmo. Mas os médiuns curadores, na estrita acepção do termo, isto é, aqueles cuja personalidade se apaga completamente diante da ação espiritual, são extremamente raros, porque essa faculdade, elevada ao mais alto grau, requer um conjunto de qualidades morais, raramente encontradas na Terra; só estes podem obter, pela imposição das mãos, essas curas instantâneas que nos parecem prodigiosas. Pouquíssimas pessoas podem pretender este favor. Sendo o orgulho e o egoísmo as principais fontes das imperfeições humanas, daí resulta que os que se vangloriam de possuir esse dom, que por toda parte vão enaltecendo as curas maravilhosas que fizeram, ou que dizem ter feito, que buscam a glória, a reputação ou o lucro, estão nas piores condições para obtê-lo, porque essa faculdade é privilégio *exclusivo da modéstia, da humildade, do devotamento e do desinteresse*. Jesus dizia àqueles a quem havia curado: Ide dar graças a Deus e não o digais a ninguém.

8) Sendo, pois, a mediunidade curadora pura uma exceção aqui na Terra, resulta quase sempre uma ação simultânea do fluido espiritual e do fluido humano; ou seja: os médiuns curadores são todos mais ou menos magnetizadores, razão por que agem conforme os processos magnéticos. A diferença está na predominância de um ou de outro fluido, e na maior ou menor rapidez da cura. Todo magnetizador pode tornar-se médium curador, se *souber* fazer-se assistir por Espíritos bons. Neste caso os Espíritos lhe vêm em ajuda, derramando sobre ele seu próprio fluido, que pode decuplicar ou centuplicar a ação do fluido puramente humano.

9) Os Espíritos vêm aos que querem; não os pode constranger nenhuma vontade; eles se rendem à prece, se esta for fervorosa, sincera, mas nunca por injunção. Disto resulta que a vontade não pode dar a mediunidade curadora e ninguém pode ser médium

curador com desígnio premeditado. Reconhece-se o médium curador pelos resultados que obtém, e não *por sua pretensão de o ser*.

10) Mas se a vontade é ineficaz quanto ao concurso dos Espíritos, é onipotente para imprimir ao fluido, espiritual ou humano, uma boa direção e uma energia maior. No homem indolente e *distraído*, a corrente é fraca, a emissão é lenta; o fluido espiritual para nele, mas sem que o aproveite. No homem de vontade enérgica, a corrente produz *o efeito de uma ducha*. Não se deve confundir a vontade enérgica com a obstinação, porque esta é sempre uma consequência do orgulho ou do egoísmo, ao passo que o mais humilde pode ter a *vontade do devotamento*.

A vontade é ainda onipotente para dar aos fluidos as qualidades especiais apropriadas à natureza do mal. Este ponto, que é capital, liga-se a um princípio ainda pouco conhecido, mas que está em estudo: o das criações fluídicas e das modificações que o pensamento pode produzir na matéria. O pensamento, que provoca uma emissão fluídica, pode operar certas transformações, moleculares e atômicas, como se veem ser produzidas sob a influência da eletricidade, da luz ou do calor.

11) A prece, que é um pensamento, quando fervorosa, ardente e feita com fé, produz o efeito de uma magnetização, não só reclamando o concurso dos Espíritos bons, mas dirigindo sobre o doente uma corrente fluídica salutar. A respeito, chamamos a atenção para as preces contidas em *O evangelho segundo o espiritismo*, pelos doentes ou pelos obsediados.

12) Se a mediunidade curadora pura é privilégio das almas de escol, a possibilidade de abrandar certos sofrimentos, mesmo de curar certas doenças, ainda que de maneira não instantânea, é dada a todos, sem que haja necessidade de ser magnetizador. O conhecimento dos processos magnéticos é útil em casos complicados, mas não indispensável. Como a todos é dado apelar aos Espíritos bons, orar e *querer* o bem, muitas vezes basta impor as mãos sobre

uma dor para acalmá-la; é o que pode fazer qualquer pessoa, se trouxer a fé, o fervor, a vontade e a confiança em Deus. É de notar que a maioria dos médiuns curadores inconscientes, os que absolutamente não se dão conta de sua faculdade e que por vezes são encontrados nas mais humildes posições, e em gente privada de qualquer instrução, recomendam a prece e se socorrem orando. Apenas sua ignorância lhes faz crer na influência de tal ou qual fórmula; às vezes até misturam práticas evidentemente supersticiosas, às quais se deve conferir o valor que merecem.

13) Mas porque se obteve resultados satisfatórios, uma ou mais vezes, seria temerário considerar-se médium curador e daí concluir que se pode vencer toda espécie de mal. Prova a experiência que, na acepção restrita da palavra, entre os mais bem-dotados não há médiuns curadores universais. Este terá restituído a saúde a um doente e nada produzirá sobre outro; aquele terá curado um mal num indivíduo, mas não curará o mesmo mal outra vez, na mesma pessoa ou em outra; enfim, aquele outro terá a faculdade hoje e não mais a terá amanhã, podendo recuperá-la mais tarde, conforme as afinidades ou as condições fluídicas em que se encontre.

14) A mediunidade curadora é uma *aptidão* inerente ao indivíduo, como todos os gêneros de mediunidade, mas o resultado efetivo dessa aptidão independe de sua vontade. Incontestavelmente ela se desenvolve pelo exercício e, sobretudo, pela prática do bem e da caridade; como, porém, não poderia ter a fixidez, nem a pontualidade de um talento adquirido pelo estudo e do qual se é sempre senhor, jamais poderia tornar-se uma profissão. Seria, pois, abusivamente que alguém se anunciasse ao público como médium curador. Estas reflexões não se aplicam aos magnetizadores, porque a força está neles e estão livres para utilizá-las.

15) É um erro acreditar que os que não partilham de nossas crenças não teriam a menor repugnância em experimentar esta faculdade. A mediunidade curadora *racional* está intimamente ligada ao Espiritismo, já que repousa essencialmente sobre o concurso dos

Espíritos. Ora, os que não creem nos Espíritos, nem na alma, e, ainda menos, na eficácia da prece, não poderiam colocar-se nas condições requeridas, pois isto não é coisa que se possa experimentar maquinalmente. Entre os que creem na alma e em sua imortalidade, quantos ainda hoje não recuariam de pavor ante um apelo aos Espíritos bons, por medo de atrair o demônio, e ainda acreditam de boa-fé que todas essas curas sejam obra do diabo? O fanatismo é cego; não raciocina. Por certo nem sempre será assim, mas ainda passará muito tempo antes que a luz penetre em certos cérebros. Enquanto se espera, façamos o maior bem possível com o auxílio do Espiritismo; façamo-lo mesmo aos nossos inimigos, ainda que tivéssemos de ser pagos com ingratidão, pois é o melhor meio de vencer certas resistências e de provar que o Espiritismo não é assim tão negro como alguns o pretendem.

Cura de uma fratura pela magnetização espiritual

Sem dúvida nossos leitores se lembram do caso de cura quase instantânea de uma entorse operada pelo Espírito Dr. Demeure, poucos dias depois de sua morte e que relatamos na *Revista* do mês de março último, bem como a descrição da cena tocante ocorrida naquela ocasião. Esse bondoso Espírito acaba de revelar sua boa vontade por uma cura ainda mais maravilhosa, na mesma pessoa. Eis o que nos escreveram de Montauban, em 14 de julho de 1865:

"O Espírito Dr. Demeure acaba de nos dar uma nova prova de sua solicitude e de seu profundo saber. Eis em que ocasião:

Na manhã de 26 de maio último, a Sra. Maurel, nossa médium vidente e escrevente mecânico, sofreu uma queda desastrosa e quebrou o antebraço, um pouco abaixo do cotovelo.

Essa fratura, complicada por distensões no punho e no cotovelo, estava bem caracterizada pela crepitação dos ossos e inchação, que são os sinais mais certos.

Sob a impressão da primeira emoção produzida pelo acontecimento, os pais da Sra. Maurel iam procurar o primeiro médico que surgisse quando esta, retendo-os, tomou de um lápis e escreveu mediunicamente com a mão esquerda: 'Não procureis um médico; eu me encarrego disto. Demeure.' Então esperaram com confiança.

Conforme as indicações do Espírito, pequenas faixas e um aparelho foram imediatamente confeccionados e colocados. Em seguida foi feita uma magnetização espiritual praticada pelos Espíritos bons, que ordenaram um repouso temporário.

Na noite do mesmo dia, alguns adeptos, convocados pelos Espíritos, se reuniram em casa da Sra. Maurel que, adormecida por um médium magnetizador, não demorou a entrar em estado sonambúlico. Então o Dr. Demeure continuou o tratamento que havia iniciado pela manhã, agindo mecanicamente sobre o braço fraturado. Sem outro recurso aparente senão sua mão esquerda, nossa doente logo já tinha tirado o primeiro aparelho, deixando apenas as faixas, quando se viu insensivelmente e sob a influência da atração magnética espiritual, o membro tomar diversas posições, próprias para facilitar a redução da fratura. Parecia, então, ser objeto de toques inteligentes, sobretudo no ponto onde devia efetuar-se a soldadura dos ossos; depois se alongava, sob a ação de trações longitudinais.

Após alguns instantes dessa magnetização espiritual, a Sra. Maurel procedeu sozinha à consolidação das faixas e a uma nova aplicação do aparelho, que consistia em duas tabuinhas ligadas entre si e ao braço por meio de uma correia. Tudo, pois, se passara como se hábil cirurgião tivesse, ele mesmo, operado visivelmente; e, coisa curiosa, ouvia-se durante o trabalho essas palavras que, sob a opressão da dor, escapavam da boca da paciente: 'Não aperteis tanto!... Vós me maltratais!...' Ela via o Espírito do doutor e era a ele que se dirigia, suplicando ter cuidado com a sua sensibilidade. Era, pois, um ser invisível para todos, exceto para ela, que lhe fazia apertar o braço, servindo-se inconscientemente de sua própria mão esquerda.

Setembro de 1865

Qual era o papel do médium magnetizador durante esse trabalho? Aos nossos olhos parecia inativo; com a mão direita, apoiada no ombro da sonâmbula, contribuía com sua parte para o fenômeno, pela emissão dos fluidos necessários à sua realização.

Na noite de 27 para 28, tendo a Sra. Maurel desarranjado seu braço em consequência de uma posição falsa, tomada durante o sono, manifestou-se uma febre alta, pela primeira vez. Era urgente remediar esse estado de coisas. Assim, reuniram-se novamente no dia 28 e, uma vez declarado o sonambulismo, foi formada a cadeia magnética, a pedido dos Espíritos bons. Depois de vários passes e diversas manipulações, em tudo semelhantes aos descritos acima, o braço foi recolocado em bom estado, não sem ter a pobre senhora experimentado cruéis sofrimentos. A despeito do novo acidente, o membro já se ressentia do efeito salutar produzido pelas magnetizações anteriores; aliás, o que se segue o prova. Momentaneamente desembaraçado das tabuinhas, o antebraço repousava sobre almofadas, quando, de repente, levantou-se alguns centímetros em posição horizontal, dirigindo-se suavemente da esquerda para a direita e vice-versa; depois baixou obliquamente e foi submetido a uma nova tração. A seguir os Espíritos se puseram a girá-lo em todos os sentidos, fazendo, de vez em quando, trabalhar direito as articulações do cotovelo e do punho. Tais movimentos automáticos imprimidos a um braço fraturado, inerte, contrários a todas as leis conhecidas da gravidade e da mecânica, só podiam ser atribuídas à ação fluídica. Se não se tivesse certeza da existência dessa fratura, bem como dos gritos lancinantes dessa infeliz mulher, confesso que eu teria tido muita dificuldade em admitir o fato, um dos mais curiosos que a Ciência pode registrar. Assim, posso dizer, com toda sinceridade, que me sinto feliz por ter podido testemunhar semelhante fenômeno.

Nos dias 29, 30 e 31 seguintes as magnetizações espirituais sucessivas, acompanhadas de manipulações variadas de mil maneiras, acarretaram sensível melhora no estado geral de nossa doente; diariamente o braço adquiria novas forças. Sobretudo o dia 31 deve ser assinalado, como marcando o primeiro passo para a convalescença. Naquela noite dois Espíritos, que se faziam notar pelo brilho de sua irradiação, assistiam nosso amigo Demeure. Pareciam dar-lhe conselhos, que este se apressava em pôr em prática. Um deles, até, de vez em quando se punha à obra e, por sua doce influência, produzia sempre um alívio instantâneo. Pelo fim da noite as tabuinhas foram definitivamente abandonadas, restando apenas as faixas para sustentar o braço e mantê-lo em determinada posição. Devo acrescentar que, além disso, um aparelho de suspensão vinha aumentar a solidez das ataduras. Assim, no sexto dia após o acidente, e malgrado a lamentável recaída acidental do dia 27, a fratura estava em tal via de cura, que o emprego dos meios usados pelos médicos durante trinta ou quarenta dias tinha se tornado inútil. A 4 de junho, dia fixado pelos Espíritos bons para a redução definitiva dessa fratura complicada por distensões, reunimo-nos à noite. Mal entrara em sonambulismo, a Sra. Maurel começou a desenrolar as faixas que envolviam seu braço, imprimindo-lhe um movimento de rotação tão rápido que dificilmente o olho seguia os contornos da curva descrita. A partir desse momento passou a servir-se do braço, como habitualmente. Estava curada.

No fim da sessão houve uma cena tocante, que merece ser relatada. Os Espíritos bons, em número de trinta, no começo formavam uma cadeia magnética paralela à que nós próprios formávamos. Tendo a Sra. Maurel se colocado, pela mão direita, em comunicação direta, sucessivamente, com cada dois Espíritos, recebia a ação benfazeja de uma dupla corrente fluídica energética, já que se punha no interior das duas cadeias. Radiosa de satisfação aproveitava a ocasião para agradecer efusivamente ao poderoso concurso que tinham prestado à sua cura. Por sua vez, recebia encorajamento para perseverar no bem. Terminado isto, ela experimentou suas forças de mil modos; apresentando o braço aos assistentes, fazia-os tocar nas cicatrizes da soldadura dos ossos; apertava-lhes a mão com força, anunciando-lhes com alegria a cura operada pelos Espíritos bons. Ao despertar, vendo-se livre em todos os movimentos, desfaleceu, dominada por profunda emoção!...

Quando se foi testemunha de tais fatos não se pode deixar de os proclamar em voz alta, pois merecem chamar a atenção das pessoas sérias.

Por que, então, no mundo inteligente se encontra tanta resistência em admitir a intervenção dos Espíritos sobre a matéria? Por que há pessoas que creem na existência e na individualidade do Espírito, e lhes recusam a possibilidade de manifestar-se? É porque não se dão conta das faculdades *físicas* do Espírito, que se lhes afigura imaterial de maneira absoluta. Ao contrário, a experiência demonstra que, por sua própria natureza, ele age diretamente sobre os fluidos imponderáveis e, por conseguinte, sobre os fluidos ponderáveis, e mesmo sobre os corpos tangíveis.

Como procede um magnetizador ordinário? Suponhamos, por exemplo, que queira agir sobre um braço. Concentra sua ação sobre esse membro e, por um simples movimento dos dedos, executado a distância e em todos os sentidos, agindo absolutamente como se o contato da mão fosse real, dirige uma corrente fluídica sobre o ponto visado. O Espírito não age de outro modo; sua ação fluídica se transmite de perispírito a perispírito, e deste ao corpo material. O estado de sonambulismo facilita consideravelmente essa ação, graças ao desprendimento do perispírito, que melhor se identifica com a natureza fluídica do Espírito, e sofre, então, a influência magnética espiritual, elevada ao seu maior poder.

A cidade inteira ocupou-se desta cura, obtida sem o concurso da ciência oficial, e cada um dá a sua opinião. Uns pretenderam que o braço não se quebrou, mas a fratura tinha sido bem e devidamente constatada por numerosas testemunhas oculares, entre outras o Dr. D..., que visitou a doente durante o tratamento. Outros disseram: "É muito surpreendente!" e ficaram nisto. Inútil acrescentar que alguns afirmaram que a Sra. Maurel tinha sido curada pelo demônio. Se ela não estivesse entre mãos profanas, nisso teriam visto um milagre. Para os espíritas, que se dão conta do fenômeno, aí vê em muito simplesmente a ação de uma força natural, até agora desconhecida, e que o Espiritismo veio revelar aos homens."

Observações – Se há fatos espíritas que, até certo ponto, poderiam ser atribuídos à imaginação, como o das visões, por exemplo, neste já não seria o mesmo. A Sra. Maurel não sonhou que tivesse quebrado o braço, como também não sonharam as diversas pessoas que acompanharam o tratamento; as dores que sentia não eram alucinação; sua cura em oito dias não é uma ilusão, pois se serve do seu braço. O fato brutal está aí, ante o qual devemos necessariamente nos inclinar. Confunde a Ciência, é verdade, porque, no estado atual dos conhecimentos, parece impossível. Mas não foi sempre assim que se revelaram novas leis? É a rapidez da cura que vos espanta? A Medicina, contudo, não descobriu inúmeros agentes mais ativos do que os que conhecia para apressar certas curas? Nos últimos tempos não achou os meios de cicatrizar certas feridas quase instantaneamente? Não encontrou o de ativar a vegetação e a frutificação? Por que não teria um para ativar a soldadura dos ossos? Então conheceis todos os agentes da natureza e Deus não tem mais segredos para vós? Não há mais lógica em negar hoje a possibilidade de uma cura rápida do que havia, no século passado, de negar a possibilidade de fazer em algumas horas o caminho que se gastavam dez dias para percorrer. Direis que este meio não está na farmacopeia, e é verdade; mas antes que a vacina nele fosse inscrita, seu inventor não foi tratado como louco? Os remédios homeopáticos também lá não se acham, o que não impede que os médicos homeopatas se encontrem em toda parte e curem. Aliás, como aqui não se trata de uma preparação farmacêutica, é mais que provável que esse meio de cura não figure por muito tempo na ciência oficial.

Mas, dirão, se os médicos vêm exercer sua arte depois de mortos, vão fazer concorrência aos médicos vivos; é bem possível; entretanto, que se tranquilizem estes últimos; se eles lhes arrancam algumas práticas, não é para os suplantar, mas para lhes provar que não estão absolutamente mortos, e lhes oferecer o concurso desinteressado aos que se dignarem em aceitá-lo. Para melhor fazê-los compreender, mostram-lhes que, em certas circunstâncias, pode-se passar sem eles. Sempre houve médicos e os haverá sempre; apenas os que aproveitarem as novidades que lhes trouxerem os desencarnados terão uma grande vantagem sobre os que ficarem na retaguarda. Os Espíritos vêm *ajudar o desenvolvimento da ciência humana*, e não suprimi-la.

Na cura da Sra. Maurel, um fato que talvez surpreenda ainda mais que a rapidez da soldadura dos ossos, é o movimento do braço fraturado, que parece contrariar todas as leis conhecidas da dinâmica e da gravidade. Contrário ou não, o fato aí está; desde que existe, tem uma causa; desde que se repete, está submetido a uma lei. Ora, é essa lei que o Espiritismo nos vem dar a conhecer pelas propriedades dos fluidos perispirituais. Aquele braço, submetido apenas às leis da gravidade, não poderia erguer-se; imaginai-o, porém, mergulhado num líquido de densidade muito maior que a do ar; fraturado como está, sustentado por esse líquido que lhe diminui o peso, aí poderá mover-se sem dificuldade e até erguer-se sem o menor esforço. É assim que num banho de imersão, o braço, que parece muito pesado fora d'água, parece muito leve dentro dela. Substituí o líquido por um fluido que goze das mesmas propriedades e tereis o que se passa no caso presente, fenômeno que repousa sobre o mesmo princípio que o das mesas e das pessoas que se mantêm no espaço sem ponto de apoio. Esse fluido é o fluido perispiritual, que o Espírito dirige à vontade, e cujas propriedades modifica pela simples ação da vontade. Na circunstância presente, deve-se, pois, imaginar o braço da Sra. Maurel mergulhado num meio fluídico que produz o efeito do ar sobre os balões.

A respeito, alguém perguntava se, na cura dessa fratura, o Espírito Dr. Demeure teria agido com ou sem o concurso da eletricidade e do calor.

A isto respondemos que a cura foi produzida, neste como em todos os casos de cura, pela magnetização espiritual, pela ação do fluido emanado do Espírito; que esse fluido, não obstante etéreo, não deixa de ser matéria; que pela corrente que lhe imprime, o Espírito pode com ele impregnar e saturar todas as moléculas da parte doente; que pode modificar suas propriedades, como o magnetizador modifica as da água e lhe dá uma virtude curativa apropriada às necessidades; que a energia da corrente está na razão do número, da *qualidade* e da *homogeneidade* dos elementos que compõem a corrente das pessoas chamadas a fornecer seu contingente fluídico. Essa corrente provavelmente ativa a secreção que deve produzir a soldadura dos ossos, assim produzindo uma cura mais rápida do que quando entregue a si mesma.

Agora a eletricidade e o calor desempenham um papel nesse fenômeno? Isto é tanto mais provável quanto o Espírito *não curou por milagre*, mas por uma aplicação mais judiciosa das leis da natureza, em virtude de sua clarividência. Se, como a Ciência é levada a admitir, a eletricidade e o calor não são fluidos especiais, mas modificações ou propriedades de um fluido elementar universal, devem fazer parte dos elementos constitutivos do fluido perispiritual. Sua ação, no caso presente, está, pois, implicitamente compreendida, absolutamente como quando se bebe vinho, necessariamente se bebe água e álcool.

Alucinação nos animais nos sintomas da raiva

Um dos nossos colegas transmitiu à Sociedade o extrato seguinte de um relatório lido na Academia de Medicina pelo Dr. H. Bouley, sobre os sintomas da raiva no cão.

"No período inicial da raiva e quando a doença está completamente declarada, há, nas intermitências, uma espécie de delírio no cão, que se pode chamar delírio rábico, do qual Youatt foi o primeiro a falar e a descrever perfeitamente.

Esse delírio caracteriza-se por movimentos estranhos, que denotam que o animal doente vê objetos e ouve barulhos, que só existem naquilo que se tem pleno direito de chamar a sua imaginação. Com efeito, ora o animal se mantém imóvel, atento, como se estivesse à espreita; depois, de repente, atira-se e morde no ar, como faz o cão sadio que quer apanhar uma mosca no voo. Outras vezes, furioso e uivando, atira-se contra a parede, como se tivesse ouvido, do outro lado, ruídos ameaçadores.

Raciocinando por analogia, é-se autorizado a admitir que são sinais de verdadeiras alucinações. Entretanto, quem não estivesse prevenido não daria importância a esses sintomas, que são muito fugazes, bastando, para desaparecerem, que se faça ouvir a voz do dono. Então vem um momento de repouso; os olhos se fecham lentamente, a cabeça pende, as patas dianteiras parecem desaparecer sob o corpo e o animal está prestes a cair. Mas, de repente, se ergue e novos fantasmas vêm assediá-lo; olha em torno de si com selvagem expressão, abocanha como se quisesse pegar um objeto ao alcance dos dentes e se lança, na extremidade da corrente, ao encontro de um inimigo que só existe na sua imaginação."

Esse fenômeno, minuciosamente observado pelo autor da memória, parece denotar que nesse momento o cão é atormentado pela visão de algo invisível para nós. É uma visão real ou uma criação fantástica de sua imaginação, em outras palavras, uma alucinação? Se for uma alucinação, certamente não é pelos olhos do corpo que vê, pois não são objetos reais; se forem seres fluídicos ou Espíritos, também não causam nenhuma impressão sobre o sentido da visão, e, assim, é por uma espécie de visão espiritual que ele os percebe. Num e noutro caso, gozaria de faculdade análoga, até certo ponto, à que possui o homem. A Ciência ainda não se tinha aventurado a dar uma *imaginação* aos animais. Ora, da imaginação a um princípio independente da matéria a distância não é grande, a menos que se admita que a matéria bruta: a madeira, a pedra etc., possa ter imaginação.

Todos os fenômenos de visão são atribuídos pela Ciência à imaginação superexcitada. Não obstante, por vezes têm-se visto crianças em tenra idade, que ainda não sabem falar, correr atrás de um ser invisível, sorrir-lhe, estender-lhe os braços e querer agarrá-lo. Em comparação com a raiva, este fato não tem grande semelhança com o do cão acima citado? A criança ainda não pode dizer o que vê, mas as que começam a falar dizem, positivamente, que veem seres invisíveis para os assistentes. Viram-nas descrever os avós falecidos, que elas não haviam conhecido. Concebe-se a superexcitação numa pessoa preocupada por uma ideia, mas não é, seguramente, o caso de uma criancinha. A imaginação sobre-excitada poderá despertar uma lembrança; o medo, a afeição, o entusiasmo poderão criar imagens fantásticas, é possível; sob o império de certas crenças, uma pessoa exaltada imaginará ver aparecer um ser que lhe é caro, a Virgem e os santos, ainda se admite; mas, como explicar, só por estas causas, o fato de uma criança de 3 a 4 anos descrever sua avó, que nunca viu? Seguramente não pode ser o produto de uma lembrança, nem da preocupação, nem de uma crença qualquer.

Digamos de passagem, e como corolário do que precede, que a mediunidade vidente parece ser frequente, e mesmo geral, nas criancinhas. Nossos anjos da guarda viriam, assim, conduzir-nos, como pela mão, até o limiar da vida, para nos facilitar a entrada e nos mostrar sua ligação com a vida espiritual, a fim de que a transição de uma a outra não seja muito brusca. À medida que a criança cresce e pode fazer uso das próprias forças, o anjo da guarda se vela à sua vista, para deixá-la ao livre-arbítrio. Parece dizer-lhe: "Vim acompanhar-te até o navio, que te vai transportar pelo mar do mundo; agora, parte; voa com tuas próprias asas, mas, do alto do céu, velarei por ti; pensa em mim e em tua volta lá estarei para te receber." Feliz aquele que, durante a travessia, não esquece seu anjo da guarda!

Voltemos ao assunto principal, que nos levou a essa digressão. Desde que se admita uma imaginação no cão, poder-se-ia dizer que a doença da raiva o superexcita a ponto de lhe provocar alucinações. Mas numerosos exemplos tendem a provar que o fenômeno das visões tem ocorrido em certos animais, no estado mais normal, sobretudo no cão e no cavalo; pelo menos é nestes que se tem observado mais. Raciocinando por analogia, pode supor-se que assim suceda com o elefante e com animais que, por sua inteligência, mais se aproximam do homem. É certo que o cão sonha; muitas vezes, durante o sono, já foram vistos fazendo movimentos que simulam a corrida; gemer ou manifestar contentamento. Seu pensamento está, pois, ativo, livre e independente do instinto propriamente dito. Que faz ele, o que pensa e o que vê nos seus sonhos? É o que, infelizmente, não nos pode dizer, mas o fato lá está.

Até agora quase não nos havíamos preocupado com o princípio inteligente dos animais e, ainda menos, com sua afinidade com a espécie humana, a não ser do ponto de visto exclusivo do organismo material. Hoje procuramos conciliar seu estado e seu destino com a Justiça de Deus, mas a respeito apenas foram feitos sistemas mais ou menos lógicos, nem sempre de acordo com os fatos. Se a questão ficou indecisa por tanto tempo, é que nos faltavam, como para muitas outras, elementos necessários para compreendê-la. O Espiritismo, que dá a chave de tantos fenômenos incompreendidos, mal observados ou despercebidos, não pode deixar de facilitar a solução desse grave problema, ao qual não se deu toda a atenção que merece, porque é uma solução de continuidade nos elos que ligam todos os seres, e no conjunto harmonioso da Criação.

Por que, então, o Espiritismo não resolveu imediatamente a questão? Seria o mesmo que perguntar por que um professor de física não ensina aos alunos, desde a primeira lição, as leis da eletricidade e da óptica. Ele começa pelos princípios fundamentais da ciência, pelos que devem servir de base para a compreensão dos outros princípios, reservando para mais tarde a explicação das leis subsequentes. Assim procedem os grandes Espíritos que dirigem o movimento espírita; em boa lógica começam pelo começo e esperam que estejamos suficientemente instruídos num ponto, antes de abordar outro. Ora, qual devia ser o ponto de partida de seu ensino? A alma humana. Cabe a nós convencer de sua existência e de sua imortalidade; a nós compete dar a conhecer seus verdadeiros atributos e o destino que, de início, era preciso a ela ligar. Numa palavra, precisávamos compreender nossa alma, antes de procurar compreender a dos animais. O Espiritismo já nos ensinou bastante sobre a alma e suas faculdades; diariamente nos ensina mais e projeta luz sobre algum ponto novo. Mas quanto ainda resta a explorar!

À medida que o homem avança no conhecimento de seu estado espiritual, sua atenção é despertada para todas as questões que lhe dizem respeito, e a dos animais não é das menos interessantes; apreende melhor as analogias e as diferenças; busca explicar o que vê; tira conseqüências; ensaia teorias, sucessivamente desmentidas ou confirmadas por novas observações. É assim que, pelos esforços de sua própria inteligência, pouco a pouco se aproxima do objetivo. Nisto, como em todas as coisas, os Espíritos não nos vêm libertar do trabalho das pesquisas, porque o homem deve fazer uso de suas faculdades; ajudam-no, dirigem-no, o que já é muito, mas não lhe dão a ciência acabada. Uma vez no caminho da verdade, os Espíritos lha vêm revelar claramente, para fazer calar as incertezas e aniquilar os falsos sistemas. Mas, enquanto o homem espera, seu Espírito preparou-se para melhor compreendê-la e aceitá-la; e quando ela se mostra, não o surpreende; já estava no fundo do pensamento.

Vede a marcha que seguiu o Espiritismo. Veio surpreender os homens de improviso? Não, certamente. Sem falar nos fatos que se produziram em todas as épocas, ele está na natureza, como a eletricidade e, do ponto de vista do princípio, vinha preparando sua chegada há um século. Swedenborg,[63] Saint-Martin,[64] os teósofos, Charles Fourier,[65] Jean Reynaud e tantos outros, sem esquecer Mesmer,[66] que

---

[63] N.E.: Emmanuel Swedenborg (1688–1772), filósofo místico sueco (médium de grande poder). Nasceu em Estocolmo e morreu em Londres. Teve visões, estabeleceu relações com o mundo espiritual, fazia revelações importantes e criou numerosos discípulos. Previu determinadas e importantes descobertas como a cristalografia e os seus princípios essenciais, e outras.

[64] N.E.: Louis Saint-Martin (1743–1803), escritor e teósofo francês, conhecido como "o filósofo desconhecido". Desenvolveu uma doutrina pessoal marcada por uma concepção original da regeneração do homem (O ministério do homem-espírito, 1802).

[65] N.E.: (1772–1837). Reformador social francês.

[66] N.E.: Franz Mesmer (1734–1815), médico alemão. Fundador da teoria do magnetismo animal (dita mesmerismo).

deu a conhecer a força fluídica de Puységur, o primeiro a observar o sonambulismo, todos levantaram uma ponta do véu da vida espiritual; todos giraram em torno da verdadeira luz e dela mais ou menos se aproximaram; todos prepararam os caminhos e predispuseram os Espíritos, de sorte que o Espiritismo não teve, por assim dizer, senão que completar o que havia sido esboçado. Eis por que conquistou, quase instantaneamente, tão numerosas simpatias. Não falamos das outras causas múltiplas que lhe vieram em auxílio, provando que certas ideias já não eram compatíveis com o nível do progresso humano, e fizeram pressentir o advento de uma nova ordem de coisas, porque a humanidade não pode ficar estacionária. Dá-se o mesmo com todas as grandes ideias que mudaram a face do mundo; nenhuma veio deslumbrar como um relâmpago. Cinco séculos antes do Cristo, Sócrates e Platão já não haviam lançado a semente das ideias cristãs?

Outro motivo tinha feito adiar a solução relativa aos animais. Essa questão toca em preconceitos há muito enraizados, e que teria sido imprudente chocar de frente, razão por que os Espíritos não o fizeram. A questão é apresentada hoje; agita-se em diversos pontos, mesmo fora do Espiritismo; os desencarnados nela tomam parte, conforme suas ideias pessoais; essas várias teorias são discutidas, examinadas; uma imensidão de fatos, como o que trata este artigo, e que outrora teriam passado despercebidos, hoje chamam a atenção, em razão dos próprios estudos preliminares que têm sido feitos. Sem adotar esta ou aquela opinião, a gente se familiariza com a ideia de um ponto de contato entre a animalidade e a humanidade; e, quando vier a solução definitiva, seja qual for o sentido em que ocorra, deverá apoiar-se sobre argumentos peremptórios, que não darão margem a qualquer dúvida. Se a ideia for verdadeira, terá sido pressentida; se for falsa, é que se terá encontrado algo mais lógico para pôr em seu lugar.

Tudo se liga, tudo se encadeia, tudo se harmoniza na natureza. O Espiritismo veio dar uma ideia-mãe e pode ver-se quão fecunda é esta ideia. Antes da luz que ele lança sobre a Psicologia, ter-se-ia dificuldade em crer que pudessem surgir tantas considerações a propósito de um cão raivoso.

Depois que o relatório do Sr. Bouley foi lido na Sociedade de Paris, um Espírito deu a respeito a seguinte comunicação.

(Sociedade Espírita de Paris, 30 de junho de 1865 – Médium: Sr. Desliens)

Existe a visão no cão e em alguns outros animais, nos quais fenômenos semelhantes aos descritos pelo Sr. Bouley possam produzir-se? Para mim a questão não padece dúvida. Sim; o cão e o cavalo veem ou sentem os Espíritos. Nunca testemunhastes a repugnância que, por vezes, manifestam esses animais, ao passarem num local onde ignoravam tivesse sido enterrado um corpo humano? Certamente direis que seus sentidos podem ser despertados pelo odor particular dos corpos em putrefação; então, por que passam indiferentes ao lado do cadáver enterrado de um outro animal? Por que se diz que o cão pressente a morte? Nunca vistes cães uivando sob as janelas de uma pessoa agonizante, quando esta lhe era desconhecida? Não vedes, também, fora da excitação da raiva, diversos animais se recusarem a obedecer à voz do dono, recuarem amedrontados ante um obstáculo que lhes parece barrar a passagem, e se enfurecerem? e depois passarem tranquilamente pelo mesmo sítio que lhes inspirava terror, como se o obstáculo tivesse desaparecido? Tem-se visto animais salvarem seus donos de um perigo iminente, recusando-se a percorrer o caminho onde estes teriam podido sucumbir. Os fatos de visões nos animais se encontram na Antiguidade e na Idade Média, bem como em nossos dias.

Assim, não há dúvida de que os animais veem os Espíritos. Aliás, dizer que eles têm imaginação não é lhes conceder um ponto de semelhança com o Espírito humano? e o instinto não é neles a inteligência rudimentar, apropriada às suas necessidades, antes que tenha passado pelos cadinhos modificadores, que a devem transformar e dar-lhe novas faculdades? O homem também tem instintos, que o fazem agir de maneira inconsciente, no interesse de sua conservação; porém, à medida que nele se desenvolvem a inteligência e o livre-arbítrio, o instinto se enfraquece para dar lugar à razão, porque esse guia cego lhe é menos necessário.

O instinto, que está em todo o seu vigor no animal, perpetuando-se no homem, onde se perde pouco a pouco, certamente é um traço de união entre as duas espécies. A sutileza dos sentidos no animal, como no selvagem e no homem primitivo, suprindo nuns e noutros a ausência ou a insuficiência do senso moral, é outro ponto de contato. Enfim, a visão espiritual que, com toda evidência, lhes é comum, embora em graus muito diversos, também vem diminuir a distância que parece erguer entre eles uma barreira intransponível. Contudo, nada concluais de maneira absoluta, mas observai atentamente os fatos, porque somente dessa observação a verdade brotará um dia para vós.

MOKI

OBSERVAÇÃO – Este conselho é muito sábio, pois, evidentemente apenas nos fatos é que se pode assentar uma teoria sólida; fora disso só haverá opiniões e sistemas. Quando constatados, os fatos são argumentos sem réplica, cujas consequências, mais cedo ou mais tarde, terão de ser aceitas. Foi o princípio que serviu de base à Doutrina Espírita, e é o que nos leva a dizer que o Espiritismo é uma ciência de observação.

Uma explicação

A PROPÓSITO DA REVELAÇÃO DO SR. BACH

Sob o título de *Carta de um desconhecido*, assinada por Bertelius, o *Grand Journal* de 18 de junho de 1865, traz a seguinte explicação do fato relatado na *Revista Espírita* de julho último, relativa à ária do rei Henrique III, revelada em sonho ao Sr. Bach. O autor se apoia exclusivamente no sonambulismo, e parece fazer abstração completa da intervenção dos Espíritos. Embora, sob esse ponto de vista, difiramos de sua maneira de ver, sua explicação não deixa de ser menos sabiamente racional; e se não é, em nossa opinião exata em todos os pontos, contém ideias incontestavelmente verdadeiras e dignas de atenção.

Contra certos magnetizadores ditos *fluidistas*, que não veem em todos os efeitos magnéticos senão a ação de um fluido material, sem levar a alma em conta, o Sr. Bertelius faz esta representar o papel capital. Ele a apresenta no seu estado de emancipação e de desprendimento da matéria, gozando de faculdades que não possui em estado de vigília. É, pois, uma explicação do ponto de vista completamente espiritualista, se não inteiramente espírita, o que já é alguma coisa para a afirmação da possibilidade do fato por outras vias que não a da materialidade pura, e isto num jornal importante.

É de notar que neste momento se produz, entre os negadores do Espiritismo, uma espécie de reação, ou, antes, forma-se uma terceira opinião, que pode ser considerada como uma transição. Hoje muitos reconhecem a impossibilidade de explicar certos fenômenos só pelas leis da matéria, mas ainda não podem decidir-se a admitir a intervenção dos Espíritos. Procuram sua causa na ação exclusiva da alma encarnada, agindo independentemente dos órgãos materiais. Incontestavelmente é um passo que se deve considerar como uma primeira vitória sobre o materialismo. Da ação independente e isolada da alma, durante a vida, a esta mesma ação depois da morte, a distância não é grande; para aí serão levados pela evidência dos fatos, e pela impossibilidade de tudo explicar apenas com o auxílio do Espírito encarnado.

Eis o artigo publicado no *Grand Journal*:

> Contando, no penúltimo número do *Grand Journal*, o fato singular ocorrido com o Sr. G. Bach, fazeis estas perguntas: "— A espineta pertenceu a Baltazarini? — Foi o Espírito Baltazarini quem escreveu a romanza e a sarabanda? — Mistério que não ousamos aprofundar.'
>
> — Por favor: por que um homem, que estimo julgar livre de preconceitos, recua diante da pesquisa da verdade? Mistério! — dizeis vós. — Não, senhor; não há mistério. Há uma simples faculdade, com que Deus dotou certos homens, como dotou outros com uma

bela voz, com o gênio poético, com o espírito de cálculo, com uma perspicácia rara, faculdades que a educação pode despertar, desenvolver, melhorar. Em contrapartida, existe uma infinidade de outras faculdades conferidas ao homem, e que a civilização, o progresso e a educação aniquilam, em vez de favorecer o seu desenvolvimento.

Não é verdade, por exemplo, que os povos selvagens têm uma sensibilidade auditiva que não possuímos? que aplicando o ouvido no chão, distinguem o passo de um homem, ou de vários homens, de um cavalo ou de vários cavalos, de um animal selvagem a grande distância?

Também não é verdade que eles medem o tempo com precisão, sem ampulheta, sem relógio? que dirigem com segurança sua marcha através de florestas virgens, ou suas canoas nos rios e no mar, olhando as estrelas, sem o concurso da bússola e sem qualquer noção de Astronomia? —Enfim não é verdade que curam suas doenças sem médicos? que sabem tratar as picadas dos animais mais venenosos com ervas simples, que distinguem em meio a tantas outras, e acham aos seus pés? Não se sabe que curam as mais perigosas feridas com terra argilosa? E não podem, como me dizia tão judiciosamente, nos confins dos Estados Unidos, um chefe de peles-vermelhas, que o grande Ser sempre pôs o remédio ao lado do mal?

Estas verdades tornaram-se banais de tanto repetidas, mas delas se servem alguns para disfarçar a sua ignorância; outros — a maioria — para aí colher matérias para contradições. É tão fácil tomar ares de espírito forte negando tudo! e tão difícil explicar a obra de Deus, cujo segredo buscamos nos livros, quando encontraríamos sua solução na Natureza! Eis o grande livro aberto a todas as inteligências, mas nem todas são feitas para decifrar esses mistérios, porque aí uns leem por meio de suas prevenções ou seus preconceitos, e outros por intermédio de sua insuficiência ou seu orgulho de sábio.

Servi-vos dos meios mais simples para aprofundar os mistérios da natureza, e encontrareis a solução, até os limites impostos à inteligência humana por uma inteligência superior.

Dissestes que o Sr. Bach não é sonâmbulo. Que sabeis disto, e que sabe ele próprio? — Afirmo que o Sr. Bach é sonâmbulo, mesmo sem jamais ter tido a honra de o encontrar e sem o conhecer. Nele o sonambulismo ficou em estado latente; foi necessário um acontecimento excepcional, uma sensação muito viva e muito persistente, uma emoção que compreenderão todos os que amam a curiosidade e o saber, para revelar a si mesmo uma faculdade da qual deve ter tido alguns exemplos, que ficaram despercebidos em sua vida, mas dos quais sem dúvida hoje se lembrará, se quiser interrogar o seu passado e refletir.

De acordo com o que nos informastes, o Sr. Bach empregou uma parte do dia na contemplação de sua preciosa espineta; descobriu o inventário do instrumento (abril de 1564). Ao deitar-se pensava nela; e quando o sono lhe veio cerrar as pálpebras, ainda pensava no instrumento

O sonâmbulo procede por graus. — Quando quiserdes que ele veja o que se passa em Londres, por exemplo, deveis mencionar que o pondes numa carruagem, que toma uma estrada de ferro, que embarca e atravessa o mar (então, muitas vezes, sente náuseas), que desembarca, retoma a estrada de ferro e, finalmente, chega ao termo de sua viagem.

O Sr. Bach seguiu a marcha habitual aos sonâmbulos. Tinha virado, revirado, desmontado e examinado detalhadamente a sua espineta; estava cheio desta ideia e, mentalmente, sem nisso pensar, deve ter dito consigo mesmo: "A quem pode ter pertencido esse instrumento?" A corrente magnética — os espíritos fortes não negarão tal corrente — estabeleceu-se entre ele e o instrumento. Adormeceu e caiu no sono natural e, a seguir, passou naturalmente ao estado de sonambulismo. Então procurou, vasculhou no passado e se pôs em comunicação mais íntima com a espineta; deve tê-la virado, sacudido, posto a mão onde pousara a do antigo proprietário do instrumento, há três séculos; e, interrogando o passado, o que é infinitamente mais fácil que ver o futuro, achou-se em contato com esse ser que não mais existe. Ele o viu com as suas vestes habituais, executando a ária que tantas vezes o instrumento tocou; ouviu a letra tantas vezes acompanhada e, arrastado por essa força magnética que se chama eletricidade, o Sr. Bach a escreveu, com a própria mão, tão bem quanto hoje se transmite a Lyon um telegrama escrito por vossa mão, com a vossa própria letra. O Sr. Bach escreveu no estado de sonambulismo, repito-o, essa ária e essa letra que jamais tinha ouvido; e, superexcitado por uma emoção muito viva, despertou banhado em lágrimas.

Gritareis que é impossível. — Pois bem! escutai este fato: — Eu mesmo enviei uma sonâmbula à Inglaterra; ela realizou a viagem, não no sono sonambúlico, mas numa condição que não era o estado inteiramente natural, nem o de sonambulismo completo. — Apenas lhe ordenei que todas as noites dormisse o tempo necessário, naturalmente, e que escrevesse o que deveria fazer para chegar ao resultado que devia alcançar em sua viagem. — Ela não sabia uma palavra de inglês. Não conhecia ninguém. O caso que a preocupava era grave... Ela realizou sua viagem, escreveu todas as noites consultas sobre o que devia fazer, as pessoas que devia ver, os endereços onde as devia encontrar. Seguiu textualmente e ao pé da letra as indicações que se tinha dado, foi à casa de pessoas que não conhecia e das quais jamais ouvira falar e que eram justamente as que tudo podiam... E o fez tão bem que ao cabo de oito dias, um caso que teria exigido anos sem esperança de chegar ao fim, foi resolvido para a sua completa satisfação, e minha sonâmbula voltou depois de ter realizado maravilhas. — No estado natural essa mulher extraordinária é apenas uma pessoa comum.

Notai este fato: sua letra no sono é completamente diferente da escrita habitual. Foram escritas palavras em inglês, língua que ela não conhece. Conversa comigo em italiano e, acordada, não seria capaz de dizer duas palavras nesse idioma.

Assim, o próprio Sr. Bach escreveu e anotou, com a própria mão, a ária de Henrique III, embora talvez não reconhecesse sua letra. E o que é mais surpreendente, é que deve duvidar de suas faculdades magnéticas, como a minha sonâmbula que, a esse respeito, é de uma incredulidade tão radical que não se pode falar de magnetismo em sua presença, sem que ela se apresse em declarar que é uma insensatez acreditar nisto.

E talvez ainda, conquanto não o digais, o Sr. Bach não tinha papel nem tinta. Em Londres minha sonâmbula encontrou sobre a mesa as indicações desejadas escritas a lápis; ela não tinha lápis!... Estou certo de que ela foi vasculhar no hotel, encontrou o lápis de que precisava e o trouxe para o seu quarto, com essa exatidão, essas precauções, essa leveza vaporosa, quase sobrenatural, comum nos sonâmbulos.

Eu vos poderia citar fatos mais surpreendentes que o do Sr. Bach. Mas por hoje basta. Hesito mesmo em vos enviar estas notas, escritas ao sabor da pena.

Há vinte anos que magnetizo, mas ocultei, mesmo aos meus melhores amigos, o resultado de minhas descobertas. É tão fácil tachar um homem de loucura! Há tanta gente interessada em pôr a luz debaixo do alqueire! E, acima de tudo, forçoso é dizer, há tantos charlatães que abusaram do magnetismo que seria necessária uma coragem sobre-humana para declarar que dele se ocupa. Seria melhor proclamar que se assassinou pai e mãe do que confessar que se acredita no magnetismo.

Regra geral, entretanto, não creiais nunca, jamais! em experiências públicas, nos falsos sonâmbulos, que dão consultas mediante dinheiro, e oráculos como as sibilas antigas, que agem e falam à menor ordem e a qualquer hora, diante de um público numeroso, como um autômato habilmente fabricado. É charlatanismo! Nada é mais caprichoso, teimoso, volúvel, birrento e rancoroso que um sonâmbulo. Uma ninharia lhe paralisa as faculdades de segunda vista; uma bagatela o faz mentir por malícia; um nada o perturba e o faz mudar de rumo, e isto se compreende. Há algo mais susceptível que uma corrente elétrica?

Eu me afastei de um hábil cientista, o Dr. E..., muito conhecido em Londres, com o qual iniciei minhas primeiras experiências magnéticas, justamente porque sempre considerei como grave falta o abuso do magnetismo. Empolgado pelos resultados miraculosos que obtínhamos, um dia ele quis enxertar o sistema frenológico[67] no magnetismo. Pretendia que, tocando certas saliências da cabeça, o sonâmbulo apresentava a sensação da qual aquela saliência era sede. Tocando o local presumível do canto, o paciente cantava; o da gulodice, ele mastigava no vazio, dizendo que tal comida tinha este ou aquele sabor. E assim por diante.

Considerei que era levar a experiência longe demais e, sobre um fato real — o sonambulismo — assentar uma ciência problemática: a frenologia. Eu queria ampliar o domínio das descobertas magnéticas, mas não abusar delas, como geralmente se faz.

Tive a irreverência de declarar ao meu professor que ele se desviava e que eu defendia ser dever de todos quantos conhecem os fenômenos magnéticos se levantarem contra todas essas experiências, cujo único objetivo é satisfazer uma curiosidade ignorante, explorar algumas fraquezas humanas e não o de alcançar um resultado prático para a humanidade, e útil a todos.

Mas é mais difícil do que se pensa manter-se nesses limites honestos, quando se chegou a resultados maravilhosos. Os mais fortes magnetizadores se deixam arrastar e, fenômeno ainda mais maravilhoso, quando se chega a ponto de exigir sempre experiências públicas de seu paciente, este parece se perturbar, não tem mais esse imprevisto, essa lucidez, essa clarividência que o distinguiam; torna-se uma máquina automática, que responde sobre um tema dado e cujas faculdades se empobrecem até desaparecerem.

Infelizmente, pessoas que não ousariam tentar uma simples experiência de física recreativa, que se confessam incapazes de executar

---

[67] N.E.: Concernente à frenologia, doutrina segundo a qual cada faculdade mental se localiza em uma parte do córtex cerebral e o tamanho de cada parte é diretamente proporcional ao desenvolvimento da faculdade correspondente, sendo este tamanho indicado pela configuração externa do crânio.

o menor truque de prestidigitação, jamais hesitam, sem preparação e sem o menor estudo prévio, em fazer experiências magnéticas.

Ah! se eu não temesse mergulhar os leitores do vosso *Grand Journal* num sono menos interessante, porém mais barulhento que o de meus sonâmbulos, eu vos entreteria em breve com fatos eminentemente curiosos... Mas antes é preciso saber que acolhida dareis a esta primeira carta; é o que sábado ficarei sabendo, ao rebentar o lacre de meu exemplar.

Bertellius

Um egoísta

Estudo espírita moral

No dia 10 de janeiro de 1865, um dos nossos correspondentes de Lyon nos transmitiu o seguinte relato:

Numa localidade vizinha, conhecíamos um indivíduo, cujo nome omitimos, para não sermos maledicentes e porque o nome nada tem com o fato. Era espírita e, sob o domínio dessa crença se melhorou, embora não a tivesse aproveitado tanto quanto poderia tê-lo feito, devido à sua inteligência. Vivia com uma velha tia, que o amava como filho, e que não poupava trabalhos nem sacrifícios por seu caro sobrinho. Por economia era a boa mulher que cuidava da casa. Até aí tudo muito natural; o que o era menos é que o sobrinho, jovem e em boa forma, a deixava fazer trabalhos acima de sua força, sem que jamais lhe acudisse à ideia poupar-lhe marchas penosas para a sua idade, o transporte de fardos e coisas semelhantes. Na casa não mudava um móvel de lugar, como se tivesse criados às suas ordens; e mesmo que previsse algum penoso serviço excepcional, arranjava um pretexto para se abster, temeroso de que lhe pedissem um auxílio, que não poderia recusar. Entretanto, havia recebido várias lições a respeito, poder-se-ia dizer afrontas, capazes de fazer refletir um homem de coração; mas era insensível. Um dia em que a tia se extenuava rachando lenha, lá estava ele sentado, fumando tranquilamente o seu cachimbo. Entrou um vizinho e, vendo isto, lançou um olhar de desprezo sobre o rapaz e disse: "Isto é trabalho para homem, e não para mulher." Depois, tomando o machado, pôs-se a rachar a lenha, enquanto o outro olhava. Era estimado como um homem decente e de boa conduta, mas porque seu caráter não tivesse amenidade nem perseverança, não era apreciado e a maioria dos amigos se haviam afastado. Nós, espíritas, nos afligíamos por essa dureza de coração e dizíamos que um dia ele pagaria muito caro por isso.

A previsão realizou-se ultimamente. Devo dizer que, em consequência dos esforços que fazia, a velha senhora foi acometida por uma hérnia muito grave, que a fazia sofrer muito, mas que ela tinha coragem para não se lamentar. Durante esses últimos frios, provavelmente querendo esquivar-se a um trabalho penoso, o sobrinho saiu cedo e não voltou. Ao atravessar uma ponte, foi atingido pela queda de uma viatura e arrastado por uma encosta; morreu duas horas depois.

Quando fomos informados do fato, quisemos evocá-lo, e eis o que nos foi respondido por um dos nossos guias:

"Aquele a quem quereis chamar não poderá comunicar-se antes de algum tempo. Venho responder por ele e vos dizer o que quereis saber; mais tarde ele vo-lo confirmará. Neste momento ele está muito perturbado pelos pensamentos que o agitam. Vê a tia e a doença que ela contraiu em consequência das fadigas corporais e da qual ela morrerá. É isto que o atormenta, pois se considera como o seu assassino. E o é, com efeito, já que lhe podia poupar o trabalho que será a causa de sua morte. Para ele é um remorso pungente que o perseguirá por muito tempo, até que tenha reparado a sua falta. Ele queria fazê-lo; não deixa a tia, mas seus esforços são inúteis e, então, se desespera. É preciso, para o seu castigo, que a veja morrer devido à sua negligência egoísta, porque sua conduta é uma variedade do egoísmo. Orai por ele, a fim de que possa manter o arrependimento, que mais tarde o salvará."

P. – Nosso caro guia poderia dizer-nos se não lhe serão levados em conta outros defeitos de que se corrigiu por causa do Espiritismo e se sua posição não se abrandou?

Resp. – Sem nenhuma dúvida, essa melhora lhe é levada em conta, pois nada escapa ao olhar perscrutador da divina Providência. Mas eis de que maneira cada ação, boa ou má, tem suas consequências naturais, inevitáveis, conforme estas palavras do Cristo: "A cada um segundo as suas obras." Aquele que se corrigiu de algumas faltas se poupa da punição que elas teriam acarretado e, ao contrário, recebe o prêmio das qualidades que as substituíram, mas não pode escapar às consequências dos defeitos que ainda ficaram. Assim, não é punido senão na proporção e conforme a gravidade destes últimos; quanto menos os tiver, melhor a sua posição. Uma qualidade não resgata um defeito; diminui o número destes e, por conseguinte, a soma das punições.

Os defeitos dos quais se corrigem primeiro, são os mais fáceis de ser extirpados, e aquele do qual se libertam mais dificilmente é o egoísmo. Julgam ter feito bastante porque moderaram a violência do caráter, se resignaram à sorte ou se livraram de alguns maus hábitos; sem dúvida é algo que aproveita, mas não impede de pagarem o tributo de depuração pelo resto.

Meus amigos, o egoísmo é o que melhor se vê nos outros, porque sentimos o seu contragolpe e porque o egoísta nos fere; mas o egoísta encontra em si mesmo sua satisfação, razão por que dele não se apercebe. O egoísmo é sempre uma prova de secura do coração; estiola a sensibilidade para os sofrimentos alheios. O homem de coração, ao contrário, sente esse sofrimento e se emociona; é por isto que se sacrifica para os poupar ou os mitigar nos outros, porque gostaria que fizessem o mesmo por ele. Assim, é feliz quando evita uma pena ou um sofrimento a alguém; *tendo-se identificado com o mal de seu semelhante, experimenta um alívio real quando não mais existe o mal.* Contai com o seu reconhecimento se lhe prestardes serviço, mas do egoísta não espereis senão a ingratidão; o reconhecimento em palavras nada lhe custa, mas em ação o fatigaria e lhe perturbaria o repouso. Só age por outro quando forçado, e jamais espontaneamente; seu apego está na razão do bem que espera das pessoas, e isto algumas vezes mau grado seu. O rapaz de quem falamos certamente gostava da tia e se teria revoltado se lhe tivessem dito o contrário; contudo, sua afeição não chegava a ponto de fatigar-se por ela; de sua parte não era um desígnio premeditado, mas uma repulsa instintiva, consequência de seu egoísmo nato. A luz que não soubera achar em vida, hoje lhe aparece e ele lamenta não ter aproveitado melhor os ensinamentos que recebeu. Orai por ele.

O egoísmo é o verme roedor da sociedade, é mais ou menos o de cada um de vós. Em breve eu vos darei uma dissertação, na qual ele será encarado sob seus diversos matizes; será um espelho; olhai-o com cuidado, para ver se não percebeis num canto qualquer um reflexo de vossa personalidade.

Vosso guia espiritual

Notas bibliográficas

(À venda)

O céu e o inferno, ou a justiça divina segundo o espiritismo

Contém o exame comparado das doutrinas sobre a passagem da vida corpórea à vida espiritual, as penalidades e recompensas futuras, os anjos e os demônios, as penas eternas etc.; seguido de numerosos exemplos da situação real da alma durante e depois da morte.

Por Allan Kardec

Como não nos cabe fazer o elogio, nem a crítica desta obra, limitamo-nos a dar a conhecer o seu objetivo, pela reprodução de um extrato do *Prefácio*:

"O título desta obra indica claramente o seu objetivo. Nela reunimos todos os elementos destinados a esclarecer o homem quanto ao seu destino. Como em nossas publicações anteriores sobre a Doutrina Espírita, nada colocamos neste livro que seja produto de um sistema preconcebido ou de uma concepção pessoal, que, aliás, não teria nenhuma autoridade. Tudo foi deduzido da observação e da concordância dos fatos.

O livro dos espíritos contém as bases fundamentais do Espiritismo; é a pedra angular do edifício. Todos os princípios da Doutrina aí estão expostos, até mesmo os que constituem o seu coroamento. Entretanto, era preciso dar-lhes maiores desenvolvimentos e deduzir todas as suas consequências e aplicações, à medida que tais bases se desdobrassem pelo ensino complementar dos Espíritos e mediante novas observações. Foi o que fizemos em relação a *O livro dos médiuns* e com *O evangelho segundo o espiritismo*, no tocante a pontos de vista especiais; é o que fazemos nesta obra, sobre outro ponto de vista, e é o que faremos sucessivamente nas demais obras que nos restam publicar e que virão a seu tempo.

As novas ideias só frutificam quando a terra está preparada para recebê-las. Ora, por terra preparada não se deve entender algumas inteligências precoces, que apenas dariam frutos isolados, mas um certo conjunto na predisposição geral, a fim de que não só dê frutos mais abundantes, senão que a ideia, ao encontrar maior número de pontos de apoio, também encontre menos oposição e seja, assim, mais forte para resistir aos seus antagonistas. *O evangelho segundo o espiritismo* já era um passo à frente; *O céu e o inferno* é um passo a mais, cujo alcance será facilmente compreendido, porque toca profundamente em certas questões; contudo, não poderia ter vindo mais cedo.

Se considerarmos a época em que surgiu o Espiritismo, facilmente reconheceremos que ele chegou na hora exata, nem mais cedo, nem mais tarde. Mais cedo, teria abortado, porque, não sendo numerosas as simpatias, teria sucumbido sob os golpes dos adversários. Mais tarde, teria perdido a ocasião favorável para eclodir as ideias poderiam tomar outro rumo, do qual teria sido difícil desviá-las. Era preciso deixar ao tempo o cuidado de consumir as velhas ideias e provar a sua insuficiência, antes de apresentar outras mais novas.

Setembro de 1865

As ideias prematuras costumam malograr porque as criaturas não estão maduras para as compreenderem, nem sentem por ora a necessidade de uma mudança de posição.

Hoje, é inegável para todo mundo que um grande movimento se manifesta na opinião geral; que uma reação formidável se opera progressivamente contra o espírito estacionário ou retrógrado da rotina; que os satisfeitos da véspera são os impacientes do dia seguinte. A Humanidade está em processo de gestação; existe alguma coisa no ar, uma força irresistível a impele para frente, à semelhança de um jovem, mal saído da adolescência e que entrevê novos horizontes, embora não os possa definir, e que se desfaz das fraldas da infância. O homem quer coisa melhor: alimentos mais sólidos para a razão. Esse desejo do melhor, porém, ainda não está bem definido. Buscam-no sem cessar, todos trabalham para isso, desde o crente até o incrédulo, desde o lavrador até o sábio. O Universo é um vasto canteiro de obras; uns demolem, outros constroem; cada um talha sua pedra para o novo edifício, cujo plano definitivo é prerrogativa do Grande Arquiteto e cuja economia só será compreensível quando suas formas começarem a delinear-se acima da superfície do solo. E foi justamente este o momento escolhido pela Soberana Sabedoria para o advento do Espiritismo.

Os Espíritos que presidem ao grande movimento regenerador agem, pois, com mais sabedoria e previdência coisa que os homens não podem fazer, porque aqueles abragem a marcha geral dos acontecimentos, enquanto nós outros não vemos o círculo limitado do nosso horizonte. Tendo chegado os tempos da renovação, consoante os decretos divinos, era necessário que, no meio das ruínas do velho edifício, o homem vislumbrasse, para não ser tolhido pelo desânimo, as bases da nova ordem de coisas que iria estabelecer-se; era preciso que o marinheiro pudesse perceber a estrela polar que o haveria de guiar ao porto.

A sabedoria dos Espíritos, que o aparecimento do Espiritismo tornou patente e que foi revelada quase instantaneamente por toda a Terra e na época mais propícia, não é menos evidente na ordem e na gradação lógicas das revelações complementares sucessivas. Não está no poder de ninguém constranger a vontade deles quanto a isto, visto que eles não regulam os seus ensinos de acordo com a impaciência dos homens. Não nos basta dizer: 'Gostaríamos de ter tal coisa', para que nos seja concedida; e, menos ainda, dizer a Deus: 'Julgamos que é chegada a hora para que nos dês tal coisa; pois nos julgamos bastante adiantados para recebê-las', o que equivaleria a dizer: 'Sabemos melhor que vós o que convém fazer.' Aos impacientes, os Espíritos respondem: 'Começai primeiro por saber bem, compreender bem e, sobretudo, praticar bem o que já sabeis, a fim de que Deus vos julgue dignos de vos trazer mais conhecimentos. Depois, quando chegar o momento, saberemos agir e escolheremos os nossos instrumentos.'

A primeira parte desta obra, chamada *Doutrina*, contém o exame comparado das diversas crenças sobre o céu e o inferno, os anjos e os demônios, as penas e as recompensas futuras. O dogma das penas eternas é aí tratado de maneira especial e refutado por argumentos colhidos das próprias leis da natureza, leis que demonstram, não só o seu lado ilógico, centenas de vezes já assinalado, como a sua impossibilidade material. Com as penas eternas, caem naturalmente as consequências que se acreditavam tirar de tal doutrina.

A segunda parte encerra numerosos exemplos que sustentam a teoria, ou melhor, que serviram para o seu estabelecimento. A autoridade deles se baseia na diversidade dos tempos e dos lugares onde foram obtidos, porquanto, se emanassem de uma fonte única, poder-se-ia considerá-los como produto de uma mesma influência; baseia-se, além disso, na sua concordância com o que se obtém todos os dias, seja onde for que as pessoas se ocupem das manifestações espíritas, encaradas sob um ponto de vista sério e filosófico. Tais exemplos poderiam ser multiplicados ao infinito, visto que não há Centro Espírita que não possa fornecer um notável contingente deles.

Setembro de 1865

Para evitarmos repetições cansativas, tivemos de fazer uma escolha criteriosa entre os exemplos mais instrutivos. Cada um deles é um estudo, em que todas as palavras têm o devido alcance para quantos desejem meditá-los com atenção, visto que de cada ponto jorra uma luz sobre a situação da alma após a morte e sobre a passagem, até agora tão obscura e temida, da vida corpórea à vida espiritual. É o guia do viajante, antes de adentrar em país novo. Aí a vida de além-túmulo se desdobra em todos os seus aspectos, como um vasto panorama, de modo que todos poderão haurir, neste livro, novos motivos de esperança e de consolação e novas bases para o fortalecimento da fé no futuro e na Justiça de Deus.

Nesses exemplos, tomados em sua maioria dos fatos contemporâneos, dissimulamos os nomes próprios toda vez que julgamos útil fazê-lo, em razão de conveniências facilmente compreensíveis. Quem se interessar por eles os reconhecerá sem dificuldade. Para o público, nomes mais ou menos conhecidos e mesmos obscuros não teriam acrescentado coisas alguma à instrução que deles se podem tirar.

Eis os títulos dos capítulos:[68]

Primeira parte. Doutrina. I – O porvir e o nada. II – Temor da morte. III – O céu. IV – O inferno. V – Quadro comparativo do inferno pagão e do inferno cristão. VI – O purgatório. VII – Doutrina das penas eternas. VIII – As penas futuras segundo o Espiritismo. IX – Os anjos. X – Os demônios. XI – Intervenção dos demônios nas modernas manifestações. XII – É proibido evocar os mortos?

Segunda parte. Exemplos. I – A passagem. II – Espíritos felizes. III – Espíritos em condições medianas. IV – Espíritos sofredores. V – Suicidas. VI – Criminosos arrependidos. VII – Espíritos endurecidos. VIII – Expiações terrestres."

---

[68] N.E.: Ver *O céu e o inferno*, tradução Evandro Noleto Bezerra, edição FEB.

Conversas familiares sobre o Espiritismo

Pela Sra. Émilie Collignon (de Bordeaux)

Temos a satisfação e o dever de chamar a atenção dos nossos leitores para esta brochura, que apenas anunciamos no último número, e que inscrevemos com prazer entre os livros recomendados. É uma exposição completa, embora sumária, dos verdadeiros princípios da Doutrina, em linguagem familiar, ao alcance de todos, e sob uma forma atraente. Fazer a análise desta produção seria fazer a de *O livro dos espíritos* e de *O livro dos médiuns*. Assim, não é por conter ideias novas que recomendamos esse opúsculo, mas como um meio de propagar a Doutrina.

Allan Kardec

Revista Espírita
Jornal de estudos psicológicos
ANO VIII — OUTUBRO DE 1865 — N° 10

Novos estudos sobre os espelhos mágicos ou psíquicos

O vidente da floresta de Zimmerwald

Na *Revista Espírita* de outubro de 1864 fizemos um meticuloso relato das observações que acabávamos de fazer sobre um camponês do cantão de Berna, que possui a faculdade de ver, num copo de vidro, as coisas distantes. Novas visitas que lhe fizemos este ano nos permitiram completar as observações e retificar, em certos pontos, a teoria que havíamos dado dos objetos vulgarmente designados sob o nome de *espelhos mágicos*, mais exatamente chamados *espelhos psíquicos*. Como antes de tudo buscamos a verdade e não temos a pretensão de ser infalível, quando acontece nos enganarmos não hesitamos em reconhecê-lo. Não conhecemos nada mais ridículo do que se aferrar a uma opinião errônea.

Para a compreensão do que se segue, e a fim de evitar repetições, rogamos aos nossos leitores que se reportem ao artigo precitado, que contém uma nota detalhada sobre o vidente em questão e sua maneira de operar.

Apenas lembraremos que se dá o nome de *espelhos mágicos* a objetos de diversas formas e naturezas, quase sempre de reflexo brilhante, tais como copos de beber, garrafas, vidros, placas metálicas, nos quais certas pessoas veem coisas ausentes. Convencido por uma observação atenta de que essa faculdade não é senão a *dupla vista*, ou seja, a *visão espiritual* ou *psíquica*, independente da visão orgânica, e considerando-se que essa faculdade existe sem o concurso de qualquer objeto, havíamos concluído, de maneira muito absoluta, pela inutilidade desses objetos, pensando que o hábito de utilizá-los apenas os tornava necessários, e que todo indivíduo, *vidente* com o seu concurso, poderia ver perfeitamente bem sem eles, caso tivesse vontade. Ora, é aí que está o erro, como vamos demonstrar.

Daremos previamente um relato sucinto dos novos fatos observados, porque servem de base às instruções a que os mesmos deram motivo.

Assim, tendo voltado à casa daquele homem, acompanhado do Sr. comandante de W., que gentilmente nos serviu de intérprete, logo ele se ocupou de nossa saúde; descreveu com facilidade e perfeita exatidão a sede, a causa e a natureza do mal, indicando os remédios necessários.

Em seguida, sem ser provocado por nenhuma pergunta, falou de nossos trabalhos, de seu objetivo e seus resultados, no mesmo sentido que no ano anterior, sem, contudo, ter conservado qualquer lembrança do que havia dito, mas aprofundou muito mais o assunto, cujo alcance parecia compreender melhor. Entrou em detalhes circunstanciados sobre a marcha atual e futura da Doutrina que nos ocupa, sobre as causas que devem levar a este ou aquele resultado, sobre os obstáculos que nos serão suscitados e os meios de suportá-los, sobre as pessoas que nela representam ou devem representar um papel pró ou contra, aquelas sobre cujo devotamento e sinceridade se pode contar ou não, descrevendo-as física e moralmente, de maneira a provar que as via perfeitamente. Numa palavra, deu-nos uma instrução longamente desenvolvida e logicamente motivada, tanto mais notável porque confirma, em todos os pontos, e completa, sob certas relações, as dos nossos Espíritos protetores. As partes cuja exatidão estávamos em condições de apreciar não podiam deixar dúvida quanto à sua clarividência. Tendo tido com ele várias entrevistas, cada vez voltava ao mesmo assunto, confirmava-o ou o completava, sem jamais se contradizer, mesmo no que havia dito no ano anterior, de que as entrevistas atuais pareciam ser a continuação.

Sendo essa instrução absolutamente pessoal e confidencial, abstemo-nos de relatá-la em detalhes. Mencionamo-la por causa do fato importante que dela ressalta e que relatamos a seguir. Sem dúvida é de grande interesse para nós, mas nosso objetivo principal, voltando a ver esse homem, era fazer novos estudos sobre sua faculdade, no interesse da ciência espírita.

Um fato que constatamos é que não se pode constranger sua lucidez; vê o que se lhe apresenta e o descreve, mas não se pode fazer que veja à vontade o que se deseja, nem aquilo em que se pensa, embora leia os pensamentos. Na sessão principal que nos foi dedicada, em vão tentamos chamar sua atenção para outros assuntos; apesar de seus esforços, declarou nada ver no copo.

Quando trata de um assunto, é possível fazer-lhe perguntas que lhe dizem respeito, mas é inútil interrogá-lo sobre a primeira que surgir. E, contudo, muitas vezes lhe ocorre passar bruscamente do assunto que o ocupa a outro completamente estranho; depois volta ao primeiro. Quando se lhe pergunta a razão, responde que diz o que vê, e que isto não depende dele.

Vê *espontaneamente* as pessoas ausentes, quando estas se ligam diretamente àquilo que é objeto de seu exame, mas não de outro modo. Seu ponto de partida é o interrogador, sua pessoa, sua residência; daí se desdobram os fatos consecutivos. Também foi inutilmente que tentamos a seguinte experiência. Um dos nossos amigos de Paris, que acabava de nos escrever, desejava que o consultássemos a respeito da doença da filha. Nós lhe entregamos a carta, dizendo-lhe que a pusesse na palma da mão, sob o fundo do copo, pensando que a irradiação do fluido facilitaria a visão da pessoa. Ele nada fez: ao contrário, o reflexo branco do papel o incomodava; disse que a pessoa estava muito longe e, contudo, alguns instantes antes, acabava de descrever, com perfeita exatidão e detalhes minuciosos, um indivíduo no qual absolutamente não pensávamos, bem como o local onde mora, e isto a uma distância quatro vezes maior. Mas esta pessoa estava envolvida no assunto que nos dizia respeito, ao passo que a outra lhe era completamente estranha. A sucessão dos acontecimentos o conduzia para um, e não para o outro.

Por conseguinte, sua lucidez não é flexível nem manejável, e absolutamente não se presta ao capricho do interrogador. Não está, pois, de modo algum, apto a satisfazer os que a ele viessem apenas por curiosidade. Aliás, como ele lê no pensamento, seu primeiro cuidado é ver a intenção do visitante, caso não o conheça; se a intenção não for séria, se perceber que o objetivo não é moral, nem útil, recusa-se a falar e despede quem quer que lhe venha pedir que leia a sorte ou faça perguntas fúteis ou indiscretas. Numa palavra, é um vidente sério, e não um adivinho.

Como dissemos o ano passado, sua clarividência se aplica principalmente às fontes e aos cursos d'água subterrâneos. Só acessoriamente e por condescendência se ocupa de outras coisas.

É de uma ignorância absoluta, mesmo sobre os princípios mais elementares das ciências, mas tem muito senso natural e, devido à sua lucidez, muitas vezes supre a falta de conhecimentos adquiridos. Eis um exemplo.

Um dia, em nossa presença, alguém o interrogava sobre a possibilidade da existência de uma fonte mineral em certa localidade. Não há, diz ele, porque o terreno não é propício. Nós lhe fizemos ver que a origem das fontes por vezes está muito afastada do lugar onde se mostram, e se infiltram através de camadas terrestres. É verdade, replicou, mas há regiões onde as camadas são horizontais e outras onde são verticais. Neste de que esse senhor fala, elas são verticais e aí está o obstáculo. De onde lhe vinha essa ideia da direção das camadas terrestres, logo a ele que não tem a mínima noção de Geologia?

Nós o observamos cuidadosamente durante todo o curso de suas operações, e eis o que notamos:

Uma vez sentado, toma o seu copo, o segura como descrevemos em nosso artigo anterior, olha alternativamente o fundo do copo e os assistentes e, durante cerca de um quarto de hora, fala de coisas sem importância, depois do que aborda o assunto principal. Nesse momento seus olhos, naturalmente vivos e penetrantes, ficam semicerrados, embaciam-se e se contraem; as pupilas desaparecem para o alto, deixando ver apenas o branco. De vez em quando, quando fixa alguém, as pupilas se mostram em parte ligeiramente, para de novo desaparecerem totalmente; e, contudo, olha sempre o fundo do copo ou as linhas que traça a giz. Ora, é bem evidente que, nesse estado, não é pelos olhos que vê. Salvo esta particularidade, nada há nele de sensivelmente anormal; fala com simplicidade, sem ênfase, como no estado ordinário, e não como um inspirado.

Na noite em que tivemos a nossa principal sessão, pedimos, por intermédio de um médium escrevente, instruções aos Espíritos bons sobre os fatos que acabávamos de testemunhar.

P. – Que se deve pensar das revelações espontâneas que hoje nos fez o vidente da floresta?

Resp. – Quisemos dar-vos uma prova da faculdade desse homem. Havíamos preparado o assunto de que ele devia tratar; por isto não pôde responder às outras perguntas que lhe fizestes. O que vos falou era apenas a nossa opinião. Ficastes admirado do que vos disse; falava por nós sem o saber e, neste momento, não sabe mais o que disse, como já não se lembra do que falou o ano passado, pois o seu raio de inteligência não chega até lá. Ao falar, nem mesmo compreendia o alcance do que dizia; falava melhor do que o teria feito o médium aqui presente, temeroso de ir muito longe. Eis por que dele nos servimos, por ser um instrumento mais dócil para as instruções que vos queríamos dar.

P. – Ele falou de um indivíduo que, segundo a descrição física e moral que dele fez, e por sua posição, parecia ser tal personagem. Poderíeis dizer se é, realmente, a que quis designar?

Resp. – Ele disse o que deveis saber.

OBSERVAÇÃO – É, pois, evidente que à faculdade natural desse homem se alia a mediunidade, ao menos acidentalmente, se não de maneira permanente; ou seja, a lucidez lhe é pessoal e não uma questão de Espíritos, mas os Espíritos podem dar a essa lucidez a direção que lhes convém, num caso determinado, inspirar-lhe o que deve dizer e só o deixar dizer aquilo que for preciso. Ele é, pois, conforme a necessidade, *médium inconsciente*.

A faculdade de ver a distância e através dos corpos opacos só nos parece extraordinária, incompreensível, porque constitui um sentido de que não gozamos no estado normal. Estamos exatamente como os cegos de nascença, que não compreendem que se possa conhecer a existência, a forma e as propriedades dos objetos sem os tocar; ignoram que o fluido luminoso é o intermediário que nos põe em relação com os objetos afastados e nos traz a sua imagem. Sem o conhecimento das propriedades do fluido perispiritual, não compreendemos a visão sem o concurso dos olhos; a tal respeito somos verdadeiros cegos. Ora, a faculdade de ver a distância, com o auxílio do fluido perispiritual, não é mais maravilhosa e miraculosa que a de ver os astros a milhões de léguas, com o auxílio do fluido luminoso.[69]

[69] Nota de Allan Kardec: Neste momento *Le Siècle* publica, sob o título de *La Double vue* [*A dupla vista*], um interessantíssimo romance-folhetim de Élie Berthet. Na hora atual vem a propósito. Há cerca de dois anos o Sr. Xavier Saintine tinha publicado no *Constitutionnel*, sob o título *La seconde vie* [*A segunda vista*], uma

P. – Teríeis a bondade de dizer se o copo de que este homem se serve lhe é verdadeiramente útil? se igualmente não poderia ver em outro copo, num objeto qualquer, ou mesmo sem objeto, caso o quisesse? se a necessidade ou a especialidade do copo não seria um efeito do hábito, que lhe faz crer não poder dispensá-lo? Enfim, se a presença do copo é necessária, que ação exerce tal objeto sobre a sua lucidez?

Resp. – Estando o seu olhar concentrado no fundo do copo, o *reflexo brilhante* age primeiramente sobre os olhos, depois sobre o sistema nervoso, provocando uma espécie de semissonambulismo ou, mais exatamente, de sonambulismo desperto, no qual o Espírito, desprendido da matéria, adquire a clarividência, ou visão da alma, que chamais segunda vista.

Existe certa relação entre a forma do fundo do copo e a forma exterior ou a disposição de seus olhos. É por isto que ele não encontra facilmente os que reúnem as condições necessárias (*vide* artigo do mês de outubro de 1864). Embora aparentemente os copos vos sejam semelhantes, há no poder refletor e no modo de irradiação, segundo a forma, a espessura e a qualidade, nuanças que não podeis apreciar, e que são adequadas ao seu organismo individual.

Para ele, portanto, o copo é um meio de desenvolver e de fixar sua lucidez. É-lhe realmente necessário, porque nele, não sendo permanente o estado de lucidez, necessita ser provocado; outro objeto não o poderia substituir, e esse mesmo copo, que sobre ele produz esse efeito, nada produziria sobre outra pessoa, mesmo vidente. Os meios de provocar essa lucidez variam conforme os indivíduos.

Consequências da explicação precedente

Eis-nos no ponto principal a que nos propusemos. A explicação precedente parece resolver a questão com perfeita clareza.

série de fatos baseados na pluralidade das existências e nas relações espontâneas que se estabelecem entre vivos e mortos. É assim que a literatura ajuda a vulgarização das ideias novas. Aí só falta a palavra *Espiritismo*.

Tudo está nestas palavras: *A lucidez não é permanente neste homem*. O copo é um meio de provocá-la pela ação da irradiação sobre o sistema nervoso. Mas é preciso que o modo de irradiação esteja em relação com o organismo. Daí a variedade dos objetos que podem produzir tal efeito, conforme os indivíduos predispostos a sofrê-los. Disto resulta que:

1º) Para aqueles em que a visão psíquica é espontânea ou permanente, o emprego de agentes artificiais é inútil; 2º) esses agentes são necessários quando a faculdade necessita ser superexcitada; 3º) devendo esses agentes ser apropriados ao organismo, o que tem ação sobre uns nada produz sobre outros.

Certas particularidades de nosso vidente encontram sua razão de ser nesta explicação.

A carta colocada debaixo do copo, em vez de o facilitar, o perturbava, porque mudava a natureza do reflexo que lhe é próprio.

Dissemos que ele, ao começar, fala de coisas sem importância, enquanto olha o corpo. É que a ação não é instantânea, e essa conversa preliminar, sem objetivo aparente, dura o tempo necessário à produção do efeito.

Assim como o estado lúcido não se desenvolve senão gradualmente, não cessa de repente. É a razão pela qual esse homem ainda continua vendo alguns instantes depois de ter deixado de olhar em seu copo, o que nos tinha levado a supor que o objeto fosse inútil. Mas como, de certo modo, o estado lúcido é artificial, de vez em quando ele recorre ao copo para mantê-lo.

Até certo ponto compreende-se o desenvolvimento da faculdade por um meio material, mas como a imagem de uma pessoa distante pode apresentar-se num copo? Só o Espiritismo pode resolver este problema, pelo conhecimento que dá da natureza da alma, de suas faculdades, das propriedades de seu invólucro perispiritual, de sua irradiação, de seu poder emancipador e de seu desprendimento do envoltório corporal. No estado de desprendimento, a alma desfruta de percepções que lhe são próprias, sem o concurso dos órgãos materiais; a visão é um atributo do ser espiritual; vê por si mesmo, sem o auxílio dos olhos, como ouve sem o concurso do ouvido; *se os órgãos dos sentidos fossem indispensáveis às percepções da alma, seguir-se-ia que, depois da morte, não tendo mais a alma esses órgãos, seria surda e cega.* O desprendimento completo, que ocorre após a morte, produz-se parcialmente durante a vida, e é então que se manifesta o fenômeno da visão espiritual, ou, em outras palavras, da dupla vista ou segunda vista, ou da visão psíquica, cujo poder se estende tão longe quanto a irradiação da alma.

No caso de que se trata, a imagem não se forma na substância do vidro; é a própria alma que, por sua irradiação, percebe o objeto no local onde se encontra. Mas como, nesse homem, o copo é o agente provocador do estado lúcido, a imagem lhe aparece muito naturalmente na direção do copo. É absolutamente como aquele que precisa de um óculo de alcance para ver ao longe o que não pode distinguir a olho nu; a imagem do objeto não está nos vidros da luneta, mas na direção dos vidros, que lhe permitem vê-la. Tirai-lhe o instrumento e ele nada mais verá. Prosseguindo a comparação, diremos que, assim como aquele que tem uma boa vista não necessita de lunetas, o que goza naturalmente da visão psíquica não precisa de meios artificiais para provocá-la.

Há alguns anos, um médico descobriu que, pondo entre os olhos, na base do nariz, uma rolha de garrafa, uma bola de cristal ou de metal brilhante, e fazendo convergirem os raios visuais para esse objeto durante algum tempo, a pessoa entrava numa espécie de estado cataléptico, durante o qual se manifestavam algumas das faculdades que se notam em certos sonâmbulos, entre outras a insensibilidade e a visão a distância, através dos corpos opacos, e que esse estado cessava pouco a pouco, após a retirada do objeto. Evidentemente era um efeito magnético, produzido por um corpo inerte.

Que papel fisiológico desempenha o reflexo brilhante nesse fenômeno? É o que se ignora. Mas, se essa condição é necessária na maioria dos casos, constatou-se que não o é sempre, e que o mesmo efeito é produzido em certos indivíduos com o auxílio de objetos foscos.

Este fenômeno, ao qual se deu o nome de hipnotismo, fez ruído nos meios científicos. Experimentaram. Uns tiveram sucesso, outros fracassaram, como devia ser, pois nem todos os pacientes tinham a mesma aptidão. Certamente valia a pena estudar a coisa, fosse ainda excepcional; mas — é lamentável dizer — desde que perceberam que era uma porta secreta pela qual o magnetismo e o sonambulismo iriam penetrar, sob uma outra forma e um outro nome, no santuário da ciência oficial, não mais se cogitou de hipnotismo. (*Vide* a *Revista Espírita* de janeiro de 1860.)

Entretanto, jamais a natureza perde os seus direitos. Se as leis são desconhecidas por algum tempo, muitas vezes volta à carga e as apresenta sob formas tão variadas que, mais cedo ou mais tarde, obriga a abrir os olhos. O Espiritismo é prova disto; por mais que o neguem, o denigram, o repilam, ele bate em todas as portas de cem maneiras diferentes e, por bem ou por mal, penetra naqueles mesmos que dele não querem ouvir falar.

Comparando este fenômeno com aquele que nos ocupa, e principalmente com as explicações dadas acima, nota-se, nos efeitos e nas causas, uma analogia surpreendente, donde se pode tirar a seguinte conclusão: os corpos vulgarmente chamados *espelhos mágicos* não passam de agentes hipnóticos, infinitamente variados em suas formas e em seus efeitos, segundo a natureza e o grau das aptidões.

Isto posto, não seria impossível que certas pessoas, dotadas espontânea e acidentalmente dessa faculdade, sofressem, sem que o soubessem, a influência magnética de objetos exteriores, sobre os quais maquinalmente fixam os olhos. Por que o reflexo da água, de um lago, de um pântano, de um ribeirão, mesmo de um astro, não produziria o mesmo efeito que um copo ou uma garrafa, sobre certas organizações convenientemente predispostas? Mas isto não passa de uma hipótese que precisa da confirmação da experiência.

Aliás, este fenômeno não é uma descoberta moderna. É encontrado, mesmo em nossos dias, nos povos mais atrasados, tanto é certo que o que está na natureza tem o privilégio de ser de todos os tempos e lugares. A princípio aceitam-no como um fato: a explicação vem depois, com o progresso, e à medida que o homem avança no conhecimento das leis que regem o mundo.

Tais as consequências que parecem decorrer logicamente dos fatos observados.

Partida de um adversário do Espiritismo para o mundo dos Espíritos

Escrevem-nos de V...:

"Há algum tempo morreu um eclesiástico nas nossas vizinhanças. Era um adversário declarado do Espiritismo, mas não um desses adversários furibundos, como se veem tantos, que suprem a falta de boas razões pela violência e pela injúria. Era um homem instruído, de inteligência superior. Combatia-o com talento, sem acrimônia e sem se afastar das conveniências. Infelizmente para ele, e a despeito de todo o seu saber e incontestável mérito, só lhe pôde opor os lugares-comuns ordinários e, para derrubá-lo, não encontrou nenhum desses argumentos que levam ao espírito das massas uma convicção irresistível. Sua ideia fixa, ou pelo menos a que buscava fazer prevalecer, era que o Espiritismo só teria um tempo; que sua rápida propagação não passava de um entusiasmo passageiro, e que cairia como todas as ideias utópicas.

Tivemos a ideia de o evocar em nosso pequeno círculo. Sua comunicação nos pareceu instrutiva, sob vários aspectos, razão por que nós vo-la remetemos. Em nossa opinião ela traz um selo incontestável de identidade.

Eis a comunicação:

P. – (Ao guia do médium.) Teríeis a bondade de dizer se podemos fazer a evocação do Sr. abade D...?

Resp. – Sim; ele virá. Mas, embora persuadido da realidade de vossos ensinos, de que a morte o convenceu, ainda tentará provar-vos a inutilidade dos vossos esforços para espalhá-los de maneira séria. Ei-lo pronto a apoiar-se em dissensões momentâneas suscitadas por alguns irmãos que se extraviaram, para vos provar a insanidade de vossa doutrina. Escutai-o; sua linguagem vos fará conhecer a maneira por que lhe deveis falar.

Evocação – Caro Espírito D..., esperamos que, com a ajuda de Deus e dos Espíritos bons, vos digneis comunicar-vos conosco. Como podeis ver, todo sentimento de curiosidade está longe de nosso pensamento. Provocando esta conversa, nosso objetivo é dela tirar uma instrução proveitosa para nós e, talvez, também para vós. Ser-vos-emos, pois, reconhecidos pelo que nos quiserdes dizer.

Resp. – Tendes razão de me chamar, mas vos enganais supondo que eu pudesse recusar-me a vir até vós. Ficai certos de que meu título de adversário do Espiritismo não é motivo para que eu guarde silêncio; tenho boas razões para falar.

Minha vinda é uma confissão, uma afirmação dos vossos ensinos. Eu o sei e o reconheço. Estou convencido da realidade das manifestações que hoje experimento, mas não é uma razão para que lhe reconheça a excelência, nem que admita como certo o objetivo a que vos propondes. Sim, os Espíritos se comunicam, e não apenas os *demônios*, como ensinamos, e por cálculo. É inútil que me estenda a respeito, pois conheceis tão bem quanto eu as razões que nos levam a agir assim. Certamente, os Espíritos de todas as espécies se comunicam; disto sou uma prova, porquanto, embora não tenha a veleidade de me crer um ser superior, quer por meus conhecimentos, quer por minha moralidade, tenho bastante consciência de meu valor para me estimar acima dessas categorias de Espíritos sujeitos à expiação das mais vis imperfeições. Não sou perfeito; como qualquer um, cometi faltas. Mas — reconheço com orgulho — se fui um homem de partido, fui, ao mesmo tempo, um homem de bem, no verdadeiro sentido da palavra.

Escutai-me, pois. Os padres podem estar equivocados em vos combater. Não sei o que reserva o futuro e não entrarei em discussão se há ou não fundamento em sua oposição, verdadeiramente sistemática; mas, também, examinando com cuidado todas as consequências de uma aceitação, não podeis deixar de reconhecer que causaríeis a sua ruína social ou, pelo menos, uma transformação tão absoluta, que todo privilégio, toda separação dos outros homens a rigor seriam aniquiladas. Ora, não se renuncia com alegria no coração a uma realeza tão invejável, a um prestígio que eleva acima do comum, a riquezas que, por serem materiais, não são menos necessárias à satisfação do padre quanto à do homem comum. Pelo Espiritismo, não mais oligarquia clerical; o padre não é ninguém e é qualquer um; o padre é o homem de bem que ensina a verdade aos seus irmãos; é o operário caridoso que ergue seu companheiro *caído*. Vosso sacerdócio é a fé; vossa hierarquia, o mérito; vosso salário, Deus! é grande! é belo! Mas, é preciso dizer, mais cedo ou mais tarde é a ruína, não do homem, que só pode ganhar com esses ensinos, mas da família clerical. Não se renuncia de boa vontade, repito, às honras, ao respeito que se está habituado a colher. Tendes razão, eu o quero! e, contudo, não posso desaprovar nossa atitude frente ao vosso ensino; digo *nossa*, porque ainda é minha, apesar de tudo o que vejo e de tudo o que podereis dizer-me.

Admitamos vossa doutrina firmada; ei-la escutada, por toda parte estendendo suas ramificações, no seio do povo como nas classes ricas, no artesão como no literato. *Este último é que vos prestará o concurso mais eficaz,* mas que resultará de tudo isto? Em minha opinião, ei-lo:

Já se operam divisões entre vós. Existem duas grandes seitas entre os espíritas: os espiritualistas da escola americana e os espíritas da escola francesa. Mas consideremos apenas esta última. É una? Não. Eis, de um lado, os *puristas* ou *kardecistas*, que não admitem nenhuma verdade senão depois de um exame atento e da concordância com todos os dados; é o núcleo principal, mas não é o único; diversos ramos, depois de se terem infiltrado nos grandes ensinamentos do centro, se separam da mãe comum para formar seitas particulares; outros, não inteiramente destacados do tronco, emitem opiniões subversivas. Cada chefe de oposição tem seus aliados; os campos ainda não estão delineados, mas se formam e logo rebentará a cisão. Eu vos digo, o Espiritismo, assim como as doutrinas filosóficas que o precederam, não poderia ter uma longa duração. Foi e cresceu, mas agora está no topo e já começa a descer. Sempre faz alguns adeptos, mas, como o são-simonismo, como o fourierismo,[70] como os teósofos, cairá, talvez para ser substituído, mas cairá, creio firmemente.

Contudo, seu princípio existe: os Espíritos; mas, também, não tem os seus perigos? Os Espíritos inferiores podem comunicar-se: é a sua perda. Os homens são, antes de tudo, dominados por suas paixões, e os Espíritos de que acabo de falar estão habituados a excitá-los. Como há mais imperfeições do que qualidades em nossa humanidade, é evidente que o Espírito do mal triunfará, e que se o Espiritismo algo pode, certamente será a invasão de um flagelo terrível para todos.

Dito isto, concluo que, bom em essência, é mau por seus próprios resultados e, então é prudente rejeitá-lo.

---

[70] N.E.: Teoria de organização social, preconizada por Charles Fourier, que defendia uma sociedade baseada em associações comunitárias de produtores, e na qual os homens teriam ocupações correspondentes a suas paixões e tendências pessoais.

O médium – Caro Espírito, se o Espiritismo fosse uma concepção humana, eu teria a mesma opinião que a vossa; mas se vos é impossível negar a existência dos Espíritos, também não podeis ignorar, no movimento dirigido pelos seres invisíveis, a mão poderosa da Divindade. Ora, a menos que negueis os vossos próprios ensinos, quando estáveis na Terra, não podereis admitir que a ação do homem possa ser um obstáculo à vontade de Deus, seu criador. De duas, uma: ou o Espiritismo é uma obra de invenção humana e, como toda obra humana, sujeita à ruína; ou é obra de Deus, a manifestação da sua vontade e, neste caso, nenhum obstáculo poderia impedi-lo e nem mesmo retardar o seu desenvolvimento. Se, pois, reconheceis que existem Espíritos, e que esses Espíritos se comunicam para nos instruir, isto não pode estar fora da vontade divina, porque, então, existiria ao lado de Deus um poder independente, que destruiria sua qualidade de todo poderoso e, por conseguinte, de Deus. O Espiritismo não poderia ser arruinado pelo fato de algumas dissensões que os interesses humanos poderiam gerar em seu seio.

Resp. – Talvez tendes razão, meu jovem amigo (o médium era um rapaz), mas mantenho o que disse. Cesso toda discussão a respeito. Estou à vossa disposição para qualquer pergunta que queirais fazer, isto à parte.

O médium – Pois bem! já que o permitis, sem insistir sobre um assunto que talvez vos fosse penoso prosseguir no momento, rogaríamos que nos descrevêsseis vossa passagem desta para a vida em que estais, dizer se ficastes perturbado e se, na vossa posição atual, vos podemos ser úteis.

Resp. – Mau grado meu, não posso deixar de reconhecer a excelência desses princípios que ensinam ao homem o que é a morte e que lhe fazem ter afeição por seres que lhe são totalmente desconhecidos. Mas... enfim, meu caro jovem, vou responder à vossa pergunta. Não quero abusar do vosso tempo e satisfarei o vosso desejo em poucas palavras.

Confessarei, pois, que no momento de morrer estava apreensivo. Era a matéria que me levava a lamentar esta existência? era a ignorância do futuro? não vo-lo ocultarei, eu tinha medo! Perguntais se eu estava perturbado; como o entendeis? Se quereis dizer que a ação violenta da separação me mergulhou numa espécie de letargia moral, da qual saí como de um sono penoso, sim, fiquei perturbado; mas se entendeis uma perturbação nas funções da inteligência: a memória, a consciência de si mesmo, não. Entretanto, a perturbação existe para certos seres; talvez também para mim, embora não o creia. Mas o que creio é que, geralmente, esse fenômeno não deve ocorrer imediatamente após a morte. É verdade que fiquei surpreso ao ver a existência do Espírito tal qual ensinais, mas isto não é perturbação. Eis como entendo a perturbação, e em que circunstâncias a experimentaria.

Se eu não estivesse seguro da verdade de minha crença; se a dúvida tivesse entrado em minha alma a respeito do que então acreditei; se uma modificação brusca se operasse em minha maneira de ver, aí eu teria ficado perturbado. Mas minha opinião é que tal perturbação não deve ocorrer logo depois da morte. Se creio no que me diz a razão, ao morrer o ser deve ficar tal qual era antes de passar... só mais tarde, quando o isolamento, a mudança que se opera gradualmente à sua volta, modificam suas opiniões, quando seu ser experimenta um abalo moral que faz vacilar sua segurança primitiva, é que começa realmente a perturbação.

Perguntais se me podeis ser útil em alguma coisa. Minha religião me ensina que a prece é boa; vossa crença diz que é útil. Então orai por mim e tende certeza de meu reconhecimento. Apesar da dissidência que existe entre nós, não ficarei menos satisfeito por vir conversar algumas vezes convosco."

Abade D...

Nosso correspondente tinha razão ao dizer que essa comunicação é instrutiva. Ela o é, com efeito, sob muitos aspectos, e nossos leitores apreenderão facilmente os graves ensinos que dela ressaltam, sem que tenhamos necessidade de assinalá-los. Aí vemos um Espírito que, em vida, tinha combatido nossas doutrinas e esgotado contra ela todos os argumentos que seu profundo saber pudera lhe fornecer; sábio teólogo, é provável que não tenha desprezado nenhum. Como Espírito há pouco desencarnado, reconhecendo as verdades fundamentais sobre as quais nos apoiamos, nem por isso persiste menos em sua oposição, e isto pelos mesmos motivos. Ora, é incontestável que, se mais lúcido no seu estado espiritual, tivesse encontrado argumentos mais peremptórios para nos combater, os teria feito valer. Longe disto, parece ter medo de enxergar muito claro e, contudo, pressente uma modificação em suas ideias. Ainda imbuído das ideias terrenas, a elas liga todos os seus pensamentos; o futuro o assusta, razão por que não ousa encará-lo.

Responder-lhe-emos como se ele tivesse escrito, em vida, o que ditou depois da morte. Dirigimo-nos tanto ao homem quanto ao Espírito, assim respondendo aos que partilham sua maneira de ver e que nos poderiam opor os mesmos argumentos.

Assim lhe diremos:

Senhor abade, embora tenhais sido nosso adversário declarado e militante na Terra, nenhum de nós o tem assim, nem hoje, nem quando éreis vivo, primeiro porque nossa fé faz da tolerância uma lei e, aos nossos olhos todas as opiniões são respeitáveis, quando sinceras. A liberdade de consciência é um dos nossos princípios; nós a queremos para os outros, como a desejamos para nós. Só a Deus cabe julgar a validade das crenças e nenhum homem tem o direito de anatematizar em nome de Deus. A liberdade de consciência não tira o direito de discussão e de refutação, mas a caridade ordena não amaldiçoar ninguém. Em segundo lugar, não vos queremos menos por isto, porque vossa oposição não trouxe nenhum prejuízo à Doutrina; servistes à causa do Espiritismo sem o saber, como todos os que o atacam, ajudando a torná-lo conhecido e provando, sobretudo em razão do vosso mérito pessoal, a insuficiência das armas que empregam para combatê-lo.

Permiti-me, agora, discutir algumas de vossas proposições.

Sobretudo uma me parece pecar, em alto grau, contra a lógica. É aquela em que dizeis que "*O Espiritismo, bom por essência, é mau por seus resultados.*" Parece que esquecestes a máxima do Cristo, tornada proverbial pela força da verdade: "Uma árvore boa não pode dar maus frutos." Não se compreenderia que uma coisa boa *em sua própria essência* pudesse ser perniciosa.

Dizeis noutra parte que o perigo do Espiritismo está na manifestação dos Espíritos maus que, em proveito do mal, explorarão as paixões dos homens. Era uma das teses que sustentáveis em vida. Mas, ao lado dos Espíritos maus, há os bons, que excitam ao bem, ao passo que, segundo a doutrina da Igreja, o poder de comunicar-se só é dado aos demônios. Se, pois, achais o Espiritismo perigoso, porque admite a comunicação dos Espíritos maus, ao lado dos bons, a doutrina da Igreja, se fosse verdadeira, ainda seria muito mais perigosa, porque só admite a dos maus.

Aliás, não foi o Espiritismo quem inventou a manifestação dos Espíritos, nem é causa de sua comunicação. Ele apenas constata um fato, que se produziu em todos os tempos, porque está em a natureza. Para que o Espiritismo deixasse de existir, seria preciso que os Espíritos deixassem de se manifestar. Se essa manifestação oferece perigos, não se deve acusar o Espiritismo, mas a natureza. A ciência da eletricidade será a causa dos prejuízos ocasionados pelo raio? Não, certamente; ela dá a conhecer a causa do raio e ensina os meios de o desviar. Dá-se o mesmo com o Espiritismo: torna conhecida a causa de uma influência perniciosa, que age sobre o homem à sua revelia, e lhe indica os meios de dela se proteger, ao passo que se a ignorasse sofrê-la-ia e a ela se exporia sem suspeitar.

A influência dos Espíritos maus faz parte dos flagelos a que o homem está exposto na Terra, como as doenças e os acidentes de toda sorte, porque está num mundo de expiação e de prova, onde deve trabalhar por seu adiantamento moral e intelectual. Mas Deus, em sua bondade, ao lado do mal sempre põe o remédio; deu ao homem a inteligência para o descobrir; é a isto que conduz o progresso das ciências. O Espiritismo vem indicar o remédio a um desses males; ensina que para a ele se subtrair e neutralizar a influência dos Espíritos maus, é preciso tornar-se melhor, domar os maus pendores, praticar as virtudes ensinadas pelo Cristo: a humildade e a caridade. Então é a isto que chamais maus resultados?

A manifestação dos Espíritos é um fato positivo, reconhecido pela Igreja. Ora, hoje a experiência vem demonstrar que os Espíritos são as almas dos homens, razão pela qual há tantos imperfeitos. Se o fato vem contradizer certos dogmas, o Espiritismo não é mais responsável que a Geologia, por ter demonstrado que a Terra não foi feita em seis dias. O erro desses dogmas é não estarem de acordo com as leis da natureza. Por essas manifestações, como pelas descobertas da Ciência, quer Deus reconduzir o homem a crenças mais verdadeiras. Repelir o progresso é, pois, desconhecer a vontade de Deus; atribuí-lo ao demônio é blasfemar contra Deus. Querer, por bem ou por mal, manter uma crença que se opõe à evidência e fazer de um princípio reconhecido como falso a base de uma doutrina é escorar uma casa num esteio carcomido; pouco a pouco o esteio se quebra e a casa cai.

Dizeis que a oposição da Igreja ao Espiritismo tem sua razão de ser e a aprovais, porque causaria a ruína do clero, cuja separação do comum dos mortais seria aniquilada. Dizeis: "Com o Espiritismo, não mais oligarquia clerical; o padre não é ninguém e é qualquer um; é o homem de bem que ensina a verdade a seus irmãos; é o operário caridoso que ergue seu companheiro caído; vosso sacerdote é a fé; vossa hierarquia, o mérito; vosso salário, Deus! é grande! é belo! Mas não se renuncia com alegria no coração a uma realeza, a um prestígio que vos eleva acima do comum, ao respeito, às honras que se está habituado a colher, a riquezas que, por serem materiais, não são menos necessárias à satisfação do padre quanto à do homem ordinário."

Pois quê! então o clero seria movido por sentimentos tão mesquinhos? Desconheceria a tal ponto estas palavras do Cristo: "Meu reino não é deste mundo", que sacrificaria o interesse da verdade à satisfação do orgulho, da ambição e das paixões mundanas? Então não acreditaria nesse reino prometido por Jesus Cristo, desde que a ele prefere o da Terra. Assim, teria seu ponto de apoio no céu, apenas em aparência, e para se dar prestígio, mas na verdade para salvaguardar seus interesses terrenos! Preferimos crer que se tal for o móvel de alguns de seus membros, não é o sentimento da maioria; se assim não fosse, seu reino estaria bem próximo de acabar, e vossas palavras seriam sua sentença, porque o reino celeste é o único eterno, ao passo que os da Terra são frágeis e sem estabilidade.

Ides muito longe, Sr. abade, em vossas previsões sobre as consequências do Espiritismo, mas longe do que eu em meus escritos. Sem vos acompanhar neste terreno, direi simplesmente, porque cada um o pressente, que o resultado inevitável será uma transformação da sociedade; ele criará uma nova ordem de coisas, novos hábitos, novas necessidades; modificará as crenças, as relações sociais; fará à moral o que fazem, do ponto de vista material, todas as grandes descobertas da indústria e das ciências. Essa transformação vos assusta e é por isso que, ao pressenti-la, vós a afastais do pensamento; quereríeis não crer nela; numa palavra, fechais os olhos para não ver, e os ouvidos para não ouvir. Dá-se o mesmo com muitos homens na Terra. Entretanto, se essa transformação estiver nos desígnios da Providência, realizar-se-á, façam o que fizerem; será preciso suportá-la, quer queiram quer não e a ela se dobrar, como os homens do antigo regime tiveram de sofrer as consequências da Revolução, que também negavam e declaravam impossível, antes que se tivesse realizado. A quem lhes houvesse dito que em menos de um quarto de século todos os privilégios seriam abolidos; que um menino não seria mais coronel ao nascer; que não mais se compraria um regimento como uma boiada; que o soldado poderia tornar-se marechal e o último plebeu, ministro; que todos os direitos seriam iguais para todos e que o fazendeiro teria voz igual em todos os negócios de seu rincão, ao lado do seu senhor, eles teriam balançado os ombros de incredulidade e, contudo, se um deles tivesse adormecido e despertado, como Epimênides,[71] quarenta anos mais tarde, julgaria encontrar-se num outro mundo.

É o temor do futuro que vos faz dizer que o Espiritismo terá apenas um tempo; procurai vos iludir, quereis prová-lo a vós mesmos e acabais crendo de boa-fé, porque isto vos tranquiliza. Mas que razão apresentais? A menos concludente de todas, como é fácil demonstrar.

Ah! se provásseis terminantemente que o Espiritismo é uma utopia, que repousa sobre um erro material de *fato*, sobre uma base falsa, ilusória, sem fundamento, então teríeis razão. Mas, ao contrário, afirmais a existência do princípio e, além disso, a excelência desse princípio; reconheceis, e convosco a Igreja, a realidade do fato material sobre o qual repousa: o das manifestações. Tal fato pode ser destruído? Não, como não se pode aniquilar o movimento da Terra. Uma vez que está na natureza, produzir-se-á sempre. Esse fato, outrora incompreendido, porém mais bem estudado e mais compreendido hoje, traz *em si mesmo* consequências inevitáveis. Se não o podeis destruir, sois forçado a lhe sofrer as consequências. Segui-o passo a passo em suas ramificações e chegareis fatalmente a uma revolução nas ideias. Ora, uma mudança nas ideias leva forçosamente a uma mudança na ordem das coisas. (*Vide O que é o Espiritismo?*)

Por outro lado, o Espiritismo não dobra as inteligências ao seu jugo; não impõe uma crença cega; quer que a fé se apoie na compreensão. É, sobretudo nisto, Sr. abade, que diferimos na maneira de ver. Ele deixa a cada um inteira liberdade de exame, em virtude do princípio de que, sendo a verdade *una*, mais cedo ou mais tarde deve prevalecer sobre o que é falso, e que um princípio fundado no erro cai pela força das coisas. Entregues à discussão, as ideias falsas mostram seu lado fraco e se apagam ante o poder da lógica.

---

[71] N.E.: Poeta, filósofo e legislador grego, originário de Creta (séc. VI a.C.). Sua vida é semilendária.

Essas divergências são inevitáveis, porque ajudam a depuração e a solidez da ideia fundamental; e é preferível que se produzam desde o começo, pois a doutrina verdadeira dela se livrará mais cedo. É por isso que sempre dissemos aos adeptos: Não vos inquieteis com as ideias contraditórias, que podem ser emitidas ou publicadas. Vede quantas já morreram no nascedouro! quantos escritos dos quais não mais se fala! O que buscamos? O triunfo, a qualquer custo, de nossas ideias? Não, mas o da verdade. Se, no número das ideias contrárias, algumas forem mais verdadeiras que as nossas, elas prevalecerão e deveremos adotá-las; se forem falsas, não poderão suportar a prova decisiva do controle do ensino universal dos Espíritos, único critério da ideia que sobreviverá.

A comparação que estabeleceis entre o Espiritismo e outras doutrinas filosóficas carece de exatidão. Não foram os homens que fizeram do Espiritismo o que ele é, nem que farão o que será mais tarde; são os Espíritos por seus ensinos. Os homens apenas o põem em ação e coordenam os materiais que lhes são fornecidos. Esse ensino ainda não está completo e não se deve considerar o que deram até hoje senão como as primeiras balizas da ciência. Pode-se compará-lo às quatro operações em relação às matemáticas, e ainda estamos nas equações do primeiro grau. Daí por que muita gente ainda não lhe compreende a importância, nem o alcance. Mas os Espíritos regulam seu ensino à vontade e de ninguém depende fazê--los ir mais depressa ou mais devagar do que eles querem; eles não acompanham os impacientes, nem vão a reboque dos retardatários.

O Espiritismo não é obra *de um só Espírito*, nem de *um só homem*; é obra *dos Espíritos* em geral. Segue-se daí que a opinião de um Espírito sobre um princípio qualquer não é considerada pelos espíritas senão como opinião individual, que pode ser justa ou falsa, e só tem valor quando sancionada pelo ensino da maioria, dado em diversos pontos do globo. Foi esse ensino universal que fez o que ele é e que fará o que ele será. Diante desse poderoso critério caem, necessariamente, todas as teorias particulares que fossem produto de ideias sistemáticas, quer de um homem, quer de um Espírito isoladamente. Sem dúvida uma ideia falsa pode agrupar *à sua volta* alguns partidários, mas jamais prevalecerá contra a que é ensinada em toda parte.

 O Espiritismo, que mal acaba de nascer, mas que já levanta questões da mais alta gravidade, necessariamente põe em efervescência uma porção de imaginações. Cada um vê a coisa de seu ponto de vista. Daí a diversidade dos sistemas surgidos em seu começo, a maioria dos quais já tombados ante a força do ensino geral. Dar-se-á o mesmo com todos os que não estiverem com a verdade, porquanto, ao ensino divergente de um Espírito, dado por um médium, opor-se-á sempre o ensino uniforme de milhões de Espíritos, dado por milhões de médiuns. Eis a razão pela qual certas teorias excêntricas viveram apenas alguns dias, e não saíram do círculo onde nasceram. Privadas de sanção, não encontram na opinião das massas nem ecos nem simpatias e se, além disso, chocam a lógica e o bom senso, provocam um sentimento de repulsa, que lhes precipita a queda.

 O Espiritismo possui, pois, um elemento de estabilidade e de unidade, tirado de sua natureza e de sua origem, e que não é próprio de nenhuma das doutrinas filosóficas de concepção puramente humana; é o escudo contra o qual sempre virão quebrar-se todas as tentativas feitas para derrubá-lo ou dividi-lo. Essas divisões nunca poderão ser senão parciais, circunscritas e momentâneas.

 Falais de seitas que, em vossa opinião, dividem os espíritas, donde concluís pela ruína próxima de sua doutrina. Mas esqueceram todas as que dividiram o Cristianismo, desde o seu nascimento, que o ensanguentaram, que ainda o dividem e cujo número, até hoje, não se eleva a menos de trezentos e sessenta. Contudo, malgrado as profundas dissidências sobre os dogmas fundamentais, o Cristianismo ficou de pé, prova de que é independente dessas questões de controvérsia. Por que quereríeis que o Espiritismo, que se liga pela própria base aos princípios do Cristianismo, e que só é dividido em questões secundárias, que dia a dia se esclarecem, sofresse com a divergência de algumas opiniões pessoais, quando tem um ponto de ligação tão poderoso: o controle universal?

Assim, estivesse hoje o Espiritismo dividido em vinte seitas, o que não é nem será, disto não se tiraria nenhuma consequência, porque é o trabalho de parto. Se fossem suscitadas divisões por ambições pessoais, por homens dominados pela ideia de se fazerem chefes de seita, ou de explorar a ideia em proveito de seu amor-próprio ou de seus interesses, indubitavelmente seriam as menos perigosas. As publicações pessoais *morrem* com os indivíduos, e se os que tiverem querido elevar-se não tiverem por si a verdade, suas ideias morrerão com eles e, talvez, antes deles. Mas a verdade verdadeira não poderá morrer.

Estais certo, senhor abade, dizendo que haverá ruínas no Espiritismo, mas não como entendeis. Essas ruínas serão as de todas as opiniões errôneas que entram em ebulição e surgem. Se todas estiverem em erro, cairão todas: isto é inevitável; mas se houver uma só verdadeira, infalivelmente subsistirá.

Duas divisões bem marcadas, e às quais se poderia realmente dar o nome de seitas, se haviam formado há alguns anos sobre o ensino de dois Espíritos que, disfarçando-se com nomes venerados, tinham captado a confiança de algumas pessoas. Hoje não se trata mais disto. Diante de quem tombaram? Diante do bom senso e da lógica das massas, de um lado, e diante do ensino geral dos Espíritos, em concordância com essa mesma lógica.

Contestareis o valor desse mesmo ensino universal pela razão de que os Espíritos, não sendo mais que a alma dos homens, estão igualmente sujeitos ao erro? Mas estaríeis em contradição convosco mesmo. Não admitis que um concílio geral tenha mais autoridade que um concílio particular, porque é mais numeroso? que sua opinião prevalece sobre a de cada padre, de cada bispo, e mesmo sobre a do Papa? Que a maioria faz lei em todas as assembleias dos homens? E não queríeis que os Espíritos, que governam o mundo sob as ordens de Deus, também tivessem os seus concílios, as suas assembleias? O que admitis nos homens como sanção da verdade, recusais aos Espíritos? Então esqueceis que se, entre eles, os há inferiores, não é a esses que Deus confia os interesses da Terra, mas aos Espíritos superiores, que transpuseram as etapas da humanidade, e cujo número é incalculável? E como nos transmitem as instruções da maioria? É pela voz de um só Espírito, ou de um só homem? Não, mas, como disse, pela de milhões de Espíritos e milhões de homens. É num único centro, numa cidade, num país, numa casta, num povo privilegiado como outrora os israelitas? Não: é em toda parte, em todos os países, em todas as religiões, em casa dos ricos e em casa dos pobres. Como queríeis que a opinião de alguns indivíduos, encarnados ou desencarnados, pudesse prevalecer sobre esse conjunto formidável de vozes? Acreditai-me, senhor abade, essa sanção universal vale bem a de um concílio ecumênico.

O Espiritismo é forte justamente porque se apoia sobre essa sanção, e não em opiniões isoladas. Proclama-se imutável no que hoje ensina, e diz que nada mais tem a ensinar? Não, porque até hoje seguiu, e seguirá no futuro, o ensino progressivo que lhe for dado, e nisto ainda está para ele uma causa de força, pois jamais se deixará distanciar pelo progresso.

Esperai ainda um pouco, senhor abade, e antes de um quarto de século vereis o Espiritismo cem vezes menos dividido do que hoje é o Cristianismo, após dezoito séculos.

Das flutuações que notastes nas sociedades ou reuniões espíritas, concluístes equivocadamente pela instabilidade da Doutrina. O Espiritismo não é uma teoria especulativa, fundada sobre uma ideia preconcebida; é uma questão de fato e, por conseguinte, de convicção pessoal. Quem quer que admita o fato e suas consequências é espírita, sem que precise fazer parte de uma sociedade. Pode-se ser perfeito espírita sem isto. O futuro do Espiritismo está em seu próprio princípio, princípio imperecível, porque está na natureza e não nas reuniões, muitas vezes formadas em condições pouco favoráveis, compostas de elementos heterogêneos e, consequentemente, subordinadas a uma porção de eventualidades.

As sociedades são úteis, mas nenhuma é indispensável; e se todas deixassem de existir, o Espiritismo não prosseguiria menos sua marcha, visto como não é em seu seio que se forma o maior número de convicções. Elas são muito mais para os crentes que aí buscam centros simpáticos, do que para os incrédulos. As sociedades sérias e bem dirigidas são úteis principalmente para neutralizar a má impressão daquelas onde o Espiritismo é mal apresentado ou é desfigurado. A Sociedade de Paris não faz exceção à regra, porque não se arroga nenhum monopólio. Ela não consiste no maior ou menor número de seus membros, mas na ideia-mãe que representa. Ora, essa ideia é independente de toda reunião constituída e, aconteça o que acontecer, o elemento propagador não deixará de subsistir. Pode, pois, dizer-se que a Sociedade de Paris está em qualquer parte onde se professem os mesmos princípios, do Oriente ao Ocidente, e que se morresse materialmente a ideia sobreviveria.

O Espiritismo é uma criança que cresce, cujos primeiros passos naturalmente são vacilantes, mas, como as crianças precoces, cedo faz pressentir a sua força. É por isto que certas pessoas se assustam e gostariam de sufocá-lo no berço. Se se apresentasse como um ser tão débil quanto o supondes, não teria causado tanta emoção, nem levantado tantas animosidades, e vós mesmo não teríeis procurado combatê-lo. Deixai, então, a criança crescer e vereis o que dará o adulto.

Predissestes o seu fim próximo, mas inumeráveis encarnados e desencarnados também fizeram o seu horóscopo, num outro sentido. Escutai, pois, as suas previsões, que se sucedem ininterruptamente há dez anos, e se repetem em todos os pontos do globo.

"O Espiritismo vem combater a incredulidade, que é o elemento dissolvente da sociedade, substituindo a fé cega, que se extingue, pela fé raciocinada, que vivifica.

Ele traz o elemento regenerador da humanidade e será a bússola das gerações futuras.

Como todas as grandes ideias renovadoras, deverá lutar contra a oposição dos interesses que fere e das ideias que derruba. Suscitar-lhe-ão todos os entraves; contra ele empregarão todas as armas, leais e desleais, que julgarão próprias para derrubá-lo. Seus primeiros passos serão semeados de urzes e espinhos. Seus adeptos serão difamados, ridicularizados, vítimas da traição, da calúnia e da perseguição; terão dissabores e decepções. Felizes aqueles cuja fé não tiver sido abalada nesses dias nefastos; que tiverem sofrido e combatido pelo triunfo da verdade, porque serão recompensados por sua coragem e perseverança.

Não obstante, o Espiritismo continuará sua marcha através das ciladas e dos escolhos; é inabalável como tudo o que está na vontade de Deus, porque se apoia sobre as próprias leis da natureza, que são as eternas leis de Deus, ao passo que tudo quanto for contrário a essas leis cairá.

Pela luz que projeta sobre os pontos obscuros e controversos das Escrituras, conduzirá os homens à unidade de crença.

Dando as próprias leis da natureza por base aos princípios de igualdade, liberdade e fraternidade, fundará o reino da verdadeira caridade cristã, que é o reino de Deus na Terra, predito por Jesus Cristo.

Muitos ainda o repelem porque não o conhecem ou não o compreendem, mas quando reconhecerem que realiza as mais caras esperanças do futuro da humanidade, aclamá-lo-ão e, assim como o Cristianismo encontrou um suporte em Paulo, ele encontrará defensores entre os adversários da véspera. Da multidão surgirão homens de escol, que empunharão a sua causa e, pela autoridade de sua palavra, imporão silêncio aos detratores.

A luta ainda durará muito tempo, porque as paixões, sobre-excitadas pelo orgulho e pelos interesses materiais, não podem acalmar-se subitamente. Mas essas paixões se extinguirão com os homens, e não passará o fim deste século sem que a nova crença tenha conquistado um lugar preponderante entre os povos civilizados, e do século próximo datará a era da regeneração."

Os irmãos Davenport

(1º artigo)

Os irmãos Davenport, que neste momento cativam a atenção em tão alto grau, são dois jovens de 24 e 25 anos, nascidos em Buffalo, no Estado de Nova Iorque, e que se apresentam em público como médiuns. Todavia, sua faculdade é limitada a efeitos exclusivamente físicos, dos quais o mais notável consiste em se fazerem amarrar com cordas de maneira inextrincável e se acharem desatados instantaneamente, por uma força invisível, malgrado todas as precauções tomadas para garantir que são incapazes de fazê-lo eles próprios. A isto juntam outros fenômenos mais conhecidos, como o transporte de objetos no espaço, o toque espontâneo de instrumentos de música, a aparição de mãos luminosas, a apalpação por mãos invisíveis etc.

Os Srs. Didier, editores de *O livro dos espíritos*, acabam de publicar uma tradução de sua biografia, contendo o relato minucioso dos efeitos que produzem e que, salvo as cordas, têm pontos muito numerosos de semelhança com os do Sr. Home. A emoção que a presença deles causou na Inglaterra e em Paris dá a essa obra um poderoso interesse de atualidade. Seu biógrafo inglês, o Dr. Nichols — não foram eles que escreveram o livro, mas lhe forneceram os documentos — limitou-se ao relato dos fatos, sem explicações. Os editores franceses tiveram a feliz ideia de juntar à sua publicação, para compreensão das pessoas estranhas ao Espiritismo, nossos dois opúsculos: *Resumo das leis dos fenômenos espíritas* e *O espiritismo na sua expressão mais simples*, além de numerosas notas explicativas no corpo do texto.[72] Assim, encontrarão nessa

---

[72] Nota de Allan Kardec: *Vide* o Boletim bibliográfico.

obra as informações que desejarem sobre a atuação desses senhores e em cujos detalhes não podemos entrar, pois temos de encarar a questão de outro ponto de vista.

Apenas diremos que sua aptidão para produzir esses fenômenos se revelou desde a infância, de maneira espontânea. Durante vários anos percorreram as principais cidades da América setentrional, onde adquiriram certa reputação. Pelo mês de setembro de 1864 vieram à Inglaterra, onde produziram viva sensação. Sucessivamente foram aclamados, denegridos, ridicularizados e mesmo injuriados pela imprensa e pelo público. Notadamente em Liverpool, foram objeto da mais insigne malevolência, a ponto de ver comprometida a sua segurança pessoal. Sobre eles as opiniões se dividiram; segundo alguns, não passavam de hábeis charlatães; conforme outros, eram de boa-fé e podia-se admitir uma causa oculta para seus fenômenos; mas, em suma, ali conquistaram muito poucos prosélitos à ideia espírita propriamente dita. Naquele país, essencialmente religioso, o bom senso natural repelia o pensamento de que seres espirituais viessem revelar sua presença por exibições teatrais e proezas admiráveis.

Sendo ali pouco conhecida a filosofia espírita, o público confundiu o Espiritismo com essas representações, delas fazendo uma opinião mais contrária do que favorável à Doutrina.

É verdade que na França o Espiritismo começou pelas mesas girantes, mas em condições muito diferentes. Tendo a mediunidade se revelado imediatamente em grande número de pessoas, de todas as idades e de ambos os sexos, e nas famílias mais respeitáveis, os fenômenos se produziram em condições que excluíam qualquer pensamento de charlatanismo; cada um pôde certificar-se por si mesmo, na intimidade e por observações repetidas, da realidade dos fatos, aos quais se ligou um interesse poderoso quando, saindo dos efeitos puramente materiais, que nada diziam à razão, viram as consequências morais e filosóficas deles decorrentes. Se, em vez disto, esse gênero de mediunidade primitiva tivesse sido privilégio de alguns indivíduos isolados, e que tivesse sido preciso comprar a fé nos palcos improvisados, há muito que não se cogitaria mais dos Espíritos. A fé nasce da impressão moral. Ora, tudo que é susceptível de produzir uma má impressão, a repele em vez de provocá-la. Haveria hoje muito menos incrédulos, em relação ao Espiritismo, se os fenômenos sempre tivessem sido apresentados de maneira séria. O incrédulo, naturalmente predisposto à zombaria, não pode ser levado a tomar a sério o que está cercado de circunstâncias que nem impõem respeito nem confiança. Não se dando ao trabalho de aprofundar, a crítica forma sua primeira opinião sobre uma primeira aparência desfavorável e confunde o bom e o mau numa mesma reprovação. Muito poucas convicções se formaram nas reuniões de caráter público, ao passo que a imensa maioria saiu das reuniões íntimas, cuja notória honorabilidade de seus membros podia inspirar toda confiança e desafiar qualquer suspeita de fraude.

Na última primavera, e depois de ter explorado a Inglaterra, os irmãos Davenport vieram a Paris. Algum tempo antes de sua chegada, uma pessoa veio ver-nos, da parte deles, para nos pedir que os apoiássemos em nossa *Revista*. Mas sabe-se que não nos entusiasmamos facilmente, mesmo pelas coisas que conhecemos e, com mais forte razão, pelas que não conhecemos. Assim, não pudemos prometer um concurso antecipado, já que temos por hábito só falar com conhecimento de causa. Na França, onde só eram conhecidos pelos relatos contraditórios dos jornais, a opinião, como na Inglaterra, estava dividida a seu respeito. Não podíamos, pois, formular prematuramente, nem uma censura, que poderia ter sido injusta, nem uma aprovação, da qual se teriam podido prevalecer. Por isto nos abstivemos.

Ao chegarem, foram morar no pequeno castelo de Gennevilliers, perto de Paris, onde permaneceram vários meses, não informando o público de sua presença. Ignoramos os motivos dessa abstenção. Nos últimos tempos deram algumas sessões particulares, de que os jornais noticiaram de um modo mais ou menos pitoresco. Enfim, foi anunciada sua primeira sessão pública para 12 de setembro na sala Hertz. Conhece-se o resultado deplorável dessa sessão que, em escala menor, repetiu as cenas tumultuosas de Liverpool, e na qual um dos espectadores, pulando para o palco, quebrou o aparelho desses senhores, mostrou uma tábua e exclamou: "Eis o truque." Esse ato, inqualificável num país civilizado, levou a confusão ao cúmulo. Não tendo terminado a sessão, devolveram o dinheiro ao público. Mas como tinham sido dados muitos bilhetes de favor, e o caixa constatasse um déficit de setecentos francos, ficou provado que setenta assistentes gratuitos tinham saído com dez francos a mais no bolso, sem dúvida para se indenizarem dos gastos do deslocamento.

A polêmica que se estabeleceu a respeito dos irmãos Davenport oferece vários pontos instrutivos, que vamos examinar.

A primeira pergunta que os próprios espíritas se fizeram é esta: Esses senhores são ou não são médiuns? Todos os fatos relatados em sua biografia entram no círculo das possibilidades mediúnicas, porque efeitos análogos, notoriamente autênticos, muitas vezes foram obtidos sob a influência de médiuns sérios. Se os fatos, por si mesmos, são admissíveis, as condições nos quais se produzem, é preciso convir, se prestam à suspeição. A que choca logo à primeira vista é a necessidade da obscuridade que, evidentemente, facilita a fraude, mas isto não seria uma objeção razoável. Os efeitos mediúnicos absolutamente nada têm de sobrenatural; todos, sem exceção, são devidos à combinação dos fluidos próprios do Espírito e do médium; esses fluidos, embora imponderáveis, não deixam de ser matéria sutil. Há, pois, aí uma causa e um efeito de certo modo materiais, o que sempre nos fez dizer que os fenômenos espíritas, por se basearem nas leis da natureza, nada têm de miraculosos. Como tantos outros fenômenos, só nos pareceram miraculosos porque não se conheciam suas leis. Hoje conhecidas essas leis, desaparecem o sobrenatural e o maravilhoso, dando lugar à realidade. Assim, não há um só espírita que se atribua o dom dos milagres; é o que saberiam os críticos, se se dessem ao trabalho de estudar aquilo de que falam.

Voltando à questão da obscuridade, sabe-se que em química há combinações que não podem operar-se à luz; que ocorrem composições e decomposições sob a ação do fluido luminoso. Ora, sendo todos os fenômenos espíritas, como dissemos, o resultado de combinações fluídicas, e sendo esses fluidos matéria, nada haveria de admirar que, em certos casos, o fluido luminoso fosse contrário a essa combinação.

Uma objeção mais séria é a pontualidade com a qual os fenômenos se produzem, em dias e horas certos e à vontade. Esta submissão ao capricho de certos indivíduos é contrária a tudo quanto se sabe da natureza dos Espíritos, e a repetição facultativa de um fenômeno qualquer sempre foi considerada, e em princípio deve ser considerada, como legitimamente suspeita, *mesmo em caso* de desinteresse e, com mais forte razão, quando se trata de exibições públicas, feitas com fins especulativos, e às quais repugna à razão pensar que Espíritos possam submeter-se.

A mediunidade é uma *aptidão natural* inerente ao médium, como a faculdade de produzir sons é inerente a um instrumento; mas, assim como se precisa de um músico para que um instrumento toque uma ária, necessita-se de Espíritos para que um médium produza *efeitos mediúnicos*. Os Espíritos vêm quando querem e *quando podem*, donde resulta que o médium mais bem dotado por vezes nada obtém; é como um instrumento sem músico. É o que se vê todos os dias; é o que acontecia ao Sr. Home, que muitas vezes ficava meses inteiros sem nada produzir, a despeito de seu desejo, ainda que em presença de um soberano.

Assim, resulta da própria essência da mediunidade — e se pode estabelecer como princípio *absoluto* — que um médium *jamais está seguro* de obter um efeito determinado qualquer, já que *isto não depende dele*; afirmar o contrário seria provar completa ignorância dos mais elementares princípios da ciência espírita. Para prometer a produção de um fenômeno a hora certa, é preciso dispor de meios materiais que não vêm dos Espíritos. É este o caso dos irmãos Davenport? Nós o ignoramos. Aos que acompanharam as suas experiências cabe fazer seu julgamento.

Falaram de desafios, de entradas para jogos, propostas a quem fizesse as melhores mágicas. Os Espíritos não são fazedores de mágicas e jamais um médium sério entrará em luta com alguém e, ainda menos, com um prestidigitador. Este dispõe de meios próprios; o outro é o instrumento passivo de uma vontade estranha, livre, independente. Se o prestidigitador diz que faz mais que os médiuns, deixai-o fazer. Ele tem razão, pois age infalivelmente; diverte o público: é sua função; vangloria-se: é seu papel; faz a sua propaganda: é uma necessidade da posição. O médium sério, sabendo que não tem nenhum mérito pessoal no que faz, é modesto; não pode envaidecer-se daquilo que não é produto de seu talento, nem prometer o que de si não depende.

Contudo, os médiuns fazem algo mais. Por seu intermédio os Espíritos bons inspiram a caridade e a benevolência para com todos; ensinam os homens a se olharem como irmãos, sem distinção de raças nem de seitas, a perdoar aos que lhes dizem injúrias, a vencer as más inclinações, a suportar com paciência as misérias da vida, a encarar a morte sem medo, pela certeza da vida futura; consolam os aflitos, encorajam os fracos e dão esperança aos que não acreditavam.

Eis o que não ensinam nem as mágicas dos prestidigitadores, nem as dos Srs. Davenport.

Assim, as condições inerentes à mediunidade não poderiam prestar-se à regularidade e à pontualidade, que são a condição indispensável das sessões a hora certa, onde é preciso satisfazer o público, custe o que custar. Se, no entanto, os Espíritos se prestassem a manifestações desse jaez, o que não seria radicalmente impossível, desde que os há de todos os graus possíveis de adiantamento, não poderiam ser, em todo o caso, senão Espíritos de baixa classe, porque seria extremamente absurdo pensar que Espíritos, por pouco elevados que fossem, viessem divertir-se fazendo exibições. Mas, mesmo nesta hipótese, o médium não deixaria de estar à mercê de tais Espíritos, que podem deixá-lo no momento em que sua presença fosse mais necessária, e fazer falhar a representação ou a consulta. Ora, como antes de tudo é preciso contentar o que paga, se os Espíritos faltam, tratam de os dispensar; com um pouco de habilidade é fácil enganar alguém. É o que acontece muitas vezes a médiuns dotados inicialmente de faculdades reais, mas insuficientes para o objetivo que se propõem.

De todos os fenômenos espíritas, os que mais se prestam à imitação são os efeitos físicos. Ora, não obstante as manifestações reais tenham um caráter distintivo e só se produzam em condições especiais bem determinadas, a imitação pode chegar perto da realidade, a ponto de iludir as pessoas, sobretudo as que não conhecem as leis dos fenômenos verdadeiros. Mas, pelo fato de se poder imitá-los, seria tão ilógico concluir que não existem, quanto pretender que não há diamantes verdadeiros, porque os há falsos.

Não fazemos aqui nenhuma aplicação pessoal; enunciamos os princípios fundados na experiência e na razão, de onde tiramos esta consequência: só um exame escrupuloso, feito com perfeito conhecimento dos fenômenos espíritas, pode permitir a distinção entre a trapaça e a mediunidade real. E acrescentamos que a melhor de todas as garantias é o respeito e a consideração que se ligam à pessoa do médium, sua moralidade, sua notória honorabilidade, seu desinteresse absoluto, material e moral. Em tais circunstâncias, ninguém negaria que as qualidades do indivíduo constituem um precedente que impressiona favoravelmente, porque afastam até a suspeita de fraude.

Não julgamos os Srs. Davenport e longe de nós pôr em dúvida a sua honorabilidade. Mas, à parte as qualidades morais, de que não temos nenhum motivo para suspeitar, é preciso confessar que eles se apresentam em condições pouco favoráveis para oficializar seu título de médiuns, e que é no mínimo com grande leviandade que certos críticos se apressaram em os qualificar de apóstolos e de sumo sacerdotes da doutrina. O objetivo de sua viagem à Europa está claramente definido nesta passagem de sua biografia:

"Creio, sem cometer erro, que foi no dia 27 de agosto que os irmãos Davenport deixaram Nova Iorque, trazendo em sua

Outubro de 1865

companhia, por causa de uma debilidade sobrevinda ao Sr. William Davenport, um ajudante na pessoa do Sr. William Fay, que não deve ser confundido com o Sr. H. Melleville Fay, que, segundo não sei que gênero de autoridade, ao que se diz, foi descoberto no Canadá, tentando produzir manifestações semelhantes, ou, ao menos, que se assemelhavam às dos irmãos americanos. Eram acompanhados pelo Sr. Palmer, muito conhecido como *empresário* e *intermediário* no mundo dramático e lírico, e a quem, graças à sua experiência, foi confiada a parte material e econômica do empreendimento."

Está, pois, comprovado que foi uma empresa conduzida por um empresário e intermediário de negócios dramáticos. Os fatos relatados na biografia estão, ao que nos disseram, nas possibilidades mediúnicas; a idade e as circunstâncias em que começaram a manifestar-se afastam o pensamento de embuste. Tudo, pois, tende a provar que esses rapazes eram realmente médiuns de efeitos físicos, como se encontram muitos em seu país, onde a exploração dessa faculdade tornou-se hábito e nada tem de chocante para a opinião pública. Teriam ampliado suas faculdades naturais, como fazem outros médiuns exploradores, para aumentar o seu prestígio e suprir a falta de flexibilidade dessas mesmas faculdades? É o que não podemos afirmar, pois não temos nenhuma prova. Mas, admitindo a integridade de suas faculdades, diremos que se iludiram quanto ao acolhimento que lhe dispensou o público europeu — apresentadas sob forma de espetáculo de curiosidade — e em condições tão contrárias aos princípios do Espiritismo filosófico, moral e religioso. Os espíritas sinceros e esclarecidos, que aqui são numerosos, sobretudo na França, não os podiam aclamar em tais condições, nem os considerar apóstolos, mesmo supondo perfeita sinceridade da parte deles. Quanto aos incrédulos, cujo número também é grande, e que ainda ocupam as primeiras posições na imprensa, a ocasião de exercerem sua verve trocista era muito bela para que a deixassem escapar. Assim, aqueles senhores se expuseram à mais larga crítica, dando a cada um o direito que se espera ao comprar o bilhete de um espetáculo qualquer. Ninguém duvida que se eles se tivessem apresentado em condições mais sérias, outra teria sido a acolhida; teriam fechado a boca dos detratores. Um médium é forte quando pode dizer corajosamente: "Quanto vos custou vir aqui, e quem vos forçou a vir? Deus me deu uma faculdade e pode ma retirar quando lhe aprouver, como me pode tirar a visão ou a palavra. Só a utilizo para o bem, no interesse da verdade, e não para satisfazer a curiosidade ou servir aos meus interesses; dela só recolho o trabalho do devotamento; nem mesmo procuro a satisfação do amor-próprio, pois não depende de mim. Considero-a como uma coisa santa, porque me põe em relação com o mundo espiritual e me permite dar a fé aos incrédulos e consolo aos aflitos. Consideraria como um sacrilégio traficar com ela, porque não me julgo no direito de vender a assistência dos Espíritos, que vêm gratuitamente. Visto que dela não tiro qualquer proveito, não tenho, pois, nenhum interesse em vos iludir." O médium que assim pode falar é forte, repetimos. É uma resposta irretorquível, e que sempre impõe respeito.

Nesta circunstância, a crítica foi mais que maléfica; foi injusta e injuriosa, englobando na mesma reprovação todos os espíritas e todos os médiuns, aos quais não poupou os mais ultrajantes epítetos, sem pensar até que ponto feria e atingia as mais respeitáveis famílias. Não lembraremos expressões que só desonram os que as proferem. Todas as convicções sinceras são respeitáveis; e todos vós, que incessantemente proclamais a liberdade de consciência como um direito natural, ao menos a respeitai nos outros. Discuti as opiniões: é direito vosso; mas a injúria sempre foi o pior dos argumentos, e nunca o de uma boa causa.

Nem toda a imprensa é solidária com esses desvios do decoro. Entre os críticos, em relação aos irmãos Davenport, uns há em que o espírito não exclui as conveniências, nem a moderação, e que são justos. A que vamos citar ressalta justamente o lado fraco de que falamos. É tirada do *Courrier de Paris du Monde Illustré*, número de 16 de setembro de 1865, e assinada por *Neuter*.

Uma primeira objeção parecia-me suficiente para demonstrar que os bons rapazes, que deram uma sessão pública na sala Hertz,

Outubro de 1865

eram hábeis nos exercícios aos quais os mundos superiores ficavam completamente estranhos. Tiro esta objeção *da própria regularidade com que exploravam seu pretenso poder miraculoso*. Como! garantiam que eram Espíritos que vinham manifestar-se em público em seu proveito, e eis que os irmãos Davenport tratavam esses Espíritos que, afinal de contas, não são seus empregados, com tanta sem-cerimônia quanto um diretor de teatro, ditando regras às suas coristas! Sem perguntar aos seus comparsas sobrenaturais se o dia lhes convinha, se não estavam cansados, se o calor não os incomodava, marcavam uma data fixa, uma hora determinada, e era preciso que os seres fluídicos se deslocassem naquela data, entrassem em cena naquela hora, executassem suas facécias musicais com a precisão de um músico, a quem o seu café-concerto outorga um cachê de alguns vinténs!

Francamente, era fazer *do mundo espírita uma ideia muito mesquinha*, no-lo apresentar assim como povoado de gênios por encomenda, de duendes assalariados, que iam à cidade a um sinal do patrão. Pois quê! nenhuma folga para esses figurantes supraterrestres! Enquanto uma simples inchação dá ao mais humilde comediante o direito de mudar o espetáculo, as almas da trupe Davenport eram escravas, a quem era interdito tirar pequenas férias. Vale a pena morar em planetas fantásticos para ser reduzido a esse grau de escravidão?

E para que tarefa eram convocadas essas almas infelizes do além? Para fazer passar suas mãos — mãos de almas! — através da fresta de um armário! *Para as aviltar a ponto de se exibirem como saltimbancos*! para as constranger a fazer malabarismos com violões, esses instrumentos grotescos, que nem mesmo querem os trovadores que cantam nas praças, com os olhos em moedas de cinco centavos!...

Com efeito, não é pôr o dedo na ferida? Se o Sr. Neuter tivesse sabido que o Espiritismo diz exatamente a mesma coisa, embora de maneira menos espirituosa, não teria dito: "Mas isto não é Espiritismo!" absolutamente como vendo um curandeiro, diz: "Isto não é Medicina." Ora, assim como nem a Ciência nem a religião são solidárias com os que delas abusam, o Espiritismo não se solidariza com os que lhe tomam o nome. A má impressão do autor vem, pois, não da pessoa dos irmãos Davenport, mas das condições nas quais se colocam perante o público e da ideia ridícula que dão do mundo espiritual as experiências feitas em tais condições, que chocam a própria incredulidade, por ver aquele mundo explorado e levado à força nos palcos improvisados. Essa foi a impressão da crítica em geral, que a traduziu em termos mais ou menos polidos, e será a mesma toda vez que os médiuns não forem capazes de respeitar a crença que professam.

O insucesso dos irmãos Davenport é um feliz acontecimento para os adversários do Espiritismo, que, no entanto, precipitam-se ao cantar vitória, ridicularizando, desafiando e gritando que seus adeptos estão mortalmente feridos, como se o Espiritismo estivesse personificado nos irmãos Davenport. O Espiritismo não está personificado em ninguém; está na natureza, e de ninguém depende travar-lhe a marcha, porque os que tentam fazê-lo trabalham pelo seu avanço. O Espiritismo não consiste em se fazer amarrar por cordas, nem nesta ou naquela experiência física; jamais tendo patrocinado esses senhores, nem os apresentando como pilares da doutrina, que nem mesmo conhecem, nenhum desmentido recebe de sua desventura. Seu fracasso não depõe contra o Espiritismo, mas contra os exploradores do Espiritismo.

De duas, uma: ou são hábeis prestidigitadores, ou são verdadeiros médiuns. Se são charlatães, devemos ser gratos a todos os que ajudam a desmascará-los; a propósito, devemos agradecimentos particulares ao Sr. Robin, por prestar em tudo isto notável serviço ao Espiritismo, que só poderia sofrer caso as suas fraudes se tivessem propagado. Todas as vezes que a imprensa assinalou abusos, explorações ou manobras capazes de comprometer a Doutrina, os espíritas sinceros, longe de se lamentarem, aplaudiram. Se são verdadeiros médiuns, não podem servir utilmente à causa, pois as condições em que se apresentam são susceptíveis de produzir uma impressão desfavorável. Num e noutro caso o Espiritismo não tem nenhum interesse em tomar-lhes a defesa.

Agora, qual será o resultado de todo esse escândalo? Ei-lo:

A crônica, que nesses dias de calor tropical estava de folga, ganha um assunto que se apressa em segurar para encher suas colunas, carentes de acontecimentos políticos, de notícias teatrais ou de salões.

O Sr. Robin aí encontra, para seu teatro de prestidigitação, uma excelente publicidade, que explorou com muita habilidade, que lhe desejamos seja muito frutuosa, porque todos os dias ele fala dos Espíritos e do Espiritismo.

Com isto a crítica perde um pouco de consideração, pela excentricidade e pela incivilidade de sua polêmica.

Os mais prejudicados, materialmente falando, talvez sejam os Srs. Davenport, cuja especulação se acha singularmente comprometida.

Quanto ao Espiritismo, evidentemente é quem mais lucrará. Seus adeptos o compreendem tão bem que absolutamente não se emocionam com o que se passa e esperam o resultado com confiança. Na província, onde são, mais que em Paris, vítimas das zombarias dos adversários, contentam-se em lhes responder: "Esperai, e em pouco tempo vereis que estará morto e enterrado."

Antes de mais, o Espiritismo ganhará com isto uma imensa popularidade e se tornará conhecido, ao menos de nome, por uma porção de gente que dele nunca tinha ouvido falar. Mas, nesse número, muitos não se contentam com o nome; sua curiosidade é excitada pela salva dos ataques; querem saber o que há nesse doutrina, supostamente tão ridícula; irão à fonte, e quando virem que apenas lhes deram uma paródia, dirão a si mesmos que a coisa não é tão má assim. Assim, pois, o Espiritismo ganhará por ser mais bem compreendido, mais bem julgado e mais bem apreciado.

Ganhará ainda pondo em evidência os adeptos sinceros e devotados, com os quais se pode contar, e os distinguir dos adeptos de fachada, que da doutrina só tomam as aparências ou a superfície. Seus adversários não deixarão de explorar a circunstância, para suscitar divisões ou defecções, reais ou simuladas, com a ajuda das quais esperam arruinar o Espiritismo. Depois de terem fracassado por todos os outros meios, é seu supremo e último recurso, mas que não lhes propiciará melhor êxito, porque só destacarão do tronco os galhos mortos, que não davam nenhuma seiva. Privado dos ramos paralíticos, o tronco será mais vigoroso.

Estes resultados, e vários outros, que nos abstemos de enumerar, são inevitáveis e não nos surpreenderíamos se os Espíritos bons tivessem provocado todo esse reboliço apenas para lá chegarem mais depressa.

Exéquias de um espírita

A alocução seguinte foi por mim pronunciada nas exéquias do Sr. Nant, um dos nossos colegas da Sociedade de Paris, em 23 de setembro de 1865. Publicamo-la a pedido da família e porque, nas circunstâncias relatadas no artigo anterior, ela mostra onde está a verdadeira doutrina.

Senhores e caros colegas da Sociedade de Paris, e vós todos, nossos irmãos em crença, aqui presentes:

Há apenas um mês, vínhamos a este mesmo lugar, render as nossas últimas homenagens a um dos nossos antigos colegas, o Sr. Dozon.[73] A partida de um outro irmão aqui nos traz hoje. Membro

---

[73] Nota de Allan Kardec: Sr. Dozon, autor das *Révélations d'outre-tombe* [*Revelações de além-túmulo*], 4 vol. in-12; morto em Passy (Paris), em 1º de agosto de 1865.

da Sociedade, o Sr. Nant também acaba de entregar à terra seus despojos mortais, para revestir o brilhante envoltório dos Espíritos. Vimos, conforme expressão consagrada, dizer-lhe o último adeus? Não, pois sabemos que a morte não passa de uma entrada na verdadeira vida, uma separação corporal de alguns instantes, e que o vazio que deixa no lar é apenas aparente.

Ó doce e santa crença, que sempre nos mostra ao nosso lado os seres que nos são caros! Mesmo que fosse uma ilusão, deveria ser abençoada, porque enche o coração de inefável consolação! Mas, não; não é uma esperança vã, é uma realidade, atestada diariamente pelas relações que se estabelecem entre os mortos e os vivos, segundo a carne. Bendita seja, pois, a ciência que nos mostra o túmulo como o limiar da libertação, e nos ensina a olhar a morte de frente e sem terror!

Oh! meus irmãos! Lamentemos aqueles que o véu da incredulidade ainda cega; é para eles que a morte tem terríveis apreensões! Para os sobreviventes, é mais que uma separação, é a eterna destruição dos seres mais caros. Para quem vê aproximar-se a última hora, é o abismo do nada, que se abre à sua frente! pensamento horrível, que legitima as angústias e os desesperos.

Que diferença para aquele que, não só acredita na vida futura, mas a compreende e com ela se identifica! Já não marcha com ansiedade para o desconhecido, mas com confiança para a nova via que se abre à sua frente; já entrevê, e conta com sangue-frio, os minutos que dela ainda o separam, como o viajante, que se aproxima do termo do caminho, e sabe que, à sua chegada, vai encontrar repouso e receber os abraços dos amigos.

Tal foi o Sr. Nant. Sua vida tinha sido a do homem de bem por excelência; sua morte, a do justo e do verdadeiro espírita. Sua fé aos ensinos de nossa Doutrina era sincera e esclarecida; nela hauriu imensas consolações durante a vida, resignação nos sofrimentos que a terminaram e uma calma radiosa nos últimos instantes.

Ofereceu-nos um exemplo admirável da morte consciente; seguiu com lucidez os progressos da separação, que se operou sem abalos e, quando sentiu partir-se o último laço, abençoou os assistentes; depois, tomando as mãos do neto, criança de dez anos, as colocou sobre os olhos, para ele próprio os fechar. Alguns segundos depois exalava o último suspiro, exclamando: Ah! eu o vejo!

Neste momento seu neto, tomado de violenta emoção, foi subitamente adormecido pelos Espíritos. Em seu êxtase, viu a alma do avô, acompanhada por uma multidão de outros Espíritos, elevar-se no espaço, mas preso ainda ao invólucro corpóreo pelo cordão fluídico.

Assim, à medida que se fechavam sobre ele as portas da vida terrena, abriam-se à sua frente as do mundo espiritual, cujos esplendores entrevia.

Ó sublime e tocante espetáculo! que não tinha por testemunhas os que a esta hora gracejam da ciência que nos revela tão consoladores mistérios! Eles a teriam saudado com respeito, em vez de a ridicularizar. Se lhe atiram a ironia e a injúria, perdoemos-lhes: é que não a conhecem e vão procurá-la onde não se encontra.

Para nós, rendamos graças ao Senhor, que se dignou rasgar aos nossos olhos o véu que nos separa da vida futura, porquanto a morte só parece terrível aos que nada veem no Além. Ensinando ao homem de onde vem, para onde vai e por que está na Terra, o Espiritismo dotou-o com um imenso benefício, pois lhe dá coragem, resignação e esperança.

Caro Sr. Nant, nós vos acompanhamos em pensamento no mundo dos Espíritos, onde ides recolher o fruto de vossas provações terrestres e das virtudes de que destes o exemplo. Recebei nosso adeus, até o momento em que nos for permitido aí nos reunirmos.

Sem dúvida revistes o nosso irmão que vos precedeu há pouco, o Sr. Dozon, e que, certamente vos acompanha neste momento.

Unimo-nos a ele, em pensamento, na prece que por vós vamos dirigir a Deus.

(Aqui é dita a prece pelas pessoas que acabam de deixar a Terra, e que se acha em *O evangelho segundo o espiritismo*.)

Nota – No momento de imprimir este número, soubemos que o Sr. Nant, consoante disposição testamentária, legou 2.000 francos para serem aplicados na propagação do Espiritismo.

Variedades

Vossos filhos e vossas filhas profetizarão

O Sr. Delanne, que muitos de nossos leitores já conhecem, tem um filho de 8 anos. Esse menino, que a todo instante ouve falar de Espiritismo em sua família, e que muitas vezes assiste às reuniões dirigidas por seu pai e sua mãe, foi, assim, iniciado muito cedo na Doutrina, muitas vezes surpreendendo pela justeza com que raciocina seus princípios. Isto nada tem de espantoso, pois é apenas o eco das ideias com que foi embalado. Também não é o objetivo deste artigo: é apenas para entrar no assunto do fato que vamos relatar e tem seu propósito nas circunstâncias atuais.

As reuniões do Sr. Delanne são graves, sérias, e conduzidas com perfeita ordem, como devem se todas aquelas nas quais se quer colher frutos. Embora as comunicações escritas nelas ocupem o primeiro lugar, aí também se cuida de manifestações físicas e tiptológicas, mas como ensinamento e jamais como objeto de curiosidade. Dirigidas com método e recolhimento, e sempre apoiadas em algumas explicações teóricas, estão, pela impressão que produzem, habilitadas a levar à convicção.

É em tais condições que as manifestações físicas são realmente úteis. Falam ao Espírito e impõem silencio à zombaria. A gente se sente em presença de um fenômeno, cuja profundeza se entrevê, e que afasta até a ideia da brincadeira. Se estes tipos de manifestações, de que tanto se tem abusado, fossem sempre apresentados dessa maneira, e não como divertimento e pretexto para perguntas fúteis, a crítica não as teria acusado de charlatanice. Infelizmente, muitas vezes deram ensejo a isto.

O filho do Sr. Delanne muitas vezes se associava a essas manifestações e, influenciado pelo bom exemplo, as considerava como coisa séria.

Um dia se encontrava com uma pessoa de suas relações e brincava no pátio da casa com sua priminha, de 5 anos, dois meninos, um de 7, outro de 4 anos. Uma senhora que morava no térreo os compeliu a entrar em sua casa e lhes deu bombons. As crianças, como se pode imaginar, não se fizeram rogadas.

A senhora perguntou ao filho do Sr. Delanne:

P. – Como te chamas, meu filho?

Resp. – Eu me chamo Gabriel, senhora.

P. – Que faz teu pai?

Resp. – Senhora, meu pai é espírita.

P. – Não conheço esta profissão.

Resp. – Mas, senhora, não é uma profissão. Meu pai não é pago para isto; ele o faz com desinteresse e para fazer o bem aos homens.

P. – Menino, não sei o que queres dizer.

Resp. – Como! Jamais ouvistes falar das mesas girantes?

P. – Muito bem, meu amigo, gostaria que teu pai estivesse aqui para as fazer girar.

Resp. – É inútil, senhora; eu mesmo tenho o poder de as fazer girar.

P. – Então, queres experimentar e me fazer ver como se procede?

Resp. – Com muito gosto, senhora.

Dito isto, ele se senta ao pé da mesinha da sala e faz sentar os seus três amiguinhos; e eis os quatro, gravemente pondo as mãos em cima. Gabriel fez uma evocação em tom muito sério e com recolhimento. Mal terminou, e para grande estupefação da senhora e das crianças, a mesinha ergueu-se e bateu com força.

— Perguntai, senhora, quem vem responder pela mesa.

A vizinha interroga e a mesa soletra as palavras: teu pai. A mulher torna-se pálida de emoção. E continua: — Pois bem! dizei, meu pai, se devo enviar a carta que acabo de escrever? — A mesa responde: — Sim, sem falta. — Para provar que realmente és tu, meu pai, que estás aqui, poderias dizer-me há quantos anos estás morto? Logo a mesa bate oito pancadas bem acentuadas. Era justamente o número de anos. — Poderias dizer o teu nome e o da cidade em que morrestes? — A mesa soletra os dois nomes.

As lágrimas jorraram dos olhos daquela senhora que, consternada por esta revelação e dominada pela emoção, não pôde mais continuar.

Seguramente este fato desafia toda suspeita de preparação do instrumento, de ideia preconcebida e de charlatanismo. Também não se podem pôr os dois nomes soletrados à conta do acaso. Duvidamos muito que esta senhora tivesse recebido tal impressão numa das sessões dos Srs. Davenport, ou qualquer outra do mesmo gênero. Aliás, não é a primeira vez que a mediunidade se revela em crianças, na intimidade das famílias. Não é a realização daquelas palavras proféticas: *Vossos filhos e vossas filhas profetizarão?* (ATOS DOS APÓSTOLOS, 2:17.)

ALLAN KARDEC

Revista Espírita
Jornal de estudos psicológicos
ANO VIII — NOVEMBRO DE 1865 — Nº 11

A Sociedade Espírita de Paris aos espíritas da França e do estrangeiro

Caríssimos e mui honrados irmãos em crença,

Uma circunstância recente forneceu aos nossos adversários ocasião para repetirem contra nossa Doutrina certos ataques que, pela violência, ultrapassaram tudo quanto tinha sido feito até hoje, e para despejarem sobre os seus adeptos o sarcasmo, a injúria e a calúnia. A opinião de algumas pessoas pode ter sido desviada por algum instante, mas os protestos, verbais ou escritos, foram tão gerais, que já voltam atrás. Todos vós compreendestes que o Espiritismo está assentado em bases inabaláveis para receber qualquer ataque, e esse motim não poderá senão popularizá-lo e fazê-lo mais bem compreendido.

É próprio de todas as grandes verdades receber o batismo da perseguição. As animosidades que o Espiritismo levanta são a prova de sua importância, porquanto, se o julgassem sem valor, com ele não se preocupariam. No conflito que acaba de ser levantado, todos os espíritas guardaram a calma e a moderação, que são os sinais da verdadeira força; todos suportaram o choque com coragem e ninguém duvidou do resultado. Ficai, pois, convencidos de que esta atitude, ao mesmo tempo digna e firme, oposta às invectivas e à acrimônia da linguagem de nossos antagonistas, não deixa de fazer refletir e ter grande peso sobre a opinião. O público imparcial não se engana; mesmo sem tomar o fato e a causa por um ou por outro, uma secreta simpatia a atrai para aquele que, na discussão, sabe conservar sua dignidade; a comparação lhe é sempre vantajosa. Assim, estes últimos acontecimentos conquistaram numerosos partidários ao Espiritismo.

Nesta circunstância, a Sociedade de Paris sente-se feliz ao oferecer a todos os seus irmãos da França e do estrangeiro suas felicitações e seus sinceros agradecimentos. Nas novas lutas que poderão ocorrer, ela conta com eles, como eles podem contar com ela.

Recebei, senhores e caros irmãos, a certeza de nosso inteiro e afetuoso devotamento.

Pelos membros da Sociedade, o Presidente,

Allan Kardec
(Votada por unanimidade na sessão de 27 de outubro de 1865.)

Alocução

Na reabertura das sessões da Socidade de Paris

(6 de outubro de 1865)

Senhores e caros colegas,

No momento de retomar o curso de nossos trabalhos, é para todos nós, e para mim em particular, uma grande satisfação nos encontrarmos todos reunidos. Sem dúvida vamos reencontrar nossos bons guias espirituais; façamos votos para que, graças ao seu concurso, este ano seja fecundo em resultados. Permiti que vos dirija nesta ocasião algumas palavras de circunstância.

Depois de nossa separação, fez-se um grande ruído a propósito do Espiritismo. A bem dizer, só tive conhecimento ao retornar, porque apenas alguns ecos chegaram até mim em meio à minha solidão nas montanhas.

A respeito não entrarei em detalhes, que hoje seriam supérfluos. Quanto à minha apreciação pessoal, vós a conheceis pelo que disse na *Revista*. Apenas acrescentarei uma palavra: é que tudo vem confirmar minha opinião sobre as consequências do que se passou. Sinto-me feliz por ver que esta apreciação é compartilhada pela grande maioria, se não pela unanimidade dos espíritas, de que tenho provas diárias em minha correspondência.

Um fato evidente ressalta da polêmica encetada por ocasião dos irmãos Davenport: é a absoluta ignorância das críticas em relação ao Espiritismo. A confusão que eles estabeleceram entre o Espiritismo sério e a charlatanice por certo pode induzir, momentaneamente, algumas pessoas em erro, mas é notório que a própria excentricidade de sua linguagem levou muita gente a indagar o que ele tem de justo, e grande foi sua surpresa ao encontrar coisa completamente diversa de passes de mágica. Como já disse, o Espiritismo só tem a ganhar com isso, por ser mais bem conhecido e melhor apreciado. Esta circunstância, que está longe de ser obra do ocaso, incontestavelmente apressará o desenvolvimento da Doutrina. Pode-se dizer que é um esforço sobre-humano, cujo alcance não tardará a fazer-se sentir.

Aliás, em breve o Espiritismo entrará numa nova fase que, forçosamente, chamará a atenção dos mais indiferentes, e o que acaba de passar-se aplanará os caminhos. Então se realizará aquela palavra profética do abade D..., cuja comunicação citei na *Revista*: "Os literatos serão os vossos mais poderosos auxiliares." Eles já o são, sem o querer; mais tarde sê-lo-ão voluntariamente. Preparam-se circunstâncias que precipitarão este resultado, e é com segurança que digo que nestes últimos tempos os negócios do Espiritismo avançaram mais do que se poderia imaginar.

Desde nossa separação soube muitas coisas, senhores. Porque não penseis que durante esta interrupção de nossos trabalhos eu tenha ido gozar as doçuras do *far niente*.[74] É verdade que não visitei centros espíritas, mas nem por isto vi menos ou deixei de observar. Assim, trabalhei muito.

Os acontecimentos marcham com rapidez, e como os trabalhos que me restam terminar são consideráveis, devo apressar-me, a fim de estar pronto em tempo oportuno. Em face da grandeza e da gravidade dos acontecimentos que tudo faz pressentir, os incidentes secundários são insignificantes; as questões passam, mas as coisas capitais permanecem.

Assim, não se deve ligar às coisas senão uma importância relativa; no que me concerne pessoalmente, devo afastar de minhas preocupações o que é apenas secundário, pois poderia retardar-me ou me desviar do objetivo principal. Este objetivo se desenha cada vez mais claramente, e o que aprendi nessas reuniões foi, sobretudo, os meios de o atingir mais seguramente e de superar os obstáculos.

Deus me guarde da presunção de me julgar o único capaz, ou mais capaz do que outros, ou o único encarregado de realizar os desígnios da Providência. Não; longe de mim tal pensamento. Neste grande movimento renovador, tenho minha parte de ação. Assim, só falo do que me diz respeito; mas o que posso afirmar sem jactância é que, no papel que me incumbe, não me faltam coragem nem perseverança. Jamais falhei; mas hoje, que vejo a rota iluminar-se com uma claridade maravilhosa, sinto que as forças cresceram. Jamais duvidei; mas hoje, graças às novas luzes que a Deus aprouve dar-me, estou certo, e digo a todos os nossos irmãos, com mais

---

[74] N.E.: Em latim, ociosidade.

segurança do que nunca: coragem e perseverança, porque um retumbante sucesso coroará os nossos esforços.

Malgrado o estado próspero do Espiritismo, seria enganar-se redondamente imaginar que de agora em diante ele vai marchar sem entraves. Ao contrário, deve-se esperar novas dificuldades, novas lutas. Assim, ainda teremos momentos penosos a atravessar, porque nossos adversários não se dão por vencidos e disputarão o terreno palmo a palmo. Mas são nos momentos críticos que se conhecem os corações sólidos, os devotamentos verdadeiros. É então que as convicções profundas se distinguem das crenças superficiais ou simuladas. Na paz não há mérito em ter coragem. Neste momento nossos chefes invisíveis contam com seus soldados e as dificuldades para eles são um meio de pôr em evidência aqueles sobre os quais podem apoiar-se. Também é para nós um meio de saber quem realmente está conosco ou contra nós.

A tática dos nossos adversários, nunca seria demais repetir, é neste momento procurar dividir os adeptos, lançando de permeio os pomos de discórdia, excitando os desfalecimentos verdadeiros ou simulados; e, é preciso dizer, eles têm como auxiliares certos Espíritos que se veem perturbados pelo advento de uma fé que deve unir os homens num sentimento comum de fraternidade. Assim, esta palavra de um de nossos guias é perfeitamente certa: o Espiritismo põe em revolução o mundo visível e o mundo invisível.

Desde algum tempo os nossos adversários têm em mira as sociedades e as reuniões espíritas, onde semeiam em profusão os fermentos da discórdia e do ciúme. Homens de pouca visão, enceguecidos pela paixão, julgam ter conquistado uma grande vitória, porque conseguiram causar algumas perturbações numa localidade, como se o Espiritismo estivesse enfeudado num lugar qualquer, ou encarnado em alguns indivíduos! Ele está em toda parte, na Terra e nas regiões etéreas; que, pois, o alcancem nas profundezas do espaço! O movimento está dado, não pelos homens, mas pelos Espíritos prepostos por Deus; é irresistível porque é providencial. Não é, pois, uma revolução humana, que se possa deter pela força material. Assim, quem se julgará capaz de travá-lo porque atira um pedregulho debaixo da roda? pigmeu na mão de Deus, será levado pelo turbilhão.

Que todos os espíritas sinceros se unam, pois, numa santa comunhão de pensamento, para enfrentar a tempestade; que todos os que estão compenetrados da grandeza do objetivo ponham de lado as pueris questões acessórias; que façam calar as susceptibilidades do amor-próprio, para ver apenas a importância do resultado para o qual a Providência conduz a humanidade.

Encaradas as coisas deste elevado ponto de vista, em que se torna a questão dos irmãos Davenport? Contudo, mesmo esta circunstância, embora muito secundária, é uma advertência salutar; impõe deveres especiais a todos os espíritas, e a nós em particular. Como se sabe, o que falta aos que confundem o Espiritismo com o charlatanismo é saber o que é o Espiritismo. Sem dúvida poderão sabê-lo pelos livros, quando se derem ao trabalho. Mas, o que é a teoria ao lado da prática? Não basta dizer que a Doutrina é bela; é preciso que aqueles que a professam mostrem a sua aplicação. Cabe, pois, aos adeptos devotados à causa, provar o que ela é, por sua maneira de agir, quer em particular, quer nas reuniões, evitando com o máximo cuidado tudo que pudesse dar ensejo à malevolência e produzir nos incrédulos uma impressão desfavorável. Quem quer que se encerre nos limites dos princípios da Doutrina poderá ousadamente desafiar a crítica e jamais incorrerá na censura da autoridade, nem nas severidades da lei.

A Sociedade de Paris, colocada em evidência mais que qualquer outra, deve dar o exemplo. Sentimo-nos todos felizes ao dizer que ela jamais faltou aos seus deveres e ter podido constatar a boa impressão produzida por seu caráter eminentemente sério, pela gravidade e pelo recolhimento que presidem às suas reuniões. É um motivo a mais para ela evitar escrupulosamente até as aparências do que poderia comprometer a reputação que adquiriu. Incumbe a cada um de nós velar por isso, no próprio interesse da causa; é preciso que a qualidade de membro, ou de médium, lhe prestem seu concurso, quer a título de confiança ou de consideração. Conto, pois, com a cooperação de todos os nossos colegas, cada um no limite de seu poder. Não se deve perder de vista que as questões pessoais devem apagar-se ante a questão de interesse geral. As circunstâncias em que vamos entrar são graves, repito, e cada um de nós terá sua missão, grande ou pequena. Por isso devemos pôr-nos em condições de cumpri-la, pois nos serão pedidas contas. Peço me perdoeis esta linguagem um tanto austera na retomada de nossos trabalhos, mas é ditada pelas circunstâncias.

Senhores, em nossa primeira reunião um dos nossos colegas falta corporalmente à chamada; durante nossa separação, o Sr. Nant, pai de nossa boa e excelente espírita, a Sra. Breul, retornou ao mundo dos Espíritos, de onde, esperamos, se dignará vir até nós. Durante seus funerais, nós lhe rendemos um justo tributo de simpatia, que julgamos dever renovar hoje, e seremos felizes se, daqui a pouco, ele quiser dirigir-nos algumas palavras e, no porvir, juntar-se aos Espíritos bons, que nos ajudam com seus conselhos.

Peçamos-lhes, senhores, que nos continuem a assistir.

Crítica a propósito dos irmãos Davenport

(2º artigo)

A agitação causada pelos irmãos Davenport começa a acalmar-se. Após a saraivada lançada pela imprensa contra eles e o Espiritismo, restam apenas alguns atiradores que, aqui e ali, queimam os últimos cartuchos, à espera que outro assunto venha alimentar a curiosidade pública. De quem será a vitória? O Espiritismo está morto? É o que não tardarão a saber. Suponhamos que a crítica tenha matado os Srs. Davenport, o que não nos diz respeito; que resultado teria isto? O que dissemos em nosso artigo anterior. Em sua ignorância do que é o Espiritismo, ela atirou sobre aqueles senhores, exatamente como um caçador que atira num gato pensando atirar numa lebre: o gato morreu, mas a lebre corre sempre.

Dá-se o mesmo com o Espiritismo, que não foi nem podia ser atingido pelos golpes que caíam de lado. A crítica, pois, equivocou-se, o que teria evitado facilmente se se tivesse dado ao trabalho de verificar a etiqueta. Contudo, não lhe faltaram avisos; alguns escritores até confessaram a influência das refutações que lhes chegavam de todos os lados, e isto da parte das mais honradas pessoas. Isto não lhes deveria ter aberto os olhos? Mas, não; haviam se embrenhado por um caminho e não queriam recuar; era preciso ter razão, custasse o que custasse. Muitas dessas refutações nos foram dirigidas; todas se distinguiam por uma moderação que contrasta com a linguagem dos nossos adversários e, em sua maioria, são de perfeita justeza de apreciação. Certamente ninguém pretendeu impor sua opinião àqueles senhores; mas a imparcialidade sempre impõe um dever admitir as retificações para pôr o público em condições de julgar os prós e os contras. Ora, como é mais cômodo ter razão quando se fala sozinho, pouquíssimas dessas publicações viram a luz da publicidade. Quem sabe mesmo se a maior parte foi lida? Então é preciso ser grato aos jornais que se mostraram menos exclusivos. Neste número está o *Journal des Pyrénées-Orientales* que, em seu número de 8 de outubro, contém a seguinte carta:

Perpignan, 5 de outubro de 1865.

Senhor Gerente,

Não venho me lançar na polêmica; apenas solicito,

de vossa equidade que me permita, uma única vez, responder aos vivos ataques contidos na *carta parisiense*, publicada no último número de vosso jornal, contra os espíritas e o Espiritismo.

Como os verdadeiros católicos, os verdadeiros espíritas não dão espetáculo público; estão penetrados do respeito de sua fé, aspiram ao progresso moral de todos e sabem que não é nos teatros de feira que se fazem prosélitos.

Eis o que concerne aos irmãos Davenport.

Haveria muito a dizer para refutar os erros do autor desses ataques irônicos; apenas direi que, tendo Deus dado ao homem o livre-arbítrio, atentar contra sua liberdade de crer, de pensar é colocar-se acima de Deus e, por conseguinte, um enorme pecado do orgulho.

Dizer que esta nova ciência fez imensos progressos, que muitas cidades contam grande número de adeptos, que têm suas sedes, seus presidentes, e que suas reuniões incluem homens cultos, eminentes por sua posição na sociedade civil e militar, na advocacia, na magistratura, não é confessar que o Espiritismo está baseado na verdade?

Se o Espiritismo não passa de um erro, por que se ocupam tanto com ele? O erro tem apenas uma duração efêmera, é um fogo-fátuo, que dura algumas horas e desaparece. Se, ao contrário, é uma verdade, por mais que façais, nem o podereis destruir nem o deter. A verdade é como a luz: só os cegos lhe negam a beleza.

Dizem também que o Espiritismo provocou casos de alienação mental. Direi isto: o Espiritismo não causou mais loucura que o Cristianismo e os demais cultos, que não podem ser responsabilizados pelos casos de idiotismo que se encontram muitas vezes entre os praticantes das diversas religiões; os espíritos transtornados estão sujeitos à exaltação e à perturbação. Deixemos, pois, de uma vez por todas, esse último argumento no arsenal das armas fora de uso.

Termino esta resposta dizendo que o Espiritismo nada vem destruir, a não ser a crença nos castigos eternos. Ele fortalece a nossa fé em Deus; torna evidente que a alma é imortal e que o Espírito se depura e progride pelas reencarnações; prova-nos que as diferentes posições sociais têm sua razão de ser; ensina-nos a suportar nossas provações, sejam quais forem; enfim, demonstra-nos que um só caminho nos leva a Deus: o amor do bem, a caridade!

Aceitai, Senhor Gerente, meus agradecimentos e minhas atenciosas saudações.

Tenho a honra de ser o vosso servo.

Breux

Todas as refutações que temos sob os olhos, e que foram dirigidas aos jornais, protestam contra a confusão que fizeram entre o Espiritismo e as sessões dos Srs. Davenport. Se, pois, a crítica persiste em prestar-lhe solidariedade, é porque quer.

Nota – Num outro artigo, que a falta de espaço nos obriga a adiar para o próximo número, examinaremos as proposições mais importantes que ressaltam da polêmica suscitada a propósito dos Srs. Davenport.

Poesia espírita

Um fenômeno

(Fábula)

Por uma noite assim dessas primaveris,
Em que brilham nos céus as estrelas gentis,
E que bons burgueses da cidade
Falavam, caminhando e com tranquilidade,
Por espaçosas avenidas.
Cada qual a seu turno as vistas estendidas
Do solo aos campos celestiais,
Sem dúvida pensais
Que os assuntos de seus discursos
Eram sobre o poder eternal, sem magia,

E que os corpos submetem às leis sãs harmonia?
Não: eles davam outros cursos
Aos pensamentos seus; da bolsa à cotação,
Das colheitas ao preço, eram toda a atenção
Em que se nutria sua alma,
Quando um deles disse, sem calma,
Qual sob ação de súbito estupor:
"Que vejo? Pode ser? uma estrela em fulgor?
Ora se eleva... ora descende!"
E esfregando os olhos: "Que digo,
Uma estrela... Pois creio, em minha fé, comigo,
Salvo que seja um sonho e nele esteja crendo;
Uma, duas ou três, quatro estrelas nos céus
Movem-se e dançam em silêncio;
Mistério estranho, a noite vence-o
Com prazer ocultando-o nos seus véus!"
E dos burgueses a alma atônita acompanha
Suas fases fenomenais,
Que em vão, para o explicar, se afadiga demais;
Aí só do acaso a artimanha.
Marcham, e entre os cordéis que lhes tocam na fronte
A sustentar pelo ar a cada papagaio
Quando de uma luz de ensaio
Ao sopro de uma brisa insonte;
E da criançada, autora enfim desse esplendor,
Perto dela riam com amor.

Que disseram depois dessa dupla surpresa,
Logo após seus desencantos?
Que pelos céus tais fogos tantos
Mero artifício são, obra se singeleza,
Para tolos levar a tão grandes espantos.
O horizonte também em púrpura se inflama,
E envolve a noite então de luz misteriosa;
Qual se de um meteoro a chama
Na escuridão dos céus resplandece radiosa;

Que uma estrela cadente em seus vivos anéis
Queira os campos do éter rasgar,
Estes burgueses bons, de olhos e braços no ar,
Vão tentar achar seus cordéis.

Se a verdade tem sempre alguma imitação,
Cabe-nos distinguir, e por comparação,
Toda a verdade da intrujice.
O ceticismo vão leva à charlatanice
Ante fatos que são da Lei eterna até.
E para julgar bem qualquer causa ou efeito
Possa um cético ser aceito:
Se com modéstia, e boa-fé.

C. DOMBRE, de Marmande

O Espiritismo no Brasil

EXTRATO DO DIÁRIO DA BAHIA

Sob o título de *A Doutrina Espírita*, o *Diário da Bahia* de 26 e 27 de setembro de 1865 contém dois artigos, que não passam da tradução em português dos que foram publicados há seis anos pelo Dr. Déchambre, na *Gazette Médicale* de Paris.

Acabava de aparecer a segunda edição de *O livro dos espíritos* e é dessa obra que o Sr. Déchambre faz um relato semiburlesco. Mas, a propósito, ele prova historicamente, e por citações, que o fenômeno das mesas girantes é mencionado em Teócrito, sob o nome de *Kosskinomanteia*, adivinhação pelo crivo, porque então se serviam de crivo para esse gênero de operação, e daí conclui, com a lógica ordinária dos nossos adversários, que não sendo um fenômeno novo, não tem qualquer fundo de realidade. Para um homem de ciências positivas — forçoso é convir — aí está um argumento singular. Lamentamos que a erudição do Sr. Déchambre não lhe tivesse permitido remontar ainda mais alto, porque o teria encontrado no antigo Egito e nas Índias. Um dia voltaremos a esse artigo, que tínhamos perdido de vista e que faltava à nossa coleção. Enquanto esperamos, apenas perguntamos ao Sr. Déchambre: deve-se rejeitar a Medicina e a Física modernas, porque seus rudimentos se encontram de permeio às práticas supersticiosas da Antiguidade e da Idade Média? Se a sábia Química de hoje não teve o seu berço na Alquimia, e a Astronomia o seu na Astrologia judiciária? Por que então os fenômenos espíritas que, em última análise, não passam de fenômenos naturais, cujas leis não se conheciam, também não se encontrariam nas crenças e práticas antigas?

Como esse artigo foi reproduzido pura e simplesmente, sem comentários, nada prova, da parte do jornal brasileiro, uma hostilidade sistemática contra a Doutrina. É mesmo provável que não a conhecendo, julgou nele achar uma apreciação exata. O que o provaria foi a sua pressa em inserir, no número seguinte, de 28 de setembro, a refutação que os espíritas da Bahia lhe dirigiram, e que estava assim concebida:

Senhor redator,

Como sois de boa-fé, no que concerne à doutrina do Espiritismo, rogamos que também vos digneis publicar no Diário uma passagem de *O livro dos espíritos*, do Sr. *Allan Kardec*, já na décima terceira edição, a fim de que vossos leitores possam apreciar, em seu justo valor, a reprodução que fizestes de um artigo da *Gazette Médicale* de Paris, escrito há mais de seis anos, pelo Dr. Déchambre, contra essa mesma doutrina, na qual se reconhece que o dito médico não foi fiel nas citações, que fez, de *O livro dos espíritos*, visando depreciar essa doutrina.

Somos, senhor redator, vossos amigos reconhecidos,

LUÍS OLÍMPIO TELES DE MENEZES
JOSÉ ÁLVARES DO AMARAL
JOAQUIM CARNEIRO DE CAMPOS

Segue, como resposta e refutação, um extrato muito extenso da introdução de *O livro dos espíritos*.

Com efeito, as citações textuais das obras espíritas são a melhor refutação das deturpações que certos críticos fazem sofrer a Doutrina. A doutrina se justifica por si mesma, razão por que não sofre com isso. Não se trata de convencer os seus adversários de que ela é boa, o que, na maioria das vezes, é tempo perdido, porquanto, em boa justiça, têm inteira liberdade de achá-la má, mas simplesmente de provar que ela diz o contrário do que a fazem dizer. Cabe ao público imparcial julgar, pela comparação, se ela é boa ou má. Ora, como ela recruta incessantemente novos partidários, a despeito de tudo quanto puderam fazer, é prova de que não desagrada a todo o mundo, e que os argumentos que lhe opõem são impotentes para desacreditá-la. Pode-se ver por esse artigo que ela não tem nacionalidade e dá a volta ao mundo.

O Espiritismo e a cólera

Sabe-se de que acusações eram vítimas os primeiros cristãos em Roma. Não havia crimes de que não fossem capazes, nem desgraças públicas que, no dizer de seus inimigos, eles não fossem os autores voluntários ou a causa involuntária, porque sua influência era perniciosa. Dentro de alguns séculos ter-se-á dificuldade em crer que espíritos fortes do século XIX tenham tentado ressuscitar essas ideias no que concerne aos espíritas, declarando-os autores de todas as perturbações da sociedade, comparando sua doutrina à peste e estimulando a sua perseguição. Isto é história impressa; estas palavras foram despejadas de mais de uma cátedra evangélica, mas o que é mais surpreendente, é que são encontradas nos jornais, que dizem falar em nome da razão e se arvoram em campeões de todas as liberdades e, em particular, da liberdade de consciência. Já possuímos uma coleção assaz curiosa, de amenidades desse gênero, que nos propomos mais tarde reunir num volume, para maior glória de seus autores e para edificação da posteridade. Assim, seremos gratos aos que nos ajudarem a enriquecer essa coleção, enviando-nos tudo o que, em seu conhecimento, apareceu ou aparecerá a respeito. Comparando esses documentos da história do Espiritismo com os da história dos primeiros séculos da Igreja, ficar-se-á surpreso de neles encontrar pensamentos e expressões idênticos. Aí só falta uma coisa: as feras do circo, o que já é um progresso.

Sendo, pois, o Espiritismo uma peste eminentemente contagiosa, uma vez que, segundo seus adversários, invade com terrível rapidez todas as classes da sociedade, tem certa analogia com a cólera. Assim, neste último levante, certos críticos o chamaram jocosamente de *Spirito-morbus*, e nada haveria de surpreendente se o acusassem de haver importado o flagelo; porque é notável que dois campos diametralmente opostos se deem as mãos para combatê-lo. Em um, ao que nos disseram, cunharam uma medalha com a efígie de São Bento, que basta usar para se preservar do contágio espírita. Não se diz se esse meio cura os que são atingidos pelo mal.

Realmente há uma analogia entre o Espiritismo e a cólera: é o medo que um e outro causam a certa gente. Mas consideremos a coisa de um ponto de vista mais sério. Eis o que nos escreveram de Constantinopla:

"...Os jornais vos informaram do rigor com que o terrível flagelo acaba de assolar nossa cidade e seus arredores, posto atenuasse seus efeitos desastrosos. Algumas pessoas, que se dizem bem informadas, elevam o número de coléricos mortos a setenta mil, e outros a cerca de cem mil. A verdade é que fomos rudemente provados, e podeis imaginar as dores e o luto geral de nossas populações. É principalmente nestes tristes momentos dessa horrenda epidemia que a fé e a crença espíritas dão coragem; acabamos de dar a mais verídica das provas. Quem sabe se não devemos a essa calma da alma, a essa persuasão da imortalidade, a essa certeza das existências sucessivas, em que os seres são recompensados segundo seu mérito e seu grau de adiantamento; quem sabe, digo eu, se não é por essas crenças, bases de nossa bela Doutrina, que nós todos, espíritas de Constantinopla que, como sabeis, somos bastante numerosos, devemos ter sido preservados do flagelo que se espalhou e ainda se espalha à nossa volta! Digo isto tanto mais quanto foi constatado, aqui e alhures, que o medo é o prenúncio mais perigoso da cólera, como a ignorância infelizmente se torna uma fonte de contágio..."

Repos Filho, advogado

Certamente seria absurdo acreditar que a fé espírita fosse um diploma de garantia contra a cólera. Mas, como está cientificamente reconhecido, o medo, ao mesmo tempo enfraquecendo o moral e o físico, torna as pessoas mais impressionáveis e mais susceptíveis de serem acometidas pelas doenças infecciosas; evidente, assim, que toda causa tendente a fortalecer o moral é um preservativo. Isto hoje é tão bem compreendido que se evita, tanto quanto possível, quer nos relatórios, quer nas disposições materiais, aquilo que possa ferir a imaginação por seu aspecto lúgubre.

Sem dúvida os espíritas podem morrer de cólera, como todo o mundo, porque seu corpo não é mais imortal que o dos outros e porque, quando chegar a hora, é preciso partir, seja por esta ou por outra causa. A cólera é uma das causas que não tem como particularidade senão levar maior número de pessoas ao mesmo tempo, o que produz mais sensação. Parte-se em massa, em vez de individualmente — eis toda a diferença. Mas a certeza que têm do futuro e, sobretudo, o conhecimento desse futuro, que corresponde a todas as aspirações e satisfaz à razão, fazem que absolutamente não lamentem a Terra, onde se consideram em exílio passageiro. Enquanto em presença da morte o incrédulo só vê o nada, ou pergunta o que vai ser de si, o espírita *sabe* que, se morrer, apenas será despojado de um invólucro material, sujeito aos sofrimentos e às vicissitudes da vida, mas será sempre ele, com um corpo etéreo, inacessível à dor; que gozará de percepções novas e de maiores faculdades; que vai encontrar aqueles a quem amou e que o esperam no limiar da verdadeira vida, da vida imperecível. Quanto aos bens materiais, sabe que deles não mais necessitará, e que os prazeres que proporcionam serão substituídos por outros mais puros e mais invejáveis, que não deixam em seu rasto nem amarguras nem pesares. Assim, abandona-os sem dificuldade e com alegria, lamentando os que, ficando na Terra, ainda irão precisar deles. É como aquele que, tornando-se rico, abandona seus trajes velhos aos infelizes. Por isso, ao deixar os amigos, lhes diz: não me lastimeis; não choreis minha morte; antes me felicitai, por estar livre das preocupações da vida e por entrar num mundo radioso, de onde vos esperarei.

Quem quer que tenha lido e meditado nossa obra *O céu e o inferno* segundo o Espiritismo e, sobretudo, o capítulo sobre o temor da morte, compreenderá a força moral que os espíritas haurem em sua crença, diante do flagelo que dizima as populações.

Segue-se daí que devam negligenciar as precauções necessárias em casos semelhantes e baixar a cabeça ante o perigo? De modo algum: tomarão todas as cautelas exigidas pela prudência e uma higiene racional, porque não são fatalistas e porque, se não temem a morte, sabem que não devem procurá-la. Ora, não levar em conta as medidas sanitárias que os podem preservar seria verdadeiro suicídio, cujas consequências conhecem muito bem para a elas se exporem. Consideram como um dever velar pela saúde do corpo, porque a saúde é necessária para a realização dos deveres sociais. Se buscam prolongar a vida corporal, não é por apego à Terra, mas para ter mais tempo para progredir, melhorar-se, depurar-se, despojar-se do velho homem e adquirir mais soma de méritos para a vida espiritual. Mas, se a despeito de todos os cuidados, devem sucumbir, tomam o seu partido sem queixa, sabendo que todo progresso traz os seus frutos, que nada do que se adquire em moralidade e em inteligência fica perdido, e que se não desmereceram aos olhos de Deus, serão sempre melhores no outro mundo do que neste, ainda mesmo que ali não ocupem o primeiro lugar. Apenas dizem: Vamos um pouco mais cedo aonde iríamos um pouco mais tarde.

Crê-se que com tais pensamentos não se esteja nas melhores condições de tranquilidade de espírito recomendada pela Ciência? Para o incrédulo ou para o que duvida, a morte tem todos os seus terrores, porque perde tudo e nada espera. Que pode dizer um médico materialista para acalmar nos doentes o medo de morrer? Nada do que certo dia um deles dizia a pobre coitado que tremia à simples palavra cólera: "Ah! enquanto não se está morto, há esperança; depois, em última análise, só se morre uma vez e logo tudo passa; quando se está morto, *tudo está acabado*; não se sofre mais." Tudo está acabado quando se está morto, eis o supremo consolo que ele dá.

Ao contrário, o médico espírita diz ao que vê a morte à sua frente: "Meu amigo, vou empregar todos os recursos da Ciência para vos restabelecer a saúde e vos conservar o maior tempo possível; espero que sejamos bem-sucedidos. Mas a vida do homem está nas mãos de Deus, que nos chama quando terminado nosso tempo de prova na Terra; se a hora de vossa libertação tiver chegado, rejubilai-vos, como o prisioneiro que vai sair da prisão. A morte nos desembaraça do corpo que nos faz sofrer e nos restitui à verdadeira vida, vida isenta de perturbações e misérias. Se deveis partir, não penseis que estais perdido para os vossos parentes e amigos que ficaram. Não, não estareis menos no meio deles; vê-los-eis e os ouvireis melhor do que podeis fazê-lo neste momento. Vós os aconselhareis, os dirigireis, os inspirareis para o bem. Se, pois, aprouver a Deus vos chamar a Ele, agradecei-lhe por vos restituir a liberdade; se prolongar a vossa estada aqui, agradecei-lhe ainda por vos dar tempo de concluir a vossa tarefa. Na dúvida, submetei-vos sem murmurar à sua santa vontade."

Tais palavras não são propícias a trazer serenidade à alma, e esta serenidade não secunda a eficácia dos remédios, enquanto a perspectiva do nada mergulha o moribundo na ansiedade do desespero?

Além desta influência moral, o Espiritismo tem outra mais material. Sabe-se que os excessos de todo gênero são uma das causas que mais predispõem para a epidemia reinante. Assim, os médicos recomendam sobriedade em tudo, prescrição salutar, à qual muita gente tem dificuldade de se submeter. Admitindo que o façam, é sem dúvida um ponto importante, mas é de crer-se que uma abstenção momentânea possa reparar instantaneamente as desordens orgânicas causadas por abusos inveterados, degenerados em hábito, que consumiram o corpo e, por isto mesmo, o tornaram acessível aos miasmas *deletérios*?[75] Fora da cólera, não se sabe quanto é pernicioso o hábito da intemperança nos climas tórridos, e naqueles onde a febre amarela é endêmica? Pois bem! o espírita — por efeito de suas crenças e da maneira pela qual encara o objetivo da vida presente e o resultado da vida futura — modifica profundamente os seus hábitos; em vez de viver para comer, come para viver; não pratica nenhum excesso; não vive como cenobita. Assim, usa de tudo, mas não abusa de nada. Isto deve ser, com certeza, uma consideração preponderante a acrescentar à que faz valer o nosso correspondente de Constantinopla.

Eis, pois, um dos resultados desta doutrina, sobre a qual a incredulidade lança a injúria e o sarcasmo; que ridiculariza, tacha de loucura e, segundo ela, traz perturbação à sociedade. Guardai vossa incredulidade, se ela vos apraz, mas respeitai uma crença que torna felizes e melhores os que a possuem. É loucura acreditar que nem tudo se acaba com a vida? que depois da morte vivemos uma vida melhor, isenta de preocupações? que voltamos ao meio daqueles a quem amamos? que ao morrer não somos mergulhados nas chamas eternas, sem esperança de sair, o que equivaleria ao nada, nem perdidos na ociosa e beatífica contemplação do infinito? Ah! quisera Deus fossem loucos todos os homens! Haveria entre eles muito menos crimes e suicídios.

Numerosas comunicações foram dadas sobre a cólera; várias o foram na Sociedade de Paris ou no nosso círculo íntimo.

---

[75] N.T.: Grifos nossos. Isto se ... particularmente às doenças infectocontagiosas, cuja manifestação é facilitada pela queda da imunidade celular, que tem, como parte de sua gênese, o depauperamento do organismo, provocado pelos excessos de toda ordem, de que a Síndrome da Imunodeficiência Adquirida (AIDS) é um dos exemplos mais patentes. Embora utilizando terminologia em voga na época, Allan Kardec captou perfeitamente o espírito da questão; seu pensamento, também neste campo, é judicioso e pleno de atualidade.

Reproduzimos apenas duas, fundidas numa só, para evitar as repetições, e porque resumem o pensamento dominante da maioria.

(Sociedade de Paris – Médiuns: Srs. Desliens e Morin)

Já que a cólera é uma questão de atualidade e cada um traz o seu remédio para rechaçar o terrível flagelo, eu me permitirei, se o quiserdes, dar também a minha opinião, embora me pareça pouco provável que tenhais de temer os doentes de maneira cruel. Entretanto, como é bom que na ocasião não faltem os meios, ponho minha pouca luz à vossa disposição.

Dizem que essa afecção não é imediatamente contagiosa, e os que se acham numa localidade onde ela se alastra, não devem temer cuidar dos doentes.

Não existe remédio universal contra essa moléstia, seja preventivo, seja curativo, considerando-se que o mal se complica de uma porção de circunstâncias que ora se devem ao temperamento dos indivíduos, ora ao seu estado moral e aos seus hábitos, ora às condições climáticas, o que faz que tal remédio dê resultado em certos casos e não em outros. Pode dizer-se que a cada período de invasão e conforme as localidades, o mal deve ser objeto de estudo especial e requer uma medicação diferente. É assim, por exemplo, que em 1832 e 1849 o gelo e o remédio caseiro puderam curar numerosos casos de cólera em certas regiões, mas deram resultados negativos em outras épocas e em países diferentes. Há, pois, uma imensidão de remédios bons, mas nenhum que seja específico. É essa diversidade nos resultados que tem confundido, e ainda confundirá por muito tempo a Ciência, e faz que nós mesmos não possamos dar um remédio aplicável a todo o mundo, porque a natureza do mal não o comporta. Há, contudo, regras gerais, frutos da observação, das quais importa não se afastar.

O melhor preservativo consiste nas precauções de higiene sabiamente recomendadas em todas as instruções dadas a respeito; passam pela limpeza, pelo afastamento de toda causa de insalubridade e dos focos de infecção, e pela abstenção de todos os excessos. A par disto, deve evitar-se a mudança de hábitos alimentares, a não ser para coibir as coisas debilitantes. É preciso evitar também os resfriados, as transições bruscas de temperatura e abster-se, salvo necessidade absoluta, de toda medicação violenta que possa trazer perturbação à economia.

Em casos semelhantes, sabeis que o medo, muitas vezes, é pior que o mal. Infelizmente o sangue-frio não se impõe; mas vós, espíritas, não precisais de nenhum conselho sobre este ponto, pois encarais a morte sem pestanejar e com a calma dada pela fé.

Em caso de ataque, importa não negligenciar os primeiros sintomas. O calor, a dieta, uma transpiração abundante, as fricções, a água de arroz, acrescida de algumas gotas de láudano, são medicamentos pouco custosos e cuja ação é muito eficaz, se aí vierem juntar-se a energia moral e o sangue-frio. Como muitas vezes é difícil conseguir o láudano na ausência de médico, pode-se substitui-lo, em caso de urgência, por qualquer outra composição calmante, especialmente pelo suco de alface, empregado em dose fraca. Aliás, basta ferver algumas folhas de alface em água de arroz.

A confiança em si e em Deus é, em tais circunstâncias, o primeiro elemento da saúde.

Agora, que a vossa saúde material está em segurança, permiti-me pensar em vosso temperamento espiritual, ao qual uma epidemia de outro gênero parece querer atacar. Nada temais desse lado; o mal só poderia atingir os seres a quem falta a verdadeira vida espiritual, porquanto, embora vivos, na verdade já estão mortos. Ao contrário, todos os que se devotarem à doutrina, para sempre e sem segundas intenções, nela colherão novas forças, para fazer frutificar os ensinos cuja transmissão consideramos um dever. Seja qual for, a perseguição é sempre útil; torna conhecidos os corações sólidos e, se alguns galhos mal presos se destacarem do tronco, os jovens rebentos, amadurecidos pelas lutas nas quais triunfarão, haverão de tornar-se homens sérios e prudentes. Assim, pois, muita coragem; marchai intimoratos na via que vos é traçada, e contai com aquele que, na medida de suas forças, jamais vos faltará.

Doutor Demeure

Um novo Nabucodonosor

Escrevem-nos de Charkow (Rússia):

"Escrevendo-vos, Sr. presidente, ouso esperar que o Espiritismo talvez venha lançar alguma luz sobre um fato, até hoje inexplicável, e que me parece oferecer um poderoso interesse. Colhi-o de testemunha ocular, parente próximo da pessoa em questão. Eis o que me contou.

Todos os membros da família R... se faziam notados pela originalidade do caráter e por suas inclinações. Mas aqui falarei apenas dos dois irmãos Alexandre e Voldemar. O que impressionava neste último eram os olhos, cuja impressão é impossível descrever. Crianças, brincávamos juntos; longe de ser poltrão, eu não podia, entretanto, suportar o seu olhar. Fiz a observação a meu pai, que me confessou experimentar, olhando-o, o mesmo sentimento de perturbação, e me aconselhou que o evitasse. Parece que Voldemar não era o favorito da família. Quando chegou à idade dos estudos sérios, os dois irmãos foram estudar na universidade de Kazan. Voldemar não tardou em deixar estupefatos mestres e colegas pelas atitudes fora do comum; muitas vezes se vangloriava em presença do irmão, que tinha escolhido para alvo de suas zombarias. Mas seus sucessos não duraram muito. Aos 16 anos, morreu nos braços do irmão. É deste último que vamos nos ocupar.

Embora em menor grau, Alexandre também possuía, em seus olhos negros, esse magnetismo fascinante, que tanto chocava em seu irmão; também não tinha suas brilhantes qualidades, mas isto não o impedia de ter muito espírito e de aprender com facilidade. A morte do irmão causou-lhe tal impressão que se tornou outro homem. Seis semanas depois, ficou sem abrir os olhos, deixou de se pentear, de se lavar, e não quis, sob nenhum pretexto, mudar de roupa, de modo que a roupa branca e o costume apodreciam-lhe no corpo e caíam em frangalhos.

Então sua mãe o levou para o campo. Um tio que não morava longe conseguiu que ela lhe confiasse o sobrinho por algum tempo, prometendo fazê-lo esquecer todas as suas fantasias. Com efeito, disse-lhe com muita severidade que se ele se atrevesse a manter semelhante atitude em sua casa, não teria escrúpulos quanto aos meios de corrigi-lo. Alexandre logo se tornou perfeitamente razoável; não ofereceu qualquer resistência às ordens do tio, mas escreveu secretamente à mãe, suplicando-lhe viesse livrá-lo de seu carrasco. A mãe atendeu logo ao seu desejo. Mas, uma vez longe do tio, as bizarrices recomeçaram cada vez mais. Entre outras coisas, exigia que tocassem os sinos da Igreja, quando se sentava à mesa. Pensaram num distúrbio do cérebro e o puseram numa casa de saúde de Kazan. Coisa estranha! Ainda desta vez mudou completamente. Nada em sua conduta, em suas palavras, denotava um cérebro doente. Os médicos pensaram numa intriga familiar e não o observaram mais de perto.

Certa noite, vendo que todos dormiam, pôs o barrete e vestiu o avental de um dos médicos, saiu do quarto, passou perto do porteiro sem ser reconhecido, ganhou a rua e andou cerca de 30 quilômetros[76] a pé, até sua fazenda. Entrou numa espécie de choupana, que servia de galinheiro, tirou toda a roupa e, pondo-se no meio da peça, declarou que dois metros quadrados[77] de terreno eram suficientes para a vida de um homem, e que de nada precisava. Sua mãe, de joelhos, em vão suplicou que mudasse de ideia; em vão tentaram persuadi-lo de que ao menos permitisse fazer um teto na sua

---

[76] N.T.: No original, 30 *verstas*, antiga medida itinerária russa equivalente a 1.067 metros.

[77] N.T.: No original, 2 *toesas*, medida equivalente a seis pés, cerca de 2 metros.

choupana, mas ele permaneceu inflexível; quis ao seu lado apenas uma velha criada, que jamais o deixara e que tinha por ele uma fidelidade e um apego de cão. Seu pai, vendo que nada dava resultado, ordenou a todos os seus camponeses que deixassem o lugar e fossem estabelecer-se a 7 quilômetros dali. Ele próprio partiu, apelidando o vilarejo de "Aldeia Perdida." Então quiseram pôr a propriedade sob tutela. Nomearam comissões, mas Alexandre era sempre prevenido a tempo e se vestia, embora sem usar as roupas de baixo; depois vinha encontrar as pessoas. A todas as perguntas respondia com bom senso, com uma justeza que nada deixava a desejar, e o fazia tão bem que a comissão, imaginando ao chegar que se tratava de um louco, retirava-se desapontada.

Isto se passou em 1842 e, até agora, Alexandre está sempre no mesmo estado. Mantém-se de pé, completamente despido, num casebre sem portas nem janelas, exposto a todos os ventos e onde, no inverno, o frio chega a 30º abaixo de zero. Alimenta-se de um pouco de geleia de uva, que lhe trazem uma vez por dia, numa tigela de barro; atiram-na com uma colher e ele a apanha no ar, à maneira dos animais, dos quais adotou o rugido, pois não mais se serve da palavra humana. À força de manter a cabeça inclinada, não pode mais erguê-la; seus pés atingiram uma largura desmesurada e não pode mais andar. Algumas vezes, à noite, cai prostrado, permitindo que o cubram com uma pele de carneiro. Seu aspecto, aliás, nada apresenta de extraordinário, exceto os olhos. Nem é gordo nem magro; sua fisionomia estampa sofrimento. Uma vez lhe perguntaram a razão de sua conduta bizarra. Respondeu: "Não me faleis nisto, é uma falta de vontade." Não conseguiram mais. Que entendia ele por falta de vontade? Era um voto?... Às vezes pronuncia o nome do irmão morto; outras vezes exclama: "Quando isto terminará?" Não segue nenhuma das regras impostas por sua Religião. Tinham mandado seus cabelos a um célebre sonâmbulo de Londres; foi respondido que *"era a doença de Nabucodonosor".*

E, contudo, ele não é louco! O que há de mais extraordinário é que ao lado dessa existência puramente bestial, há nele uma vida intelectual, pois se interessa por tudo o que se passa no mundo; manda trazer muitos jornais e, como sua casa é escura, permitiu construíssem uma espécie de barraca ao lado do seu casebre. Era aí que outrora, durante horas inteiras, sua mãe lia para ele. Agora que ela está morta, foi substituída por uma leitora contratada.

  A comissão encarregada de investigar o caso obteve os seguintes detalhes que, no fundo, apenas o embrulharam. D***, colega de Alexandre R... na universidade, depôs que, quando estavam juntos, pôde observar que ele estava muito apaixonado pela mulher de um farmacêutico; era uma criatura de rara beleza e, além disso, muito virtuosa. Diariamente Alexandre montava a cavalo, para ter o prazer de passar em frente às suas janelas e vê-la, às vezes, de longe, limitando-se a isto os seus amores. Contudo, vinham trazer-lhe todos os dias e à mesma hora, uma carta lacrada; e se houvesse alguém em seu quarto, ele se apressava em escondê-la numa gaveta. Persuadido de que fossem bilhetes amorosos, D*** não se interessava muito em lhes conhecer o conteúdo. Mais tarde, quando começaram as pesquisas, só encontraram duas cartas (havia queimado as demais), supondo-se que eram do número das que recebia na universidade. A primeira era mais ou menos vazada nestes termos: "Ontem me aconteceu uma coisa estranha. Eu voltava de nossa Suíça Russa (nome de um passeio nos arredores de Kazan) e atravessava o campo de Ars, quando ouvi gritar: Socorro! Também gritei e, precipitando-me para o lado de onde vinham os gritos, cheguei perto de um cemitério cercado. Vi aparecer em cima da cerca um rapaz que me agradecia vivamente a minha intervenção, dizendo que tinha sido atacado por ladrões, mas, ouvindo uma voz, fugiram. (Uma fábrica de tecidos estava situada no campo de Ars; como o trabalho tinha sido suspenso por algum tempo e os operários não encontrassem meios para ganhar o pão, entregaram-se ao roubo). Tomamos juntos o caminho da cidade, estabelecendo-se entre nós uma conversa muito interessante e animada. Não posso dizer-te aqui do que se tratava, mas direi quando nos encontrarmos.

  "Enfim chegamos à casa do meu desconhecido e aí passei toda a tarde. Ao dizer adeus agradeceu-me ainda uma vez, sem, contudo, convidar-me a vir vê-lo em casa; apenas indicou-me um lugar onde passeava todos os dias a uma hora certa e onde, se eu quisesse, poderia vê-lo. O que há de estranho é que, de volta à minha casa, não me foi possível lembrar nem a rua, nem a casa que acabara de deixar e, no entanto, conheço perfeitamente a cidade onde moro há quatro anos. Proponho-me ir ver o meu desconhecido no lugar indicado; tentarei introduzir-me em sua casa e, por certo, dessa vez me lembrarei." Não havia assinatura.

  Eis a segunda carta, que dá sequência à precedente. Apenas é muito mais curta: "Vi o meu desconhecido no lugar indicado; convidou-me a vir à sua casa; passamos juntos a tarde inteira, mas, de volta à minha casa, esqueci por completo, mais uma vez, a rua e a casa." Nada de assinatura. Examinando a letra atentamente, julgaram encontrar grande semelhança com a de um de seus camaradas. Mas quando as leram a este último, ele se pôs a rir, declarando que jamais havia escrito semelhantes coisas.

  Aqui param todas as pesquisas. Supõe-se que haja nisto um grande mistério, e apenas três pessoas o podem saber. Primeiro sua mãe, depois a velha criada que não o deixava nunca e, finalmente, sua irmã. As duas primeiras estão mortas, a terceira mora com o marido no mesmo vilarejo que Alexandre. Vai vê-lo diariamente e ali passa três ou quatro horas seguidas. De que podem falar? Seu irmão esquece os rugidos para falar uma linguagem humana, voltando a ser racional? é o que ninguém sabe. O que há de singular é que esse fato tão extraordinário é muito pouco conhecido; jamais foi publicado por qualquer jornal e, no entanto, se passa bem perto de Kazan, cidade onde há uma universidade, cientistas e médicos. É verdade que no começo fizeram pesquisas, mas parece que desanimaram muito depressa. Contudo, que vasto campo para a observação da Ciência, sem falar do lado psicológico! É um fato atual, que cada um pode constatar.

  O Espiritismo, que explica tanta coisa, poderia dar a solução desse estranho fenômeno? Não ouso pedir-vos uma resposta por escrito, já que o vosso tempo é muito precioso; apenas espero que se considerardes o fato digno do vosso exame, possais dar a vossa opinião na *Revista Espírita*, que aqui recebemos.

Aceitai etc.

Uma coisa ressalta evidentemente desse relato: esse jovem não é louco, na acepção científica do termo; goza da plenitude da razão, quando quer. Mas qual pode ser a causa de semelhante excentricidade, nessa idade? Acreditamos que ainda se passará muito tempo antes que a Ciência a encontre, com seus recursos puramente materiais. Entretanto, existe algo mais além que simples mania: é a assimilação da voz e dos gestos dos animais. Tem-se visto, é verdade, criaturas abandonadas nas florestas, desde tenra idade, vivendo com as feras, adotando seus gritos e costumes por imitação; mas aqui não é o caso. O jovem fez estudos sérios, viveu em suas terras, no meio de um vilarejo; está em contato diário com seres humanos; não se trata, pois, de uma questão de hábito e de isolamento.

É, disse o sonâmbulo de Londres, a doença de Nabucodonosor. Mas que doença é esta? A história desse rei não é uma lenda? É possível que um homem se transforme em fera? Entretanto, se se confrontar o relato bíblico com o fato atual de Alexandre R..., notar-se-á entre eles mais de um ponto de semelhança. Compreende-se que o que se passa hoje pode ter-se passado em outros tempos, e que o rei da Babilônia tenha sido atingido por um mal semelhante. Se, pois, aquele rei, dominado por uma influência análoga, deixou seu palácio, como Alexandre R... o seu castelo; se viveu e gritou como ele, à maneira das feras, poder-se-ia dizer, na linguagem alegórica da época, que se tinha transmudado em fera. É verdade que isto destrói o milagre, mas quantos milagres caem hoje ante as leis da natureza, que se descobrem todos os dias! A religião só tem a ganhar se aceitar como natural um fato que era repelido como maravilhoso. Quando os adversários do Espiritismo dizem que ele ressuscita o sobrenatural e a superstição, provam que lhe ignoram as primeiras palavras, já que ele vem, ao contrário, provar que certos fatos, reputados misteriosos, não passam de efeitos naturais.

Lido esse relato na Sociedade de Paris, como tema de estudo, pediu-se a um médium que evocasse os Espíritos que pudessem dar sua explicação. Foram obtidas as três comunicações seguintes: uma do irmão morto, Voldemar; a segunda do Espírito protetor dos dois irmãos; a terceira, do guia espiritual de outro médium.

(Sociedade Espírita de Paris, 13 de outubro de 1865 – Médium: Sr. Desliens)

I

Eis-me aqui!... Que quereis?... Com que direito vos imiscuis em negócios de família e todos íntimos!... Sabei que ninguém jamais me ofendeu em vão, e temei incorrer em minha cólera, se buscardes penetrar um segredo que não vos pertence! Quereis ter a chave das razões que levam meu irmão a fazer semelhantes tolices?... Sabei que toda a causa reside em mim, que o puni desta maneira pela falta de fé, com que se tornou culpado a meu respeito. Um elo nos unia, elo terrível, elo da morte!... Que sofra, pois, a pena por uma falta que não poderia encontrar graça em mim!... Meu cúmplice na ação, devia seguir-me no suplício. Por que hesitou?... Hoje sofre a pena de suas hesitações.

Não podendo constrangê-lo a seguir-me, pelo menos imediatamente, empreguei a força magnética, que possuo em grau extremo, para obrigá-lo a abandonar a sua vontade e o seu ser ao meu livre-arbítrio. Ele sofre nessa posição!... tanto melhor! cada um de seus gemidos interiores me causa uma agitação de sombria satisfação.

Estais contentes com a minha urbanidade? achais suficientes as minhas explicações?... Não; quereríeis moralizar-me... Mas quem sois vós para me fazer pregações? sois padre? não. Pois bem! a que título quereis que vos escute? Nada quero ouvir e volto ao lugar que não devia ter deixado. Ele compreende seus males neste momento; talvez sua vontade reaja sobre a matéria! Infelizes de vós se o fizerdes escapar ao meu domínio!

VOLDEMAR R...

II

Não tenteis, pelo menos agora, obrigar esse pobre insensato a vos ouvir; não poderia fazê-lo e vossas palavras apenas excitariam sua raiva brutal. Venho em seu lugar dar-vos algumas explicações que lançarão um pouco de luz sobre o drama sombrio de que esses dois seres foram os atores em outra existência. Neste momento o expiam, sofrendo as consequências das ações criminosas, em cujos detalhes eu não poderia entrar hoje. Sabei apenas que, dessas duas individualidades, Alexandre foi, sob outro nome e noutra época, subordinado de Voldemar, numa condição social que podereis presumir por algumas palavras do relato que lestes. Meditai a passagem em que se diz que Alexandre exigia que tocassem o sino no começo de suas refeições, e estareis no caminho. Subordinado, como vos disse, a Voldemar, sob a instigação deste cometeu diversas ações, cuja responsabilidade ambos carregam hoje, e que são a fonte de seus sofrimentos.

Alexandre era e é ainda um caráter fraco e vacilante, quando uma causa qualquer dava a alguém o domínio sobre ele; para os outros era altivo, déspota, brutal. Em suma, estava sob o domínio do irmão. O que os dois fizeram é o que o futuro vos dirá na sequência deste estudo. Passemos aos resultados.

Prometeram jamais se trair nem se abandonar. Além disso, Voldemar se reservou tripudiar, com toda a sua vontade poderosa, sobre o infeliz cúmplice. Vistes que ele o tinha tomado como alvo de suas zombarias, na fase de existência que percorreram juntos. Dotados de inteligência pouco comum, esses dois seres haviam formado anteriormente, pela associação de suas inclinações más, uma temível liga contra a sociedade. Voldemar foi levado por um desígnio da Providência, que assim preparava o caminho da renovação desses dois seres. Dominado por sua promessa, Alexandre queria seguir o irmão no túmulo, mas sua afeição por uma pessoa, da qual se falou no relato, e a fadiga de um jugo que suportava a duras penas, fez tomasse a resolução de lutar. O irmão não o podia matar materialmente, mas o matou moralmente, envolvendo-o num emaranhado de influências que determinaram a cruel obsessão, cujas consequências conheceis.

O sonâmbulo que designou essa afecção sob o nome de doença de Nabucodonosor não estava tão longe da verdade quanto se podia crer, porque Nabucodonosor não passava de um obsedado, convencido de se ter transformado em fera. É, pois, uma obsessão que, como sabeis, não exclui a ação da inteligência e não a aniquila de maneira fatal. É um dos casos mais notáveis, cujo estudo só poderá ser proveitoso a todos. Nesta noite ele nos arrastaria muito longe, pelos desenvolvimentos que reclama. Limitar-me-ei a esta exposição, pedindo-vos ao mesmo tempo reunir vossas forças espirituais para evocar Voldemar. Como o teme com razão, em sua ausência o irmão recobra a energia e pode libertar-se. Eis por que lhe repugna deixá-lo e sobre ele exerce uma ação magnética contínua.

O guia de ambos,

PAULOWITCH

III

(Médium: Sra. Delanne)

Meus irmãos bem-amados, certos fatos referidos nas Escrituras são olhados, por muita gente, como fábulas para crianças. Desdenharam-nos, porque não os compreenderam e recusaram-lhes dar fé. No entanto, liberto da forma alegórica, o fundo é verdadeiro e só o Espiritismo poderia dar-lhe a chave. Vai produzir-se de diversas naturezas, não só nos espíritas, mas em todo o mundo e por toda a Terra, forçando os cientistas a estudar, e é então que poderão convencer-se, a despeito do que digam alguns, que o Espiritismo ensina o novo, porque é por ele que se terá a explicação do que ficou inexplicado até hoje. Não se vos disse que a obsessão ia se ornar de novas formas? Este é um exemplo.

A punição de Nabucodonosor não é uma fábula. Ele não foi, como dissestes muito judiciosamente, transmudado em fera, mas estava, como no caso que vos ocupa neste momento, privado por algum tempo do livre exercício de suas faculdades intelectuais, e isto em condições que o assemelhavam à fera, fazendo do poderoso déspota objeto de piedade para todos. Deus o tinha ferido no seu orgulho.

Todas estas questões se ligam às do fluido e do magnetismo. Nesse rapaz há obsessão e subjugação; tem grande lucidez no estado de Espírito, e seu irmão exerce sobre ele uma influência magnética irresistível; atrai-o facilmente fora do corpo, quando uma pessoa amiga e simpática lá não está para retê-lo; sofre quando desprendido; para ele também é uma punição, e é então que solta rugidos ferozes.

Não vos apresseis, pois, em condenar o que está escrito nos livros sagrados, como faz a maioria dos que só veem a letra e não o espírito. Diariamente vos esclareceis mais e novas verdades se desdobrarão aos vossos olhos, pois estais longe de ter esgotado todas as aplicações do que sabeis em Espiritismo.

São Bento

Resulta desta explicação eminentemente racional, que esse jovem está sob o império de uma obsessão, ou, melhor, de uma terrível subjugação, semelhante à que sofreu o rei Nabucodonosor. Isto destrói a Justiça de Deus, que tinha punido esse monarca orgulhoso? De modo algum, pois sabemos que as obsessões são, ao mesmo tempo, provações e castigos. Assim, Deus podia puni-lo, pondo-o sob o jugo de um Espírito malfazejo, que o constrangesse a agir como uma fera, sem, por isto, metamorfoseá-lo em animal. A primeira dessas punições é natural e se explica pelas leis das relações entre o mundo visível e o mundo invisível; a outra é antinatural, fantástica e não se explica; uma se apresenta, em nossos dias, como uma realidade, sob as diversas formas da obsessão; a outra só se acha nos contos de fadas. Enfim, uma é aceitável pela razão, enquanto a outra não.

Do ponto de vista do Espiritismo, o fato oferece importante tema de estudo. A obsessão aí se apresenta sob um aspecto novo quanto à forma e quanto à causa determinante, mas que nada tem de surpreendente, depois do que nos tem sido dado ver diariamente. Muita razão tem São Bento, quando diz que estamos longe de haver esgotado todas as aplicações do Espiritismo, nem compreendido tudo quanto ele nos pode explicar. Tal como é, apresenta-nos uma rica mina a explorar, auxiliado pelas leis que nos dá a conhecer. Antes de dizer que está estacionário, saibamos, pois, tirar proveito do que nos ensina.

O patriarca José e o vidente de Zimmerwald

Um dos nossos assinantes de Paris escreve o seguinte:

"Lendo o número da *Revista Espírita* do mês de outubro, reportei-me a uma passagem da *Bíblia*, que assinala um fato análogo à mediunidade do vidente da floresta de Zimmerwald. Ei-lo:

Quando os irmãos de José saíram da cidade, e como ainda não haviam caminhado muito, José chamou o intendente de sua casa e lhe disse: 'Correi atrás dessa gente; parai-os e dizei-lhes:

Por que retribuís o bem com o mal? – A taça que roubastes é aquela em que meu Senhor bebe, *e da qual se serve para adivinhar*. Fizestes uma ação muito má.'

Quando os irmãos de José foram trazidos à sua presença, ele lhes disse:

'Por que agistes assim comigo? Ignorais que ninguém me iguala na *ciência de adivinhar as coisas ocultas?*' (GÊNESIS, 44:15.)[78]

---

[78] N.T.: Allan Kardec serviu-se, em todas as suas obras, da tradução de Lemaître de Sacy, até hoje a versão francesa mais importante da *Bíblia* e uma das mais confiáveis do planeta. No Brasil, as versões protestantes mais recentes, sobretudo as ditas "atualizadas" de João Ferreira de Almeida, nem sempre têm se mantido fiéis aos trechos originais, notadamente quando suprimem, adaptam ou modificam

O gênero de mediunidade que assinalais existia, pois, entre os egípcios e os judeus."

C., advogado

Com efeito, nada é mais positivo. José possuía a arte de adivinhar, isto é, de ver as coisas ocultas, servindo-se, para isto, de uma taça de beber, como o vidente de Zimmerwald se serve de seu copo. Se a mediunidade é uma faculdade demoníaca, eis um dos personagens mais venerados da antiguidade sacra convicto de agir pelo demônio. Se agisse por Deus, e os nossos médiuns pelo demônio, então o demônio faz o mesmo que Deus e, por conseguinte, o iguala em poder. Admiram-se de ver homens graves sustentarem semelhante tese, que aniquila sua própria doutrina.

O Espiritismo, pois, nem descobriu, nem inventou os médiuns, mas descobriu as leis da mediunidade, e a explica. Assim, é a verdadeira chave para a compreensão do Antigo e do Novo Testamentos, onde abundam os fatos deste gênero. Foi por falta dessa chave que se fizeram tantos comentários contraditórios, que nada explicam. A incredulidade ia crescendo incessantemente na direção desses fatos e invadia a própria Igreja. Doravante serão admitidos como fenômenos naturais, pois se reproduzem em nossos dias por leis conhecidas. Temos, assim, razão de dizer que o Espiritismo é uma ciência positiva, que destrói os últimos vestígios do maravilhoso.

Suponhamos que se tivessem perdido os livros dos Antigos, que nos explicam a teogonia[79] pagã ou mitológica: compreender-se-ia hoje o sentido das inumeráveis inscrições que se descobrem diariamente, e que se referem mais ou menos diretamente a essas crenças? Compreender-se-iam o destino, os motivos de estrutura da maioria

---

palavras e expressões que possam confirmar os ensinamentos espíritas. O versículo acima, do Gênesis de Moisés, mereceu a seguinte versão de Almeida: "Que é isso que fizestes? Não sabíeis como eu que tal homem é capaz de adivinhar?" Assim descaracterizado, o versículo perde muito de sua força. No caso, é da mediunidade que ele trata.

[79] N.E.: Conjunto de divindades que constituem a mitologia de um povo e se caracterizam por uma origem análoga.

dos monumentos, cujos restos contemplamos? Saber-se-ia o que representa a maior parte das estátuas e baixos-relevos? Não, certamente. Sem o conhecimento da mitologia, todas as coisas para nós seriam letra morta, como a escritura cuneiforme e os hieróglifos egípcios. A mitologia é, pois, a chave com a ajuda tal qual reconstruiremos a história do passado, por meio de um fragmento de pedra, como Cuvier,[80] com um osso, reconstruía um animal antidiluviano. Porque já não cremos nas fábulas das divindades pagãs, devemos negligenciar ou desprezar a mitologia? Quem emitisse tal pensamento seria tratado de bárbaro.

Pois bem! o Espiritismo, como crença na existência e na manifestação das almas, e como meio de com elas entreter-se; o magnetismo como meio de cura; e o sonambulismo, assim como a dupla vista, eram muito espalhados na antiguidade e se misturaram a todas as teogonias, mesmo à teogonia judaica, e mais tarde à cristã; aí é feita alusão a uma porção de monumentos e inscrições que nos restam. Abarcando ao mesmo tempo o magnetismo e o sonambulismo, o Espiritismo é um farol para a Arqueologia e para o estudo da antiguidade. Estamos mesmo convencidos de que é uma fonte fecunda para a compreensão dos hieróglifos, porque essas crenças eram muito espalhadas no Egito, e seu estudo fazia parte dos mistérios ocultos ao vulgo. Eis alguns fatos em apoio dessa asserção.

Um de nossos amigos, sábio arqueólogo que reside na África, e que é, ao mesmo tempo, um espírita esclarecido, há alguns anos encontrou nos arredores de Sétif uma inscrição tumular, cujo sentido era absolutamente ininteligível sem o conhecimento do Espiritismo.

Lembramo-nos de ter visto no Louvre, há bastante tempo, uma pintura egípcia, representando um indivíduo deitado e adormecido, e outro de pé, com os braços e os dedos dirigidos para o primeiro, sobre o qual fixava o olhar, na atitude exata de um homem que desse passes magnéticos. Dir-se-ia um desenho calcado na pequena vinheta que o Sr. barão du Potet punha outrora no frontispício de seu *Journal du Magnétisme*. Para qualquer magnetizador, não havia o

---

[80] N.E.: Georges Cuvier (1769–1832), naturalista francês.

menor equívoco quanto ao tema desse quadro; para quem quer que não tivesse conhecido o magnetismo, não fazia sentido. Só o fato provaria, se não houvesse uma porção de outros, que os antigos egípcios sabiam magnetizar, e que se entregavam ao magnetismo mais ou menos como nós. Então isto fazia parte de seus costumes, já que se achava consagrado num monumento público. Sem o magnetismo moderno, que nos dá a chave de certas alegorias, não o saberíamos.

Outra pintura egípcia, igualmente no Louvre, representava uma múmia de pé, envolvida por ataduras; um corpo da mesma forma e tamanho, mas sem faixas, destacava-se pela metade, como se saísse da múmia, e outro indivíduo, posto à frente, parecia atraí-lo a si. Então não conhecíamos o Espiritismo e nos perguntávamos o que aquilo podia significar.

Hoje é claro que essa pintura alegórica representa a alma separando-se do corpo, conservando a aparência humana, e cujo desprendimento é facilitado pela ação de outra pessoa encarnada ou desencarnada, exatamente como nos ensina o Espiritismo.

Não creiais no Espiritismo, se vo-lo apraz; admiti que seja uma quimera: ninguém vo-lo impõe; estudai-o como estudais a mitologia, a título de simples ensinamento, mesmo rindo da credulidade humana, e vereis que horizontes ele vos abrirá, por pouco sério que sejais.

Dissertações espíritas

O repouso eterno

(Sociedade de Paris, 13 de outubro de 1865 – Médium: Sr. Leymarie)

Quando deixei o invólucro terreno, pronunciaram vários discursos sobre o meu túmulo, impregnados todos pela mesma ideia. Sonnez, meu amigo, ides gozar do repouso eterno. Alma, dizia o padre, repousai na contemplação divina. Amigo, repetia o terceiro, dorme em paz, após uma vida de tantas realizações. Enfim, era o repouso eterno contínuo, que ressaltava do fundo de tantos adeuses comoventes.

O repouso eterno! Que entendiam por esta expressão e pelas mesmas palavras continuamente repetidas, cada vez que um homem desaparecia na Terra e ia para o desconhecido?

Ah! meus amigos, dizeis que repousamos. Estranho erro! compreendeis o repouso à vossa maneira. Olhai ao redor de vós: existe repouso? Neste momento as árvores vão despojar-se de seus envoltórios encantadores; tudo geme nesta estação; a natureza parece preparar-se para a morte e, no entanto, se se procurar, achar-se-á a vida em preparação sob essa morte aparente; tudo se depura nesse grande laboratório terrestre: a seiva e a flor, o inseto e o fruto, tudo que deve adornar e fecundar.

Esta montanha, que parece ter uma imobilidade eterna, não repousa. As moléculas infinitas que a compõem realizam um trabalho enorme; umas tendem a se agregar, outras a se separar; e essa lenta transformação inicialmente causa espanto e depois admiração ao pesquisador que acha em tudo instintos diversos e mistérios a explorar. E se a Terra assim se agita em suas entranhas, é que esse grande cadinho elabora e prepara o ar que respirais, os gazes que devem sustentar a natureza inteira. É que ela imita os milhões de planetas que percebeis no espaço, e cujos movimentos diários, o trabalho contínuo, obedecem à vontade soberana. Sua evolução é matemática, e se encerram outros elementos além dos que vos fazem agir, ide! crede-o, esses elementos trabalham a sua depuração, a sua perfeição.

Sim, a sua perfeição; porque é a palavra eterna. A perfeição é o objetivo e, para alcançá-lo, átomos, moléculas, seiva, minerais, árvores, animais, homens, planetas e Espíritos se empenham nesse movimento geral, que é admirável por sua diversidade, pois é harmonia. Todas as tendências visam ao mesmo objetivo, e esse objetivo é Deus, centro de toda atração.

Novembro de 1865

Depois de minha partida da Terra, minha missão não está realizada. Busco e trabalho todos os dias; meu pensamento alargado abarca melhor o poder dirigente; sinto-me melhor fazendo o bem e, como eu, legiões inumeráveis de Espíritos preparam o futuro. Não acrediteis no repouso eterno! Os que pronunciam tais palavras não lhes compreendem o vazio. Vós todos que ouvis, podeis aniquilar o pensamento, forçá-lo ao repouso? Oh! não; a vagabunda procura e procura sempre e não desagrada aos amáveis e úteis charlatães, que negam o Espírito e o seu poder. O Espírito existe, nós o provamos e o provaremos melhor quando chegar a hora. Nós lhes ensinaremos, a esses apóstolos da incredulidade, que o homem não é o nada, uma agregação de átomos reunidos ao acaso e destruídos da mesma forma. Nós lhes mostraremos o homem radiante por sua vontade e seu livre-arbítrio, senhor de seus destinos e elaborando na geena[81] terrena o poder da ação necessária a outras vidas, a outras provas.

Sonnez

Notas bibliográficas

No prelo, para aparecer em alguns dias:

O evangelho segundo o espiritismo

por Allan Kardec

(3ª edição)

Revista, corrigida e modificada

Esta edição foi objeto de um remanejamento completo da obra. Além de algumas adições, as principais alterações consistem

---

[81] N.E.: Sofrimento intenso; tormento, tortura.

numa classificação mais metódica, mais clara e mais cômoda das matérias, o que torna sua leitura e as buscas mais fáceis.

A "Gazette du Midi" perante o Espiritismo

A propósito dos irmãos Davenport

Estudo filosófico
Por Ernest Altony

Brochura in-8º. Preço: 1 fr.; pelo Correio: 1 fr. 20. – Marselha, livraria Mengelle, 32 bis, rua Longue-des-Capucins

Venda em benefício das famílias vítimas da cólera. Para receber a brochura basta enviar 1 fr. 20 c. em selos postais ao Sr. Altony, na livraria do Sr. Mengelle, em Marselha.

Aviso

O Sr. Ledoyen, livreiro em Paris (Palais-Royal) retirou-se dos negócios. Como não tem sucessor, todos os pedidos de assinatura ou outros que lhe forem dirigidos serão considerados sem efeito.

Revista Espírita
Jornal de estudos psicológicos
ANO VIII — DEZEMBRO DE 1865 — Nº 12

Abri-me!

Apelo de Cárita

Escrevem-nos de Lyon:

"...O Espiritismo, esse grande traço de união entre todos os filhos de Deus, abriu-nos tão vastos horizontes que podemos olhar, de um a outro ponto, todos os corações esparsos que as circunstâncias colocaram no Oriente e no Ocidente, e os ver vibrar a um só apelo de Cárita. Ainda me lembro da profunda emoção que senti quando, no ano passado, a *Revista Espírita* nos dava conta da impressão produzida em todas as partes da Europa por uma comunicação desse bondoso Espírito. Por certo se poderá dizer tudo quanto se queira contra o Espiritismo: é uma prova de que ele cresce, pois geralmente não se atacam as pequenas causas, mas os grandes efeitos. Aliás, a que se assemelham esses ataques? À cólera de uma criança que atirasse pedras ao oceano para o impedir de murmurar. Os detratores do Espiritismo quase não suspeitam que, denegrindo a Doutrina, pagam todas as despesas de uma propaganda que dá aos que a leem vontade de conhecer esse temível inimigo, que tem como palavra de ordem: Fora da caridade não há salvação..."

Esta carta estava acompanhada da seguinte comunicação, ditada pelo Espírito *Cárita*, a eloquente e graciosa pedinte, que os bons corações conhecem tão bem.

(Lyon, 8 de novembro de 1865)

"Faz frio, chove, o vento sopra muito forte; abri-me.

Fiz uma longa viagem através do país da miséria e volto com o coração mortificado, os ombros sobrecarregados pelo fardo de todas as dores. Abri-me bem depressa, meus amados, vós que sabeis que a caridade só bate à vossa porta quando encontra muitos infelizes em seu caminho. Abri o vosso coração para receber as minhas confidências; abri a vossa bolsa para enxugar as lágrimas de meus protegidos e escutai-me com essa emoção que a dor faz subir de vossa alma aos vossos lábios. Oh! vós que sabeis o que Deus reserva, e que muitas vezes chorais essas lágrimas de amor que o Cristo chamava o orvalho da vida celeste, abri-me!... Obrigada! eu entrei.

Parti esta manhã; chamavam-me de todos os lados. O sofrimento tem a voz tão vibrante que um único apelo é suficiente. Minha primeira visita foi para dois pobres velhos: marido e mulher. Viveram ambos esses longos dias em que o pão escasseia, o sol se esconde e falta trabalho aos braços valentes que o chamam; sepultaram a miséria no lar da dignidade e ninguém pôde adivinhar que muitas vezes o dia transcorria sem trazer seu pão quotidiano. Depois chegou a idade, os membros se enrijeceram, os olhos ficaram velados e o patrão, que fornecia trabalho, disse: Nada mais tenho a fazer. Entretanto, a morte não veio; a fome e o frio são os visitantes habituais, diários, da pobre morada. Como responder a essa miséria? Proclamando-a? Oh, não! Há feridas que não se curam arrancando o aparato que as cobre. O que acalma o coração é uma palavra de consolo, dita por uma voz amiga que adivinhou, com sua alma, o que lhe ocultaram aos olhos. Para esses pobres, abri-me!

E, depois, vi uma mãe repartir seu único pedaço de pão com os três filhinhos; e como o naco era muito pequeno, nada guardou para si. Vi a lareira apagada, o pobre catre; vi os membros tiritantes envolvidos em farrapos; vi o marido entrar em casa sem ter encontrado trabalho; enfim, vi o filho caçula morrer sem socorro, porque o pai e a mãe são espíritas e tiveram que sofrer humilhações das obras de beneficência.

Vi a miséria em toda a sua horrenda chaga; vi os corações se atrofiarem e a dignidade extinguir-se sob o verme roedor da necessidade de viver. Vi criaturas de Deus renegarem sua origem imortal, porque não compreendiam a provação. Vi, enfim, o materialismo crescer com a miséria e em vão gritei: Abri-me! eu sou a caridade; venho a vós com o coração cheio de ternura; não choreis mais, eu venho vos consolar. Mas o coração dos infelizes não me escutou: suas entranhas tinham muita fome!

Então me aproximei de vós, meus bons amigos, de vós que me escutastes, de vós que sabeis que Cárita pede esmola para os pobres e vos disse: 'Abri-me!'

Acabo de vos contar o que vi em minha longa jornada e, eu vos suplico, tendes para os meus pobres um pensamento, uma palavra, uma doce lembrança, a fim de que à noite, à hora da prece, eles não adormeçam sem agradecer a Deus, porque lhes sorristes de longe. Sabeis que os pobres são a pedra de toque que Deus envia à Terra para experimentar vossos corações. Não os repilais, a fim de que, um dia, quando tiverdes transposto o limiar que conduz ao espaço, Deus vos reconheça pela pureza de vossos corações e vos admita na morada dos eleitos!"

CÁRITA

É com alegria que nos fazemos intérpretes da boa Cárita, esperando que ela não tenha dito em vão: Abri-me! Se bate à porta com tanta insistência, é que o inverno aí bate por seu lado.

Subscrição em benefício dos pobres de Lyon e das vítimas da cólera

Aberta no escritório da *Revista Espírita*

Este ano uma causa de sofrimento veio juntar-se aos rigores do inverno, que avança a passos largos. Sem dúvida, jamais a solicitude da autoridade se mostrou mais inteligente e mais previdente do que nesta última invasão do flagelo, em relação aos atingidos; prontidão e sábia distribuição dos socorros médicos e outros, nada faltou. É uma justiça que cada um se apraz em lhe render. Assim, graças às medidas tomadas, seus efeitos desastrosos foram rapidamente circunscritos, mas deixa em seu rasto traços cruéis de sua passagem nas famílias pobres, e os mais lastimáveis não são os que sucumbem. É sobretudo aí que a caridade privada se faz necessária.

O estado das somas recebidas e sua distribuição estão submetidos ao controle da Sociedade Espírita de Paris.

Romances espíritas

Spirite,[82] por Théophile Gautier e *La Double vue* [*A dupla vista*],[83] por Élie Berthet

Quem diz romance, diz obra de imaginação. É da própria essência do romance representar um assunto fictício, quanto aos fatos e personagens. Mas nesse mesmo gênero de produções, há regras de que o bom senso não permite afastar-se e que, aliadas às qualidades do estilo, constituem o seu mérito. Se os detalhes não forem verdadeiros em si mesmos, ao menos devem ser verossímeis e de perfeito acordo com o meio onde se passa a ação.

Nos romances históricos, por exemplo, é de rigor a manutenção estrita da coloração local, e há anacronismos que não

---

[82] N.E.: Espírita.
[83] N.E.: Ver a nota de rodapé 63.

seriam toleráveis. O leitor deve poder transportar-se, pelo pensamento, aos tempos e lugares de que se fala e deles fazer uma ideia justa. Aí estava o grande talento de Walter Scott; lendo-o, encontramo-nos em plena Idade Média. Se ele tivesse atribuído os fatos e gestos de Francisco I a Luís XI, ou mesmo se tivesse feito falar este rei e os personagens de sua corte como no tempo da Renascença, nem o mais belo estilo teria sido capaz de resgatar tais erros.

Acontece a mesma coisa nos romances de costumes. Seu mérito está na variedade dos quadros, porque seria o cúmulo do ridículo emprestar a um súdito espanhol os hábitos e o caráter de um inglês.

À primeira vista, o romance parece ser o gênero mais fácil. Consideramo-lo mais difícil que a História, embora menos sério. O historiador tem o quadro traçado pelos fatos, dos quais não pode afastar-se uma linha; o romancista deve tudo criar, mas muitos pensam que basta um pouco de imaginação e de estilo para fazer um bom romance. É um grave erro; é preciso muita instrução. Para fazer a sua *Notre-Dame de Paris*, Victor Hugo devia conhecer sua velha Paris arqueológica tão bem quanto a sua Paris moderna.

Pode-se fazer romances sobre o Espiritismo, como sobre todas as coisas. Dizemos mesmo que o Espiritismo, quando for conhecido e compreendido em toda a sua essência, fornecerá às letras e às artes fontes inesgotáveis de poesias encantadoras. Mas por certo não será para os que só o veem nas mesas girantes, nas cordas dos irmãos Davenport ou nas trapaças dos charlatães. Como nos romances históricos ou de costumes, é indispensável conhecer a fundo a tela sobre a qual se quer bordar, a fim de não se cometer disparates, que seriam outras tantas provas de ignorância; tal o músico que produz variações sobre um tema musical e é reconhecido pelas adições da fantasia. Aquele, pois, que não estudou a fundo o Espiritismo, em seu espírito, em suas tendências, em suas máximas, tanto quanto em suas formas materiais, é tão inapto para fazer um romance espírita de algum valor, quanto o teria sido Lesage de fazer Gil Blas, se não tivesse conhecido a história e os costumes da Espanha.

Para isto é, pois, necessário ser espírita crente e fervoroso? De modo algum; basta ser verídico, e não se o pode ser sem saber. Para fazer um romance árabe por certo não é preciso ser muçulmano, mas é indispensável conhecer bastante a religião muçulmana, seu caráter, seus dogmas e suas práticas, bem como os costumes daí decorrentes, para não fazer agir e falar os africanos como cavalheiros franceses. Mas há os que julgam ser suficiente, para dar o cunho da raça, prodigalizar a torto e a direito os nomes de *Alá*, de *Fátima* e de *Zulema*, pois é mais ou menos tudo quanto sabem do islamismo. Numa palavra, não é preciso ser muçulmano, mas estar impregnado do espírito muçulmano, como para fazer uma obra espírita, ainda que fantástica, deve-se estar impregnado do espírito do Espiritismo. Enfim, é preciso que, lendo um romance espírita, os espíritas possam reconhecer-se, como os árabes deverão reconhecer-se num romance árabe e poder dizer: é isto. Mas nem uns, nem outros se reconhecerão se usarem disfarces; seu autor terá feito uma obra grotesca, exatamente como se um pintor pintasse mulheres francesas em costumes chineses.

Essas reflexões nos são sugeridas a propósito do romance-folhetim que neste momento o Sr. Théophile Gautier publica no grande *Moniteur*, sob o título de *Spirite* [*Espírita*]. Não temos a honra de conhecer pessoalmente o autor; não sabemos quais as suas convicções ou seus conhecimentos a respeito do Espiritismo; sua obra, que ainda está debutando, não permite ver a sua conclusão. Diremos apenas que se ele não encarasse o seu assunto senão sob um único ponto de vista — o das manifestações — desprezando o lado filosófico e moral da Doutrina, não corresponderia à ideia geral e complexa que o seu título abarca, muito embora o nome *Spirite* [*Espírita*] seja o de um de seus personagens. Se os fatos que ele imagina, para a necessidade da ação, não se encarassem nos limites traçados pela experiência; se os apresentasse como se passando em condições inadmissíveis, sua obra faltaria com a verdade e faria supor que os espíritas creem nas maravilhas dos contos das *Mil e uma noites*. Se atribuísse aos espíritas práticas e crenças que estes *desaprovam*, ela não seria imparcial e, sob esse ponto de vista, não seria uma obra literária séria.

A Doutrina Espírita não é secreta, como a da maçonaria. Não tem mistérios para ninguém e se expõe à luz da publicidade; ela não é mística, nem abstrata, nem ambígua, mas clara e ao alcance de todos; nada tendo de alegórico, nem pode ser motivo de equívocos, nem de falsas interpretações; diz claramente o que admite e o que não admite; os fenômenos cuja possibilidade reconhece não são sobrenaturais nem maravilhosos, mas fundados nas leis da natureza, de sorte que nem faz milagres, nem prodígios. Aquele, pois, que não a conhece, ou que se engana quanto às suas tendências, é porque não quer dar-se ao trabalho de conhecê-la. Esta clareza e esta vulgarização dos princípios espíritas, que contam aderentes em todos os países e em todas as classes da sociedade, são a mais peremptória refutação às diatribes de seus adversários, porque não há uma só de suas alegações errôneas que não encontre uma resposta categórica. O Espiritismo não pode senão ganhar em ser conhecido, e é o que trabalham, sem o querer, os que julgam aniquilá-lo por ataques desprovidos de qualquer argumento sério. Os desvios de conveniência na linguagem produzem um efeito inteiramente contrário ao que se propõe; o público os aprecia, e não é em favor dos que se permitem a tanto; quanto mais violenta a agressão, tanto mais gente é levada a se informar da verdade, e isto até mesmo nas fileiras da literatura hostil. A calma dos espíritas diante desse motim; o sangue-frio e a dignidade que conservaram em suas respostas, fazem com a acrimônia dos antagonistas um contraste que choca até os indiferentes, e lançaram incertezas nas fileiras opostas, que hoje contam algumas deserções.

O romance espírita pode ser considerado como uma transição passageira entre a negação e a afirmação. É preciso coragem real para afrontar e desafiar o ridículo que se liga às ideias novas, mas essa coragem vem com a convicção. Mais tarde — estamos convencidos — das fileiras de nossos adversários da imprensa sairão campeões sérios da Doutrina.

Quando as tendências da obra do Sr. Théophile Gautier estiverem mais bem delineadas, far-lhe-emos nossa apreciação do ponto de vista da verdade espírita.

As reflexões acima naturalmente se aplicam às obras do mesmo gênero sobre o magnetismo e o sonambulismo. Ultimamente a *dupla vista* forneceu ao Sr. Élie Berthet assunto para um romance muito interessante, publicado pelo *Le Siècle*, e que, ao talento de escritor, alia o mérito da exatidão. Incontestavelmente o autor deve ter feito um estudo sério dessa faculdade; para descrevê-la como o faz, é preciso ter visto e observado. Não obstante, poder-se-ia censurar-lhe certo exagero na extensão que dá em alguns casos. Outro erro, em nossa opinião, é apresentá-la como uma doença. Ora, uma faculdade natural, seja ela qual for, pode coincidir com um estado patológico, mas, por si só, não é uma doença, e a prova disto é que uma porção de pessoas dotadas da dupla vista no mais alto grau, gozam de perfeita saúde. A heroína é aqui uma jovem tuberculosa e cataléptica: esse o seu verdadeiro mal. A faculdade de que goza causou desgraça pelos enganos que se seguiram, razão por que deplora o dom funesto que recebeu. Mas esse dom só foi *funesto* por ignorância, inexperiência e imprudência dos que dele se serviram desastradamente. Deste ponto de vista não há uma só de nossas faculdades que não possa tornar-se um presente funesto, pelo mau uso ou pelas falsas aplicações que dela possam fazer.

Feitas estas ressalvas, diremos que o fenômeno é descrito com perfeição. É bem essa visão da alma desprendida, que não conhece distâncias, que penetra a matéria como um raio de luz penetra os corpos transparentes, e que é a prova patente e visível da existência e da independência do princípio espiritual; é bem mais o quadro da estranha transfiguração que se opera no êxtase, dessa prodigiosa lucidez que confunde por sua precisão em certos casos, e que desorienta pelas ilusões que às vezes produz. Nos atores do drama, é a pintura mais verdadeira dos sentimentos que agitam os crentes, os incrédulos, os indecisos e os aturdidos. Há um médico que flutua entre o cepticismo e a crença, mas, como homem de bom senso, que não crê que a Ciência tenha dito a última palavra, observa, estuda e constata os fatos. Sua conduta durante as crises da jovem atesta sua prudência. Há também o descrédito dos exploradores, que aí são justamente fustigados.

O autor teria feito uma obra incompleta se tivesse negligenciado o lado moral da questão. Seu objetivo não é excitar a curiosidade com fatos extraordinários, mas lhes deduzir as consequências úteis e práticas. Entre outros, um episódio prova que ele compreendeu perfeitamente esta parte de seu programa.

A jovem vidente descobre num subterrâneo importantes papéis, que devem pôr termo a um grave processo de família. Descreve os lugares e as circunstâncias com minúcias. As escavações, feitas conforme suas indicações, provam que viu muito bem. Encontram os papéis e o processo é anulado. Notemos de passagem que ela fez essa descoberta espontaneamente, atraída pelo interesse que liga à família e não por solicitações. O título principal consistia de uma carta em estilo antigo, da qual faz a leitura *textual e completa* com tanta facilidade quanto se a tivesse sob os olhos. É aí, sobretudo, que sua faculdade nos parece um pouco exagerada.

Mais adiante ela vê outro subterrâneo, onde estão imensos tesouros, cuja origem explica. Para lá chegar é preciso atravessar outro jazigo, cheio de restos humanos, restos mortais de numerosas vítimas dos tempos do feudalismo. Até aí, nada que não seja provável; o que não o é absolutamente, é que as almas dessas vítimas aí tenham ficado encerradas há séculos e possam erguer-se ameaçadoras ante os que viessem perturbar seu sombrio repouso, à busca de um tesouro; aí está o fantástico. Se fossem os carrascos, nada de surpreendente. Sabemos, por numerosos exemplos, que tal é, muitas vezes, o castigo *temporário* dos culpados condenados a ficar no mesmo lugar e em presença de seus crimes, até que, tocados pelo arrependimento, elevem o pensamento a Deus, para implorar sua misericórdia. Mas aqui são as vítimas inocentes que seriam punidas, o que não é racional.

O proprietário do castelo, velho avarento, atraído pela descoberta dos papéis, quer continuar as escavações. Elas são difíceis, perigosas para os operários, mas nada o detém. Em vão a vidente lhe suplica que renuncie; prediz que, se persistir, sobrevirá desgraça. Aliás, acrescenta ela —, não o conseguireis. — Então esses tesouros não existem? — diz o avarento. — Existem tais quais os descrevi, garanto, mas, ainda uma vez, lá não chegareis. — E quem me impedirá? — As almas que estão no jazigo que é preciso atravessar.

O velho avarento, cético endurecido, admitia perfeitamente a vista extracorpórea da moça, mesmo sem compreender bem, porque acabava de ter uma prova à sua custa: a dos papéis encontrados, embora não correspondessem às suas pretensões no processo; mas acreditava mais no dinheiro que nas forças invisíveis. E continua: — Com que direito se oporão? Esses tesouros me pertencem, já que estão em minha propriedade. — Não; um dia serão facilmente descobertos por quem deve desfrutá-los; mas não é a vós que estão destinados. Por isso não o conseguireis. Repito, se persistirdes, sobrevirá uma desgraça.

Eis o lado essencialmente moral, instrutivo e verdadeiro do relato. Essas palavras parecem tomadas de *O livro dos médiuns*, no artigo sobre o concurso dos Espíritos para a descoberta dos tesouros: "Se a Providência destina tesouros ocultos a alguém, esse os achará naturalmente; de outra forma, não." (Capítulo XXVI, item 295.) Com efeito, não há exemplo de que Espíritos ou sonâmbulos tenham facilitado tais descobertas, assim como a recuperação de heranças, e todos os que, embalados por esta esperança, fizeram semelhantes tentativas, perderam tempo e dinheiro. Tristes e cruéis decepções aguardam os que firmam a esperança de enriquecimento por semelhantes meios. Não é missão dos Espíritos favorecer a cupidez e nos proporcionar riqueza sem trabalho, o que não seria justo nem moral. Sem dúvida o sonâmbulo lúcido vê, mas o que lhe é permitido ver, e os Espíritos podem, conforme as circunstâncias e por ordem superior, obliterar a sua lucidez, ou interpor obstáculos à realização das coisas que não estão nos desígnios da Providência. No caso de que se trata, foi permitido encontrar os papéis, que deviam pôr um termo às dissensões de família, e não para achar tesouros, que só serviriam para a satisfação da cupidez. Eis por que o velho avarento pereceu, vítima de sua obstinação.

As terríveis peripécias do drama imaginado pelo Sr. Élie Berthet não são tão fantásticas quanto se poderia imaginar. Lembram as mais reais, sofridas pelo Sr. Borreau, de Niort, em pesquisas da mesma natureza, e cujo emocionante relato se acha em sua brochura, intitulada: *Como e por que me tornei espírita*. (*Vide* nosso relato na *Revista* de dezembro de 1864.)

Outra instrução, não menos importante, ressalta do livro do Sr. Élie Berthet. A moça viu coisas positivas, e em outra circunstância grave engana-se, atribuindo um crime a uma pessoa inocente. Que consequência daí tira o autor? É a negação da faculdade? Não, pois que, ao lado disto, ele a prova e chega a esta conclusão, justificada pela experiência: a mais comprovada lucidez não é infalível e nela não se poderia confiar de maneira absoluta, sem controle. A visão, pela alma, de coisas que o corpo não pode ver, prova a existência da alma; já é um resultado muito importante. Mas ela não é dada para a satisfação das paixões humanas.

Por que, então, a alma, em seu estado de emancipação, não vê sempre certo? É que, sendo o homem ainda imperfeito, sua alma não pode gozar das prerrogativas da perfeição. Conquanto isolada, ela participa das influências materiais, até sua completa depuração. Sendo assim com as almas desencarnadas ou Espíritos, com mais forte razão com as que ainda estão ligadas à vida corporal. Eis o que faz conhecer o Espiritismo aos que se dão ao trabalho de estudá-lo.

Modo de protesto de um espírita contra os ataques de certos jornais

Um de nossos correspondentes nos escreve o seguinte:

"Eis o que escrevi, há dois anos, ao Sr. Nefftzer, diretor do jornal *Le Temps*:

Eu era assinante de vosso jornal, cujas tendências e opiniões me eram simpáticas. É, pois, com pesar que não prossigo a assinatura. Permiti vos dê os motivos. Em vosso número de 3 de junho, vos esforçáveis em lançar o ridículo sobre o Espiritismo e os espíritas, narrando uma história mais ou menos autêntica, sem citar nomes, datas e lugares, o que é cômodo. Procuráveis estabelecer, tema hoje obrigatório dos materialistas, incomodados imensamente pelo Espiritismo, que essa crença leva à loucura. Sem dúvida, espíritos fracos, já tendo tendências para uma perturbação das faculdades cerebrais, puderam perder a cabeça inteiramente, ao se ocuparem do Espiritismo, como lhes teria acontecido sem isto, e como acontece aos que se ocupam de Química, de Física ou de Astronomia, e mesmo a escritores que não acreditam nos Espíritos. Também não nego que não haja charlatães que exploram o Espiritismo, porque qual a ciência que possa escapar ao charlatanismo? Não temos charlatães literários, industriais, agrícolas, militares, políticos, sobretudo destes últimos? Mas concluir daí contra o Espiritismo em geral é pouco lógico e pouco sensato. Antes de lançar uma acusação dessa natureza, seria preciso, ao menos, conhecer a coisa de que se fala; no mais das vezes, porém, é a menor preocupação de quem escreve. Cortam e decidem a torto e a direito, o que é mais fácil do que aprofundar e aprender.

Se alguma vez experimentardes grandes desgraças, vivas dores, crede-me, senhor, estudai o Espiritismo; somente nele encontrareis a consolação e as verdades que vos farão suportar vossos desgostos, vossos desenganos ou vossos desesperos, o que será preferível ao suicídio. Que nos queríeis dar mais que esta bela e consoladora filosofia cristã? O culto dos interesses materiais, do bezerro de ouro? É talvez o que convém ao temperamento da generalidade dos felizardos de hoje, mas é preciso outra coisa para os que não mais querem o fanatismo, a superstição, as práticas ridículas e grosseiras da Idade Média, nem o ateísmo, o panteísmo e a incredulidade sistemática dos séculos XVIII e XIX.

Permiti-me, senhor, vos aconselhar a ser mais prudente em vossas diatribes contra o Espiritismo, porque hoje elas se dirigem, só na França, a algo em torno de trezentas ou quatrocentas mil pessoas."

BLANC DE LALÉSIE
Proprietário em Genouilly, perto de Joncy (Saône-et-Loire)

"Há poucos dias os jornais nos informaram da morte do filho único do Sr. Nefftzer. Não sei se essa desgraça o terá feito lembrar-se de minha carta.

"Acabo de enviar ao Sr. Émile Aucante, administrador do jornal *Univers Illustré*, a seguinte carta:

"Há dezoito meses sou assinante do *Univers Illustré* e, desde essa época, quase não há números em que o vosso cronista, sob o pseudônimo de Gérôme, não tenha julgado útil, para ocupar sua pena, zombar do Espiritismo e dos espíritas de todos os modos possíveis. Até aí essa diversão, um tanto fastidiosa por sua frequência, é muito inocente: O Espiritismo não vai mal por isto. Mas o Sr. Gérôme, sem dúvida percebendo que pouco se inquietam com suas pilhérias, muda de linguagem e, no número de 7 de outubro, trata todos os espíritas, em bloco, de idiotas; da zombaria passa à injúria e não teme insultar milhares de pessoas tão instruídas, tão esclarecidas e tão inteligentes quanto ele, porque creem ter uma alma imortal e pensam que essa alma, numa outra vida, será recompensada ou punida conforme seus méritos ou deméritos. O Sr. Gérôme não tem semelhantes preconceitos. Irra! Sem dúvida crê que come, bebe, reproduz sua espécie, nem mais nem menos do que meu cachorro ou meu cavalo. Rendo-lhe meus cumprimentos.

Se o Sr. Gérôme se dignasse receber um conselho, eu me permitiria exortá-lo a só falar de coisas que conhece e a calar-se em relação às que não conhece ou, pelo menos, a estudá-las, o que lhe seria fácil, com sua alta e incontestável inteligência. Ele aprenderia aquilo que certamente nem desconfia: que o Espiritismo é o Cristianismo desenvolvido, e que as manifestações dos Espíritos são de todos os tempos e nada representam para a Doutrina, que não deixaria de existir, com ou sem manifestações.

Mas, por que falo de Espíritos a um homem que só acredita no seu e talvez ignore se tem uma alma? Que o Sr. Gérôme seja envolvido na bandeira do materialismo, do panteísmo ou do paganismo — este último seria melhor, porque nele ao menos se acreditava na existência da alma e da vida futura — pouco importa! Mas que ele saiba, respeitando-se a si mesmo, respeitar a crença de seus leitores. É evidente que não me seria possível continuar dando dinheiro para me deixar insultar; se essas injúrias continuarem, deixarei de ser vosso assinante..."

O Sr. de Lalésie é modesto ao avaliar o número de espíritas da França em trezentos ou quatrocentos mil. Teria podido dobrar esta cifra sem cometer exagero e ainda estaria muito abaixo dos cálculos do autor de uma brochura que pretendia pulverizar-nos e a elevava a vinte milhões. Aliás, um recenseamento exato dos espíritas é coisa impossível, uma vez que não estão arregimentados, nem formam uma corporação, uma afiliação ou uma congregação, cujos membros são registrados e podem ser contados.

O Espiritismo é uma crença. Quem quer que creia na existência e na sobrevivência das almas e na possibilidade das relações entre os homens e o mundo espiritual, é espírita, e muitos o são intuitivamente, sem jamais terem ouvido falar de Espiritismo nem de médiuns. É-se espírita por convicção, como outros são incrédulos; para isto, não basta fazer parte de uma sociedade, e a prova é que nem a milésima parte dos adeptos frequentam as reuniões. Para fazer a sua contagem não há nenhum registro-matrícula a consultar; seria preciso fazer um inquérito junto a cada indivíduo e lhe perguntar o que pensa. Por intermédio da conversa se descobrem, todos os dias, pessoas simpáticas à ideia e que, só por isto, são espíritas, sem que haja necessidade de possuir diploma ou de fazer um ato público qualquer. Seu número cresce diariamente; o fato é constatado por nossos próprios adversários, que reconhecem com pavor que esta crença invade todas as camadas da sociedade, de alto a baixo da escala. É, pois, uma opinião com a qual se deve contar hoje, e que tem a particularidade de não se circunscrever a uma classe, nem a uma casta, nem a uma seita, nem a uma nação, nem a um partido político. Tem representantes em toda parte, nas letras, nas artes, nas ciências, na Medicina, na magistratura, na ordem dos advogados, no exército, no comércio etc.

Na França o número de espíritas seguramente ultrapassa de muito o dos assinantes de todos os jornais de Paris. É evidente que eles entram em notável parte entre os mesmos assinantes. É, pois, a estes que pagam que os senhores jornalistas dizem injúrias. Ora, como diz com razão o Sr. de Lalésie, não é agradável dar seu dinheiro para ser ridicularizado e injuriado. Por isto cancelou a assinatura dos jornais onde se via maltratado em sua crença, e ninguém deixará de achar muito lógica sua maneira de agir.

Significa dizer que para agradar os espíritas os jornais devem adotar suas ideias? Absolutamente. Todos os dias eles discutem opiniões de que não partilham, mas não injuriam os que as professam. Esses escritores não são judeus e, no entanto, não se permitem lançar o anátema e o desprezo sobre os judeus em geral, nem ridicularizar sua crença. Por que isto? Porque, dizem, deve-se respeitar a liberdade de consciência. Por que, então, não existiria essa liberdade para os espíritas? Não são cidadãos como todo o mundo? Reclamam exceções e privilégios? Só pedem uma coisa: direito de pensar como entenderem. Os que inscrevem em sua bandeira: Liberdade, igualdade, fraternidade, quereriam então criar na França uma classe de párias?

Como o Espiritismo vem sem ser procurado

Jovem camponesa médium inconsciente

É um fato constatado pela experiência que os Espíritos agem sobre as pessoas mais estranhas às ideias espíritas, mau grado seu. Já citamos vários exemplos nesta revista. Não conhecemos um só gênero de mediunidade que não se tenha revelado espontaneamente, mesmo o da escrita. Como explicariam o fato seguinte os que atribuem essas manifestações ao efeito da imaginação ou da fraude?

Neste tempo de epidemia moral, a cidadezinha de E..., no Departamento do Aube, tinha sido favorecida para ser preservada do flagelo do Espiritismo. O próprio nome dessa obra satânica jamais havia ferido o ouvido de seus tranquilos habitantes, graças, sem dúvida, ao cura do lugar, que julgara por bem não pregar contra. Mas quem conta sem seu hóspede, conta duas vezes; não contaram com os Espíritos, que não precisam de permissão. Ora, eis o que aconteceu há cerca de quatro meses.

Naquele vilarejo há uma mocinha de 17 anos, quase iletrada, filha de um pobre e honesto cultivador; diariamente ela vai trabalhar nos campos. Voltando certo dia à sua choupana escrever, ela que não escrevia desde que saíra da escola. Escrever o quê? Não sabia nada, mas queria escrever. Outra ideia não menos bizarra veio-lhe à mente, a de procurar um lápis, embora soubesse perfeitamente que não havia nenhum em sua cabana, e nem mesmo uma folha de papel.

Enquanto procurava dar-se conta da incoerência de suas ideias, esforçando-se por afastá-las, avistou na lareira um tição carbonizado; sentiu uma atração irresistível para pegá-lo, mas, guiada por uma força invisível, avançou para a parede caiada. De repente seu braço ergueu-se maquinalmente e traçou na parede, em caracteres bem legíveis, esta frase: "Arranja papel e penas para corresponder-te com os Espíritos."

E, coisa singular, embora jamais tivesse ouvido falar de manifestação de Espíritos, não ficou surpresa com o que acabava de se passar. Preveniu seu pai, que falou do caso a um amigo, humilde camponês como ele, mas dotado de grande perspicácia. Este veio com prudência constatar o fato; depois, como espírita experiente, embora tão ignorante do assunto quanto a moça, fez perguntas ao Espírito que se tinha manifestado e que assina o nome de um general russo. Este último os convidou a se dirigirem aos espíritas de Troyes para ter instruções mais completas, o que fizeram. Desde então a jovem é médium escrevente e, além disso, obtém efeitos físicos muito notáveis. Formou-se um grupo espírita no vilarejo, e eis como o Espiritismo vem, gostem ou não, sem ser solicitado.

A carta de nosso correspondente, relatando este fato, termina dizendo: "Não se diria que, quanto mais os trocistas se empenham em enganar-se a si próprios, a Providência, como se os quisesse confundir, faz jorrar diariamente manifestações que desafiam todas as negações e todas as interpretações da incredulidade?"

A propósito, a Sociedade de Paris recebeu a seguinte comunicação:

(Sociedade de Paris, 27 de novembro de 1865 – Médium: Sr. Morin)

O poder de Deus é infinito, e ele se serve de todos os meios para fazer triunfar uma doutrina que está em tudo. Passou-se aqui um duplo fenômeno, cuja explicação tentarei vos dar.

A jovem camponesa foi subitamente envolvida por um fluído poderoso que a obrigou a abandonar momentaneamente suas ocupações diárias. Antes da manifestação do fenômeno, houve a preparação da paciente, que foi magnetizada e levada, pela vontade do Espírito, a procurar um instrumento que sabia não existir na casa. Quando se curvava sobre a lareira para retirar o carvão, que devia substituir o lápis ausente, apenas realizava um movimento que lhe era imprimido pelo Espírito. Nem era o seu instinto, nem a sua inteligência, que agia, mas o próprio Espírito, que se servia da jovem como de um instrumento apropriado ao seu fluido. Até aí ela não era, propriamente falando, médium; só depois do primeiro aviso ela escreveu e realmente se tornou médium, não sendo mais dominada pelo Espírito que a forçava a agir. A partir desse momento a mediunidade tornou-se semimecânica, isto é, ela sabia e compreendia o que escrevia, mas não podia explicá-lo verbalmente. Depois os efeitos físicos se manifestaram com tal força que toda ideia de embuste devia ser excluída. Nada tinha vindo demonstrar essa aptidão para os efeitos físicos, antes dos primeiros fenômenos. Se esses efeitos tivessem sido os primeiros a revelar a mediunidade, poderiam ter sido desnaturados pela superstição. O homem que, como um espírita consumado, fazia as perguntas ao Espírito, era, ele próprio, conduzido por uma força da mesma natureza que a que impelia o médium a escrever. Esta força, cuja origem ele não podia compreender, dobrava o seu poder evocativo, unindo o seu desejo de saber à lembrança das baladas supersticiosas, que faziam falar e aparecer a alma dos mortos. Só um estudo sério dos princípios da doutrina pode fazer que esses novos adeptos compreendam o lado real, positivo e natural da coisa, afastando o que aí pudessem ver de sobrenatural e de maravilhoso.

Eis, pois, os dois principais atores desses fatos que, mau grado seu, representaram o seu papel. No que se passou, serviram de instrumentos tanto mais potentes quanto eram ignorantes e sem ideias preconcebidas.

Como vedes, meus amigos, tudo concorre para fazer resplandecer a luz, e os mais iletrados podem dar lições aos mais sábios.

(O guia do médium)

Um camponês filósofo

Decididamente o Espiritismo invade os campos. Os Espíritos querem provar sua existência tomando seus instrumentos em toda parte, mesmo fora do círculo dos adeptos, o que destrói qualquer suposição de conivência. Acabamos de ver a doutrina implantada num vilarejo do Aube, entre simples cultivadores, por uma manifestação espontânea. Eis um fato ainda mais notável, sob outro ponto de vista. O Sr. Delanne, nosso colega, escreve-nos o que segue:

"...Durante as poucas horas que passei no vilarejo onde educam meu filho, um vinhateiro me deu duas brochuras que havia publicado sob esse título: *Ideias filosóficas naturais e espontâneas sobre a existência em geral, a partir do princípio absoluto até o fim dos fins, da causa primeira até o infinito*, pelo pai Chevelle, de Joinville (Haute--Marne): A primeira tem por objeto *Deus, os anjos, a alma do homem, a alma animal ou instintiva; a segunda: as forças físicas, os elementos, a organização, o movimento.*[84]

Conforme esse título pomposo e os graves assuntos que abarca, pensareis tratar-se de um homem que empalideceu sobre os livros durante toda a sua vida. Desenganai-vos; esse filósofo metafísico é um humilde artesão, um verdadeiro filósofo de tamancos, pois vai, pelos vilarejos, vender legumes e outros produtos agrícolas."

Eis algumas passagens de seu prefácio:

Empreendi esta obra porque pensei que seria de alguma utilidade para o público. O homem se deve aos seus semelhantes; não é sua condição viver isolado e a sociedade tem direito de reclamar de cada indivíduo a comunicação de seus conhecimentos; o egoísmo é um vício intolerável.

A obra é inteiramente minha; não fui ajudado nem secundado por ninguém; nada copiei de alguém; é o fruto das meditações de toda a minha vida... Numerosas dificuldades se opuseram à execução de minha empresa; não as dissimulei. Para mim a miséria era a pior de todas; ela me impedia de agir, não me deixando tempo; sempre a suportei sem me lamentar; tinha aprendido o segredo de viver feliz sem fortuna, e esse segredo é sempre o meu melhor recurso.

...Dei minhas ideias, porque as escrevi à medida que me vinham, naturalmente, espontaneamente, conforme me chegavam pela reflexão e pela meditação.

...Em filosofia não se demonstram todas as existências por cálculos matemáticos; não se medem os Espíritos com um metro e não se os olham ao microscópio.

---

[84] Nota de Allan Kardec: Duas brochuras, grande in-12. Preço: 1 fr. cada, na casa do autor, em Joinville (Haute-Marne); em Bar-le-Duc, na casa Numa Rolin. O autor anuncia que completará seu trabalho com cinco outras brochuras, que farão, ao todo, um volume.

"...Não se deve esperar encontrar em meu livro um estilo requintado, extremamente brilhante. Não fiz cursos; apenas fui à escola de meu vilarejo. Quando a gente aprendia as preces em latim e recitava bem o catecismo, já se era sábio o bastante.

...Naqueles tempos, era-se extremamente instruído quando se sabia fazer as quatro operações; vinham procurar-nos para medir os campos. Com dez anos eu era o primeiro da escola e meu velho pai sentia-se orgulhoso ao ver que vinham me procurar para achar o lugar onde deviam plantar um marco, ou escrever um bilhete ou recibo.

Tenho, pois, o direito de pedir desculpas aos leitores, pela trivialidade de minha linguagem: não aprendi as regras da retórica e creio que o título de minha obra convém: Ideias naturais.

Íamos à escola de Todos os Santos até a Páscoa, e ficávamos em férias da Páscoa até Todos os Santos. Mas como meu pai, por mais pobre que fosse, não tinha medo de gastar alguns vinténs para me comprar livros, eu aprendia muito mais nos seis meses de férias, do que esquecia nos seis meses de aula."

Eis agora alguns fragmentos do capítulo sobre Deus:

Deus é o único que pode dizer: Eu sou aquele que é; é um e é tudo; tudo existe dele, nele e por ele e nada pode existir sem ele e fora dele; Ele é uno e, todavia, produziu o múltiplo e o divisível, um e outro ao infinito... Se eu pudesse bem definir Deus, eu seria deus; mas não pode haver dois deuses.

Deus é um todo infinito, indivisível, eterno, imutável; não tem limites no pequeno nem no grande... Um minuto e cem mil anos ou cem mil séculos são a mesma coisa para Deus; a eternidade não admite partilha; para ele não há passado nem futuro, *é um eterno presente; para Deus o passado ainda é e o futuro já é; ele vê todos os tempos de uma vez; não há ontem nem amanhã*; e, falando de seu filho, disse: "Eu vos gerei hoje."

A eternidade não se mede, como não se mede o infinito do espaço; são dois abismos onde não podemos chegar senão pela abstração, e aí nos perderíamos se os quiséssemos penetrar; são florestas virgens sem atalhos. Em lá chegando, somos forçados a parar.

Deus não pode dispensar-se de criar; seria apenas um Deus sem ação se não criasse e sua glória só seria para si próprio. Monotonia impossível. Deus cria eternamente; o começo da Criação, tomado no infinito, deve continuar ao infinito.

...Era preciso que criasse inteligências livres, porquanto, qual seria a existência dos seres que pensam, se não lhes fosse permitido pensar livremente? Onde estaria a glória de Deus, se suas criaturas não fossem livres de julgar dele? Seria o mesmo que ter ficado só; a adoração que elas lhe rendessem não passaria de uma quimera, de uma comédia dirigida para ele e por ele; ele teria sido o único espectador e o único ator.

"Para a glória de Deus, então, teria sido uma necessidade absoluta que as inteligências tivessem sido criadas absolutamente livres, com direito de julgar seu autor, de se conduzirem, no bem ou no mal, como quisessem. Era preciso que o mal fosse permitido para que o bem existisse; é impossível que um seja conhecido sem que se veja o outro.

Mas, ao mesmo tempo que Deus dá o livre-arbítrio às inteligências, também lhes dá esse foro íntimo, esse sentimento intelectual de sua liberdade de pensar, esse ato do espírito livre, que chamamos consciência, tribunal individual que adverte cada existência livre do valor de sua ação. Ninguém faz o mal sem o saber; só a vontade faz o pecado.

Também temos razões para presumir que os Espíritos ou anjos têm alguma parte no governo universal, pois foi recebido como dogma de fé que os homens são guardados pelos anjos e que cada um de nós tem seu anjo da guarda.

As inteligências, ou Espíritos desprendidos da matéria, bem podem ter, algumas vezes, influência sobre o espírito do homem. Quantas pessoas tiveram revelações que se realizaram, como Joana d'Arc e tantas outras de que falam os livros de História que li e que se podem encontrar. Mas não preciso saber de memória para lhes citar as passagens; busco as revelações em mim mesmo, e não alhures.

Até o momento que minha irmã mais velha morreu de cólera em Midrevay (Vosges), eu não tinha ouvido falar da existência de cólera em parte alguma. Não fazia a menor ideia de que minha irmã estivesse doente; eu a tinha visto mais saudável que nunca, não havendo, pois, qualquer motivo para me preocupar com ela. Eu a vi em sonho em minha casa, em Joinville: "Meu Joseph, venho dizer-te que morri; sabes que sempre te amei muito, e eu mesma quis trazer-te a notícia de minha volta ao outro mundo." No dia seguinte o carteiro trouxe uma carta anunciando a morte de minha irmã.

Ao receber a carta tarjada de negro, disse à minha mulher: 'Conheces o sonho que te contei ontem; quem sabe não esteja aqui a realidade?' Eu não me enganava.

Algumas vezes tive visões, às quais só dei atenção quando se realizaram, mesmo que muito tempo depois. Nesses momentos eu não dormia; estava bem desperto, trabalhando. Isto me aconteceu umas três ou quatro vezes no curso de minha vida; delas só me lembro vagamente, mas tenho certeza. Não sou o único que tenha tido revelações mentais; outros provarão que tenho razão, o que talvez já foi provado.

A alma animal não pode ser senão individual e, por conseguinte, indecomponível; portanto, a alma animal não morre. Já pensaram nela antes de mim e foi isto que motivou a doutrina da metempsicose. Se existe a metempsicose, só poderia ser entre indivíduos da mesma espécie: a alma vital ou animal de um mamífero não pode passar a uma árvore.

No que concerne à inteligência humana, é impossível que ela passe ao corpo de um animal; aí não poderia agir, pois a constituição física do animal não pode servir de habitação à inteligência humana, embora hajam assegurado que demônios se uniram e possuíram animais. Não posso acreditar que, em semelhantes organizações, eles possam fazer algo de razoável; já não lhes seria possível falar; não poderiam aniquilar o instinto, que agiria sempre, por bem ou por mal; é uma das leis estabelecidas pelo Criador; estas seriam indignas dele se se pudesse derrogá-las, se fosse possível modificá-las. Os feixes nervosos, ou, como dissemos acima, as estações telegráficas desta espécie não podem ser dirigidas pela inteligência.

Nestes últimos tempos tem-se falado muito do Espiritismo; algumas pessoas me dizem que este capítulo tem muitas relações com ele. Mas se assim é, será por puro acaso, pois é uma obra que jamais li, e da qual jamais ouvi falar uma só frase.

Eis agora as reflexões do autor sobre a Criação:

Todos os geólogos, todos os naturalistas estão de acordo que os dias de Deus não eram como os nossos, que são regulados pelo Sol. Com efeito, os dias de Deus na Criação não podiam ser regulados pelo Sol, porque, segundo os textos das Escrituras Sagradas, o Sol ainda não tinha sido criado, ou não aparecia; daí a palavra que nas Santas Escrituras, na linguagem em que estas foram escritas, tanto significa dia quanto significa tempo. Assim, o erro bem pode ser dos tradutores, que deveriam ter dito em seis tempos, em vez de em seis dias; e, depois, por que quereríamos fazer os dias de Deus tão curtos quanto os nossos, ele que é eterno?

Não que eu queira dizer que Deus não pudesse ter criado o mundo em seis dias, cada um de 24 horas, e que cada um desses anos valesse centenas de milhares de nossos anos. Se eu quisesse entendê-lo assim, estaria em contradição comigo mesmo, porque, em meu primeiro volume, eu disse que um minuto, cem mil anos ou cem mil séculos eram a mesma coisa para Deus.

Embora Deus só tenha disposto de um dia para cada criação indicada no Gênesis, entre cada um desses dias talvez houvesse milhões de anos e, mesmo, de séculos.

Quando se examinam as camadas da Terra e como foram formadas, chamamos essas diferentes revoluções de épocas; as provas físicas lá estão, pois esses depósitos não ocorreram em 24 horas.

Querem tomar muito ao pé da letra as Escrituras Santas; elas são verdadeiras, mas é preciso saber compreendê-las. Não se trata de fazer como esses israelitas que se deixaram degolar, não ousando defender-se porque era dia de sábado. Se quisessem matar-me num domingo, eu não aguardaria segunda-feira para me defender. Só há sete dias na semana para nós; Deus não tem senão um dia ao todo, e esse dia não tem começo nem fim; para o nosso bem ele quer que repousemos um dia por semana, mas jamais repousa, nunca dorme e sua ação é incessante.

Nossos dias não passam do aparecimento e do desaparecimento do outro que nos alumia; quando o Sol se deita para nós, levanta-se para outros povos; em todas as horas do dia ou da noite ele se ergue, brilha no zênite ou se deita. E quando as neves, os gelos e as geadas nos fazem ficar ao pé do fogo, há outros povos que colhem flores e frutas. E, depois, só há um mundo, só há um Sol; todas as estrelas que vemos são sóis que iluminam os mundos como o nosso, *e talvez mais perfeitos que o nosso*. Deus é o autor de todos esses mundos e de muitos outros que não vemos; assim, os seis dias da Criação são seis épocas que duraram mais ou menos tempo, e que foram chamados dias para se porem ao alcance de nossa maneira de ver.

Lemos com atenção as duas brochuras do pai Chevelle, e certamente deveríamos contradizê-lo em vários pontos. Mas as citações que acabamos de fazer não provam menos ideias de alto alcance filosófico e que não são desprovidas de certo caráter de originalidade. Sua obra é uma pequena enciclopédia, porque aí ele trata um pouco de tudo, mesmo das coisas usuais. Anuncia para mais tarde um *Manual do herborista médico*, ou *Tratamento das doenças pelo emprego de plantas medicinais indígenas.*

De onde lhe vêm todas essas ideias? Sem dúvida ele leu: isto é evidente. Mas sua posição não lhe permitia ler muito e, aliás, precisava de uma aptidão especial para aproveitar essas leituras e tratar de assuntos tão abstratos. Viram-se poetas naturais saindo da classe operária, mas é mais raro ver saírem metafísicos sem estudos prévios, e ainda menos da classe dos cultivadores. O pai Chevelle apresenta, no seu gênero, um fenômeno análogo ao desses pastores calculistas, que confundiram a Ciência. Não está aí um sério assunto de estudo? São fatos. Ora, como todo efeito tem uma causa, os sábios procuraram esta causa? Não, porque teria sido preciso sondar as profundezas da alma. E os filósofos espiritualistas? Faltava-lhes a chave, única que lhes podia dar a solução.

A esta questão o ceticismo responde: bizarria da natureza; resultado da organização cerebral. O Espiritismo diz: inteligências largamente desenvolvidas em existências anteriores e que, nada tendo perdido do que haviam adquirido, se refletem na existência atual, servindo tal aquisição de base para novas aquisições.

Mas por que essas inteligências, que deveriam ter brilhado numa esfera social elevada, estão hoje relegadas às classes mais inferiores? Outro problema não menos insolúvel sem a chave fornecida pelo Espiritismo. Diz este: provas ou expiações voluntárias escolhidas por essas mesmas inteligências que, em vista de seu adiantamento moral, quiseram nascer num meio ínfimo, fosse por humildade, fosse para adquirir conhecimentos práticos que lhes serão aproveitados em outra existência. A Providência permite que assim seja para sua própria instrução e para a dos homens, pondo estes no caminho da origem das faculdades pela pluralidade das existências.

Tendo sido referidos na Sociedade Espírita de Paris, estes fatos ensejaram a seguinte comunicação:

(Sociedade de Paris, 10 de novembro de 1865 – Médium: Sra. Breul)

Meus caros amigos, na leitura feita por vosso presidente, de diversos fatos relatados por vosso irmão Delanne, vistes que um notável trabalho filosófico foi dado a lume por um simples camponês dos Vosges. Não é aqui o lugar para constatar quantos prodígios se realizam neste momento, a fim de chocar os incrédulos e os sábios do mundo? para confundir esses homens que julgam ter o monopólio da Ciência, e nada querem admitir fora de suas concepções mesquinhas, limitadas pela matéria?

Sim, neste tempo de preparação para a renovação humanitária que os Espíritos do Senhor devem realizar, pode-se reconhecer cada vez mais a verdade destas palavras do Cristo, que os homens pouco compreenderam: *"Graças te dou, meu Pai, Senhor do céu e da terra, por haveres ocultado estas coisas aos sábios e aos poderosos e por as teres revelado aos pequeninos."*[85]

Quando digo sábios, não falo desses homens modestos que, infatigáveis pioneiros da Ciência, fazem a humanidade avançar, descobrindo-lhe as maravilhas que revelam a bondade e o poder do Criador; mas dos que, enfatuados de seu saber, creem com muito gosto que não pode existir aquilo que eles não descobriram, patrocinaram e publicaram. Esses serão castigados em seu orgulho, e Deus já permite que sejam confundidos pela superioridade dos trabalhos intelectuais, que saem da pena de homens que estão longe de usar o barrete de doutor.

Como ao tempo do Cristo, que quis honrar e resgatar o trabalhador, escolhendo nascer entre artesãos, os anjos do Senhor agora recrutam seus auxiliares entre os corações simples e honestos, entre homens de boa vontade que exercem as mais humildes profissões.

Compreendei, pois, amigos, que o orgulho é o maior inimigo do vosso adiantamento, e que a humildade e a caridade

---

[85] N.T.: Mateus, 11:25.

são as únicas virtudes que agradam a Deus e atraem para o homem esses divinos eflúvios que o ajudam a progredir e dele o fazem aproximar.

Luís de França

Espíritos de dois sábios incrédulos a seus antigos amigos da Terra

Quando os mais incrédulos, os mais obstinados transpõem o limiar da vida corporal, são forçados a reconhecer que vivem sempre; que são Espíritos, pois não são mais carnais e, consequentemente, há Espíritos; que esses Espíritos se comunicam com os homens, desde que o fazem entre si. Mas a sua apreciação do mundo espiritual varia em razão de seu desenvolvimento moral, de seu saber ou de sua ignorância, da elevação ou da abjeção de sua alma. Quando encarnados, os dois Espíritos de que falamos pertenciam à classe dos homens de ciência e de alta inteligência. Ambos eram incrédulos por natureza, mas, homens esclarecidos, sua incredulidade era compensada por eminentes qualidades morais. Assim, uma vez no mundo dos Espíritos, prontamente encararam as coisas em seu verdadeiro ponto de vista e reconhecem seu erro. Sem dúvida, nada há nisto de extraordinário e que não se veja todos os dias; se publicamos suas primeiras impressões, é por causa do seu lado eminentemente instrutivo. Ambos morreram faz pouco tempo. O primeiro, o Sr. M. L., era cirurgião do hospital B..., e cunhado do Sr. A. Véron, membro da Sociedade Espírita de Paris. O segundo, Sr. Gui, era um sábio economista, amigo íntimo do Sr. Colliez, outro membro da Sociedade.

Inutilmente o Sr. Véron havia tentado trazer o cunhado às ideias espiritualistas; ao morrer, tornou-se mais acessível às suas instruções. Eis uma das primeiras comunicações que dele recebeu:

(Paris, 5 de outubro de 1865 – Médium: Sr. Desliens)

Meu caro cunhado, uma vez que estamos, a bem dizer, na intimidade, e desde que não receio tomar o lugar de alguém que vos pudesse ser mais útil que eu, venho com prazer ao vosso apelo, já que me solicitastes.

Não espereis, desde hoje, ver-me desdobrar todas as minhas faculdades espirituais. Sem dúvida eu poderia tentá-lo, e talvez com mais sucesso do que quando era vivo, mas a minha presunção orgulhosa está muito longe de mim, e se me julgava uma *sumidade* na Terra, aqui sou muito pequeno. Quanta gente que eu desdenhava e cuja proteção e ensinamentos me sinto feliz por encontrar hoje! Os ignorantes daqui de baixo muitas vezes são os sábios lá do alto; e quanto à nossa Ciência, que julga tudo saber e nada quer admitir fora de suas decisões, é ilusória e limitada!

Ó orgulho humano! Por força do hábito, quanto tempo ainda ficarás nesta Terra, onde, depois de tantos séculos, o espírito de rotina bloqueia o progresso em sua marcha incessante? "Não conheço o fato; ele está fora de meus conhecimentos; portanto não existe." Tal o nosso raciocínio aqui em baixo. É que, se o admitíssemos, ou, ao menos, se estudássemos esse fato, resultado de leis desconhecidas, teríamos de renunciar a sistemas errôneos, apoiados em grandes nomes que constituem nossa glória e, pior ainda, obrigados a confessar que nos enganamos.

Não, nós outros negadores encontramos um Galileu universal que nos vem dizer: Eu sou Espírito, estou vivo, fui homem e, vós mesmos, ó homens, fostes Espíritos e vos tornareis como eu, até que, por uma sucessão de encarnações, estejais depurados para subir outros degraus da escala infinita dos mundos... E nós negamos!

Mas, como dizia Galileu, após suas retratações: "E, contudo, se move", o Espiritismo nos vem dizer: "E, contudo, os Espíritos estão aqui, manifestam-se e nenhuma negação poderia derrubar um fato." O fato brutal existe; nada se pode contra ele. O tempo, esse grande educador, fará justiça de tudo, varrendo uns, instruindo outros.

Sede dos que se instruem. Fui ceifado na idade madura do meu orgulho e sofri a pena de minhas negações. Evitai minha queda, e que minhas faltas sejam proveitosas aos que imitam meu raciocínio passado, a fim de fugir do abismo de trevas donde vossos cuidados me retiraram.

Como vedes, ainda há perturbação em minha linguagem. Mais tarde poderei falar-vos com mais lógica. Sede indulgentes para com a minha juventude espiritual.

M... L...

Lida esta comunicação na Sociedade de Paris, o Espírito comunicou-se espontaneamente, ditando o seguinte:

(Sociedade de Paris, 20 de outubro de 1865 – Médium: Sr. Desliens)

Caro senhor Allan Kardec: Permiti a um Espírito, que os vossos estudos levaram a considerar o ser, a existência e Deus sob seu verdadeiro ponto de vista, vos testemunhe o seu reconhecimento. Nesta Terra ignorei vosso nome e vossos trabalhos. Talvez, se me tivessem falado de um e dos outros, eu tivesse usado de minha verve trocista, como fazia com todas as coisas tendentes a provar a existência de um espírito distinto do corpo. Eu estava cego: perdoai-me. Hoje, graças a vós, graças aos ensinamentos que os Espíritos espalharam e vulgarizaram por vossa mão, sou outro ser, tenho consciência de mim mesmo e vejo a minha meta. Quanto reconhecimento não vos devo, a vós e ao Espiritismo! Quem quer que me tenha conhecido e hoje lê o que é a expressão de meu pensamento, exclamará: "Este não pode ser o que conhecemos, aquele materialista radical que nada admitia fora dos fenômenos brutos da natureza." Sem dúvida e, contudo, sou eu mesmo.

Meu caro cunhado, a quem devo sinceros agradecimentos, disse que cheguei a bons sentimentos em pouco tempo. Agradeço-lhe a amenidade a meu respeito, mas sem dúvida ele ignora quão longas são as horas de sofrimento resultante da inconsciência de se ser!... Eu acreditava no nada e fui punido por um nada fictício. Sentir-se ser e não poder manifestar seu ser; *julgar-se disseminado em todos os restos esparsos que forma o corpo*, tal foi minha posição durante mais de dois meses!... dois séculos!... Ah! as horas de sofrimento são longas; e se não se tivessem ocupado de me tirar dessa lamentável atmosfera de niilismo, se não me tivessem constrangido a vir a essas reuniões de paz e amor, onde eu não compreendia, não via e não ouvia, mas onde fluidos simpáticos agiam sobre mim e me despertavam, pouco a pouco, de meu pesado torpor espiritual, onde estaria eu ainda? meu Deus!... Deus!... que doce nome a pronunciar por quem, durante tanto tempo, empenhou-se em negar esse pai tão grande e tão bom! Ah! meus amigos, moderai-me, porque hoje só temo uma coisa: tornar-me fanático dessas crenças que teria repelido como vis desatinos, se outrora tivessem vindo ao meu conhecimento!...

Nada direi hoje sobre os trabalhos de que vos ocupais; ainda estou muito novo, muito ignorante para ousar aventurar-me em vossas sábias dissertações. Já o sinto, mas não sei! Apenas vos direi isto, porque sei: Sim, os fluídos têm uma influência enorme como ação curadora, se não corporal, de que nada sei, pelo menos espiritual, porque experimentei a sua ação. Eu vos disse e repito com alegria e reconhecimento: eu ia, constrangido por uma força invencível, sem dúvida a de meu guia, às reuniões espíritas. Eu não via, nada ouvia e, contudo, uma ação fluídica, que eu não podia atinar, curou-me espiritualmente.

Agradeço de boa vontade a todos que adquiriram direitos eternos ao meu reconhecimento, tirando-me do caos onde eu havia caído, e vos peço, meus amigos, a bondade de me permitir vir assistir em silêncio às vossas sábias assembleias, pondo mais tarde minhas fracas luzes científicas à vossa disposição.

M... L...

Pergunta – Poderíeis dizer-nos, assistido por vosso guia, como pudestes reconhecer tão prontamente os vossos erros terrestres, ao passo que bom número de Espíritos, a quem não se poupa cuidados espirituais, ficam tanto tempo sem compreender os conselhos que lhes são dados? *Resposta* – Caro senhor, agradeço-vos a pergunta que houvestes por bem dirigir-me e que penso poder resolver eu mesmo, com a assistência de meu guia.

Sem dúvida podeis ver uma anomalia em minha transformação, pois, como dizeis, há seres que, malgrado todos os sentimentos agem em seu favor, ficam muito tempo sem se deixar abrir os olhos. Não querendo abusar de vossa benevolência, dir-vos-ei em poucas palavras:

O Espírito que resiste à ação dos que agem sobre ele é *novo em relação às noções morais*. Pode ser um indivíduo instruído, mas completamente ignorante em relação à caridade e à fraternidade; numa palavra, desprovido de espiritualidade. *É-lhe necessário aprender a vida da alma que, mesmo no estado de Espírito, lhe foi rudimentar.* Para mim foi completamente diferente. Digo-vos que sou velho, em face de vossa vida, embora bastante jovem na eternidade. Tive noções de moral; acreditava na espiritualidade, que em mim ficou latente, porque um de meus pecados capitais, o orgulho, precisava dessa punição.

Eu, que tinha conhecimento da vida da alma numa existência anterior, fui condenado a deixar-me dominar pelo orgulho e a esquecer Deus e o princípio eterno que residia em mim... Ah! crede-o, só há uma espécie de cretinismo; o idiota que, conservando sua alma, não pode manifestar sua inteligência, é talvez menos lamentável do que aquele que, possuindo toda a sua inteligência, cientificamente falando, perdeu sua alma por algum tempo. É um idiotismo truncado, mas muito penoso.

M... L...

O outro Espírito, Sr. Gui, manifestou-se espontaneamente à Sociedade no dia da sessão especial, comemorativa dos mortos.

Como dissemos, o Sr. Colliez, que o tinha conhecido particularmente, limitara-se a inscrevê-lo na lista dos Espíritos recomendados às preces. Embora suas opiniões fossem completamente diferentes das que tinha em vida, o Sr. Colliez o reconheceu pela forma da linguagem e, antes mesmo que fosse lida a sua assinatura, ele disse que deveria ser o Sr. Gui...

(Sociedade de Paris, 1º de novembro de 1865 – Médium: Sr. Leymarie)

Senhores... permiti-me empregar esta expressão comum, mas pouco fraterna. Sou um recém-vindo, um recruta inesperado, e sem dúvida meu nome jamais feriu os ouvidos dos espíritas fervorosos. Contudo, nunca é tarde demais e quando cada família chora um ausente amado, venho a vós para vos exprimir meu arrependimento muito sincero.

Cercado de voltairianos, vivendo e pensando como eles, trazendo conforme a necessidade o meu óbolo e o meu trabalho para a propagação das ideias liberais e progressivas, acreditei fazer o bem; porque todo o mundo diz, mas nem todos o fazem. Assim, agi, e vos peço para não esquecerdes os homens de ação. Em sua esfera, eles sacudiram esse torpor de tantos séculos que, a bem dizer, tinha velado o futuro. Rasgando o véu, nós também tínhamos afastado a noite, o que é muito, quando o inimigo intolerante está à porta e busca riscar de preto cada raio de luz. Quantas vezes procuramos em nós mesmos a solução desta questão: "Ah! se os mortos pudessem falar!" Reflexão profunda, absorvente, que nos matava na idade das desilusões, quando todo homem marcado por um acaso aparente tornava-se uma luz na multidão.

Aí está a família!... jovens frontes cândidas pedem os nossos beijos de esperança, e nada podemos dar, porque esta esperança nós a selamos sob uma grande pedra muito fria, que chamamos *incredulidade*. Mas hoje creio, venho a vós cheio de esperança e fé, dizer-vos: "Espero no futuro, creio em Deus; os Espíritos de Béranger, de Royer-Collard,[86] de Casimir Périer...[87] não me desmentirão."

---

[86] N.E.: Pierre-Collard (1763–1845), político francês.
[87] N.E.: (1811–1876), político francês.

Dezembro de 1865

A vós que desejais o progresso, que quereis a luz, direi: Os mortos falam, falam todos os dias, mas, cegos que sois e que éramos! pressentis a verdade sem afirmá-la abertamente; como Galileu, vós vos dizeis todas as noites: "E, contudo, ela gira!" mas baixais os olhos ante o ridículo, o respeito à coisa julgada!

Vós todos que éreis meus fiéis, que semanalmente me concedíeis vossa tarde, sabeis em que me tornei.

Sábios que perscrutais os segredos da natureza, perguntastes à folha morta, ao pé de erva, ao inseto, à matéria em que se tornavam no grande concerto dos mortos terrenos? Perguntastes as suas funções de mortos? pudestes inscrever em vossos alfarrábios esta grande lei da natureza, que parece destruir-se anualmente para reviver esplêndida e soberba, lançando o desafio da imortalidade aos vossos pensamentos passageiros e mortais?

Doutor sábio, que diariamente inclinais a fronte preocupada sobre as doenças misteriosas que destroem os corpos humanos de maneira múltipla, por que tantos suores pelo futuro, tanto amor pela família, tanta previdência para assegurar a honorabilidade de um nome, pela fortuna e pela moralidade de vossos filhos, tanto respeito pela virtude de vossas companheiras?

Homens de progresso, que trabalhais constantemente para transformar as ideias e as tornar mais belas, por que tantos cuidados, vigílias e decepções, se essa Lei eterna do progresso absorve todas as vossas faculdades e as decuplica, a fim de prestar homenagem ao movimento geral de harmonia e de amor, ante o qual vos inclinais?

Ah! meus amigos, quem quer que sejais na Terra: mecânicos, legisladores profundos, políticos, artistas, ou todos vós que inscreveis em vossa bandeira: Economia política, crede-me, vossos trabalhos desafiam a morte; todas as vossas aspirações a rejeitam como uma negação e quando, por vossas descobertas e vossa inteligência, deixastes um traço, uma lembrança, uma honorabilidade sem mácula, desafiastes a morte, como tudo o que vos cerca! Oferecestes um sacrifício ao poder criador e, como a natureza, a matéria, como tudo que vive e quer viver, vencestes a morte. Como eu outrora, como tantos outros, vos retemperais no aniquilamento do corpo que é a vida, ides para o Eterno para vencer a eternidade!...

Mas não a vencereis, porque ela é vossa amiga. O Espírito é a eternidade, o eterno, e eu vo-lo repito: tudo o que morre fala de vida e de luz. A morte fala ao vivo; os mortos vêm falar. Só eles têm a chave de tudo, e é por eles que vos prometo outras explicações.

Gui

(Sociedade Espírita de Paris, 17 de novembro de 1865 – Médium: Sr. Leymarie)

Fugiram da epidemia e, neste pânico singular, quantas falências morais, quantas defecções vergonhosas! É que a morte se torna a mais violenta expiação para todos os que violam as leis da mais estrita equidade. A morte é o desconhecido para a fé vacilante. As Religiões diversas, com o paraíso e o inferno, não puderam firmar-se naqueles que possuem a abnegação, em vão ensinada pelos bens terrenos; nenhum ponto de referência, nada de bases certas; difusão no ensino divino: isto não é certeza. Assim, salvo algumas exceções, que terror, que falta de caridade, que egoísmo nesse salve-se quem puder geral dos satisfeitos! Crer em Deus, estudar sua vontade nas afirmações inteligentes, estar certo de que as leis da existência estão subordinadas a leis superiores divinas, que tudo medem com justiça, que dispensam a todos, em diversas existências, o sofrimento, a alegria, o trabalho, a miséria e a fortuna, é, parece-me, o que buscam todas as sábias pesquisas, todas as interrogações da humanidade. Ter a sua certeza não é a verdadeira força em tudo? Se o corpo esgotado dá liberdade ao Espírito, a fim de que este viva segundo as aptidões fluídicas que são a sua essência, se esta verdade se torna palpável, evidente como um raio de sol; se as leis que encadeiam matematicamente as diversas fases da existência terrena e extraterrena, ou da erraticidade, tornam-se para nós tão claramente demonstradas quanto um problema algébrico, então não teríeis em mão o segredo tanto procurado, o porquê de todas as vossas objeções, a explicação racional da fraqueza dos vossos profundos estudos em economia política, fraqueza terrificante para a teoria, porque a prática destrói em um dia o trabalho da vida de um homem?

É por isso, amigos, que venho suplicar-vos que leiais *O livro dos espíritos*; não vos detenhais na letra, mas possuí-lhe o espírito. Pesquisadores inteligentes, encontrareis novos elementos para modificar o vosso e o ponto de vista dos homens que vos estudam. Certos da pluralidade das existências, encarareis melhor a vida; definindo-a melhor, sereis fortes. Homens de letras, plêiade pobre e bendita dareis à humanidade uma semente tanto mais séria quão verdadeira. E quando virem os fortes, os sábios crer e ensinar as máximas fortes e consoladoras amar-se-ão melhor e não fugirão mais ao suposto mal invisível; a vontade de todos, homogeneidade poderosa, destruirá todas essas fermentações gasosas envenenadas, única fonte das epidemias.

O estudo dos fluidos, feito de outro ponto de vista, transformará a Ciência; observações novas alumiarão a estrada fecunda de nossos jovens estudantes, que não mais irão, como orgulhosos, mostrar ao estrangeiro a sua intolerância de linguagem e a sua ignorância; não serão mais o escárnio da Europa, porque os mortos amados lhes terão dado a fé e esta religião do Espírito, que primeiro moraliza, para depois elevar às regiões serenas do saber e da caridade.

Gui

Dissertações espíritas

Estado social da mulher

(Sociedade de Paris, 20 de outubro de 1865 – Médium: Sr. Leymarie)

Meus amigos, na época em que vivia entre vós acontecia-me muitas vezes fazer sérias reflexões sobre a sorte da mulher.

Meus numerosos e laboriosos estudos sempre deixaram um momento para esses assuntos amados. Toda noite, antes de dormir, eu orava por essas pobres irmãs tão infelizes e tão desprezadas, implorando a Deus por dias melhores e pedindo às ideias um meio qualquer de fazer progredirem as desclassificadas. Por vezes, em sonho, eu as via livres, amadas, estimadas, tendo uma existência legal e moral na sociedade, na família, cercadas de respeito e de cuidados; eu as via transfiguradas. E esse espetáculo era tão consolador que eu despertava chorando. Mas ah! a triste realidade então me aparecia em sua lúgubre verdade e por vezes eu perdia a esperança de que chegassem melhores dias.

Esses dias chegaram, meus amigos. Há poucos entre vós que, intuitivamente, não sintam o direito da mulher; muitos o negam de fato, embora o reconheçam mentalmente. Mas não é menos verdadeiro que há para ela esperança e alegria em meio a profundas misérias e desilusões espantosas.

Alguns dias atrás, prestando atenção a uma roda de senhoras distintas pela posição, pela beleza e pela fortuna, eu me dizia: Estas são todas perfume; foram amadas e aduladas. Como devem amar! como devem ser boas mães, esposas encantadoras, filhas respeitosas! sabem muito, amam e dão muito. Que erro estranho!... Todos esses rostos frescos mentiam, sob sorrisos estereotipados; tagarelavam, falavam de roupas, de corridas, de modas; falavam com graça encantadora, com malícia, mas não se ocupavam dos filhos, nem dos maridos, nem de questões literárias, nem dos nossos gênios, nem de seu país, nem da liberdade! Ah! belas cabeças, mas cérebros... nada! Aves encantadoras, esbeltas, elegantes; é da etiqueta; sua pretensão: agradar, tocar em tudo e nada conhecer. O vento leva sua tagarelice e não deixa traços; nem são filhas, nem esposas, nem mães. Ignoram seu país, seu passado, seus sofrimentos, sua grandeza. Confiou os filhos a uma mercenária! A felicidade íntima é uma ficção. São fascinantes borboletas, com belas asas... mas, depois...

Também atentei para um grupo de jovens operárias. Que sabiam elas, logo elas? Nada... como as outras... nada da vida, nada do dever, nada da realidade! Invejavam, eis tudo. Deram-lhes o direito de se compreenderem, de se estimarem, de se respeitarem? Fizeram-nas compreender Deus, sua grandeza, sua vontade? Não, mil vezes não!... A Igreja lhes ensina o luxo; trabalham para o luxo e é ainda o luxo que bate à sua mansarda, dizendo: Abri-me; eu sou a fita, a renda, a seda, os bons pratos, os vinhos delicados. Abri, e sereis bela; tereis todas as fantasias, todos os deslumbramentos!... É por isso que tantas, entre elas, são a vergonha de suas famílias!

Cérebros amáveis, que vos divertis com o Espiritismo, poderíeis dizer-me qual a panaceia que inventastes para purificar a família, para lhe dar vida? Eu o sei, em questões de moral sois indulgentes; muitas frases, gemidos pelos povos que caem, pela falta de educação das massas; mas, para levantar moralmente a mulher, que fizestes? Nada... Grandes senhores da literatura, quantas vezes espezinhastes as santas leis de respeito à mulher, que tanto enalteceis! Ah! desconheceis a Deus e desprezais profundamente a mulher, isto é, a família e o futuro da nação!

E é nela e por ela que se deverão elaborar os graves problemas sociais do porvir! O que sois incapazes de fazer, bem o sabeis, o Espiritismo fará e dará à mulher esta fé robusta que remove montanhas, fé que lhes ensina seu poder e seu valor, tudo quanto Deus promete por sua doçura, sua inteligência, sua vontade poderosa. Compreendendo as leis magníficas desenvolvidas por *O livro dos espíritos*, nenhuma entre elas quererá entregar o seu corpo e sua alma; filha de Deus, ela amará em seus filhos a visita do Espírito criador; quererá saber para ensinar aos seus; amará seu país e saberá a sua história, a fim de iniciar seus filhos nas grandes ideias progressivas. Serão mães e médicas, conselheiras e mentoras; numa palavra, serão mulheres segundo o Espiritismo, isto é, o futuro, o progresso e a grandeza da pátria em sua mais larga expressão.

Baluze

(Continuação – 27 de outubro de 1865)

Na minha última comunicação, meus amigos, eu vos tinha mostrado as mulheres sob dois aspectos, acrescentando que a instrução numas e a ignorância noutras haviam produzido resultados negativos. Todavia, há sérias exceções que parecem desafiar a regra. Há moças que sabem estudar e tirar proveito do que ensinam os mestres. Estas nem são vãs nem levianas; sua constante distração não é uma bijuteria nem uma fita! Alimentadas por lições fortes e sérias, gostam do que engrandece o espírito, o que lhes dá a calma íntima, essa calma dos fortes e das naturezas generosas.

No casamento preveem a família; reclamam e fazem promessas pelo filho bem-amado, não para abandoná-lo e o atirar aos cuidados interesseiros, mas para lhe sacrificar suas vidas inteiras. O recém-nascido é o centro de tudo; para ele, o primeiro pensamento; para ele, as carícias e as preces ardentes, as noites insones, os dias muito curtos, nos quais se preparam os mil detalhes que serão o bem-estar do novo encarnado. A criança é o estudo, o amor sob mil formas. O esposo torna-se amável; esquece o rude labor da jornada ou as distrações mundanas para amparar os primeiros passos da criança e dar uma forma às suas primeiras sílabas. Respeito, pois, as exceções exemplares, que sabem desafiar a tentação e fugir dos prazeres para se devotarem e viver como mães divinamente inteligentes.

Humildes e pobres operárias; corações ulcerados, que amais a vossa única esperança: vosso filho! Haveria muito a dizer de vossa abnegação, do vosso profundo sentimento do dever, da vossa mansuetude em face dos aborrecimentos de cada dia!

Nada vos desanima para consolar o anjinho; para vós ele é a força e o trabalho, esse sublime egoísmo que vos faz sacrificar noite e dia.

Mas se a Religião, ou antes, os diversos cultos unidos à instrução não puderam destruir no rico e no pobre essa tendência geral para mal viver e ignorar o objetivo da vida, é que nem os cultos nem a instrução souberam, até hoje, impressionar vivamente a infância. Falam-lhe constantemente de interesses inimigos. Os pais que lutam contra as necessidades da vida se explicam ante esses corações jovens com uma cínica crueza. Apenas têm a percepção das primeiras palavras, já sabem que se pode ser colérico, violento, e que o interesse pessoal é o pivô em torno do qual gira cada indivíduo. Essas primeiras impressões os exploram largamente... Doravante, Religião e instrução serão palavras vãs, se não contribuírem para aumentar o bem-estar e a fortuna!

E quando levamos a todas as direções o pensamento espírita, pensamento que desperta todas as paixões generosas, pensamento que dá uma certeza como um problema matemático, riem-nos na cara! Pretensos liberais montam-se em pernas de pau para nos achar ridículos e ignorantes. Não sabemos escrever... não temos estilo!... somos modelos de inépcia, loucos... bons para meter num hospício. E os apóstolos do livre-pensamento com muito gosto empurrariam a autoridade, com o auxílio do Código Penal, a perseguir esses iluminados, que rebaixam o bom senso público!

Felizmente a opinião das massas não pertence a um jornal, nem a um escritor; ninguém tem mais direito a ter mais espírito e bom senso do que os outros, e nestes tempos em que simples folhetinistas pretendem rachar de alto a baixo os teólogos, os filósofos, o gênio sob todas as formas, o bom senso na sua mais alta expressão, acontece que cada um quer saber por si mesmo. Corre-se sempre aos homens e às coisas dos quais pior se fala; e, depois de ter lido e escutado, põe-se de lado todos os panfletos insolentes, todas as insinuações malévolas, para render homenagem à verdade, que impressiona todos os espíritos.

E é por isto que o Espiritismo se engrandece sob os vossos golpes. As famílias nos aceitam e nos bendizem. Um pai laborioso, caso tenha um filho verdadeiramente espírita, não o verá, como no passado, desertar de casa para se tornar um crítico intolerante.

Não será ele que arruinará a família, venderá a consciência e renegará as leis sagradas do respeito devido à mulher, à criança. Sabe que Deus existe; conhece as leis fluídicas do Espírito e a existência da alma com todas as suas admiráveis consequências. É um homem sério, probo, fraternal, caridoso, e não um fantoche bem-educado, traidor da vida, de Deus, dos amigos, dos pais e de si mesmo.

As mães serão realmente mães; penetradas do espírito do Espiritismo serão a salvaguarda das filhas amadas. Ensinando-lhes o magnífico papel de que estão chamadas a desempenhar, dar-lhes-ão a consciência de seu valor. O destino do homem lhes pertence de direito e, para cumprir o dever, é preciso que se instruam, a fim de prepararem dignamente o filho que Deus envia. Saber não será mais o corolário dos desejos desenfreados e de vontades vergonhosas, mas, muito ao contrário, o complemento da dignidade e do respeito à sua pessoa. Contra tais mulheres, que poderão as tentações e as paixões desregradas? Como escudo, terão Deus e o direito e, além disso, essa aquisição superior, que nos vem das coisas superiores.

Ora, o que é a mulher, senão a família, e o que é a família, senão a nação? Tais mulheres, tal povo. Queremos, pois, criar o que destruístes pelos extremos. A Idade Média tinha apequenado a mulher pela superstição. Vós, senhores livres-pensadores, pelo ceticismo!... Nem um nem outro são bons! Primeiro moralizamos; depois alforriamos a mulher, para instruí-la. Vós quereis instruí-la sem a moralizar!

É por isto que a geração atual vos escapa, e logo as mães de família não serão mais uma exceção.

Baluze
Allan Kardec

Nota Explicativa[88]

Hoje creem e sua fé é inabalável, porque assentada na evidência e na demonstração, e porque satisfaz à razão. [...] Tal é a fé dos espíritas, e a prova de sua força é que se esforçam por se tornarem melhores, domarem suas inclinações más e porem em prática as máximas do Cristo, olhando todos os homens como irmãos, sem acepção de raças, de castas, nem de seitas, perdoando aos seus inimigos, retribuindo o mal com o bem, a exemplo do divino modelo. (KARDEC, Allan. *Revista Espírita* de 1868. 1. ed. Rio de Janeiro: FEB, 2005. p. 28, janeiro de 1868.)

A investigação rigorosamente racional e científica de fatos que revelavam a comunicação dos homens com os Espíritos, realizada por Allan Kardec, resultou na estruturação da Doutrina Espírita, sistematizada sob os aspectos científico, filosófico e religioso.

A partir de 1854 até seu falecimento, em 1869, seu trabalho foi constituído de cinco obras básicas: *O Livro dos Espíritos* (1857), *O Livro dos Médiuns* (1861), *O Evangelho segundo o Espiritismo* (1864), *O Céu e o Inferno* (1865), *A Gênese* (1868), além da obra *O Que é o espiritismo* (1859), de uma série de opúsculos e 136 edições da *Revista Espírita* (de janeiro de 1858 a abril de 1869). Após sua morte, foi editado o livro *Obras Póstumas* (1890).

O estudo meticuloso e isento dessas obras permite-nos extrair conclusões básicas: a) todos os seres humanos são Espíritos imortais criados por Deus em igualdade de condições, sujeitos às mesmas leis naturais de progresso que levam todos, gradativamente, à perfeição; b) o progresso ocorre através de sucessivas experiências, em inúmeras reencarnações, vivenciando necessariamente todos os

---

[88] N E.: Esta *Nota Explicativa*, publicada em face de acordo com o Ministério Público Federal, tem por objetivo demonstrar a ausência de qualquer discriminação ou preconceito em alguns trechos das obras de Allan Kardec, caracterizadas, todas, pela sustentação dos princípios de fraternidade e solidariedade cristãs, contidos na Doutrina Espírita.

segmentos sociais, única forma de o Espírito acumular o aprendizado necessário ao seu desenvolvimento; c) no período entre as reencarnações o Espírito permanece no Mundo Espiritual, podendo comunicar-se com os homens; d) o progresso obedece às leis morais ensinadas vivenciadas por Jesus, nosso guia e modelo, referência para todos os homens que desejam desenvolver-se de forma consciente e voluntária.

Em diversos pontos de sua obra, o Codificador se refere aos Espíritos encarnados em tribos incultas e selvagens, então existentes em algumas regiões do Planeta, e que, em contato com outros polos de civilização, vinham sofrendo inúmeras transformações, muitas com evidente benefício para os seus membros, decorrentes do progresso geral ao qual estão sujeitas todas as etnias, independentemente da coloração de sua pele.

Na época de Allan Kardec, as ideias frenológicas de Gall e as da fisiognomonia de Lavater eram aceitas por eminentes homens de Ciência, assim como provocou enorme agitação nos meios de comunicação e junto à intelectualidade e à população em geral, a publicação, em 1859 — dois anos depois do lançamento de *O Livro dos Espíritos* — do livro sobre a *Evolução das Espécies*, de Charles Darwin, com as naturais incorreções e incompreensões que toda ciência nova apresenta. Ademais, a crença de que os traços da fisionomia revelam o caráter da pessoa é muito antiga, pretendendo-se haver aparentes relações entre o físico e o aspecto moral.

O Codificador não concordava com diversos aspectos apresentados por essas assim chamadas ciências. Desse modo, procurou avaliar as conclusões desses eminentes pesquisadores à luz da revelação dos Espíritos, trazendo ao debate o elemento espiritual como fator decisivo no equacionamento das questões da diversidade e desigualdade humanas.

Allan Kardec encontrou, nos princípios da Doutrina Espírita, explicações que apontam para leis sábias e supremas, razão pela qual afirmou que o Espiritismo permite "resolver os milhares de problemas históricos, arqueológicos, antropológicos, teológicos, psicológicos, morais, sociais etc." (*Revista Espírita*, 1862, p. 401). De fato, as leis universais do amor, da caridade, da imortalidade da alma, da reencarnação, da evolução constituem novos parâmetros para a compreensão do desenvolvimento dos grupos humanos, nas diversas regiões do Orbe.

Essa compreensão das Leis Divinas permite a Allan Kardec afirmar que:

> O corpo deriva do corpo, mas o Espírito não procede do Espírito. Entre os descendentes das raças apenas há consanguinidade. (*O Livro dos Espíritos*, item 207, p. 176.)

> [...] o Espiritismo, restituindo ao Espírito o seu verdadeiro papel na Criação, constatando a superioridade da inteligência sobre a matéria, faz com que desapareçam, naturalmente, todas as distinções estabelecidas entre os homens, conforme as vantagens corporais e mundanas, sobre as quais só o orgulho fundou as castas e os estúpidos preconceitos de cor. (*Revista Espírita*, 1861, p. 432.)

> Os privilégios de raças têm sua origem na abstração que os homens geralmente fazem do princípio espiritual, para considerar apenas o ser material exterior. Da força ou da fraqueza constitucional de uns, de uma diferença de cor em outros, do nascimento na opulência ou na miséria, da filiação consanguínea nobre ou plebeia, concluíram por uma superioridade ou uma inferioridade natural. Foi sobre este dado que estabeleceram suas leis sociais e os privilégios de raças. Deste ponto de vista circunscrito, são consequentes consigo mesmos, porquanto, não considerando senão a vida material, certas classes parecem pertencer, e realmente pertencem, a raças diferentes. Mas se se tomar seu ponto de vista do ser espiritual, do ser essencial e progressivo, numa palavra, do Espírito, preexistente e sobrevivente a tudo, cujo corpo não passa de um invólucro temporário, variando, como a roupa, de forma e de cor; se, além disso,

do estudo dos seres espirituais ressalta a prova de que esses seres são de natureza e de origem idênticas, que seu destino é o mesmo, que todos partem do mesmo ponto e tendem para o mesmo objetivo; que a vida corporal não passa de um incidente, uma das fases da vida do Espírito, necessária ao seu adiantamento intelectual e moral; que em vista desse avanço o Espírito pode sucessivamente revestir envoltórios diversos, nascer em posições diferentes, chega-se à consequência capital da igualdade de natureza e, a partir daí, à igualdade dos direitos sociais de todas as criaturas humanas e à abolição dos privilégios de raças. Eis o que ensina o Espiritismo. Vós que negais a existência do Espírito para considerar apenas o homem corporal, a perpetuidade do ser inteligente para só encarar a vida presente, repudiais o único princípio sobre o qual é fundada, com razão, a igualdade de direitos que reclamais para vós mesmos e para os vossos semelhantes. (*Revista Espírita*, 1867, p. 231.)

Com a reencarnação, desaparecem os preconceitos de raças e de castas, pois o mesmo Espírito pode tornar a nascer rico ou pobre, capitalista ou proletário, chefe ou subordinado, livre ou escravo, homem ou mulher. De todos os argumentos invocados contra a injustiça da servidão e da escravidão, contra a sujeição da mulher à lei do mais forte, nenhum há que prime, em lógica, ao fato material da reencarnação. Se, pois, a reencarnação funda numa Lei da Natureza o princípio da fraternidade universal, também funda na mesma lei o da igualdade dos direitos sociais e, por conseguinte, o da liberdade. (*A Gênese*, cap. I, item 36, p. 42-43. *Vide* também *Revista Espírita*, 1867, p. 373.)

Na época, Allan Kardec sabia apenas o que vários autores contavam a respeito dos selvagens africanos, sempre reduzidos ao embrutecimento quase total, quando não escravizados impiedosamente.

É baseado nesses informes "científicos" da época que o Codificador repete, com outras palavras, o que os pesquisadores Europeus descreviam quando de volta das viagens que faziam à

África negra. Todavia, é peremptório ao abordar a questão do preconceito racial:

> Nós trabalhamos para dar a fé aos que em nada creem; para espalhar uma crença que os torna melhores uns para os outros, que lhes ensina a perdoar aos inimigos, a se olharem como irmãos, sem distinção de raça, casta, seita, cor, opinião política ou religiosa; numa palavra, uma crença que faz nascer o verdadeiro sentimento de caridade, de fraternidade e deveres sociais. (KARDEC, Allan. *Revista Espírita* de 1863 – 1. ed. Rio de janeiro: FEB, 2005. – janeiro de 1863.)

> O homem de bem é bom, humano e benevolente para com todos, sem distinção de raças nem de crenças, porque em todos os homens vê irmãos seus. (*O Evangelho segundo o Espiritismo*, cap. XVII, item 3, p. 348.)

É importante compreender, também, que os textos publicados por Allan Kardec na *Revista Espírita* tinham por finalidade submeter à avaliação geral as comunicações recebidas dos Espíritos, bem como aferir a correspondência desses ensinos com teorias e sistemas de pensamento vigentes à época. Em Nota ao capítulo XI, item 43, do livro *A Gênese*, o Codificador explica essa metodologia:

> Quando, na *Revista Espírita* de janeiro de 1862, publicamos um artigo sobre a "interpretação da doutrina dos anjos decaídos", apresentamos essa teoria como simples hipótese, sem outra autoridade afora a de uma opinião pessoal controversível, porque nos faltavam então elementos bastantes para uma afirmação peremptória. Expusemo-la a título de ensaio, tendo em vista provocar o exame da questão, decidido, porém, a abandoná-la ou modificá-la, se fosse preciso. Presentemente, essa teoria já passou pela prova do controle universal. Não só foi bem aceita pela maioria dos espíritas, como a mais racional e a mais concorde com a soberana justiça de Deus, mas também foi confirmada pela generalidade das instruções que os Espíritos deram sobre o assunto. O mesmo se verificou com a

que concerne à origem da raça adâmica. (*A Gênese*, cap. XI, item 43, Nota, p. 292.)

Por fim, urge reconhecer que o escopo principal da Doutrina Espírita reside no aperfeiçoamento moral do ser humano, motivo pelo qual as indagações e perquirições científicas e/ou filosóficas ocupam posição secundária, conquanto importantes, haja vista o seu caráter provisório decorrente do progresso e do aperfeiçoamento geral. Nesse sentido, é justa a advertência do Codificador:

> É verdade que esta e outras questões se afastam do ponto de vista moral, que é a meta essencial do Espiritismo. Eis por que seria um equívoco fazê-las objeto de preocupações constantes. Sabemos, aliás, no que respeita ao princípio das coisas, que os Espíritos, por não saberem tudo, só dizem o que sabem ou que pensam saber. Mas como há pessoas que poderiam tirar da divergência desses sistemas uma indução contra a unidade do Espiritismo, precisamente porque são formulados pelos Espíritos, é útil poder comparar as razões pró e contra, no interesse da própria doutrina, e apoiar no assentimento da maioria o julgamento que se pode fazer do valor de certas comunicações. (*Revista Espírita*, 1862, p. 38.)

Feitas essas considerações, é lícito concluir que na Doutrina Espírita vigora o mais absoluto respeito à diversidade humana, cabendo ao espírita o dever de cooperar para o progresso da humanidade, exercendo a caridade no seu sentido mais abrangente ("benevolência para com todos, indulgência para as imperfeições dos outros e perdão das ofensas"), tal como a entendia Jesus, nosso Guia e Modelo, sem preconceitos de nenhuma espécie: de cor, etnia, sexo, crença ou condição econômica, social ou moral.

A EDITORA

O que é Espiritismo?

O ESPIRITISMO É UM CONJUNTO DE PRINCÍPIOS E LEIS revelados por Espíritos superiores ao educador francês Allan Kardec, que compilou o material em cinco obras que ficariam conhecidas posteriormente como a Codificação: O livro dos espíritos, O livro dos médiuns, O evangelho segundo o espiritismo, O céu e o inferno e A gênese.

Como uma nova ciência, o Espiritismo veio apresentar à humanidade, com provas indiscutíveis, a existência e a natureza do mundo espiritual, além de suas relações com o mundo físico. A partir dessas evidências, o mundo espiritual deixa de ser algo sobrenatural e passa a ser considerado como inesgotável força da natureza, fonte viva de inúmeros fenômenos até hoje incompreendidos e, por esse motivo, são tidos como fantasiosos e extraordinários.

Jesus Cristo ressaltou a relação entre homem e Espírito por várias vezes durante sua jornada na Terra, e talvez alguns de seus ensinamentos pareçam incompreensíveis ou sejam erroneamente interpretados por não se perceber essa associação. O Espiritismo surge então como uma chave, que esclarece e explica as palavras do Mestre.

A Doutrina Espírita revela novos e profundos conceitos sobre Deus, o universo, a humanidade, os Espíritos e as leis que regem a vida. Ela merece ser estudada, analisada e praticada todos os dias de nossa existência, pois o seu valioso conteúdo servirá de grande impulso à nossa evolução.

Literatura espírita

EM QUALQUER PARTE DO MUNDO, é comum encontrar pessoas que se interessem por assuntos como imortalidade, comunicação com Espíritos, vida após a morte e reencarnação. A crescente popularidade desses temas pode ser avaliada com o sucesso de vários filmes, seriados, novelas e peças teatrais que incluem em seus roteiros conceitos ligados à espiritualidade e à alma.

Cada vez mais, a imprensa evidencia a literatura espírita, cujas obras impressionam até mesmo grandes veículos de comunicação devido ao seu grande número de vendas. O principal motivo pela busca dos filmes e livros do gênero é simples: o Espiritismo consegue responder, de forma clara, perguntas que pairam sobre a humanidade desde o princípio dos tempos. Quem somos nós? De onde viemos? Para onde vamos?

A literatura espírita apresenta argumentos fundamentados na razão, que acabam atraindo leitores de todas as idades.

Os textos são trabalhados com afinco, apresentam boas histórias e informações coerentes, pois se baseiam em fatos reais.

Os ensinamentos espíritas trazem a mensagem consoladora de que existe vida após a morte, e essa é uma das melhores notícias que podemos receber quando temos entes queridos que já não habitam mais a Terra. As conquistas e os aprendizados adquiridos em vida sempre farão parte do nosso futuro e prosseguirão de forma ininterrupta por toda a jornada pessoal de cada um.

Divulgar o Espiritismo por meio da literatura é a principal missão da FEB, que, há mais de cem anos, seleciona conteúdos doutrinários de qualidade para espalhar a palavra e o ideal do Cristo por todo o mundo, rumo ao caminho da felicidade e plenitude.

O livro espírita

CADA LIVRO EDIFICANTE É PORTA LIBERTADORA.

O livro espírita, entretanto, emancipa a alma nos fundamentos da vida.

O livro científico livra da incultura; o livro espírita livra da crueldade, para que os louros intelectuais não se desregrem na delinquência.

O livro filosófico livra do preconceito; o livro espírita livra da divagação delirante, a fim de que a elucidação não se converta em palavras inúteis.

O livro piedoso livra do desespero; o livro espírita livra da superstição, para que a fé não se abastarde em fanatismo.

O livro jurídico livra da injustiça; o livro espírita livra da parcialidade, a fim de que o direito não se faça instrumento da opressão.

O livro técnico livra da insipiência; o livro espírita livra da vaidade, para que a especialização não seja manejada em prejuízo dos outros.

O livro de agricultura livra do primitivismo; o livro espírita livra da ambição desvairada, a fim de que o trabalho da gleba não se envileça.

O livro de regras sociais livra da rudeza de trato; o livro espírita livra da irresponsabilidade que, muitas vezes, transfigura o lar em atormentado reduto de sofrimento.

O livro de consolo livra da aflição; o livro espírita livra do êxtase inerte, para que o reconforto não se acomode em preguiça.

O livro de informações livra do atraso; o livro espírita livra do tempo perdido, a fim de que a hora vazia não nos arraste à queda em dívidas escabrosas.

Amparemos o livro respeitável, que é luz de hoje; no entanto, auxiliemos e divulguemos, quanto nos seja possível, o livro espírita, que é luz de hoje, amanhã e sempre.

O livro nobre livra da ignorância, mas o livro espírita livra da ignorância e livra do mal.

EMMANUEL

Página recebida pelo médium Francisco Cândido Xavier, em reunião pública da Comunhão Espírita Cristã, na noite de 25/2/1963, em Uberaba (MG), e transcrita em *Reformador*, abr. 1963, p. 9.

COLEÇÃO
ESTUDANDO A
CODIFICAÇÃO

Uma das mais belas coleções da literatura espírita, composta pelos livros *Religião dos espíritos*, *Seara dos médiuns*, *O Espírito da Verdade*, *Justiça divina* e *Estude e viva*, apresenta um estudo aprofundado das obras da Codificação Espírita.

FEB